IDEAL LIBRARY

지식의 최전선 4

나노에서 우주까지, 과학이 만드는 길

강봉균
김기문
김기현
김종주
김주환
김환석
김훈기
맹정현
문경순
박석재
신인재
안상현
유향숙
이경민
이기명
이병욱
이수련
이우경
이유경
이창환
임경순
정명진
최인성
한종훈
홍욱희
홍준기

이상의 도서관 14

한길사

이상의 도서관14

지식의 최전선

나노에서 우주까지, 과학이 만드는 길

지은이 · 이우경 외 25명 공동집필
펴낸이 · 김언호
펴낸곳 · (주)도서출판 한길사

등록 · 1976년 12월 24일 제74호
주소 · 413-756 경기도 파주시 교하읍 문발리 520-11
　　　www.hangilsa.co.kr
　　　E-mail: hangilsa@hangilsa.co.kr
전화 · 031-955-2000~3　　팩스 · 031-955-2005

상무이사 · 박관순 | 영업이사 · 곽명호
기획 및 편집 · 이현화 윤은혜 박근하 | 전산 · 김현정 | 저작권 · 문준심
마케팅 및 제작 · 이경호 | 관리 · 이중환 문주상 장비연 김선희

출력 · 지에스테크 | 인쇄 · 타라 TPS | 제본 · 일광문화사

제1판 제1쇄 2008년 5월 10일

값 16,000원
ISBN 978-89-356-5879-4 03300

이 도서의 국립중앙도서관 출판시도서목록(CIP)은
e-CIP 홈페이지(http://www.nl.go.kr/cip.php)에서 이용하실 수 있습니다.
(CIP제어번호: CIP2008001405)

∷ 린 마굴리스

생명은 기묘하고 느린 파도처럼 물질 너머로 밀려드는 파도타기를 하는
물질적인 과정이다. 또한 그것은 지구의 풍요로움이며 지구의 대기와
물을 태양광선으로 바꾸는 천체의 변화이다. 생명은 성장과 죽음, 처치
와 단축, 변환과 부패의 복잡한 형식으로 나타난다.

∷ 미셸 칼롱

행위란 언제나 집합적이고 이질적이다.

∷ 에릭 캔들

나는 1950년대에 다른 사
람들처럼 정신분석학에
심취하였는데, 이유는 과
감한 호기심과 학문적 열
정 때문이었다. 정신분석
에서 제1의 관심사는 '마
음'을 이해하는 것인데 나
는 기억에 대한 신경생물
학적 연구야말로 마음을
이해하는 데 가장 중요한
일이 될 것으로 보았다.

기존의 시각과는 다른 각도에서 문제를 바라보아라.

:: 마틴 리즈

일반 대중은 항상 근원에 대한 심초
적인 질문을 즐겨 합니다. 공룡과
마찬가지로 그들은 우주론에도 관
심이 많지요. 대중의 관심을 지속적
으로 끌고 있는 우주론이라는 주제
가 사실은 실생활과는 좀 멀리 떨어
진 주제라는 점은 놀랍습니다. 어떤
사람들은 과학이 대중의 관심을 끌
려면 좀더 일상생활과 관련이 있어
야 한다고 주장합니다만, 내 생각에
는 그들이 잘못 생각하고 있는 것
같습니다. 공룡이나 우주론처럼 일
상생활과 동떨어진 주제도 없을 테
니까요.

:: 피터 슐츠

물리학에 훈련이 되지 않은 대부분의 사람들은 물리학자들
이 엄청난 계산을 하는 것으로 생각할지 모른다. 그러나 그것
이 물리학의 본질은 아니다. 물리학의 본질은 개념에 관한 것
이다. 물리학자들은 자연에 따라 움직이는 원리들, 그런 개념
들을 이해하고 싶을 뿐이다.

지성의 키를 키우는 새로운 지식의 향연

• 책을 펴내며

『新지식의 최전선』은 1999년에 발간된 『지식의 최전선』과 2002년에 발간된 『월경하는 지식의 모험자들』을 지적으로 계승한 후손이다. 한국 사회의 지성 독자층에 신선한 자극과 경이로운 개안의 경지를 제공했다는 평을 들은 앞선 두 책이 나온 후, 거의 10년 만에 펴내는 『新지식의 최전선』은 전작을 계승한 전면 개정판이면서 완전히 새로운 기획물이라고도 할 수 있을 것이다. 다시 말해 온고지신(溫故知新)을 실천한 저작이다.

『新지식의 최전선』에서는 이전에는 최신 연구결과로 제시되었다가 이미 사회의 주류 담론으로 자리매김한 주제들을 빼고, 새롭게 부상한 문제의식과 첨단논의를 추가하였다. 우리는 전체 기획과정을 '지성의 지도제작'(intellectual cartography)이라고 상상하면서 기존의 지형을 보완하고, 새로운 영토를 측량하고 기록하였다. 이런 과정을 거쳐 전체적으로 얼추 30~40퍼센트의 원고가 새롭게 추가되거나, 변화한 현실에 맞추어 대폭 개정을 거쳤다.

두껍게 한 권씩으로 나왔던 기존 판본의 형태가 총 네 권의 산뜻한 시리즈로 탈바꿈하였다. 내용도 바뀌고 자태도 바뀐 것이니 '환골탈태'

8

(換骨奪胎)를 실천한 셈이다. 우리 기획자들은 '온고지신'과 '환골탈태'의 정신이 현대 학문의 근본적 연속성과 영구적 진화성을 동시에 보여준다고 믿는다. 그 정신이 이 출판기획에 처음부터 끝까지 속속들이 배어 있음은 두말 할 필요도 없다.

『新지식의 최전선』은 모두 네 권으로 구성되어 있다. 각 권은 인문·문화·사회·과학 영역을 다룬다. 이 네 영역의 꼭지들은 모두 21세기 현대학문의 '성장판'에 해당하는 주제를 포괄하고 있다. 성장판이 자극을 받으면 키가 자라는 것처럼, 이 책에 실린 글들은 현대 학문의 첨단 이론과 논의를 통해 독자들의 상상력을 자극하여 독자들의 '지성의 키'를 키울 목적으로 기획되었다. 돈과 성공을 향한 맹목적 질주가 삶의 전부인 것처럼 생각되는 시대에 이 같은 지성의 기획은 결코 만만한 시도가 아닐 것이다.

또한 이 책은 모든 학문의 자양분이 될 수 있는 기본적 교양학문과 직업적 성격의 응용학문을 대별하여 주로 전자에 주의를 기울였다. 이것은 넓은 의미의 인문교양, 즉 문과(文科) 학문과 이과(理科) 학문을 모두 포괄하되, 기초학문으로서의 교양을 중시하는 자유교양교육 또는 인문교양교육(liberal arts education)을 지향한다는 의미가 될 수 있다. 기획자들은 한국 대학교육에서 앞으로 더욱 중요해질 인문교양교육의 경계와 폭을 미리 제시한다는 의욕을 갖고 필진 선정과 원고 청탁에 만전을 기울였다.

인문학 영역에서 독자들은 21세기를 열어갈 새로운 사상의 향연을 만나게 된다. 지성적 사유의 융숭함을 맛보고 인간의 집단적 기억이자 미래적 포부이기도 한 '역사학'의 앞날을 미리 내다본다. 또한 인간의 상징체계를 규정하는 문화의 다층적 코드와 의외성을 탐구하는 시간을 가질 것이다. 이런 예비적 고찰을 터전으로 하여 '여성'이라는 아이콘의 구체성과 전복성을 발본적으로 사색하는 기회를 경험하게 된다. 그리하여 독자들은 문화와 신성과 속성이 어우러지는 경지, 즉 현 존재로서의 인간과 초월 존재로서의 신성이 개별적이고도 복합적인 '세계 텍스트' 내에서 교호하는 현장을 목격하게 될 것이다. 인문학이 학문체계에서 차지하는 길잡이로서의 위치를 우리는 늘 기억하면서 이 꼭지들을 선별하였다. 그리하여 인문학의 1권을 마칠 때쯤 우리 독자들의 지적 상상력이 네 권 전체의 여정을 너끈히 감당할 만큼 확대되어 있을 것을 기획자들은 희망한다.

새 술은 새 부대에 담아야 한다. 이것이 문화 영역을 다룬 2권의 기본적인 접근이다. 우리는 이제 문화현상의 외연 자체를 새롭게 형성되는 하나의 지속적 생성체로 보아야만 하겠다. 문화는 인간 활동을 가르는 전통적인 구분들이 새롭게 규정되고 융합되고 재주조되는 지속적 미완의 영역이다. 그런 의미에서 기술과 과학이 생활의 현장에서 문화로 기술되고 해석되는 과정을 우리는 하나의 통과의례로 이해할 필요가 있다. 우리는 환경을 적극적으로 창출하고 그것의 문화적 의미를 재구성하는 디자인이라는 영역에 보다 적극적인 지적 관심을 기울일 때가 되었다고 믿는다. 그와 함께 우리의 육성과 표현에 21세기형의 구체적인 옷을 입혀주는 디지털 내러티브란 것이 있을 수 있는가 하는 질문을 우리는 던진다. 그 대답을 우리는 미디어·광고·애니메이션·인터넷·게임 등의 키워드를 통해 알아보려고 한다.

세계를 1세계, 2세계, 3세계로 나누는 것은 이제 과거의 일이 되었다. 포스트식민주의 시대의 현 세계는 서구-선진 '소수'의 세계와, 비서구-개발도상 '다수'의 세계로 구분된다. 과거 제3세계의 대체어인 '다수세계'(Majority World)는 모순의 세계다. 인구로는 다수세계이면서도 부와 영향력에 있어 소수세계적 특성을 갖고 있는 것이다. 선진국의 대체어인 '소수세계'(Minority World) 역시 모순성을 가지고 있다. 수적으로 소수이면서도 헤게모니·군사·정치 등에서 엄청난 영향력을 가진 메가급 세계인 것이다. 이제 세계는 다수세계가 창조하는 수많은 작은 문화들과, 소수세계가 생산하는 대량소비 문화의 혼종과 변이를 목격하고 있다. 이것은 다시 지구화라는 거대한 과정 속에서 갈등·생존·혼효·배제·인입의 화학작용을 거치고 있는 중이다. 이제 우리는 이 책갈피 안에서 미술관에서, 스크린에서, 카메라의 렌즈를 통해, 이미지의 융합을 통해 새로운 자국-세계 문화의 제내적(inter-mestic) 창조를 목도하고 그것을 이끌어갈 일군의 예술가들을 만나게 된다.

사회를 다룬 3권은 우선 정치지리학의 궁극적 범위인 '행성적 과정'(planetary process), 즉 지구화의 윤곽을 그려본다. 지구화에 대한 이념적 논쟁의 수준을 높인 이번 기획에서 필진들은 지구화의 역사적 특수성과 장기지속성, 그리고 그것의 지정학적 권력의 속성을 짚어내고 분석한다. 또 한편, 인간이 궁극적으로 사회 내의 존재라면 그것의 물적 존재기반과 생산의 문제는 인류가 생존하는 한 영원히 지속될 수밖에 없는 질문이다. 여기서 우리는 노동, 자본, 자치, 다원주의의 꼭지점을 통해 인간의 물적 토대를 규정하는 체제의 디자인을 간파할 수 있다.

물적 토대에 대한 질문은 자연스레 그 토대가 작동하는 상징체계와 상부구조에 대한 관심으로 이어진다. 그것이 브랜드이건, 마케팅이건, 상품에 대한 새로운 기표(記表)이건 우리에게 이미 상품화사회의 압도적 영향력은 현실 이전의 존재론적 전제가 된 듯하다. 상품화사회에 대한 비판적 상상력으로 충전한 우리의 지성은 상품화사회의 인간화, 재인간화에 관심을 기울이지 않을 수 없다. 그것은 한편으로 탈상품화로, 다른 한편으로 복지체제의 재구성으로 이어진다. 민주화 이후의 민주주의를 모색하는 한국 사회에서 아마 가장 강력한 정치적 키워드 중의 하나가 '인간화된 사회' 즉 '복지사회'라고 할 때 그것에 대한 우리의 첨예한 의식은 이 시대 정치의식의 고갱이가 된다.

만일 복지가 인간욕구의 권리적 성격과 그것의 충족에 대한 공동체의 의무로 이루어진 독특한 체계라면 그것을 구체화할 정치의 영역은 여전히 우리의 본질적 물음이 되지 않을 수 없다. '인간은 정치한다', 이 명제를 통해 우리는 정당·대중민주주의·자유주의·현실주의의 오늘과 내일을 그려보고 상상해야 할 지적 의무를 진다. 사회 영역의 마지막은 '경제인'(Homo Economicus)의 탐색으로 장식할 것이다. 경제인은 '이성인'인가? 이성적 인간의 정의는 무엇인가? 인간이 사회적 동물이라면 인간의 집단적 속성과 개별단자로서의 합리성 사이에 존재할 수밖에 없는 긴장을 어떻게 해석할 것인가? 경제학은 이러한 도전에 어떻게 답하고 있으며 인간의 법 체계가 이런 응답의 중요한 일부가 되는가?

한국의 우주인 이소연이 우리의 지구귀속적 의식의 한계를 과감히 벗겨주었다면 이제 우리는 더욱 더 정치한 과학의 눈으로 우리의 존재조건과 환경을 생각해봐야 하겠다. 우주를 향한 이벤트형 관심이 우리의 출발점이었다면 이제는 우주 속의 우리 존재에 관해 이번 기획이 선사하는 지적 성찰에 몰입할 시점에 이르렀다. 우주의 신비가 무엇이며, 우주의 시나리오로 우리 미래를 예측하는 것이 가능한가? 이런 질문은 당연히 과학의 본질에 관한 역사학적·인문학적·철학적 질문으로 이어진다. 인간과 비인간의 이분법을 넘어서고 근대와 비근대의 단층선도 넘어서는 어떤 지점에서 과학의 미래 궤적을 꿈꿀 수 있는 것일까?

또한 우리는 우리 내부의 우주, 인간 의식의 코스몰로지(cosmology)에 시선을 줄 필요가 있다. 우리가 우리 스스로를 바라보고 인지하게 하는 뇌, 그것은 인간의 재귀적 속성(reflexivity)을 궁극에서 규정하는 기관이다. 뇌를 향한 우리의 탐구가 도달하는 지점은 무의식의 세계이다. 자아와 개인성은 정신분석학의 대상에서 이제 포스트 정신분석학적 탐구의 대상으로 전화하느냐 하는 분기점에 놓여 있다.

그런가 하면 과학은 이제 순수한 상상력과 유희와 기쁨과 탐색이 융합하는 영역으로도 발전하고 있다. 나노의 극미세계가 주는 흥분과 로봇과학이 선사하는 SF적 유토피아(또는 디스토피아?)를 한자리에서 음미할 수 있는 기획은 흔치 않을 것이다. 이제 우리는 장구한 여정의 끝자락에 도달하여 인간의 육신적 한계, 생로병사의 비밀을 과학의 렌즈로 규명한다. 게놈 프로젝트가 생명의 미래를 예시하고 있는가? 생명과학의 윤리와 과학 발전의 해묵은 질문은 신과학의 개척지 앞에서 어떻게 진화하고 있는가?

우리는 독자들이 『新지식의 최전선』 전 네 권을 독파할 때쯤이면 21세기형 새로운 지식의 나무에서 뿌리내린 새로운 질문과 의문과 비판적 모색의 불면의 밤이 펼쳐질 것으로 예상하고 있다. 이것이야말로 기획자들의 의도가 성공했는지의 바로미터가 될 것이다. 새로운 의문과 비판에 대해 『新지식의 최전선』이 앞으로 어떤 모습으로 독자들을 만나게 될지, 그것은 순전히 독자들이 이 책을 통해 어떠한 경지의 깨달음에 도달하느냐의 여부에 달려 있다고 하겠다.

"인류를 제대로 연구하려면 책을 보면 된다." 알도스 헉슬리의 말이다. 인류가 쌓은 문명의 금자탑의 수준은 바로 책이라는 매체의 수준과 통한다는 뜻이다. 우리는 『新지식의 최전선』이 헉슬리의 금언을 입증해줄 진지한 모색이었음을 믿고 싶다.

2008년 5월
조효제 · 황희경 · 최혜실 · 이우경

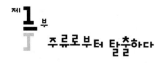
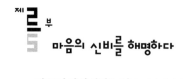

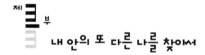

제 3 부
내 안의 또 다른 나를 찾아서

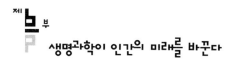

제 6 부
생명과학이 인간의 미래를 바꾼다

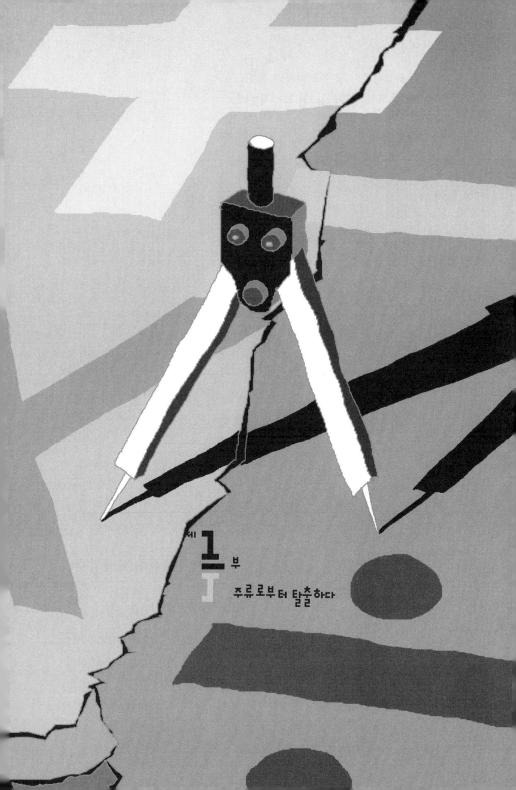

제 **1** 부
주류로부터 탈출하다

논리실증주의 및 통일과학의 동요

전통적 과학관의 반역자들

임경순

포항공대 교수 · 물리학

과학의 가치중립과 객관성이 동요한다

과학적 지식은 종교나 인문사회 분야의 지식과는 달리 객관적이고 실증적이라는, 과학혁명기 이후 오랫동안 유지되어온 테제는 20세기를 거치는 동안 끊임없는 도전을 받아왔다. 이제 과학은 가치중립과 객관성이라는 난공불락의 성 안에 더이상 안주할 수 없게 되었다. 또한 최근에 와서 20세기 전반 과학계를 지배했던 원자물리학과 소립자물리학은 그 주도적인 지위를 상실해가는 반면, 복합적인 현상을 다루며 국소적 자율성을 강조하는 생명현상, 나노 세계, 복잡계 등을 다루는 분야가 점차로 부상하기 시작했다.

원자물리학 분야는 은연중 우주의 모든 물질을 지배하는 근본법칙과 근본적인 구성요소를 이해하면 우주만물을 이해할 수 있다는 입장에 동조하고 있었다. 하지만 20세기 후반에 접어들면서 원자물리학이 내세웠던 통일과학의 이념은 그 강한 추진력을 상당 부분 상실해버렸다. 즉 생명과학이나 나노테크놀로지 등의 분야가 우리 사회에서 각광을 받게 되면서 원자물리학이 바탕으로 했던 전통적 과학관은 더이상 확고부동

❝ 논리경험주의에 대한 탈경험주의 과학관의 공격,
사회구성주의 과학관의 도전,
국소적 자율성을 강조하는 반환원주의 과학관의 부상,
객관성의 마지막 보루인 과학 분야까지 파고든
포스트모더니즘의 침공 등은 모두 20세기 전통 과학관에
반기를 든 거역의 흐름이었다. **❞**

한 지위를 유지하기가 힘들게 되었던 것이다.

모든 지식을 경험이라는 기반 아래 재정립하려고 했던 전통적 과학철학도 관찰의 이론의존성, 과학이론의 혁명적인 변화, 인식론적 다원성으로 무장한 새로운 세대의 철학자들로부터 끊임없는 비판에 직면해야 했다. 이런 움직임은 과학의 사회적 성격을 강조하는 학문의 움직임과 함께 발전했으며, 급기야 포스트모더니즘 과학관이 등장하여 전통적 과학관이 지녔던 학문적 질서에 대한 희망을 완전히 파괴시켜버렸다. 이 모든 행동을 이끈 핵심 주동자는 바로 토머스 쿤(Thomas Kuhn), 파울 파이어아벤트(Paul K. Feyerabend), 데이비드 블루어(David Bloor), 필립 앤더슨(Philip Anderson), 피터 갤리슨(Peter Galison) 등이었는데, 이들은 서로 다른 영역에서 전통적 과학관을 거역하는 동맹자의 역할을 담당했던 것이다.

과학혁명의 구조
우선 쿤은 과학적 지식이 단순히 객관적 지식의 축적에 의해 발전하

쿤은 객관적인 지식 축적의 산물로서의 과학을 부정하고 패러다임의 역할을 주장하였다.

는 것이 아니라 사회적이고 문화적인 측면과 같은 비합리적 요소가 과학의 내용이나 방향에 개입할 수 있으며, 과학이론의 체계들이 패러다임의 변환을 통해 서로 공약불가능한 형태로 혁명적으로 변화한다고 주장함으로써 전통적인 누적적 과학발전 모형에 일침을 가했다. 패러다임이란 어느 과학자 사회 전체가 공유하는 이론, 법칙, 지식, 방법, 가치, 믿음, 심지어는 습관 같은 것을 통칭하는 개념을 말하며, 공약불가능성이란 한 이론체계의 용어를 다른 이론체계의 용어로 완전하게 번역할 수 없다는 것을 뜻한다.

쿤의 공약불가능성 개념에서는 서로 다른 두 개의 이론체계가 서로 완전하게 번역은 안 되지만, 그래도 부분적인 번역의 가능성, 즉 해석의 가능성은 허용되고 있다. 그러나 파이어아벤트에 이르게 되면 이 공약불가능성이라는 개념은 더욱 극단적인 형태를 띠어, 부분적인 번역조차도 허용되지 않는다. 그는 과학은 기본적으로 무정부주의적이며, 이론적 무정부주의가 법칙과 질서에 관한 과학보다 훨씬 더 인간적이고, 또한 진보를 이루어내는 데 도움을 준다고 말한다. 즉 상호 양립이

파이어아벤트. 쿤의 이론을 더욱 극단적으로 이끌어 과학의 무정부성과 공약불가능성을 토대로 다원주의적 방법론을 제시하였다.

불가능하며 공약불가능한 이론의 바다 속에서 배태되는 다원주의적인 방법론이야말로 과학진보에 필수적이라는 것이다. 과학적 지식은 어떤 이상적인 견해를 향해 접근해가는 일관된 이론들이 아니며, 진리를 향해 점차로 다가가는 것도 아니다. 그것은 상호 양립이 불가능한 수많은 단일이론들, 서로 다른 동화 같은 이야기들, 개개의 신화들로 이루어져 있다. 파이어아벤트의 이러한 다원주의적인 과학관은 전통적 과학관의 토대를 근본부터 흔들어놓았다.

쿤의 새로운 과학관에는 다양한 형태의 진리를 인정하는 상대주의적 측면이 잠재되어 있는데, 이런 요소는 사회구성주의자들에 의해 더욱 급진적인 모습으로 탈바꿈했다. 사회구성주의자들은 과학적 사실은 유연성을 지니고 있고 자연이 제시하는 증거는 동시에 여러 개의 이론을 지지할 수 있기 때문에, 과학이론을 둘러싼 논쟁은 관찰 혹은 실험 데이터에 의해 결정될 수 없으며, 논쟁의 종식에 결정적인 역할을 하는 것은 사회적 이해관계라고 주장했다. 결국 이들은 객관성의 중추이자 마지막 보루인 과학지식조차도 '사회적으로 구성'된다고 주장함으로써 전통적

사회구성주의자들은 과학지식조차도 '사회적으로 구성'된다고 주장했다. 특히 블루어는 여러 방법론적 원칙들을 제시해 사회구성주의의 흐름에 커다란 영향을 주었다.

과학관에 대한 엄청난 반역을 도모했던 것이다.

사회구성주의는 영국 에든버러 대학의 블루어, 배리 반스, 스티븐 셰이핀, 그리고 바스 대학의 해리 콜린스, 트레버 핀치 등 일군의 학자들에 의해 추진된 연구 프로그램을 통해 발전했다. 특히 블루어는『지식과 사회의 상』에서 이른바 '지식사회학의 강한 프로그램'을 제창하고, 여러 방법론적 원칙들을 제시해 사회구성주의의 흐름에 커다란 영향을 주었다. 한편, 프랑스 파리 광산학교의 브뤼노 라투르, 미셸 칼롱과 영국 킬 대학의 존 로 등은 '사회에 의한 과학의 구성'보다 '과학에 의한 사회의 구성' 혹은 '과학(기술)과 사회의 공동구성'에 초점을 맞추는 "행위자 네트워크 이론"을 주창해 기존의 사회구성주의 입장과 차별화된 학파를 이루고 있다. 사회구성주의는 과학기술의 발전을 지나치게 사회적인 각도에서만 파악한다는 비판을 받기도 했지만, 과학이 지니는 사회적 성격에 대한 논의를 크게 확대시킴으로써 전통적 과학관에 엄청난 충격을 주었다는 점은 부인할 수 없다.

반환원주의의 전도사—앤더슨과 갤리슨

노벨물리학상 수상자이며 고체물리학자인 앤더슨은 원자물리학의 인식론적·존재론적 권위에 정면으로 도전한 반환원주의 과학관의 대표적인 전도사이다. 앤더슨은 1972년 『사이언스』지에 실린 「많은 것은 다르다」라는 글에서 고체물리학은 입자물리학이 발견한 근본적인 법칙에 입각해서 현상을 설명하는 것에 불과하다고 말한 입자물리학자 빅토르 바이스코프의 주장을 신랄하게 비판하면서 그 근거가 되는 철학적 입장을 반박했다. 앤더슨은 입자물리학의 통일이론이 완성되면 자연과학의 모든 부분이 통일적으로 이해될 수 있다는 환원주의적 입장을 정면공격하였다.

그는 근본 물질과 힘을 연구하는 입자물리학뿐 아니라 고체물리학과 같은 과학들도 각 수준별로 자기 자신의 '근본적인' 법칙과 나름대로의 존재론을 지니고 있다고 주장했다. 앤더슨의 이 짤막한 글은 20세기가 원자물리학의 시대였다면 21세기는 생명과학, 나노 과학, 복잡계 과학의 시대라는 것을 예고한 반란의 시작이었다. 이들 분야는 고에너지 물리학에 비해 우리 생활과 밀접한 연결을 맺고 있는데, 이런 실용적인 응용 가능성을 무기로 자신도 나름대로의 근본적인 지위를 가지고 있다고 주장하기에 이른 것이다.

반환원주의의 신봉자라면 현재 하버드 대학의 과학사학과를 이끌고 있는 갤리슨을 빼놓을 수 없다. 갤리슨은 학창 시절 쿤, 제럴드 홀튼과 같은 과학사가, 힐러리 퍼트넘을 비롯한 과학철학자, 에드워드 파머 톰슨과 같은 역사학자와 프랑스 아날 학파의 영향을 받으며 성장했다. 그는 지금까지 진행된 거의 대부분의 과학 논의들이 경험, 이론, 사회적 이해관계 등 어느 한 가지만으로 모든 것을 설명하려는 오류를 범하고 있다고 지적했다. 이런 문제점을 극복하기 위해 그는 이론(theory), 실험(experiment), 실험기구(instrument) 등이 부분적으로 자율적 구조를 지니며 꽈배기처

앤더슨. 반환원주의의 선봉장으로서 그는 입자물리학의 지배구조를 깨고자 하였다.

럼 상호 영향을 미치는 유연한 과학 모형을 제안했다.

갤리슨의 모형에서 이론, 실험, 실험기구는 위계적인 환원론적 구조를 가지지 않고, 부분적으로 자율적인 다양한 수준의 구조를 가진다. 또한 이 부분적으로 자율적인 요소들은 문화인류학적 교역지대에서 여러 문화권이 서로 접하면서 문화를 교환하듯이 충돌하며 상호 영향을 준다. 이처럼 갤리슨의 모델은 위계적이거나 환원적인 탐구를 포기하고 각 수준별로 자율적인 요소를 지닌 이론, 실험, 실험기구 간의 복잡하고 동역학적인 상호작용을 파악하고자 했다.

갤리슨의 모델에서 가장 중요한 요소는 반환원주의와 이론, 실험, 실험기구 사이의 부분적 자율성에 있다. 그는 이 모델을 통해 모든 것을 경험으로 귀착시켜 과학 전반을 통일하려고 했던 논리실증주의자들을 비판함과 동시에 이론의 관찰의존성과 같은 관점을 공유하면서 과학혁명의 구조, 패러다임의 변화, 공약불가능성 등을 내세웠던 탈경험주의자들의 입장 역시 비판하고 있다. 물론 갤리슨이 논리실증주의자들과 탈경험주의자들의 입장을 전면으로 부정하고 있는 것은 아니다. 그는

갤리슨. 실험결과에 전적으로 의존하는 논리 실증주의의 허점을 공격하고 나선 그는 반환원주의와 이론, 실험, 실험기구들의 자율성을 인정하였다.

이들의 입장이 지나친 환원주의로 빠지지 않는 범위에서는 각 사상이 제기하고 있는 주장을 적극적으로 받아들이고 있다.

갤리슨은 윌리엄 폴리(William Folley) 등과 같은 인류언어학자의 연구를 바탕으로 서로 다른 언어권에서 교역이 일어날 때 나타나는 혼합어의 발전 과정을 과학의 발전과 비교했다. 폴리는 교역지대에서 언어가 혼합되어 정착하는 과정을 초보적이고 비성숙한 피진(pidgin)에서 상대적으로 안정적인 크리올(creole)로 변화하는 것으로 설명하고 있다. 파푸아뉴기니에 도착한 유럽인, 중국인, 태평양 섬 원주민, 말레이 인도네시아 인 등은 처음에는 물자의 교환을 위해 자신들이 사용하는 언어가 아닌 제3의 언어를 만들어 사용했다. 이런 언어가 만들어지는 과정은 완숙된 문화에서 나타나는 총체적인 것이 아니며 쿤의 패러다임 논의에서와 같은 게슈탈트식의 변화 과정도 아니다. 단지 이 언어들은 국소적인 차원에서 여러 다른 하위 문화권이 만나면서 서로 통할 수 있는 최소한의 근거를 부여한다.

초기의 피진은 불과 수백 단어에 불과하며 특정한 몇몇 상품의 교환에만 쓰인다. 이것이 좀더 발전해서 확장피진(Extended pidgin)에 이르면, 어휘가 풍부해지고 초기 교역언어보다 더욱 유연한 구문구조를 갖게된다. 피진은 아직 독립적인 언어로는 인정받지 못한다. 하지만 확장되고 발전한 피진은 단순한 교역 기능을 넘어서 두 가지 혹은 그 이상의 '자연어'들 사이에 의사소통을 가능하게 만드는 역할을 할 수도 있다. 이확장피진이 더욱 발전하여 마침내 성숙된 문명에서 나타나는 언어와 같이 시적·비유적·메타언어적 기능을 지니게 되면서 국소적인 차원에서나마 독자적인 위치를 굳힌 크리올로 정착하게 되는 것이다.

이렇게 언어가 혼합되는 새로운 양상은 전체적인 언어 변화가 아닌 국소성(locality), 언어의 생성·팽창·위축·소멸로 이어지는 통시성(diachrony), 다양한 역사적·사회적 상황의 영향을 받는 맥락성(con-textuality)을 띠고 있다.

갤리슨의 비판적 포스트모더니즘 과학모형

이렇듯 갤리슨의 논의에서는 국소성, 상호 교환, 맥락성 등과 같은 포스트모더니즘적인 요소가 많이 들어 있지만, 그가 극단적인 형태의 포스트모더니즘을 받아들인 것은 아니다. 갤리슨은 자신의 논의에서 페르낭 브로델의 물질문명 개념을 받아들여 현대 과학이 지니는 물질문화(material culture)를 다각도로 분석하고 있다. 이렇게 물질적 토대를 중시한 그는 사회구성주의자들과는 달리 어떻게 과학자들이 쿼크 등과 같은 과학 개념을 실재한다고 믿게 되는지를 실험에 대한 분석을 통해 보여주고 있다.

포스트모더니스트나 사회구성주의자와는 달리 그는 상대주의적 지식관에 대해 매우 비판적이며, 실험에 바탕을 둔 실재론자이다. 우선 갤리슨은 전통적인 논리실증주의자들이 경험에 바탕을 둔 환원주의에 빠져 있었고, 탈경험주의자들은 이론을 우위에 둔 환원주의의 위험성을 지니고 있었던 것처럼, 최근에 나타난 사회구성주의자들은 모든 것을 사회적 집단의 이해관계로 설명하려고 하는 사회적 환원주의의 문제점을 지니고 있다고 비판한다. 이처럼 논리실증주의, 탈경험주의, 사회구성주의 등에 부분적으로 내포된 환원주의적 요소를 거부하고 각 수준별로 부분적인 자율성을 강조한다는 의미에서 갤리슨은 자신의 과학관을 '비판적' 포스트모더니즘 과학모형이라고 부르기도 한다.

이상 쿤, 파이어아벤트, 블루어, 앤더슨, 갤리슨 등의 논의를 중심으로 살펴보았듯이 논리경험주의에 대한 탈경험주의 과학관의 공격, 사회구성주의 과학관의 도전, 국소적 자율성을 강조하는 반환원주의 과학관의 부상, 객관성의 마지막 보루인 과학 분야까지 파고든 포스트모더니즘의 침공 등은 모두 20세기 전통 과학관에 반기를 든 거역의 흐름이었다.

임경순 서울대 물리학과를 졸업하고 같은 학교 대학원 물리학과(과학사 및 과학철학 협동과정)에서 석사학위를, 독일 함부르크대학에서 과학사 박사학위를 받고 현재 포항공대 인문사회학부 과학사 교수(물리학과 및 환경공학부 겸임 교수)로 있다. 또한 과학기술부 지정 포항공대 과학문화연구센터 소장, 환경운동연합 경북시민환경연구소 소장 등을 맡고 있기도 하다. 연구 분야는 과학사, 물리학사, 양자역학사, 환경사이며, 1995년 한국과학사학회 논문상과 1997년 한국과학기술도서상을 수상하였다. 저서로 『20세기 과학의 쟁점』 『100년 만에 다시 찾는 아인슈타인』 『21세기 과학의 쟁점』 『현대물리학의 선구자』 등이 있으며, 역서로는 『과학과 인간의 미래』가 있다.

과학학의 새로운 흐름

나는 인간과 비인간이라는 이분법을 거부한다

김환석

국민대 교수 · 사회학

과학학의 새로운 흐름 '행위자-연결망 이론'

과학의 보편합리성을 신봉하는 논리실증주의 과학철학과 내부주의 과학사, 그리고 머튼의 기능주의 과학사회학은 1970년대 이후 토머스 쿤의 '과학혁명론'에 깊이 영향을 받은 새로운 과학학 이론들에 의해 비판을 받고 급속히 그 영향력을 상실하였다. 이 새로운 이론 중에서 영국의 '에든버러 학파'와 '바스 학파' 등이 주도하여 일으킨 과학지식사회학(Sociology of Scientific Knowledge : 약칭 SSK)과 프랑스의 연구자들이 주도한 행위자-연결망 이론(Actor-Network Theory : 약칭 ANT)은 학계에서 큰 주목을 받으면서 점점 더 그 영향력을 넓혀 왔다.

SSK와 ANT는 모두 과학학의 이른바 '구성주의'(constructivism)의 흐름 속에서 성장한 상이한 접근들이다. 하지만 이들은 과학이 사회적(또는 사회-물질적) 구성의 산물이라는 공통된 입장을 취하면서도 1990년대 이후 치열한 논쟁을 통하여 그 접근방식에 있어 심각한 차이를 드러냈고, 이 차이는 앞으로 과학학이 어느 방향으로 발전하느냐를 가름하는 중요한 분기점이 될 것이라고 많은 이가 지적하고 있다.

▶ 미셸 칼롱

우선 이 분야에 생소한 독자들을 위하여 '과학학'(Science Studies)이 무엇인지에 대하여 간단히 설명할 필요가 있을 것 같다. 과학학이란 1970년대 중반부터 과학과 기술에 대한 새로운 이해를 형성하는 데 크게 기여하면서 성장한 학제적 연구 분야로서, 사회학·철학·역사학·인류학·정치학을 포함하는 다양한 접근의 느슨한 결속으로 이루어져 있다. 서구에서 과학학이 짧은 기간에 급성장을 한 것은 그것이 갖는 이중적 중요성에 기인한다.

한편으로 과학학은 과학과 기술이 현대사회의 가장 지배적이고 중요한 문화적 인공물이기 때문에 생겨나는 쟁점과 문제들을 본격적으로 다룬다는 점에서 중요하다. 다른 한편으로 과학학이 중요한 것은, 그것이 과학과 기술의 실천이 어떻게 이루어지느냐에 대한 새로운 개념화를 촉구하기 때문이다. 후자는 또한 '과학적 방법'이란 과연 무엇이냐에 대한 오래된 쟁점을 검토하는 데 특히 중요한 함의를 지닌다.

이러한 문제들을 다룸에 있어 과학학은 엄청나게 다양한 지적 흐름들——구성주의는 물론 상대주의, 페미니즘, 담론분석, 기호학, 문화연구

필자와 함께한 미셸 칼롱 교수. 칼롱의 연구 관심은 과학기술의 인류학, 혁신의 사회 경제학, 과학기술과 민주주의, 과학통계분석, 경제사회학 및 환자조직의 사회학 등 다양한 분야에 걸쳐 있다.

등등——에서 나온 아이디어를 적극적으로 검토, 수용하고 있다. 과학학은 따라서 인식론적으로 논쟁적인 동시에 매우 역동적이고 풍부한 성과를 낳고 있다.

ANT는 과학학이 과학지식 생산의 사회적 과정을 연구하는, 단지 사회학의 많은 분과 가운데 하나(즉 협의의 '과학사회학')가 되어선 안 된다고 주장하고 있다. ANT는 SSK가 아직도 의존하고 있는 전통적 사회학의 개념이나 방법론이 과학과 사회의 관계를 제대로 파악하는 데 오히려 방해가 된다고 단호히 비판하면서, 기호학에 기초한 새로운 접근을 제창한다. SSK가 인간/비인간, 사회/자연, 사회적인 것/기술적인 것 사이의 구분을 아직 고수하는 데 반해, ANT는 이것이 근대세계의 이분법에 불과한 것이라고 지적하며 근대세계의 함정에서 벗어나려면 이제는 극복해야 할 것이 인간중심주의의 신화라고 주장한다.

이처럼 ANT가 기존의 과학학에 던지는 문제의식은 세계가 무엇으로 이루어져 있느냐 하는 존재론과 연관된 근본적인 사고의 전환이며, 그 지향점은 사회학 내지 학문('두 문화'로 나누어진) 전체의 쇄신이라고 할 수 있다. 그럼에도 불구하고 그들의 주장은 워낙 새로운 사고를 요청해서인지 그 내용이 종종 오해의 대상이 되곤 한다. 예컨대 소위 '과학전쟁'에서처럼 ANT를 반과학주의나 포스트모더니즘의 일종으로 간주하는 경우를 보는데, 이는 ANT가 오히려 과학의 가치를 옹호하는 편이며 포스트모더니즘에 대해서는 그것이 사회/자연의 이분법에 기반해 있다는 점에서 비판적이라는 점을 모르는 소치라고 생각된다.

미셀 칼롱과 '번역'의 사회학

ANT는 파리의 국립고등광업대학교 혁신사회학센터에서 미셀 칼롱에 의해 1970년대 후반 처음 구상이 되었으며, 그의 작업에 브뤼노 라투르(Bruno Latour)와 영국의 존 로(John Law) 등이 가세하여 오늘날 ANT로 알려진 이론이 탄생했다. 칼롱은 1945년생으로 국립고등광업대학교의 엔지니어 출신이다. 1969년에 혁신사회학센터 연구원이 되었으며, 1982년부터 94년까지 오랜 기간 소장직을 역임하였다.

그는 1998~99년에 과학학 분야의 대표적 학회인 4S(The Society for Social Studies of Science)의 회장을 지냈고, 『Research Policy』 등 관련 분야의 대표적 저널에서 편집위원으로 참여하고 있다. 그의 주된 연구관심은 과학기술의 인류학, 혁신의 사회경제학, 과학기술과 민주주의, 과학통계분석, 경제사회학 및 환자조직의 사회학 등 다양한 분야에 걸쳐 있다. 특히 그는 최근 그의 ANT이론을 과학기술에 대한 분석에만이 아니라, 시장의 분석 등 경제사회학에 확대 적용하는 시도를 하고 있어 학계의 큰 주목을 받고 있다. 예컨대 진보적인 성향의 학제적 사회과학 저널인 『Economy and Society』의 2002년 5월호에서는 그의 경제사회학을 특집 이슈로 전권을 구성하였다.

칼롱이 처음 제창한 ANT는 한마디로 과학(더 나아가서 모든 사회현상)을 인간행위자 및 자연적 혹은 기술적 요소들 간에 구축되는 연결망의 결과로서 파악하고자 하는 접근이다. 이 이론에서는 SSK에서 주장했던 '대칭성'의 원칙을 확장하여 인간/비인간에게 동일하게 적용하는 '급진적 또는 일반화된 대칭성'(radical or generalized symmetry) 원칙을 채택하고 있다. 이에 의하면 어떤 과학이 구성되는 데 참여한 이질적 실체들의 연결망에 속하는 어떤 요소들—사회적, 자연적, 기술적 등등—에도 모두 동등한 설명적 역할을 부여해야 한다는 것이다. 기존의 SSK는 이 가운데 '사회적' 요소에만 특권적, 즉 비대칭적 역할을 부여한다고 이들은 비판한다.

행위자-연결망이란 개념은 기존 사회학의 용어를 빌면 행위자와 구조(혹은 맥락) 간의 일정한 조합을 의미하며 이 양자가 서로 독립적으로 존재하지 않는다는 것을 강조한다. '연결망'은 그것을 구성하는 행위자 없이 존재할 수 없으며, '행위자' 역시 다양한 타 인간 및 비인간과의 연계—즉 행위자의 사회적 존재과정 중에 그들이 창출하며, 따라서 그들 자신의 정체성과 기능을 규정해주는 연결망—가 없이는 존재할 수 없다.

ANT에서는 새로운 행위자를 '가입'(enrol)시킬 때 발생하는 연결망 구성의 힘든 노력이 종종 강조된다. 이는 이해관계의 연결망이 확대되면서 점점 넓어진다는 특징을 지니기 때문에 마치 연못 위의 파문 같은 소용돌이 과정으로 비유되곤 한다. 이 때 각 참여자는 하나 또는 그 이상의 다른 참여자들에 의해 유인되며, 그가 얼마나 해당 연결망에 헌신하느냐는 다른 참여자들 각각의 헌신도를 토대로 하게 된다. 상이한 이해관계를 지닌 다양한 개인들은 따라서 그들의 이해관계가 모두 연결된 어떤 공통된 목표의 성취에 의해 그들 제각각의 목적을 모두가 실현할 수 있는 것이다.

바로 이러한 특징을 가리키기 위해 이 이론에서는 '번역'(translation)이라는 독특한 개념을 특히 중요시한다. '번역'은 어떤 행위가 일어나기 위해서 반드시 필요한 매개를 해주는 다른 행위자들을 통한 모든 치환과 위임의 과정을 의미한다. 기존의 과학사나 과학사회학에선 과학의 '내용'(content)과 '맥락'(context) 사이의 엄격한 대립을 상정했지만, ANT에서는 그러한 대립 대신 행위자들이 자신의 다양하고 모순적인 이해관계를 수정하면서 다른 행위자와 치환하며 위임하는 번역의 연쇄만이 존재한다고 생각한다. 그래서 칼롱은 ANT를 아예 '번역의 사회학'(sociology of translation)이라 부르기도 하였다.

더 일반적으로 말해서 번역은, 어떤 행위자가 다른 행위자를 대신해서 말하거나 행동할 수 있는 권위를 갖게 만드는 모든 형태의 협상, 음모, 계산, 설득과 폭력 행동을 지칭하는 것이라 할 수 있다. 따라서 번역은 권력을 창출하는 정치적 성격의 행위인 것이다. 어떤 행위자에 의해 번역이 성공적으로 이루어지면 그(그것)는 해당 연결망에서 '필수통과지점'(obligatory passage point: OPP)이라는 전략적 위치를 차지하게 된다. OPP는 다양한 행위자들 사이에 동맹의 형성을 가능하게 하고, 행위자가 자신의 목표를 성취하는 데 필요한 자원에 대해 통제권을 갖게 한다.

예컨대 19세기 말 프랑스에서 가축 탄저병이 큰 사회적 문제가 되어 축산농부와 위생학자 및 정부의 관심이 집중되었을 때 파스퇴르의 실험실은 바로 이 문제를 해결하는(또는 그렇게 주장하는) OPP가 되었던 것이다. 또는 현재 한국사회의 젊은 세대들에게 인터넷이나 휴대폰은 그것이 없어서는 일상생활을 영위하기조차 힘든 필수품이 되었는데, 따라서 이런 인터넷이나 휴대폰을 서비스하는 회사들은 젊은 세대들에게 OPP가 되었다고 할 수 있다. 성공적인 번역이 이루어지면, 해당 문제를 겪고 있는 다양한 행위자들은 자신들의 문제를 해결할 유일한 길은 OPP를 통과하는 것뿐이라고 확신하게 되며, 따라서 OPP에게 이른바 '권력'이 형성되는 것이다.

ANT를 통한 사회이론의 혁신

ANT는 '행위자'라는 개념이 기존의 사회이론에서처럼 인간만을 지칭하는 의미로 사용되는 것을 피하기 위해 종종 행위소(actant)라는 좀더 보편적인 개념으로 대체하기도 한다. 행위소는 행위할(작동할) 수 있는 능력을 부여받은 모든 실체를 가리키는 개념이다. 행위소는 항암제 개발을 목표로 하고 있는 제약공장——이는 인간과 비인간의 혼성물(hybrid)이다——일 수도 있고, 핵무기를 지지하는 정당일 수도 있고, 기술자나 연구자, 또는 전자(electron)일 수도 있다.

이 모든 행위소는 진술, 도구, 체현된 기술들 속에서 움직이며 활동하게 된다. 각각의 새로운 번역은 이전의 번역을 변형하고 모순되게 하거나 또는 그것을 강화한다. 즉 각각의 번역은 행위소들의 세계를 변형하거나 안정화시키는 것이다. 번역하는 것은 행위소들로 가득 찬 세계 전체——행위소들의 정체성과 상호작용은 다시 이 세계에 의해 규정된다——를 조직하고 서술하는 것이다.

이러한 확장된 행위자 개념이 과학 활동의 연구에 있어서 중요한 이유는, 그것이 자연세계 및 사회세계를 구성하는 실체들의 목록은 이질적이며 끊임없이 변화한다는 것을 포착하게 해주기 때문이라고 칼롱은 주장한다. 인간은 칸트적인 의미에서처럼 본유의 능력을 소유하고 있는 특권적인 존재가 아니라 특정 연결망에 의해 구성되는 존재이고, 비인간 역시 이른바 '자연'(Na-ture)이라는 본질적인 성질을 지닌 채 수동적으로 작용을 받기만 하는 존재가 아니라 특정 연결망에 의해 구성된 속성들의 집합체로서의 존재라는 것이다.

동료 연구자와 대화를 나누는 칼롱. 그가 제창한 ANT는 과학학은 물론 기존의 사회이론을 근본적으로 혁신시킬 수 있는 풍부한 새로운 통찰을 담고 있다.

행위자들의 정체성은 연결망의 상태와 진행 중인 번역, 즉 그들이 참여하고 있는 역사에 의존한다. 마찬가지로 자연과 사회라는 이분법도 그들을 질서짓는 연결망에 따라 동요한다. 따라서 ANT는 인간과 비인간, 자연과 사회라는 거대한 이분법을 거부한다. 하지만 이러한 입장이 차이의 존재를 거부하는 것은 아니며, 다만 분석자는 이분법에 기반하지 않고 차이를 파악하면서 그 변화를 추적해야 한다고 칼롱은 주장한다.

ANT는 인간 행위자의 동의와 반대를 기준으로, 즉 상이한 이해관계의 전가에 따른 동의 및 반대의 존재와 그들 사이의 협상으로 과학논쟁에서의 동의 창출을 설명하는 SSK의 방식에 반대한다. 그 대신 ANT는 행위자-연결망이 조밀하게 잘 정렬되어 있느냐 아니면 느슨하게 흩어져 있느냐의 여부로 이를 설명한다. 과학에서 특정한 주제에 대한 논쟁이 이루어지기 위해서는 과학자의 진술과 이론뿐 아니라 이를 뒷받침하는 기술적 인공물과 같은 비가시적인 하부구조 전체가 필요하다. 따라서 과학적 활동에서 동의가 창출되는 것은 특정한 행위자-연결망이 잘 정렬되어 강력한 힘을 갖추게 될 때 그에 기반하여 이루어지는 것이다.

달리 말하면, 번역의 성공 여부, 즉 동의의 창출은 특정 행위자-연결망이 얼마나 스스로를 해당 과학에서 필수불가결한 존재(즉 OPP)로 만들 수 있느냐에 달려 있다. 이는 SSK의 견해와는 달리, 이미 확립된 과학적 동의에 대항하는 것이 얼마나 어려운 일이며, 그 결과 전체 과학사에 있어서 논쟁을 통해 이견이 드러나는 일이 왜 예외적인가를 보여준다. 즉 특정한 과학적 동의에 문제를 제기하는 시도는 바로 구성요소 모두가 서로를 지탱하고 있는 행위자들의 조밀한 연결망과 대면하는 것이며, 이 조밀한 연결망에 대항하여 그와 대등한 힘을 가질 수 있는 연결망을 새로 구축해내는 것은 매우 어렵기 때문이다.

이처럼 과학적 동의가 연결망을 견고하게 구축하는 것에 달려 있다는 ANT의 견해는 과학의 내부와 외부, 즉 미시와 거시의 이분법을 넘어서 실험실 내부와 외부 사이의 관계에 대한 새로운 이해를 가능하게 한다. 즉 실험실 혹은 과학 내부에서의 동의가 연결망의 구축에 달려 있는 것과 마찬가지로, 실험실 외부에서의 동의 역시 이 연결망을 얼마나 튼튼하게 확장해내는가에 달려 있다는 것이다. 칼롱의 동료 라투르가 파스퇴르에 대한 사례연구에서 잘 보여주었듯이, 실험실의 과학은 이미 존재하고 있던 외부를 그대로 둔 상태에서 외부에 전달되어 효과를 발휘하는 것이 아니다. 실험실의 과학이 효과를 발휘하기 위해서는 먼저 그것이 적용될 곳에 실험실과 동일한 조건을 확장시켜야 한다. 따라서 ANT에 의하면 과학의 외부는 따로 존재하지 않는다. 단지 과학적 사실의 유통을 가능하게 하는 길고 좁은 네트워크가 존재할 뿐이다. 마치 철로가 없이는 기차가 달릴 수 없듯이….

이처럼 칼롱이 제창한 ANT는 과학학은 물론 기존의 사회이론을 근본적으로 혁신시킬 수 있는 새로운 통찰을 풍부하게 담고 있다. 비인간까지 확장된 행위자의 개념, 미시/거시 및 구조/행위의 이분법을 넘어서는 설명 모델, 권력에 대한 새로운 개념화, 과학/사회 또는 내용/맥락의 구분 폐기, 그리고 자연/사회의 전통적 경계를 넘어섬으로써 자연과학/사회과학의 '두 문화'를 극복할 가능성을 함축하고 있는 점 등은 ANT가 그 어느 이론보다도 21세기에 필요한 지식의 새로운 지평을 보여주는 것이라고 평가할 수 있는 이유다.

김환석 서울대 사회학과 학부와 석사과정을 마치고 영국 런던대학교 임페리얼칼리지에서 과학기술사회학으로 박사학위를 받았다. 과학기술정책연구원의 책임연구원과 울산대학교 사회학과 교수를 역임하고 1996년부터 국민대학교 사회학과 교수로 재직하고 있다. 참여연대 시민과학센터 소장을 역임한 바 있으며, 현재 영국 랭커스터대학교 사회학과 및 과학학센터에서 방문교수로 연구 중이다. 저서로『진보의 패러독스』(공저),『과학사회학의 쟁점들』등이 있으며, 역서로는『과학기술과 사회』(공역),『토머스 쿤과 과학전쟁』(공역),『과학학의 이해』등이 있다.

비근대주의 과학학

과학은 판도라의 희망인가

김환석
국민대 교수 · 사회학

브뤼노 라투르, 과학의 인류학 분야를 개척하다

행위자-연결망 이론(ANT)의 창시자는 미셸 칼롱이지만, 그것을 전 세계적으로 유명하게 만든 것은 그의 동료 브뤼노 라투르(Bruno Latour)이다. 라투르는 1947년생으로 프랑스 와인의 유명한 생산지 중 하나인 부르고뉴(영어로 '버건디') 지방의 본에서 '루이 라투르'라는 와인제조업 집안 출신으로 태어났다. 그는 프랑스 지식인의 대다수를 배출하는 에콜노르말 출신이 아니라, 지방도시인 부르고뉴의 디종(Dijon)에서 대학을 다녔다. 대학에서는 철학 및 성경해석 분야로 학위를 받았고, 그 후 군복무에 해당하는 프랑스평화봉사단의 일원으로 아프리카(아이보리코스트)에 건너가서 인류학적 현지조사 훈련을 통해 사회과학으로 학문적 관심을 돌렸다. 그러고 나서 1975년 아프리카와 대조되는 문화를 보기 위해서 미국으로 건너가 실험실에 대한 민속지 연구를 직접 수행함으로써 '과학의 인류학'이라 부를 수 있는 분야를 개척하였다.

캘리포니아에 있는 소크생물학연구소(Salk Institute for Biological Studies)에서 1975년 10월부터 1977년 8월까지 이루어진 이 참여관찰

❝ 라투르는 모든 과학이
야누스의 얼굴을 가지고 있다고 강조한다.
즉 공적으로는 과학이 모든 사람이
동의하는 확고하며 믿을 만한
지식으로 표현되지만, 동시에 사적으로는
불확실성과 논쟁을 경험하는 것이
실제 모습이라는 것이다. **❞**

연구결과를, 라투르는 영국의 과학사회학자 스티브 울가(Steve Woolgar)와 함께 정리하여 1979년 『실험실 생활: 과학적 사실의 사회적 구성』(*Laboratory Life: The Social Construction of Scientific Facts*) 이란 책으로 펴냈다. 이 책은 사실상 실험실에서 과학자들이 행하는 일상적 활동에 대한 세부연구로서는 첫 시도였으며, 학계의 대단한 관심을 불러일으키면서 이후 '실험실연구'(laboratory studies)로 이름 붙여진 과학의 새로운 흐름을 주도하는 역할을 하였다. 라투르는 이때부터 특히 영미권 학자들 사이에서 명성을 얻게 되었고 과학학뿐 아니라 여러 분야의 학자들이 그의 독특한 관점과 설명방식을 두고 열띤 논쟁을 벌였다.

그는 이후 파리 국립고등광업대학교 혁신사회학센터에 합류하여 미셸 칼롱과 더불어 ANT를 본격적으로 이론화하는 데 매진하였다. 특히 그는 ANT의 철학적 기초를 마련하고 방법론을 확립하는 데 크게 기여했는데, 기존의 과학학 이론 외에 그에게 가장 큰 영향을 준 것은 미셸 세르(Michel Serres)의 과학철학과 알지르다스 그레마스(Algirdas-Julien Greimas)의 기호학이다. ANT는 실험실 내부의 분석에 머물던 그의 과

탈냉전 시대인 1990년대 이후 그는 자신의 이론을 단지 과학과 기술만이 아닌 정치나 환경, 예술, 사법, 종교에 이르는 다양한 분석에 적용하는 시도를 해왔다.

학연구를 실험실 외부로 확장시키는 계기를 마련해주었는데, 그 결실로 서 나온 저작이 『프랑스의 파스퇴르화』(*The Pasteurization of France*, 불어판 1984; 영어판 1988)와 『과학의 실천』(*Science in Action*, 1987)이다. 이 두 권의 책으로 과학학자로서 그의 명성은 국제 적으로 확고해졌으며, ANT는 과학지식사회학(SSK) 이후 과학학의 새 로운 흐름을 주도하는 이론으로 부상하였다.

　탈냉전 시대인 1990년대 이후 그는 자신의 이론을 단지 과학과 기술 만이 아닌 정치나 환경, 예술, 사법, 종교에 이르는 다양한 분야의 분석 에 적용하는 시도를 해왔다. 그러면서 그는 과학학에서 출발한 ANT를 근대주의와 탈근대주의 모두를 넘어서는 '비근대주의'(non-modernism) 일반 이론으로 확대하려는 노력을 하고 있다. 짤막하지만 그의 비근대주의 사상을 잘 드러내는 것이 『우리는 결코 근대적이었던 적이 없다』(*We Have Never Been Modern*, 불어판 1991; 영어판 1993)라는 저서이다. 이 책은 현재까지 15개국 이상의 언어로 번역되어 라투르의 저서 중에 가장 대중적으로 성공한 저서가 되었다. 그리고 일종의 추리소설 형식을 띤 파리 자동지하철 시스템의 사례분석서인 『아라미스 또는 기술 사랑』(*Aramis or the Love of Technology*, 불어판 1992; 영어판 1996)은 독특한 형식으로 주목을 끌었다. 이외에도 과학학에 대한 그의 생각을 보여주는 『판도라의 희망: 과학학의 현실에 대한 에세이』(*Pandoras Hope: Essays on the Reality of Science Studies*, 1999), 환경에 대한 정치철학서인 『자연의 정치학』(*Politiques de la nature*, 1999), 그리고 프랑스 최고행정재판소에 관한 민속지 연구서인 『법의 제정』(*La fabrique du droit: une ethnographie du Conseil d'Etat*, 2002) 등 정력적인 저술을 계속하고 있다.

현재 그는 국립고등광업대학교의 정교수인 동시에, 영국의 런던정경대학교(London School of Economics)와 미국의 하버드대학교 과학사학과의 방문교수를 겸임하면서 활동하고 있다. 2002년 6월에는 홍콩대학교에서 주최한 '학문의 미래에 대한 탐색'이라는 주제의 국제 컨퍼런스의 초빙연사로 아시아를 다녀간 바도 있다.

라투르 사상의 전개

라투르의 학문적·사상적 궤적은 굳이 나누자면 다음과 같은 3단계에 걸쳐 발전해왔다고 볼 수 있다. 첫째, 그가 인류학 연구를 처음 시작하여 결국 실험실에 대한 민속지 연구를 통해 과학학으로 접어들게 된 1970년대. 둘째, 칼롱과의 만남을 통해 ANT를 함께 이론화하면서 과학학을 심화시키는 데 주력한 1980년대. 마지막으로, ANT를 확대하여 과학이 아닌 다른 분야에도 적용하고 이를 통해 '비근대주의' 이론 및 장치를 모색하고자 한 1990년대 이후 현재까지의 단계가 그것이다. 그러면 각 단계별로 그의 사상의 특징을 간략히 살펴보기로 하겠다.

1970년대, 과학학으로 접어들다

라투르는 1970년대 초반 아이보리코스트에 있는 한 프랑스 연구소에서 왜 아프리카인들이 산업사회의 생활방식에 적응하는 것이 그토록 어려운가를 설명하는 연구를 수행하였다. 당시 지배적인 설명은 아프리카인들이 전과학적(prescientific) 사고방식을 지녔기 때문이라는 것이었는데, 라투르는 현장조사를 통해 그러한 설명이 근거가 없다는 판단을 하게 되었다. 그러면서 만일 동일한 민속지 연구방법을 이른바 '과학적' 사고를 하는 서구의 첨단과학자들에게 적용하면 어떤 결과가 나올까 하는 문제의식이 생겨났다.

마침 그와 같은 고향 출신으로서 미국의 소크생물학연구소에서 활동하고 있던 과학자 로제 기유맹(Roger Guillemin)으로부터 초청을 받아, 1975년 10월 라투르는 기유맹 실험실에 대한 민속지 연구를 위해 미국으로 건너갔다. 당시 기유맹은 두뇌에서 만들어지는 갑상선 자극 호르몬인 타이로트로핀의 방출인자(TRF에서 후에 TRH로 명칭 변화)를 연구하고 있었다. 라투르는 이 사례연구의 결과를 담은 저서 『실험실 생활』을 통해, 실험실의 사회적 세계가 어떻게 논문과 기타 텍스트를 생산해내며, 어떻게 실재에 대한 과학적 시각이 좀처럼 바꾸기 힘든 일련의 진술들로 변하는지 그 과정을 세밀히 추적하였다.

라투르는 과학적 '사실'이 만들어지는 이러한 느리고 실천적인 장인 작업을 '구성'(construction)이라 부르면서, 한 진술이 사실(fact)로 변형될 수 있는 것은 어떤 이상적인 과학적 방법을 통해서가 아니라 바로 이러한 실천적 작업을 통해서라고 주장하였다. 더 나아가 이런 구성과정을 관찰해보면, 이른바 '실재'(reality)란 과학적 논쟁의 원인이 아니라 그 해결의 결과이기—즉 실재는 사실구성에 선행하지 않기—때문에 사실의 설명에 실재가 사용될 수는 없다고 라투르는 주장하였고, 이는 이후로도 그의 일관된 입장이 되었다.

1980년대, '만들어지고 있는 과학'에 주목하다

칼롱과 함께 ANT의 이론화에 나선 라투르는 파스퇴르에 대한 사례 연구를 통해 과학이 단지 자연을 재현하는 지식이 아니라, 실험실의 안과 밖을 넘나들면서 과학자가 다양한 인간 및 비인간 행위자들을 조밀하게 묶어내는 연결망 구축의 실천이라는 점을 『프랑스의 파스퇴르화』에서 보여주고자 하였다. 아울러 『과학의 실천』에서는 다양한 시기와 분야에 걸친 수많은 일화와 사례들을 이용하여, 과학적 실천과 그것이 사회 다른 부분과 맺고 있는 연관을 새로이 조명하는 데 주력하였다. 그는 어떤 지식-주장이 '사실로 구성'되는 것은 그 주창자가 중요한 타자들과 동맹 또는 연결망을 맺는 것을 통해서라는 점을 보여주고자 하였다. 이때 연결망을 구성하는 타자들은 특정한 지식-주장에 권위를 부여하는 동시에 그것을 좀처럼 변경시키려 노력하지 않는다는 것이다.

왜 우리가 흔히 알고 있는 과학이나 그에 연관된 기술은 이러한 설명과는 거리가 먼, 확실하고 견고한 어떤 것으로만 생각될까? 이에 대해 라투르는 모든 과학이 야누스의 얼굴을 가지고 있기 때문이라고 강조한다. 즉 공적으로는 과학이 모든 사람이 동의하는 확고하며 믿을 만한 지식으로 표현되지만, 동시에 사적으로는 불확실성과 논쟁을 경험하는 것이 실제 모습이라는 것이다. 라투르는 과학문헌, 실험실, 기술에서 우리가 대면하는 견고한 '기성과학'이 지닌 불확실하고 협상적인 측면을 풀어보이면서, 사실이나 기계의 구성이 설득, 수사, 자원할당을 포함하는 일종의 '집합적' 과정임을 보여주고 있다. 따라서 우리는 이미 블랙박스화된 '기성의 과학'(ready-made science)이 아니라, 그렇게 되기 전

Bruno Latour

La fabrique du droit

Une ethnographie du Conseil d'État

LA DÉCOUVERTE

『법의 제정』. 이 책에서 라투르는 각 나라마다 민족의 문화와 역사에 따라 그 나름의 법 적용 방식을 가진다는 관점으로 법의 일상사를 연구한다.

의 '만들어지고 있는 과학'(science-in-the-making)에 주목해야 한다는 것이다.

그러면 과학을 분석하는 사회학자들의 지식-주장은 이러한 연결망 구축의 운명에서 예외일까? 라투르는 과학에 대한 자신의 분석을 사회학 자체에도 적용시켜 성찰성의 요구에 응답하고자 한다. 사회학은 조사, 설문지, 문헌 등의 기술과학을 통해 '사회'라 불리는 또 다른 실재 (즉 블랙박스)를 창출하려는 시도라고 그는 생각한다. 따라서 사회에 대한 사회학자의 해석이 '사실'로 받아들여지느냐 역시 자연과학과 마찬가지로 교과서, 대학의 자리, 정부에서의 위치, 군부와의 통합 등이 연루되는 연결망 구축의 투쟁에 의존한다는 것이다. 결국 라투르는 ANT를 통해 과학이 설명하는 '자연'이라는 실재나, 사회학이 설명하는

라투르는 과학에 대한 자신의 분석을 사회학 자체에도 적용시켜 성찰성의 요구에 응답하고자 한다.

'사회'라는 실재가 모두 위와 같은 연결망 구축의 결과(원인이 아닌)라고 주장하는 대칭적(symmetrical) 입장을 피력함으로써 전통적인 과학사회학과는 거리를 두게 되었다.

1990년대 이후, 비근대주의 사상의 전개

탈냉전 이후 라투르는 위와 같은 자신의 대칭적 과학학을 더욱 일반화하여 근대주의/탈근대주의의 이분법을 넘어서는 '비근대주의' 사상으로 전개시켜왔다. 이에 대해 그는 자신이 세르에게서 영감을 얻었음을 누누이 강조하고 있다. 세르는 근대를 전근대로부터 분리하는 혁명이란 존재하지 않았다고 생각하며 칸트의 비판철학으로부터 시작되어 오늘날 탈근대사상에까지 이어지는 지식인의 비판(critique) 전통을 부정하는 독특한 철학자이다.

라투르는 이러한 생각을 이어받아 『우리는 결코 근대적이었던 적이 없었다』에서, 자연/사회의 이분법은 원래 있었던 것이 아니라 토머스 홉스와 로버트 보일 사이에 있었던 '진공펌프'를 둘러싼 17세기 논쟁의 결과로 생겨난 것임을 주장한다. 즉 그들은 인간의 '정치적' 재현과 비인간의 '과학적' 재현이라는 이분법을 만들어냄으로써 '진리에 관한 정치적 헌법'을 공동발명했으며, 바로 이런 구분이야말로 근대주의의 기초를 이루었다는 것이다.

더 나아가 라투르는 근대의 특징을 '번역'(translation)과 '정화'(puri-fication)의 이중구조에서 찾고 있다. '번역'이 전혀 새로운 유형의 존재—즉 자연과 사회간의 잡종(hybrids)—를 창출하는 행위라면, '정화'란 두 가지의 완전히 구분되는 존재론적 영역인 인간들의 순수한 영역('사회')과 비인간의 순수한 영역('자연')을 만들어내는 행위이다.

그런데 근대인들은 이 두 가지를 분리해서 생각하고 있으며, 따라서 의식으로는 '정화'에 몰두하면서도 무의식적으로는 '번역'을 통해 점점 더 많은 잡종과 연결망을 양산하고 있다. 라투르는 과학과 기술을 통해 만들어진 모든 사실(fact)과 인공물(artifact)이 이러한 잡종에 해당한다고 보는데, 이들은 순수한 의미의 '자연' 혹은 '사회' 그 어느 쪽에도 속하지 않기 때문이다.

'정화'는 칸트 이후의 근대 비판철학부터 본격적으로 전개되었으며 아직까지 근대인들의 의식구조를 지배하고 있다. 그러나 이러한 의식구조는 지구가 견디지 못할 만큼의 잡종 인공물을 무책임하게 양산함으로써 세계의 위기(생태적 위기 등 이른바 '위험사회')를 낳고 있는 장본인이기 때문에, 라투르는 이를 극복의 대상으로 보며 대신에 '번역' 행위에 대한 우리의 명시적인 의식이 필요하다고 본다. 비인간 행위자들에

『우리는 결코 근대적이었던 적이 없다』. 라투르의 비근대주의 사상이 잘 드러나는 대표작이다.

대한 의식적이고 책임 있는 '번역'이 잡종 인공물의 무한정한 증식을 억제하고 인간과 비인간의 새로운 관계 즉 '공생'을 가능하게 할 것이라고 보기 때문이다.

위와 같은 입장은 『판도라의 희망』과 『자연의 정치학』에서 더욱 구체화되면서, 결국 라투르의 '비근대주의'는 일종의 새로운 생태정치학으로 발전하는 모습을 보이고 있다. 그는 '자연'이란 범주가 절대적인 것이 아니라 '사회'와 마찬가지로 근대주의의 구성물이라면, 이런 '자연' 개념에 의존하고 있는 현재의 많은 녹색운동은 근대주의 기획을 변혁하는 것이 아니라 오히려 수명을 연장시키는 것이라고 지적한다. 이러한 한계를 벗어나 생태적 위기를 해결하려면, 기술과학이 마땅히 논쟁과 타협의 정치적 과정을 거쳐 인간과 비인간이 지금과는 전혀 다른

방식으로 결합되는 새로운 제도의 실험——즉 벨기에의 과학철학자 이
사벨 스텐저스(Isabelle Stengers)가 제창하는 '코스모폴리틱스'와 같
은 것——이 필요하다고 그는 역설하고 있다.

비근대주의와 탈근대주의는 전혀 다르다

라투르의 '비근대주의'를 적지 않은 사람들이 탈근대주의의 변형이
거나 그 일종이라고 오해하고 있다. 이에 대해 라투르는 여러 글을 통해
자신의 입장은 탈근대주의와는 전혀 다르며, 오히려 그것에 대해 매우
비판적임을 뚜렷이 밝히고 있다. 우선 리오타르나 보드리야르 같은 탈
근대 사상가들은 자연과학에 관한 한 완전히 과학주의적 입장을 취하고
있다고 비판한다. 그들은 과학을 빼놓곤 그 무엇이나 비판하는 데, 이는
그들이 아직도 자연/사회의 근대적 이분법에 갇혀 있기 때문이라는 것
이다.

홉스-보일의 논쟁 이후 순수한 인간의 재현을 담당하는 사회과학과
순수한 비인간의 재현을 담당하는 자연과학의 이분법이 생겨났으며, 이
를 받아들이면 두 가지의 비판적 임무가 지식인에게 생겨난다. 첫째로
계몽주의가 그랬듯이 자연과학으로 과거의 몽매주의를 비판하는 것, 그
리고 둘째로 사회과학으로 자연과학의 실수와 오만을 비판하는 것이 그
것이다. 라투르는 유독 이렇게 서구의 근대주의에서 인간의 재현과 비
인간의 재현을 분할한 것이 '우리'(서구)와 '그들'(비서구) 사이의 문화
를 구분하는 것과 일맥상통한다고 지적한다.

오늘날 이러한 두 가지 비판이 점점 결합되고 있는데, 라투르에 의하
면 탈근대주의란 바로 이 두 가지 비판의 '실망한'(disappointed) 버전
이라는 것이다. 즉 자연/사회의 이분법은 그대로 둔 채, 단지 실망한 계
몽주의에다가 실망한 사회과학적 비판을 더한 것이 탈근대주의라고 그
는 신랄하게 지적한다.

그것은 아직도 비판하기를 원하지만, 그 자신이 더 이상 사회주의(사회과학이 약속했던)나 자연주의(자연과학이 약속했던) 이상을 믿지 않기 때문에 어디에 근거해서 비판해야 할지를 모르게 되어버렸다. 탈근대 사상가들은 토대가 없이 어떻게 비판을 계속 수행해야 하는지 아무런 아이디어가 없다는 것이다. 따라서 탈근대주의는 근대주의의 실패를 나타내는 흥미로운 징후이자 완전한 지적 파산이라고 라투르는 생각한다. 한마디로 그것은 근대주의의 극복이 아니라, '실망한 근대주의', 즉 근대주의의 종착점이라고 그는 보는 것이다.

김환석 서울대 사회학과 학부와 석사과정을 마치고 영국 런던대학교 임페리얼칼리지에서 과학기술사회학으로 박사학위를 받았다. 과학기술정책연구원의 책임연구원과 울산대학교 사회학과 교수를 역임하고 1996년부터 국민대학교 사회학과 교수로 재직하고 있다. 참여연대 시민과학센터 소장을 역임한 바 있으며, 현재 영국 랭커스터대학교 사회학과 및 과학학센터에서 방문교수로 연구 중이다. 저서로 『진보의 패러독스』(공저), 『과학사회학의 쟁점들』 등이 있으며, 역서로는 『과학기술과 사회』(공역), 『토머스 쿤과 과학전쟁』(공역), 『과학학의 이해』 등이 있다.

새로운 진화이론 단속평형설

철저히, 진화론을 수호하라

홍욱희
세민환경연구소 소장 · 환경과학

스티븐 굴드를 기억하며

한 외국 과학자의 부음을 국내 언론이 소상히 전달하는 경우는 참으로 드문 일이다. 그런데 2002년 5월 22일, 국내 대부분의 신문들은 '과학 대중화에 기여한 스티븐 굴드 별세', '인간복제 반대에 앞장섰던 석학, 굴드 교수 사망' 등의 굵직한 제목을 달아 스티븐 굴드(Stephen J. Gould)의 사망 소식을 보도하는 데 인색하지 않았다. 그만큼 그가 자신이 몸담고 있던 진화과학이라는 과학 분야에서는 물론 전 세계적으로 과학계와 지성계에 널리 알려진 저명한 인사였음을 여실히 보여주는 증거라고 하겠다.

굴드의 사망에 즈음하여 세계적으로 저명한 과학주간지 『네이처』(*Nature*)는 다음과 같은 추모 기사를 실었다.

전 세계적으로 가장 저명한 진화생물학자의 한 사람인 스티븐 굴드가 지병인 암으로 60세에 생을 끝마치다. 굴드의 친근하면서도 유려한 글들은 대중에게 진화론을 전파하는 데에 지대한 공헌을 하였지만

" 다윈은 윤리를 모르는 얼간이가
아니었다. 그는 서양 사상에 담겨 있는
온갖 뿌리깊은 편견들을 자연에
떠맡기려 하지 않았을 따름이었다.
사실 나는 서양인이 즐겨 사용하는
오만한 사상을 부정함으로써
황폐해진 이 세계를 되살릴 수 있지
않을까 생각하고 있다. "

▶ 스티븐 굴드

그에 못지않게 그의 도발적인 사고는 적잖은 학문적 논쟁을 불러일으
켰다.

굴드는 스무 권 이상의 저술을 남겼는데 그 가운데 아홉 권은 시리
즈로 이어진 에세이 모음집이다. 이 에세이들은 진화를 주제로 한 것
이지만 그 속에는 그 주제에 못지않게 그가 일생동안 사랑했던 예술,
역사, 야구 등에 대한 열정 또한 가득하다.

세이건과 쌍벽을 이루었던 대중과학자

굴드는 미국식 실천적 과학자의 대표자로 간주될 만하다. 그는 우리
가 흔히 위대한 과학자상으로 간주하는 연구실에 틀어박힌 은발의 고매
한 인격자가 아니다. 또 뻔질나게 매스컴을 타거나 돈을 벌기 위해서 아
무 책이나 써대는 그런 팔방미인식의 대학교수도 아니다. 그는 진화생
물학을 연구하는 성실한 연구자로서 획기적인 새로운 진화이론을 제시
하였는가 하면, 탁월한 글솜씨로 1970년대부터 줄곧, 가장 저명한 과학
저술가의 한 사람으로 인정받아왔다. 이처럼 과학자로서의 커다란 업적

과 일반대중에게 과학을 소개하는 놀라운 열정을 함께 지녔다는 점에서 굴드는 종종 칼 세이건(Carl sagan, 1934~96)에 비교되기도 한다(세이건 역시 60을 갓 넘긴 나이에 암으로 타계하였다). 그러나 세이건의 저작이 과학적 지식의 산뜻한 나열로 폭넓은 독자층을 확보하는 데 성공했다면 굴드의 저작은 날카로운 지적주관(知的主觀)을 포함하고 있어서 주로 지식 수준이 높은 계층에서 더욱 많은 호감을 샀다고 할 수 있다.

굴드는 토박이 뉴욕 출신으로 가난한 이민자의 아들로 태어나 1967년 컬럼비아대학에서 고생물학으로 박사학위를 취득한 뒤 하버드대학에서 줄곧 진화학을 가르쳐왔다. 하버드대학 생물학과에는 굴드 이외에도 탁월한 과학저술가로서 필명을 날리는 에드워드 월슨과 리처드 르원틴 등의 교수들이 재직하고 있는데, 이들은 각자의 전공 분야가 조금씩 다르기는 하지만 학문적으로, 또 대중적 과학저술가로서도 서로 좋은 경쟁자이자 협력자였다.

과학저술가로서 굴드의 명성이 높아지게 된 직접적인 계기는 1977년에 발간한 두 권의 저서 『개체발생과 계통발생』(*Ontogeny and Phylogeny*)과 『다윈 이후』(*Ever Since Darwin*)에서 비롯된다. 앞의 책은 당시까지만 해도 일반인은 물론 최고 지식인들조차도 이해하기가 쉽지 않았던 진화 이론을 명쾌하게 소개한 책으로 커다란 성공을 거두었다. 그런가 하면 『다윈 이후』는 이후 2~3년의 간격을 두고 연속으로 발간된 과학 에세이집의 첫 번째 책으로, 새로운 과학적 글쓰기의 탄생을 알리는 신호탄으로서 지금까지도 지성인들의 대화에 오르내리는 명저이다. 굴드의 마지막 에세이집은 그의 사망 직전에 발간된 『I Have Landed』인데, 조만간 우리나라에서 번역본이 출간될 예정이다.

저술가로서 굴드의 진면목은 뉴욕에 소재하는 미국 자연사박물관이 발간하는 월간 잡지 『자연사』(*Natural History*)에 28년 동안 한 번도

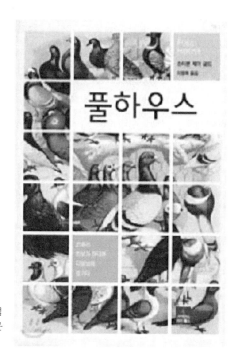

굴드는 이 책에서 진화의 문제를 넘어서 과학과 인류에 대한 심층적 문제를 제기한다.

거르지 않고 에세이를 연재했다는 데에서 찾아볼 수 있다. 이처럼 오랜 세월에 걸쳐서 한 잡지에 에세이를 연재했다는 것도 전무후무한 기록이거니와 보통 원고지 수십 매에 이르는 그 에세이들 대부분에서 최고 수준의 지성을 감지할 수 있다는 점도 그가 과학저술가로서 어떤 존재인지를 새삼 깨닫게 한다.

한 굴드 연구가에 의하면 300편의 에세이 중에서 그는 성경 내용을 53차례나 인용했으며 자신이 애청하는 TV 쇼프로그램 길버트 설리반 쇼를 21번, 셰익스피어를 19번, 영국의 시인 알렉산더 포프를 8번 언급했다고 한다. 이밖에도 라틴어 구절을 16회, 프랑스어 구절을 9회, 독일어 구절 6회, 심지어 이태리어 구절까지도 인용했다고 하는데, 이처럼 풍부한 인문학적 사유와 유려한 문체로 인해서 굴드의 에세이는 대학 인문학 강좌의 텍스트로도 널리 이용되고 있다. 요컨대, 최고 수준의 지성을 갖춘 과학에세이 작가라는 것이 굴드에 대한 첫 번째 평가라고 하겠다.

굴드는 1990년대에 들어서 저술활동의 범위를 더욱 넓혔는데 우리나라에서도 출간된 『풀 하우스』 『새로운 천년에 대한 질문』 『인간복제 무엇이 문제인가?』 등에서는 진화 문제를 넘어서는 과학과 인류 전반에 대한 굴드의 문제의식을 엿볼 수 있다. 이런 탁월한 저술에 힘입어 굴드는 수많은 수상의 영예를 안았다. 그는 자신의 세 번째 에세이집인 『판다의 엄지』로 1981년 미국출판협회가 수여하는 최고저술상을 받았으며, 이어서 1982년에는 미국 비평가상을, 1983년에는 최우수도서상을, 그리고 1990년에 다시 한 번 최우수도서상을 수상하였다. 1991년에는 여섯 번째 에세이집인 『경이로운 생명』으로 로엔-폴랭크 상의 영예를 안았고, 그 이듬해에는 고생물학회가 수여하는 최고저술상을 받기도 했다.

다윈 진화론을 보완한 탁월한 진화생물학자

다윈 이후 진화론에 대한 논쟁은 항상 일반 대중의 관심을 유발하였다. 이렇게 진화론이 대중의 관심 대상이 된 이유에는 여러 가지가 있을 수 있지만, 진화론이 실험으로 증명이 어렵고 따라서 수많은 이론과 해석이 등장하는 거의 유일한 과학 분야라는 점이 주된 이유의 하나라고 할 수 있겠다. 진화생물학자로서 굴드의 업적을 살펴보기 위해서 먼저 최근의 진화 이론을 간단히 살펴보기로 하자.

다윈은 자연선택의 개념으로 진화를 설명함으로써 현대 진화학의 기초를 마련했지만 생물에 유전자가 존재한다는 사실을 죽을 때까지 알지 못했다. 그래서 다른 무엇인가를 이용해서 자연선택의 메커니즘을 설명하려고 노력했다. 그 결과 다윈이 저지른 실수의 한 가지는 유익한 변이가 점진적으로 축적됨으로 인해서 새로운 종이 생겨난다는, 현대 유전학의 개념과는 정반대의 논리에 자신도 모르게 빠져들게 되었다는 점이다.

다윈의 진화론은 금세기 초엽, 멘델의 업적이 재발견됨으로 그 빛을 더욱 발하게 되었는데 유전자와 자연선택 사이의 관련성이 비로소 모색될 수 있었기 때문이다. 그렇지만 유전학적 지식이 처음부터 다윈의 자연선택설을 지지했던 것은 아니다. 일례로 초기의 유전학에서 얻어진 결과들은 돌연변이가 대부분 개체에 해로우며, 그 영향도 점진적인 것이 아닌 매우 대규모적으로 나타난다는 것 정도였고, 결과적으로 자연선택에서 요구되는 새롭고 유용한 변이들은 거의 발견할 수 없는 것이 보통이었다. 그러나 점차 유전학에 수학이 가미되면서 유전학에서 얻어진 결과들이 자연선택설을 뒷받침하는 방향으로 정리되기 시작하여, 1930년대에 이르러서는 유전학과 자연선택의 관계에 대한 전반적인 원리가 종합되었다. 이를 '신다윈주의'(neodarwinism)라고 부른다.

신다윈주의가 출현한 이후 얼마되지 않아서 도브잔스키(Theodosius Dobzhansky), 메이어(Ernst Mayr), 심프슨(George Gaylord Simpson) 등은 집단유전학, 계통학, 고생물학 등에서의 연구 결과들이 신다윈주의의 원리와 모순되지 않음을 천명하였다. 이렇게 해서 '현대종합설'(The Modern Synthesis)이 마침내 완성을 보게 되었는데, 이는 진화의 주된 메커니즘으로 자연선택설이 타당하다는 점을 전 세계 생물학자들이 인정한 쾌거였다.

그러나 진화의 메커니즘을 규명하는 작업이 신종합설의 제창으로 완료된 것은 아니었다. 신종합설이 대두되기까지 주로 고생물학, 계통분류학, 유전학 등에 의존해서 발전했던 진화생물학은 1950년대부터는 주로 분자생물학의 발전에 힘입어 현재까지 끊임없이 발전하고 있다. 이 과정에서 리처드 도킨스(Richard Dawkins)를 비롯한 일단의 신다윈주의자들은 다윈의 자연선택을 단순히 개체들이 더 많은 자손을 남기

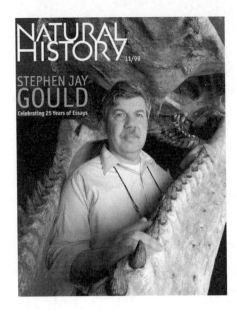

『자연사』지의 표지로 등장한 스티븐 굴드. 그는 미국 자연사박물관이 발간하는 이 잡지에 28년 동안 한 번도 거르지 않고 에세이를 연재했다. 이런 사례는 그가 과학저술가로서 어떤 존재인지를 새삼 깨닫게 한다.

기 위한 투쟁으로 해석했다. 특히 도킨스는 실제로는 생물들 사이의 경쟁이 그다지 치열하게 전개되지 않는다는 많은 현장 생물학자들의 관찰을 근거로, 정말로 중요한 진화의 메커니즘은 생식을 위한 개체들 간의 경쟁이 아니라 유전자들 사이의 경쟁이라고 생각했다. 도킨스, 윌리엄스(George Williams), 스미스(Maynard Smith) 등에 의하면 진화는 다음 세대에 가능한 한 더 많은 유전정보를 남기려는 유전자들의 투쟁으로 정의된다.

1970년대에 출현한 에드워드 윌슨(Edward Wilson)의 사회생물학은 이러한 유전자 중심 진화론의 연장이다. 사회생물학자들은 다윈의 자연선택설이 생물들 사이의 경쟁과 투쟁을 부추기는, 본질적으로 이기적인 현상이라는 점에 대해서 의문을 표시한다. 만약 자연선택이 옳다면 어떻게 생물들 사이에서 다른 개체를 위해서 자신을 희생하는 이타적 현상이 빈번히 관찰될 수 있으며, 또 흰개미나 꿀벌의 집단에서 볼 수 있는 것처럼 서로 협조하는 공생 체제가 구축될 수 있겠느냐는 것이다. 실제로 새들의 경우, 자기 새끼가 아닌 다른 새끼에게 먹이를 준다든지, 또는 자기 새끼도 없는 새가 머리 위에서 배회하는 매를 보고 자신은 매에게 노출되는 위험을 감수하면서까지 다른 새들에게 경계음을 발하는 현상 등을 관찰하기가 그리 어렵지 않다.

이런 이타주의 현상에 대해서 역시 같은 사회생물학자인 해밀턴(William Hamilton)은 어떤 상황에서는 그러한 이타주의적 행동이 가능한 한 자신의 유전자를 많이 남기려는 전략에 부합된다고 지적하였다. 해밀턴은 꿀벌의 무리에서 나타나는 극단적인 이타주의를 예로 들었다. 사회생활을 하는 꿀벌 무리에서 일벌은 불임이기 때문에 자신의 유전자형을 증식시키는 방법은 여왕의 배란을 극대화시키는 것뿐이다. 여왕벌은 단 한 번 수벌과 수정함으로 해서 수많은 일벌을 출산하기 때문에 벌집 속의 일벌들은 다 동기간이며 평균 4분의 3에 해당하는 유전자를 공유하고 있다(일벌은 암컷이다). 따라서 이와 같은 사회에서는 벌집이나 여왕벌을 위한 일벌의 어떠한 희생도 자신의 유전자 보전 차원에서는 가치 있는 일이 된다. 이처럼 동족의 번식을 위해서 자신이 희생하는 행위를 '근친선택'(kin selection)이라고 하는데, 이 개념은 특히 동물에게서 사회생활이 어떻게 진화될 수 있었는지를 설명하는 데에 아주 유용하다(이런 논의는 다음에 이어지는 '모든 것은 과학으로 통한다'의 장에서 다시 진행된다).

시기적으로 1970년대의 진화학계는 이렇게 유전자 이론으로 무장한 신다윈주의자들과 당시에 막 태동하기 시작한 사회생물학자들의 경연의 장이었다. 이런 현대 종합주의자들의 잔치 속에서, 굴드는 현장에서의 달팽이 연구에 기초한 새로운 진화이론을 들고나왔다.

원래 고생물학자로서 교육을 받은 굴드는 같은 고생물학자인 닐스 엘드리지(Niles Eldredge)와 함께 수많은 화석기록 속에서 달팽이들이

굴드와 함께 단속평형설을 연구한 고생물학자 닐스 엘드리지. 굴드와 엘드리지의 새로운 진화론 단속평형설은 다윈의 점진적 진화이론을 보완할 수 있는 대체학설로서 각광을 받았다.

보이는 다양한 변이에 주목하였다. 그들의 관찰에 의하면 달팽이들은 오랜 기간 아무런 변화없이 세대를 계속하다가 갑자기 짧은 기간 동안에 획기적인 변화를 나타내곤 했다. 이런 식의 진화 양상은 다윈이 주장했던, 변이가 점진적으로 축적되어 종이 변화한다는 진화이론과는 상반된 것이었다. 굴드와 엘드리지는 이러한 자신들의 진화이론을 단속평형설(punctuated equilibria)이라고 지칭하였다.

단속평형설은 수 세대에 걸쳐서 개체군 수준 이상에서 일어나는 생물의 대변화, 즉 대진화(macroevolution)를 설명하는 데에 특히 유용하다. 일례로, 인간의 조상에게서 두뇌의 용적은 과거 200만 년 동안 점진적으로 증가한 것이 아니라 새로운 인간 종족이 출현할 때마다 급속히 증가했다고 알려져 있다. 이러한 두뇌 용적의 증가는 변이의 점진적인 축적에 의해서라기보다는 단속평형설로 설명하는 것이 훨씬 합리적이다. 더욱 큰 두뇌를 가지고 출현한 후대의 우리 조상들이 그보다 두뇌 용적이 적었던 선대의 조상들보다 생존에 더 유리했을 것이므로 자연선택과 거의 유사한 이러한 '종족 선택'(species selection)이 진화에 작용했던 것임은 분명하다.

1980년 10월 시카고에서는 전 세계의 진화과학자들이 집결하는 대규모 국제학회가 개최된 바 있다. 이 회의에서 굴드와 엘드리지의 단속평형설이 다윈의 점진적 진화이론을 보완할 수 있는 대체학설로서 대단한 각광을 받았는데, 이후 그들은 현대 진화학계를 대표하는 과학자로서 명성을 떨치게 되었다. 다윈 이후 거의 한 세기 반이 지난 지금까지, 다윈의 점진적 진화론에 상대되는 새로운 진화이론이 제안된 경우는 굴드의 단속평형설이 유일하다.

진화과학자로서의 굴드는 평생에 걸친 진화학 연구를 마감하는 업적으로 자신이 사망하기 직전인 2002년 3월에 무려 1,500쪽에 달하는 『진화이론의 구조』(*The Structure of Evolutionary Theory*)라는 저작을 발간하였다. 굴드는 이 책의 발간을 기념하는 사인회장에서 1982년 자신이 희귀한 암에 걸렸다는 사실과 함께 의사로부터 사망선고를 받았을 때 이 책의 저술에 착수했다고 고백한 바 있다. 참으로 모든 과학자들의 귀감이 될 수 있는 놀라운 과학적 열정의 소유자라고 하겠다.

과학저술가로서와는 별도로 과학자로서도 그는 수많은 영예를 누렸는데, 1981년 과학잡지 『디스커버』(*Discover*)에 '올해의 과학자'로 선정된 것을 필두로, 여러 대학과 학회로부터 각종 메달과 수상의 영광을 안았다. 그가 받은 명예박사 학위만 해도 무려 40여 개에 이른다고 한다.

진화론을 철저히 옹호한 불독

굴드는 진화론을 열렬히 신봉했던 과학자로 유명하다. 사실상 그의 저술 대부분이 다윈 진화론을 설명하고 옹호하는 데 바쳐졌지만, 여기에서 한걸음 더 나아가 그는 때로는 창조론자들을 공격하는 데 선봉을

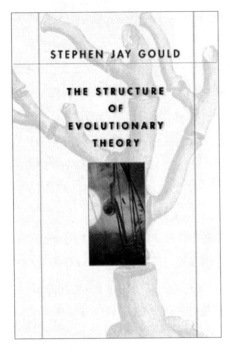

『진화 이론의 구조』. 굴드는 암에 걸렸
다는 선고를 받고 이 책을 쓰기 시작
했다. 이 저술은 진화과학자론에 대한
그의 총체적 업적이다.

서는가 하면, 같은 진화론 진영의 저명한 학자 윌슨이나 도킨스와 논쟁
하는 것에도 망설이지 않았다.

창조론자들에게 있어서 굴드는 언제나 가장 성가신 존재였다. 굴드는
동료 과학자들이 창조론자들과의 논쟁에 소극적이거나 아예 회피하는
자세를 보였던 것과는 달리 대담하게 이들을 공박하는 데 앞장섰다. 심
지어 그는 1980년대 초엽 창조론을 진화론과 동등하게 공립학교에서
가르칠 것인가의 여부를 놓고 미국 아칸소 주에서 진행된 재판에 당당
히 증인으로 나서서 창조론의 비과학성을 공격하였다. 이런 굴드의 증
언에 힘입어 연방순회재판소는 이른바 과학적 창조론으로 불리는 창조
론자들의 이론이 공공교육 현장에 수용되는 것을 거부하는 역사적인 판
결을 내렸다.

1990년대에 이르러 창조론자들이 자신들의 새로운 무기로 '지적 설계론'(intelligent design theory)을 들고 나왔을 때에도 굴드는 그 어떤 진화과학자들보다 더 열성적으로 그들에 대항하여 자신의 예리한 필봉을 마음껏 휘둘렀다. 이런 굴드를 가리켜서 언론은 그에게 '진화론의 불독'이라는 별명을 선사하였다.

그렇지만 굴드의 활달한 성격과 유려한 글솜씨는 때로는 동료 진화과학자들과의 관계를 불편하게 이끌기도 하였다. 그는 같은 대학에 근무하는 저명한 사회생물학자이자 선배 교수인 윌슨의 논리를 공박하는 일에 전혀 거리낌이 없었다. 그런가 하면 가장 유명한 신다윈주의자의 한 사람인 도킨스의 이기적 유전자론도 그 공격의 대상에서 비켜날 수 없었다. 굴드와 도킨스 사이의 흥미로운 논쟁을 정리한 책 『도킨스 대 굴드』는 우리나라에도 『유전자와 생명의 역사』라는 제목으로 번역되어 있다.

홍욱희 1955년 경기도 오산에서 태어나 1986년 미국 미시간대학교(Ann Arbor)에서 환경학 박사학위를 취득하고 한국과학기술연구원(KIST) 연구원과 미시간대학교 연구원을 거쳐 한국전력공사 전력연구원에서 오랜 기간 근무했다. 현재 세민환경연구소 소장 겸 자연환경연구소 연구위원이자 계간 『과학사상』 편집위원으로 있다. 저서로 『위기의 환경주의 오류의 환경정책』 『새만금』 등이 있으며, 역서로 『가이아: 살아 있는 생명체로서의 지구』 『회의적 환경주의자』 『섹스란 무엇인가』 등이 있다.

과학에서 인문학까지, 지식의 대통합

모든 것은 과학으로 통한다

홍욱희
세민환경연구소 소장 · 환경과학

하버드대학의 두 명의 생물학자, 굴드와 윌슨

미국 하버드대학에는 그 명성에 걸맞게 세계적으로 명성을 떨치는 대학자들이 그득하다. 그들의 학문적 우열을 가리는 일은 필경 부질없는 노릇일 것이다. 그렇지만 현재 재직하고 있는 학자 중에서 가장 유명한 과학저술가 또는 일반 대중에게 가장 널리 알려진 과학자를 들라고 한다면 아마도 스티븐 굴드(Stephen J. Gould)와 에드워드 윌슨(Edward Wilson) 두 사람을 첫손에 꼽을 수 있겠다. 굴드와 윌슨은 수십 년 동안 비교동물학 박물관 건물에서 같이 근무한 동료교수이지만 성격에 있어서나 글을 쓰는 방법에 있어서는 그야말로 천양지차를 보이는 어울리지 않는 두 사람이었다.

굴드는 하버드대학에 재직한 이래 30년 동안 다윈 진화론을 가장 열렬히 옹호하고 전파한 전형적인 진화생물학자로서의 길을 걸었다. 이에 반해서 윌슨은 1950년대에 동물행동학을 연구하는 생물학자로서 연구자의 길로 들어섰지만 1970년대에는 사회생물학의 창시자로서, 그리고 1980년대에 들어서는 생물다양성 보전을 주창하는 자연주의자로서 명

▲ 에드워드 윌슨

《 우리 인간을 비롯한 모든 동물들의
사회적 행동은 진화의 과정에서
자연선택을 통해서 자연스럽게
확립되었다. 그리고 이런 사회적 행동의
대부분은 각 개체에 내장된
유전자에 의해서 통제된다.
이렇듯 사회생물학은 생물 행동에
미치는 유전자의 영향력을 크게
강조하였기 때문에 윌슨은 어느새
유전자 결정론을 지지하는
중요한 인사로 여겨지고 있다. **》**

성을 떨쳤다.

뉴욕 출신의 굴드가 적극적이고 활달한 성격이었던 데에 반해서 앨라
배마의 촌뜨기였던 윌슨은 자연을 관찰하고 그 속에서 사색을 즐기는
조용한 성격이었다. 이런 판이한 성장 배경으로 말미암아 탁월한 지성
의 소유자 두 사람은 같은 대학 같은 학과에 근무하면서도 별로 사이가
좋지 못했던 것이 아닐까?

개미연구가에서 사회생물학 창시자로

1929년에 태어난 윌슨은 소년 시절부터 개미 탐구에 열심이었다. 그
러던 그가 본격적인 개미연구자의 길로 들어서게 된 것은 1953년부터
였다. 당시 하버드대학교의 대학원생이었던 윌슨은 그즈음 유행하던 동
물행동학에 많은 관심을 가지고 있었는데, 대다수 쟁쟁한 연구자들이
새와 포유동물의 의사소통에 관심을 가졌던 점에 착안해서 자신은 개미
의 의사소통 방법을 밝혀보고자 노력했다고 자서전에서 밝힌 바 있다.

1955년 윌슨은 하버드대학에서 박사과정을 마치자마자 조교수로 발령을 받는다. 개미에게서 여러 종류의 페로몬을 발견하고 그것들의 역할을 성실히 규명한 학문적 업적을 높게 평가받은 결과였다. 이후 10여 년 동안 윌슨은 개미를 비롯하여, 원숭이와 기타 다른 동물의 습성과 사회적 행동에 대한 연구를 위해서 전 세계를 누비며 열정적인 탐구의 시간을 갖는다.

그런데 1960년대에 이르자 미국 생물학계에서는 분자생물학이 점점 더 각광을 받고 또 그만큼 동물행동학이나 진화생물학 등은 점차 홀대받는 분위기가 형성되었다. 하버드대학의 젊은 조교수 윌슨은 사회의 관심이 온통 분자생물학 쪽으로 모이면서 세계 각지의 야외 현장에서 원숭이와 까마귀, 개미 등을 연구대상으로 삼는 자신의 연구 분야가 쇠퇴하는 것에 크게 자극을 받게 되었다. 이런 와중에 그는 그간의 동물행동학적 연구결과들을 종합하고 다듬어서 새로운 이론으로 발전시켜보고자 하는 강력한 충동에 사로잡혔다.

타고난 종합가라고 할 수 있는 윌슨은 먼저 그때까지 동물행동학 연구가 동물행동의 직접적인 인과관계를 설명하는 데 치중한 나머지 그런 행동의 저변에 깔린 기본적인 요소에 대해서는 별로 관심을 기울이지 않았다는 점에 주목하였다. 자연에서는 침팬지가 사냥에서 획득한 먹이를 집단 내의 다른 침팬지에게 나누어준다든지, 또는 적의 출현을 처음 발견한 새 한 마리가 경고음을 발산해서 다른 새들을 보호하면서 자신은 희생의 제물이 된다든지 하는 이타적인 행동을 쉽게 찾아볼 수 있는데, 동물행동학은 기껏해야 그런 행동이 전체 집단을 위한 개별 개체들의 희생이라는 점을 강조하는 것이 고작이었다. 하지만 윌슨은 동물의 이런 이타적인 행동이야말로 오랜 진화의 과정에서 그 유전자 속에 각인된 본능적 행동에 불과하다고 해석하였다. 요컨대 동물의 행동을 결정하는 가장 중요한 요소로 진화와 유전자의 영향력에 주목했던 것이다.

월슨은 동물의 행동을 진화와 유전자를 중심으로 하여 해석하고자 하는 자신의 시도에 '사회생물학'(sociobiology)이라는 이름을 붙였다. 그리고 1971년부터 저술에 착수하여 4년 후인 1975년에 같은 제목의 책으로 발간하게 되는데, 이 책으로 말미암아 월슨은 타임지의 표지를 장식하는 등 일약 세계적인 명사의 길로 들어서게 된다.

월슨의 가장 주목할 만한 이론 중 하나는 많은 동물집단에서 관찰할 수 있는 이타적 행위조차도 자연선택의 과정을 통해 진화되었을 것이라는 제안이다. 다윈의 진화이론에 의하면 자연선택은 각각의 생물 개체에 작용하여 그 개체로 하여금 생식의 기회를 증가시키는 육체적·행동적 특징을 발전시키도록 하는 원동력이다. 따라서 한 생물체가 자신이 속해 있는 집단을 구하기 위해서 스스로를 희생하는 이타적 행위는 자연선택과 양립할 수 없는 것으로 간주되었다.

그렇지만 월슨은 그런 이타적 행위가 사실상 서로 밀접한 혈연관계를 맺고 있는 동물집단 속에서만 나타난다는 점에 주목하였다. 그래서 비록 자신은 죽지만 결과적으로 자신과 동일한 유전자를 공유하는 다른 개체들에게 보다 많은 생존의 기회를 부여한다는 점을 간파했다. 동물의 이타적 행위도 진화적 입장에서 본다면 결국 후손에게 더 많은 자신의 유전자를 전달하기 위한 고도의 전략적 행위라는 것이다. 월슨은 진화의 전략이 개체 보존이 아닌 유전자 보존에 있다는 사실을 적시했다.

사회생물학에서는 우리 인간을 비롯한 모든 동물의 사회적 행동이 진화의 과정에서 자연선택을 통해서 자연스럽게 확립되었다고 주장한다. 그리고 이런 사회적 행동의 대부분은 각 개체에 내장된 유전자에 의해서 통제된다고 설명한다. 다시 말해서, 개미들이 여왕개미를 중심으로 엄격한 위계질서를 구축하고 고도의 분업체제를 유지하는 것이나, 대부분의 동물이 자식을 끔찍이 사랑하는 것, 최고의 배우자를 차지하기 위해서 수컷끼리 생명을 걸고 혈투를 하는 것 등이 모두 그 내면에는 자신

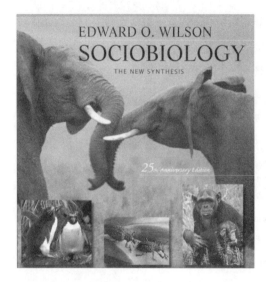

윌슨은 동물의 행동을 진화와 유전자를 중심으로 해석하고자 하는 사진의 시도에 '사회생물학'이라는 이름을 붙이고 1975년 같은 제목의 책으로 발간했다. 이 책으로 말미암아 윌슨은 세계적인 명사의 길로 들어서게 된다.

이 소유하는 유전자를 조금이라도 더 많이 후대에 전달하기 위한 전략 전술에 다름아니라는 것이다.

윌슨의 사회생물학은 생물 행동에 미치는 유전자의 영향력을 크게 강조하였기 때문에 그 자신도 어느새 유전자 결정론을 지지하는 중요한 인사로 간주되게 되었다. 그 결과 그는 공개강연회장에서 얼음물 세례를 받는 곤경에 처하기도 하는데, 이런 봉변에 대해서 윌슨은 과학자가 자신의 견해 때문에 물리적 공격을 받은 미국 초유의 사건이었다고 자신의 자서전에서 점잖게 해석하고 있다.

사회생물학이 등장한 이래 1970년대를 거치면서 사회적으로 커다란 물의를 일으킨 이유는 분명하다. 1975년 이후 20년 동안 사회생물학을 주제로 해서 발간된 책만 해도 200권이 훨씬 넘는다. 우리 인간도 동물계의 일원임이 분명하므로, 인간이라고 해서 사회생물학이 제시하는 이론에서 결코 자유로울 수 없을 것이기 때문이다. 따라서 사회생물학은 불가피하게 인간 본성에 대한 논쟁을 유발하게 되었다. 이런 논쟁의 중

사회생물학은 인간 본성에 대한 논쟁을 피해 갈 수 없었고 윌슨은 그 중심에 섰다. 그는 이 책으로 퓰리처 상을 수상했다.

심에 선 연구자의 입장에서 윌슨은 1978년 다시 한번 화제의 책 『인간 본성에 대하여』(*On Human Nature*)를 펴내어 전 세계적으로 주목을 받았고, 퓰리처 상의 영예까지 안았다.

　『사회생물학』과 『인간 본성에 대하여』라는 두 책에서 윌슨은 일관된 입장을 피력한다. 인간은 행동과 사회구조를 획득하는 성향을 유전에 의해서 조상으로부터 물려받는데, 이런 성향은 말하자면 대개의 사람들이 공유하는 인간의 본성이라고 할 수 있다. 인간의 특성에는 남녀 간의 분업, 부모자식 간의 유대, 가까운 친척들에게 행하는 고도의 이타성, 근친상간 기피, 여러 다양한 윤리적 행동들, 이방인에 대한 의심, 부족주의, 집단내 순위제, 남성 지배 등이 포함된다. 사람들은 비록 자유의지를 가지고 자신의 행동을 결정하지만, 이런 결정에 관계하는 심리적 발달의 경로는 비록 우리 자신이 아무리 다른 길로 들어서고자 발버둥을 친다 해도 우리 몸속에 깃들어 있는 유전자에 의해서 어떤 일정한 방향을 지향할 수밖에 없도록 한다는 것이 윌슨의 주장이다. 따라서 인류문화가 제아무리 다양하다고 해도 결국은 이런 특성을 향해 부득이 수렴되는 것이 당연하다. 예를 들어서 서울 도심에 사는 사람이나 남태평양에 사는 원시부족을 막론하고 설령 그들이 수만 년을 격리되어 있었다고 해도 선조로부터 물려받은 공통적인 유전자로 인해서 서로를 이해할 수 있게 된다.

인간 본성에 대한 이런 윌슨의 관점은 1970년대의 시대 조류에서 볼 때 대단히 예외적인 관점이었다. 사실상 서구사회에서는 20세기 내내 천성인가 양육인가 하는 논쟁이 끊이지 않았는데 당시에는 양육론이 승리를 거둔 것처럼 보였다. 그런 와중에 제기된 윌슨의 사회생물학은 천성론에 더할 수 없는 힘을 실어주게 되는데, 이 논쟁은 지금까지도 심심치 않게 재연되고 있다.

생물다양성과 바이오필리아

세계 최고의 개미전문가 윌슨은 1960년대와 70년대에 개미 연구의 연장선상에서 사회생물학을 확립하여 일약 유명인사가 되었는데, 1980년대에 들어와서는 다시 한 번 개미 연구의 연장이라고 할 수 있는 새로운 연구에 빠져들게 된다. 바로 자연환경 보전의 중요성에 눈을 돌린 것이다.

사실상 윌슨은 1950년대 대학원생 시절부터 중남미의 열대우림을 여행하면서 개미를 비롯하여 여러 사회성 곤충류에 대한 연구에 몰두해왔기 때문에 그 누구보다도 야생생물의 서식처 파괴 참상을 많이 목격할 수 있었다. 그럼에도 불구하고 이런 서식처 훼손과 그에 따른 생물종 감소의 문제점들에 대해서 공개적인 의사표시를 자제해왔는데, 1980년대에 이르러 사회생물학 논쟁이 어느 정도 자리를 잡자 본격적으로 이 문제에 관심을 돌릴 수 있게 되었던 것이다.

물론 윌슨 이전부터 생물종의 감소라든지 열대우림을 비롯한 세계 각지의 생태계 파괴 현상에 대해서 우려의 목소리가 아주 없었던 것은 아니다. 하지만 윌슨은 그 어떤 환경주의자들과도 궤를 달리하면서 자기만의 주장을 펼치기 시작했다. 윌슨은 이런 자신의 생물다양성 보전 사상을 '바이오필리아'(biophilia)라고 명명하였다. 우리 인간이 본원적으로 다른 모든 생명체들과 자연계의 과정에 어떻게 관련을 맺고 있는지를 설명하는 개념으로서, 1984년에 처음으로 바이오필리아(bio[생물] + philia[사랑])라는 용어의 사용을 제안한 것이다.

먼저, 윌슨은 만약 우리가 생물다양성의 훼손을 방치한다면 멀지 않은 장래에 새로운 과학적 정보를 얻을 수 있는 근원을 잃게 될 것이라고 경고하였다. 엄청난 잠재적 가치를 지닌 풍요로운 생물상이 파괴됨으로 인해서 새로운 의약품, 농작물, 목재, 기호품 등이 발견될 수 있는 기회가 인류에게 결코 주어지지 않을 것이라고 지적한 것이다.

윌슨은 이런 지적에서 한걸음 더 나아가서 생물다양성의 파괴, 곧 생태계의 훼손이 우리 인류의 미래에 더욱 심각한 영향을 미칠 수 있음을 강조하였다. 오랜 진화의 과정을 거치는 동안 우리 인간은 물질적·정신적으로 자연과 뗄래야 뗄 수 없는 깊은 연관을 맺게 되었기 때문에 건강한 자연과 함께 할 때에만 비로소 참된 인간성의 구현이 가능하다는 것이다.

바이오필리아란 다시 말해 우리 인간의 마음속에 자연계 모든 생물에 대한 애착(측은지심, 惻隱之心)을 지니고 있다는 사고이다. 윌슨에 따르면 인간이 타 생물종에 대해 측은지심을 갖게 된 것은 인간 종족의 발달사와 밀접한 관련이 있으며, 인류의 정신적·물질적 발전에 있어서 필연적인 과정이었다고 한다.

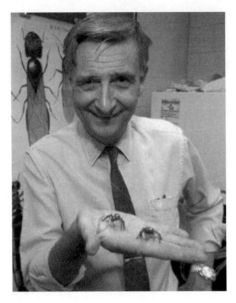

1960년대와 70년대 개미 연구의 연장선상에서 사회생물학을 확립하여 일약 유명인사가 된 윌슨은 1980년대 들어 다시 한 번 개미 연구의 연장이라고 할 수 있는 생물다양성 보전 사상 '바이오필리아'의 연구에 빠져들게 된다.

만약 우리에게 이상적인 거주지를 선택할 수 있는 자유가 주어졌다고 한다면 우리는 과연 어떤 곳을 가장 선호할까? 윌슨에 따르면 대부분의 사람들은 약간 높직하면서 호수나 바다 또는 하천과 같은 큰 물에 가깝고 또 공원같이 평평한 땅으로 둘러싸인 장소에 집을 갖기를 가장 원한다고 한다. 그리고 집 안에서 바라볼 수 있는 주위의 나무들로는 많은 가지들이 땅바닥 가까이까지 무성하게 뻗어 있는 크고 튼튼한 나무와 가지에 작고 가늘게 분리된 잎이 많이 나 있는 종류를 가장 좋아한다고 한다.

그러면 현대인이 가장 선호하는 이런 주택 주변의 경관이 우연히 머리에 떠오른 것일까? 이런 조건은 원시시대의 인간이 주거지로 선택한 장소와 놀랄 만큼 일치한다. 윌슨은 원시시대 인간의 집과 현대인의 주택지 선호 조건이 이처럼 비슷한 것은 결코 우연이 아니라고 지적한다. 이런 경관이야말로 바로 우리 인간이 과거 수백만 년 동안 진화해온 아프리카의 열대 사바나 지역에서 가장 흔히 볼 수 있는 풍경이라는 것이다. 우리 원시조상들은 필경 사방이 탁 트인 땅이 먹이를 찾거나 적을 감시하는 데 가장 용이하다는 사실을 잘 알고 있었을 것이다. 또 만약의 사태가 발생했을 때 몸을 숨기거나 적에게 쫓길 때 도망쳐 올라갈 수 있는 나무가 필요했을 것이다.

인간을 비롯한 모든 동물은 생존을 의지할 장소를 타고난 성향에 따라서 선택한다. 이 점에서 우리 조상들만이 예외였다고 한다면 이상한 일이고, 또 인류가 문명생활을 누린 지난 수천 년 동안의 짧은 기간 동안 우리 유전자에 내재된 그런 성향이 모두 지워졌다고 한다면 그것 역시 이상한 일이다. 금전적으로 무엇이든 가능한 뉴욕의 억만장자라면 호수가 바라보이고 센트럴 파크를 내려다볼 수 있는 빌딩의 옥상에 널찍하게 자신의 주택을 마련한다. 그리고 집 둘레에 커다란 관목 화분을 세워놓는 것이 보통이다. 윌슨은 이런 억만장자의 행위는 자신도 모르는 새에 자신이 알고 있는 수준보다 훨씬 더 깊은 감각의 차원에서 인간의 뿌리로 돌아가고 있는 것이라고 설명한다.

만약 인간의 심성 깊숙한 곳에 바이오필리아의 감정이 그렇게 넓게 자리를 차지하고 있다면 현재와 같은 급속한 자연파괴와 환경오염의 심화는 인간의 정신과 행동에 어떤 영향을 미칠 수 있을까? 유감스럽게도 정신의학자들이나 사회과학자들은 아직 이 질문에 대한 대답을 회피하고 있다. 하지만 사정이 바로 그렇기 때문에 윌슨은 자연환경의 보전을 강력히 주장한다.

특히 윌슨은 자연보호의 상징으로 생물다양성의 보전을 크게 강조하고 있다. 유전자, 유전형질의 다양성에서 생물종 다양성에 이르기까지 생물의 다양성은 일단 한 번 훼손되면 결코 다시 회복될 수 없다. 만약 지구의 일부 지역만이라도 종다양성이 야생상태를 그대로 유지할 수만 있다면 언젠가는 생물권이 다시 회복될 것이며, 우리 후손들은 언젠가는 자연이 제공하는 모든 혜택을 누릴 수 있게 될 것이다. 그렇지만 이와 반대로 현재와 같이 무분별한 생물다양성의 감소가 지속된다면 인류의 본원적 인간성(humanity)은 점점 더 빈약해질 것이다.

바이오필리아 가설은 인간이 피상적으로 생존유지와 종족번식을 위해서 필요로 하는 물질자원의 공급원이라는 관념을 훨씬 넘어서, 인간은 자신의 심미적 · 지성적 · 인지적 심지어 정신적 안정과 만족을 위해서 자연에 의지할 수밖에 없다고 선포한다. 1980년대 이후 윌슨은『바이오필리아』(1984)와『생물다양성』(1989),『바이오필리아 가설』(1993),『생명의 다양성』(1993),『자연주의자』(1994),『자연의 탐구』(1996) 등 일련의 저서들을 발표해서 자신의 바이오필리아 정신을 구현하고 있다. 이 책들은 대부분 베스트셀러의 반열에 올라 세계 최고의 과학저술가로서 윌슨의 명성을 더하게 하였다.

지식의 대통합, 컨실리언스

1990년대의 윌슨은 개미연구가로서, 사회생물학의 창시자로서, 그리고 바이오필리아 이론의 주창자로서 더할 나위 없는 최고의 명예를 누렸다. 그는 두 번의 퓰리처 상 수상은 물론 미국 국가과학메달, 크루포드 상 등 세계 각국의 저명한 과학상을 거의 다 휩쓰는 영광을 누렸는데, 이런 일은 일찍이 전례가 없다. 이런 영예에도 불구하고 1998년 윌슨은 다시 한 번 세상을 놀라게 하는데,『컨실리언스: 지식의 통합』이라는 저작의 발간이 바로 그것이다. 이 책은 우리나라에서『통섭: 지식의 대통합』이라는 제목으로 번역, 출판되었다.『사회생물학』과 마찬가지로 발간되자마자 격렬한 논쟁의 대상이 되었던 이 책에 대해서 지지자들은 그 내용이 평소의 윌슨답게 대담하고 도발적이라고 칭찬을 아끼지 않았다. 하지만 그 반대자들은 지적으로 편중된, 단지 과학이라는 이름으로 위장된 우파적 주장에 불과하다고 혹평하기를 서슴지 않았다.

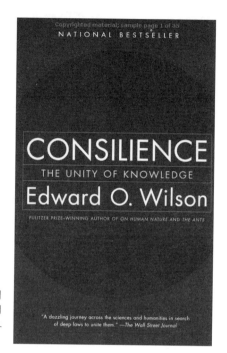

NATIONAL BESTSELLER

CONSILIENCE
THE UNITY OF KNOWLEDGE
Edward O. Wilson

PULITZER PRIZE-WINNING AUTHOR OF ON HUMAN NATURE AND THE ANTS

"A dazzling journey across the sciences and humanities in search of deep laws to unite them." —The Wall Street Journal

윌슨은 사전에도 존재하지 않는 단어 '컨실리언스'를 사용하여 인류의 역사에 대한 통합을 예고하며 화제를 불러일으켰다.

놀랍게도 '컨실리언스'(consilience)라는 단어는 웹스터 사전에도 나와 있지 않다. 그래서 더욱 호기심을 불러일으켰던 이 책에서 윌슨은 인류의 역사란 결국 이제까지 별개의 영역에서 독자적으로 추구되었던 미지에 대한 탐구가 어느 순간에 이르러서는 서로 통합되어 새로운 세계의 탐구를 도모하게 되는 과정이라고 설명한다. 화학과 유전학이 결합하여 20세기 후반에 분자생물학이라는 놀라운 과학 분야가 새로 탄생한 것이 그 단적인 예라고 할 수 있다.

윌슨은 지난 200년 동안 인류가 획득한 지식은 대부분 전문화 과정을 통해서 얻어졌다고 설명한다. 사람들은 인류의 지식을 굳이 사회과학과 인문과학, 순수과학, 예술 등으로 구분하고 또 그 속에서 무수히 많은 전문 분야들을 가지치기한 나머지 이제는 지식의 통합은 꿈도 꾸지 못할 지경에 이르렀다는 것이다. 하지만 이런 답답한 현실 속에서 윌슨은 제반 지식의 통합 가능성을 엿보는데, 특히 자연과학에서 물리학과 화학과 생물학의 통합이 현재 진행되고 있음을 설파한다. 생물학이 물리학과 화학의 지원 없이는 더이상 수행될 수 없으며, 물리학 또한 생물학의 영역을 넘보는 것이 현실의 추세라는 것이다. 그렇다면 자연과학의 통합이 진행되고 있는 현실에서 어째서 자연과학과 인문학과 예술의 통합은 가능하지 않겠는가. 윌슨은 이미 자연과학이 심리학과 인류학, 사회학 등에 막대한 영향력을 행사하고 있고 또 예술에도 크게 기여하고 있음을 상기시킨다(과학의 예술에 대한 기여는 단적으로 백남준의 비디오아트에서 엿볼 수 있다).

특히 윌슨은 진화생물학(evolutionary biology)이 지식의 통합에 중요한 역할을 할 것으로 기대한다. 그것은 우리의 문화와 종교가 제아무리 우월하고 우리의 심령이 제아무리 탁월하다고 해도 결국 우리는 생물학적 존재이기 때문이라고 주장한다. 우리 인간은 생물학적인 진화의 과정을 거쳐왔으며 우리 몸 역시 생물체에 불과하다. 따라서 우리 인간의 본성에 대해서 좀더 잘 이해하기 위해서는 과학적인 이해가 선행되어야 하며 바로 이 점에서 진화생물학은 사회과학에 더욱 밀접하게 연결되어야한다.

우리는 우리 몸에서 두뇌의 역할이 무엇인지를 알기 위해서 두뇌과학을 발전시켰다. 그런데 우리의 마음이 어떻게 움직이고 우리가 사물을 어떻게 감각적으로 인식하고 어떻게 언어를 구사하는지 등에 대한 탐구는 곧 생물학의 영역이자 심리학과 인류학의 영역이기도 하다. 앞으로 과학은 점점 더 많이 인간 본성의 이해에 기여하게 될 것이고 결국은 인간 본성을 지배하는 법칙을 발견할 것이다. 윌슨은 윤리를 지배하고 통제하는 유전자는 있을 수 없지만 우리가 자신의 본성에 대해서 더 많이 이해하면 할수록 우리는 더욱 현명한 입장에서 그런 윤리적 결정을 내릴 수 있을 것이라고 주장한다.

우리말로는 '대통합' 쯤으로 해석될 수 있는 컨실리언스라는 단어를 사용하면서 윌슨은 인류 문명의 모든 업적들, 종교와 경제와 심지어 예술에 있어서까지의 모든 영광들이 이제 모두 과학으로 설명될 수 있다고 설파한다. 다시 말해서, 윌슨은 이제까지의 인류 역사는 곧 과학과 인문학의 통합 과정이며 또 앞으로의 역사도 그럴 것이라고 단언하는 것이다.

이 노 생물학자의 오랜 탐구의 여정이 컨실리언스에서 그칠지, 아니면 새로운 주장으로 세상을 다시 한 번 놀라게 할지는 아무도 알지 못한다. 하지만 앨라배마주의 한 시골뜨기 소년에서 시작해서 진지한 개미 연구가로, 그리고 하버드대학의 생물학 교수로, 사회생물학의 창시자로, 생물다양성과 자연보호의 주창자로, 이어서 다시 지식의 대통합을 주장하고 예언하는 인류의 스승으로 정진하는 그의 진지한 탐구 자세는 자못 엄숙하기까지 하다.

홍욱희 1955년 경기도 오산에서 태어나 1986년 미국 미시간대학교(Ann Arbor)에서 환경학 박사학위를 취득하고 한국과학기술연구원(KIST) 연구원과 미시간대학교 연구원을 거쳐 한국전력공사 전력연구원에서 오랜 기간 근무했다. 현재 세민환경연구소 소장 겸 자연환경 연구소 연구위원이자 계간 『과학사상』 편집위원으로 있다. 저서로 『위기의 환경주의 오류의 환경정책』 『새만금』 등이 있으며, 역서로 『가이아: 살아 있는 생명체로서의 지구』 『회의적 환경주의자』 『섹스란 무엇인가』 등이 있다.

미생물 진화이론

성의 진화는 악마와의 거래인가

홍욱희
세민환경연구소 소장 · 환경과학

다윈주의에 반기를 든 불손한 생물학자, 린 마굴리스

찰스 다윈이 저 유명한 『종의 기원』을 발표했던 1859년 이래 극히 최근에 이르기까지, 생물진화에 대한 이론이라고 한다면 그것은 곧 다윈의 자연선택 이론과 적자생존론을 의미했다. 20세기에 이르러서야 비로소 만개할 수 있었던 진화론의 신종합설 역시, 유전학과 분자생물학, 동물행동학에서 얻어진 지식을 이용해서 다윈주의를 더욱 공고히 하는 것에 불과했다.

그런데 자연선택이나 적자생존은 결국 동전의 앞뒤와 같은 논리로서, 자연계에는 생물 개체들 사이에 항상 생존경쟁이 일어나는데 그 중에서 가장 환경에 잘 적응하는 개체만이 살아남아 후대에 자손을 남긴다는 설명이 그 핵심이다. 자연선택이란 이렇게 최적자의 생존만을 유도하는 주체가 곧 자연임을 강조하기 위한 용어라고 하겠다.

따라서 다윈의 진화론은 발표 당시부터 여론의 맹렬한 반격을 받았다. 다윈 이론을 인간 사회에 적용하게 되면 부자가 가난한 자를 착취하는 것을 정당화할 수 있고, 또 노약자와 극빈자, 농민과 노동자 등 사회적

> **"** 성은 곧 죽음을 의미하며
> 성의 진화는 악마와의 거래였다.
> 미생물 진화의 과정에서 처음 나타난
> 성은 이후 모든 생물들로 하여금
> 번식을 위해서 본격적으로
> 성을 수행하는 대신 죽음이라는 숙명을
> 받아들이도록 강요했기 때문이다.
> 우리가 성을 통해서 쾌락을 얻는 만큼
> 희생 또한 처절하다는 점에서
> 성은 악마와의 거래다. **"**

▶ 린 마굴리스

약자들이 겪는 삶의 고통을 국가가 외면할 수 있기 때문이다. 강대국이 약소국을 침략하고 속국으로 삼는 행위도 물론 당연시될 수 있다.

그러면 과연 생물진화의 과정은 이렇게 생물들 사이의 경쟁과 투쟁으로만 점철된 것이었을까? 마치 우리 인간 사회가 경쟁일변도로서만 유지된다고 설명할 수 없듯이, 생물의 세계에서도 경쟁 이외에 다른 메커니즘이 작용하여 진화의 역사가 쓰여질 수 있었던 것은 아닐까?

이처럼 다윈주의에 감히 반기를 드는 불손한 의문을 품은 생물학자 중 가장 대표적인 인물이라고 한다면, 우리는 주저없이 린 마굴리스(Lynn Margulis)를 들 수 있겠다.

미생물 중심의 진화 역사

지금으로부터 약 46억 년 전 우주 공간에 처음 모습을 드러낸 행성 지구는 거대한 불덩어리에 불과했을 것이다. 지구는 점차 열을 잃으면서 서서히 겉껍질의 형태를 갖추게 되었고 그후 도처에서 진행된 화산 활동 덕분에 대기 중에 수증기를 포함하게 되었으리라. 수증기는 모여서 구름

린 마굴리스는 다윈주의에 감히 반기를 드는 불손한 의문을 품은 생물학자 중 가장 대표적인 인물로 꼽힌다.

을 만들었고 구름은 모여서 비를 뿌렸으며 그 비는 다시 지표면에서 증발하여 구름이 되었을 것이다. 그리고 이런 기상현상에 의해서 지표면은 점차 식어갔고, 그 과정에서 지표면의 어디에선가에서 자연스레 최초의 생물체가 탄생하였으리라.

원시지구에서 어떻게 생명체가 탄생할 수 있었는지에 대해서는 아직도 과학자들 사이에 논의가 분분하다. 그렇지만 지금으로부터 약 39억 년 전에 자가복제가 가능한 최초의 생명이 탄생했으며, 그후 원생대가 시작되기까지 약 13억 년 동안 지상에는 오직 박테리아 형태의 미생물들만이 존재했다는 것이 진화생물학자들의 일치된 견해이다. 다시 말해서, 전체 생물진화의 역사 40억 년 중에서 정확하게 처음 3분의 1 기간 동안은 오직 박테리아들만의 세상이었던 것이다.

그런데 대부분의 박테리아는 단세포생물이고 또 그 크기도 우리 몸을 이루는 세포들에 비교할 때 수백 분의 1, 또는 수천 분의 1 정도에 불과할 정도로 아주 미세하다. 그런가 하면 고등생물의 세포들이 막에 둘러싸인 세포핵을 갖는 데에 비해서 박테리아는 그런 핵이 아예 없다. 현대의 진화생물학은 비록 아직까지 최초 생명 탄생의 비밀을 파헤치지 못하고 있지만 그렇게 원시생명체에서 시작해서 박테리아들이 진화했고, 이후 원생대에 이르러 세포핵을 갖는 진핵세포의 시대가 열렸으며 다시 그런 진핵세포들이 모여서 다세포생물의 시대로 발전한 그 과정을 낱낱이 규명하고 있다(이런 진화의 역사를 아예 도외시하고 생물진화 자체를 부정하는 창조론자들이 아직 기승을 부리고 있는 것은 대단히 슬픈 일이다).

이렇게 바이러스 정도의 단순한 원시생명체에서 박테리아로, 또 박테리아로 대표되는 원핵생물에서 진핵생물로, 다시 그런 현미경으로밖에 볼 수 없는 크기의 단세포생물에서 우리가 맨눈으로 볼 수 있는 다세포생물로 생물진화의 역사가 이어질 수 있었다는 것은 사실상 그리 놀라운 일이 아니다. 단순한 구조에서 좀더 복잡한 구조로 변화하는 것이 바로 진화의 본질이기 때문이다.

그러면 이런 생물진화의 역사에 있어서 그 주역(主役)이라고 한다면 과연 어떤 생물을 들 수 있을까? 우리는 흔히 자기 자신을 과대평가하는 경향이 있다. 그래서 우리 인간을 진화의 정점에 두고서 그 주역이라도 되는 듯이 우쭐해 하는가 하면, 생물학을 어느 정도 이해하는 사람이라고 해도 우리 주변의 동식물 정도에 그 공(功)을 돌리는 것이 보통이다. 그렇지만 마굴리스는 이런 진핵생물 우선 사고를 단연히 부정한다. 마굴리스에 의하면 지난 40억 년 동안 이룩된 생물진화의 주역은 바로 박테리아로 대표되는 미생물이다. 박테리아는 지상에 나타난 최초의 생물체였으며, 처음 13억 년 동안은 지상에 머무는 유일한 생물체였다. 이후 박테리아들은 스스로 공생적 집합체를 형성해서 진핵세포를 구성했으며,

2000년 미국의 클린턴 대통령은 세포의 진화과정을 밝힌 탁월한 과학적 업적과 과학의 대중화에 크게 기여한 업적을 기려서 린 마굴리스에게 그해의 최고과학자 메달을 수여하였다.

그 결과 오늘날 우리 몸을 이루는 모든 세포들은 바로 진핵세포이다. 마굴리스의 입장에서 본다면 생물진화의 역사에서 박테리아는 바로 그 유일무이한 주체라고 할 수 있다.

세포공생 이론과 가이아 이론의 창시자

이처럼 마굴리스는 생물진화의 역사에서 박테리아의 중요성을 강조하였다. 그리고 그 연장선상에서 다윈주의에 대응하는 한 놀라운 이론을 발표했는데 그것이 바로 세포공생 이론(endosymbiosis)이다.

마굴리스는 1970년대 초엽에 진화생물학에 대한 연구를 본격적으로 시작하면서 이내 어떻게 박테리아로 대표되는 원핵세포에서 오늘날 고등생물들의 몸체를 구성하는 진핵세포로 진화할 수 있었는지에 관심을 가졌다. 먼저 그녀는 먼저 박테리아의 작고 단순한 구조와 진핵세포의 크고 복잡한 구조에 주목하였는데, 진핵세포 속에 존재하는 미토콘드리아, 엽록체, 핵, 편모 등의 세포내 소기관들이 마치 하나의 박테리아와 유사하다는 점에 착안하였다.

세포 내 소기관들이 박테리아와 닮았다는 가장 대표적인 예로서, 마굴리스는 고등생물의 세포 속에서 발전소의 역할을 하는 미토콘드리아가 호기성박테리아의 일종에서 발견되는 DNA의 상당 부분을 소유하고 있음을 밝혔다. 널리 알려져 있다시피 미토콘드리아 DNA는 세포핵 속의 염색체 DNA와는 별개의 존재로서 독자적으로 분열과 번식을 수행한다. 남성의 정자 속에는 미토콘드리아가 들어 있지 않아서 여성의 난자 속에 들어 있는 미토콘드리아만이 후세에 전달되기 때문에 우리는 이 미토콘드리아 DNA를 분석해서 인류의 족보를 캐낼 수 있다. 인류가 한 이브의 자손이라는 명제는 바로 이런 미토콘드리아 DNA 분석에서 기인하는 것이다.

마굴리스는 미토콘드리아가 고등생물의 세포 속에서 독자적인 분열과 번식을 수행한다는 사실을 직시하여, 그것을 약 30억 년 전 한 박테리아 세포 속에 침투한 다른 박테리아가 공생에 성공한 증거로 제시하였다. 마찬가지의 논리로 식물세포 속의 엽록체는 오늘날 남조류(藍藻類)로 불리는 원시광합성박테리아에서 기원하였으며 세포에 운동성을 부여하는 섬모나 편모는 스피로헤타라고 하는 박테리아가 세포 속에 유입된 결과라고 주장하였다.

결국 오늘날 우리 인간을 포함해서 모든 고등동식물의 몸을 구성하고 있는 진핵세포는 과거 30억 년 전 생존을 위해서 몸부림치던 박테리아들이 서로 연합해서 한 개의 거대세포로 재탄생한 결과물이라 할 수 있다. 마굴리스는 이런 자신의 세포공생 이론을 학계에 소개하고자 전문학술지에 논문을 보냈는데 무려 12차례나 게재를 거부당했다고 한다.

이렇게 1970년대 후반에 완성을 보게 된 세포공생 이론은 다윈식 적자생존 이론과는 달리 생물들의 협력과 공생관계를 강조하며 이런 협조

관계가 생물진화의 다른 한 거대한 축이었음을 밝혔다. 이런 새로운 진화이론은 그녀로 하여금 제임스 러브록(James E. Lovelock)이라는 한 자유주의 과학자를 만나는 결정적인 계기를 마련하였는데, 이 두 탁월한 과학자의 공동 노력의 결과 가이아 이론(Gaia Hypothesis)이 탄생하였다.

가이아 이론이란 지난 40억 년 동안의 지구 역사에서 생물의 역할을 강조한 것에 다름아니다. 지난 수백 년 동안 과학자들은 지구 환경이 지속적으로 변화되어왔음을 인정하고 있는데, 다만 이런 환경 변화의 원인을 지진이나 화산폭발, 또는 유성충돌 등의 지질학적 현상에서 찾는 것이 보통이었다. 그리고 생물진화라는 것은 이렇게 변화하는 환경 속에서 생물들이 살아남기 위한 방편으로 수행할 수밖에 없었던 상호 경쟁의 결과라고 해석하였다. 다윈주의자들은 지속적으로 변화하는 환경의 추세를 따라잡는 데에 성공하는 생물종만이 도태를 면하고 살아남을 수 있었다고 믿으며 이런 생물종들 사이의 경쟁을 부추긴 동인(動因)을 자연선택으로 규정하였다.

가이아 이론은 이런 수동적인 생물진화관을 정면으로 부정하는 이론이다. 러브록은 과거 지구의 역사에서 생물들이 환경의 변화에 적응했던 것에 못지않게 스스로 지구 환경을 자신들의 생존에 적합하도록 조성해왔다는 점을 지적하였다. 그는 생명체가 탄생한 이후 이산화탄소로 충만했던 대기가 산소를 20퍼센트 함유하는 공기층으로 바뀌었고, 지난 30여억 년 동안 지구 기후가 줄곧 일정하게 유지되었으며 바닷물의 염분 농도 또한 변화가 없었다는 점 등을 그 증거로 제시하였다. 러브록은 이처럼 지구 환경을 생물의 생존에 적합하게 조성해온 존재가 바로 생물들 자신이었음을 알아차렸던 바, 마굴리스가 주창한 미생물 중심의 진화이론이 러브록의 가정을 절묘하게 뒷받침할 수 있었다. 다시 말해서, 러브록이 가이아 이론을 완성시키는 데에는 미생물이 생물진화 역사의 주역이었다는 점, 미생물들의 상호 공생적 협력이 지구 기후와 기타 환경 조건들을 변화시키는 데에 결정적인 기여를 할 수 있었다는 점, 그리고 이런 생물들 사이의 협력과 공생이 상호 경쟁과 적자생존에 못지 않게 중요하다는 점 등의 전제가 필요했는데, 바로 마굴리스의 미생물 진화 이론이 이런 전제들을 모두 충족시켜주었던 것이다. 러브록이 마굴리스를 가이아 이론의 공동창시자로 추켜세운 것은 결코 과장이 아니라고 하겠다.

과학이론가에서 과학저술가로

2000년 미국의 클린턴 대통령은 '세포의 진화 과정을 밝힌 탁월한 과학적 업적과 과학의 대중화에 크게 기여한 업적'을 기려서 린 마굴리스에게 그해의 최고과학자 메달을 수상하였다. 마굴리스는 이처럼 과학의 대중화에도 많은 시간을 할애하고 있는데, 특히 생물진화와 관련한 대중 과학서의 출판에 심혈을 기울이고 있다는 점에서 굴드와 쌍벽을 이룬다고 할 수 있다.

마굴리스는 1986년에 최초의 대중과학서 『마이크로코스모스』를 발간한 데서 시작하여 1990년에는 『성의 기원』을 발표했고 이어서 1996년과 1997년에는 각각 『생명이란 무엇인가?』와 『성이란 무엇인가?』 등을 발간하는 등 이제까지 20여 권에 이르는 활발한 저술활동을 하고 있다. 특히 2002년 한 해 동안에는 『획득 게놈: 종의 기원에 관한 이론』과 『최초의 생물』 두 권의 책을 동시에 발간하는 등 연구 일선에서 벗어난 이후에는 더욱 과학대중서의 발간에 많은 노력을 기울이고 있다.

굴드가 고생물학자의 입장에서 거시적인 안목으로 진화이론을 설파하는 데에 중점을 둔다고 한다면 마굴리스의 저술은 주로 생물학자의 입장에서 미생물의 진화와 성(sex)의 진화, 그리고 생명의 기원을 밝히고자하는 데에 일차적인 관심을 둔다고 할 수 있다. 그만큼 그녀의 미생물 사

마굴리스의 저작들 중 대부분은 아들인 도리언 세이건과의 공동 저술로 발표되고 있다. 그의 아들 또한 과학저술가로서 탁월한 능력을 발휘하고 있다.

랑은 각별한데, 미생물이 생물진화의 주역이자 현재도 우리 몸을 비롯한 모든 고등생물의 세포 속에 세포내 소기관으로 존재하고 있다는 점을 일깨워준 것은 전적으로 그녀의 일련의 저술 덕분이라고 하겠다.

과학저술가로서의 마굴리스는 성(sex)이 생물진화의 과정에 있어서 어떤 역할을 했는지에 대해서도 많은 흥미를 보였는데, 이런 그녀의 관심은 1997년에 『성이란 무엇인가?』를 발간하기에 이르렀다. 이 책에서 그녀는 성(性)은 곧 죽음을 의미하며, 성의 진화는 악마와의 거래였다고 단언한다. 미생물 진화의 과정에서 처음 나타난 성은 이후 모든 생물들로 하여금 번식을 위해서 본격적으로 성을 수행하는 대신 죽음이라는 숙명을 받아들이도록 강요했기 때문이다. 우리가 성을 통해서 쾌락을 얻는 만큼 그 반대급부로 따르는 희생 또한 그토록 처절하다는 점에서 성이 악마와의 거래라는 그녀의 지적은 절묘하다고 하겠다.

마굴리스의 대부분 저작들은 자신의 아들인 도리언 세이건(Dorian Sagan)과의 공동저술로 발표되고 있는데, 도리언은 저명한 우주과학자이자 과학저술가인 칼 세이건의 아들이기도 하다. 마굴리스가 칼 세이건의 첫 번째 부인이었다는 점, 그의 아들 또한 과학저술가로서 탁월한 능력을 발휘하고 있다는 점, 그리고 이런 모자가 같이 힘을 모아서 10여 권의 과학서적을 잇달아 출간하고 있다는 점 등은 과학저술가로서 크게 성공한 한 가족의 이면(裏面)을 읽는 데에 참고가 될 수 있겠다.

홍욱희 1955년 경기도 오산에서 태어나 1986년 미국 미시간대학교(Ann Arbor)에서 환경학 박사학위를 취득하고 한국과학기술연구원(KIST) 연구원과 미시간대학교 연구원을 거쳐 한국전력공사 전력연구원에서 오랜 기간 근무했다. 현재 세민환경연구소 소장 겸 자연환경연구소 연구위원이자 계간 『과학사상』 편집위원으로 있다. 저서로 『위기의 환경주의 오류의 환경정책』 『새만금』 등이 있으며, 역서로 『가이아: 살아 있는 생명체로서의 지구』 『회의적 환경주의자』 『섹스란 무엇인가』 등이 있다.

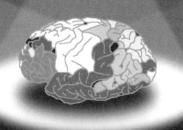

제 **2** 부

마음의 신비를 해명하다

인지신경과학과 커뮤니케이션 연구의 새로운 전망

커뮤니케이션하는 뇌

김주환
연세대 교수 · 커뮤니케이션학

커뮤니케이션학의 정립이 필요하다

우리나라의 대학에는 커뮤니케이션을 전공한 학자는 많은데 커뮤니케이션학과는 없다. 커뮤니케이션을 다루는 학과는 한때는 신문방송학과라는 학과명을 사용하다가 그 명칭이 많은 오해를 불러일으킨다는 것을 깨닫고 언론정보학과, 언론홍보영상학부, 미디어학부 등으로 이름을 바꾸기 시작하였다. 그러나 이러한 새로운 이름들 역시 여전히 많은 오해의 소지를 안고 있다. 이러한 혼란의 근원은 결국 커뮤니케이션 현상을 연구하는 하나의 학문 분야로서 '커뮤니케이션학'이 아직 제대로 정립되지 않은 데 있다. 이는 우리나라만의 문제는 아니다. 미국에서도 가장 권위 있고 오래된 대학인 하버드나 예일, 프린스턴 등에도 아직 커뮤니케이션학과가 없다.

커뮤니케이션학은 20세기 들어서 대중매체의 등장과 더불어 탄생한 학문 분야다. 20세기 초반 영화가 아이들에게 미치는 해로운 영향을 연구한 페인 펀드(Payne Fund) 연구가 그 효시라 할 수 있으며, 그후 커뮤니케이션학은 라디오와 텔레비전 등으로 관심의 폭을 넓혀왔다. 사실

> 커뮤니케이션은 단순히 메시지의 교환과정에 그치는 것이 아니라
> 내가 누구이고 네가 누구이며, 이 사회는 또 어떤 사회인가에 대해
> 끊임없이 재정의하는 과정이다. 이제 커뮤니케이션학은
> 커뮤니케이션의 근본적인 기능과 역할 그리고 그 힘에 대해
> 자각할 시점에 놓여 있다. **"**

관심의 폭을 넓혀왔다기보다는 영향력 있는 새로운 매체가 나타날 때마다 그 매체를 연구하는 사람들이 생겨났다고 표현하는 것이 더 정확할 것이다. 인터넷이 등장하자 수많은 대중매체 학자들이 인터넷 연구에 매달리기 시작한 것도 마찬가지 현상이다.

재미있는 것은 원래 대인커뮤니케이션 분야는 매체와는 별 상관이 없는 면대면 커뮤니케이션만을 다루는 분야로 여겨졌다. 그러나 이제 수많은 디지털 미디어(휴대전화, 문자메시지, 메신저 등의 인스턴트 메시징 서비스, 화상통화, 개인 미니홈피나 블로그 등)가 개인과 개인을 매개시켜주기 시작했다. 필자는 이러한 디지털 미디어를 대인매체(interpersonal media)로 개념화하자고 제안한 바 있다. 과거에는 '미디어'라고 하면 대체로 대중매체를 의미했지만, 이제는 대중매체와 대인매체가 한데 융합하고 있다. 따라서 이제는 그동안 면대면 커뮤니케이션을 전제로 발전되어온 많은 커뮤니케이션 이론들이 대인미디어로 매개된 커뮤니케이션 현상에 얼마큼 잘 적용될 수 있겠느냐에 대한 연구가 필요해질 것이다.

커뮤니케이션학은 앞으로도 상당 기간 동안 매체의 기능과 효과를 다루는 매체학의 범주에서 벗어나지는 못할 것이다. 커뮤니케이션학의 중요 하위 영역인 저널리즘, 광고, 홍보, 정치 커뮤니케이션, 디지털 커뮤니케이션 등은 모두 대중매체나 디지털 매체를 전제로 한 연구 영역들이다. 매체에 선행하는 커뮤니케이션 자체의 본질을 파고드는 연구는 아직 찾아보기 힘들다.

커뮤니케이션 현상은 너무도 광범위해서 언어학, 철학, 문학, 사회학, 심리학, 정치학, 행정학, 법학, 경제학, 경영학, 가정학, 교육학 등등에 걸쳐 있다. 커뮤니케이션은 인간의 일반적 현상이기 때문에 커뮤니케이션학은 인문사회학과 거의 동의어라 할 수 있을 정도다. 이러한 커뮤니케이션에 대한 연구가 하나의 학문으로 제대로 정립하기 위해서는 커뮤니케이션의 근본 문제를 탐구하는 노력이 필요하다.

사람들은 도대체 어떻게 커뮤니케이션할 수 있는 것인가? 대화란 무엇인가? 커뮤니케이션하는 사람들의 뇌 사이에는 어떠한 상호작용이 일어나는가? 커뮤니케이션은 사회현상인가 아니면 개인의 심리적 현상인가? 한 개인은 무엇을 어떻게 지각하고 경험하며, 또 그러한 개인적 경험을 어떻게 타인과 공유할 수 있는가? 공동체는 어떻게 형성되는가? 커뮤니케이션에 있어서 기억과 스토리텔링이 갖는 의미는 무엇인가? 스토리는 어떻게 만들어지는가? 감정과 본능이 커뮤니케이션에 미치는 영향은 무엇인가? 집단기억은 무엇이며 어떻게 구성되는가? 도대체 인간에게 있어 커뮤니케이션이란 무엇인가? 이러한 근본적인 문제를 커뮤니케이션 연구자들이 다루기 시작할 때 비로소 커뮤니케이션은 하나의 학문 분야로서의 위상을 정립할 수 있을 것이다.

뇌를 들여다볼 수 있게 되었다

머지않은 미래에 이러한 근본 문제에 대한 하나의 접근 방법으로 연구자들의 많은 관심을 끌게 될 분야는 바로 인지신경과학(cognitive neuroscience)과 뇌영상 연구(brain imaging studies)다. 뇌에 관한 연구는 환자나 부상자에 대한 연구를 통해 주로 발전해왔다. 멀쩡한 사람의 뇌를 열어서 들여다볼 수도 없고, 정상적인 사람의 뇌가 어떻게 반응하는가를 실험하기는 어려웠던 탓이다. 자조적인 이야기처럼 들리겠지만, 우리는 정상적인 뇌보다는 비정상적인 뇌에 대해 더 많이 알고 있다.

그러나 현재는 뇌의 작동 모습을 거의 실시간으로 들여다볼 수 있는 여러 가지 영상기술의 개발 덕분에 이러한 한계를 극복할 수 있게 되었다. 기능적 자기공명영상(fMRI)이나 뇌파측정기법(EEG, electroencephalogram), 양전자방출단층촬영법(PET) 등은 피험자에게 별다른 해를 주지 않으므로 드디어 정상적인 사람들의 뇌를 살펴볼 수 있는 길이 열리게 된 것이다. 그동안 속을 들여다볼 수 없는 블랙박스로 상정되어 있던 인간의 뇌가 점차 그 모습을 드러냄에 따라 커뮤니케이션 연구에 있어서도 많은 획기적인 변화가 올 것이 분명하다.

커뮤니케이션 학자들은 독자나 시청자와 같은 수용자의 개인적 관심 혹은 이데올로기 성향이 뉴스나 광고의 효과에 많은 영향을 미치리라고 생각해왔다. 그러나 그러한 수용자 관여도의 영향을 구체적으로 입증하기는 곤란했다. 이러한 점에서 뇌파 분석을 통해 수용자 개인의 특성에 맞게 프레임된 메시지는 수용자의 관심과 주의를 더 끈다는 사실을 밝혀낸 연구(Ruiter, Kessels, Jansma & Brug, 2006)는 커뮤니케이션학의 새로운 방향성을 제시해주는 것이라 할 만하다. 또한 미리 일정한 선입견을 갖고 특정한 과제를 수행할 때 뇌에서 알파파가 더 많이 검출된다는 연구(Min & Herman, 2007) 역시 메시지 해석에 있어서 프레이밍(framing) 효과를 다루는 데 참조할 만하다. 이러한 연구들은 정치 커뮤니케이션이나 광고효과론에서 많이 다루어왔던 연구 주제인 프레이밍과 프라이밍(priming) 효과를 피험자에게 묻지 않고도 뇌파나 뇌

영상을 통해 직접 검증할 수 있다는 점에서 많은 시사점을 지닌다.

뇌영상을 통해 숨은 심리상태를 검증한다

광고 효과나 브랜드 파워에 대해서는 광고연구자들이 많은 관심을 보여왔다. 이와 관련해서 브랜드 파워를 뇌영상을 통해 검증한 연구 역시 많은 시사점을 준다. 코카콜라와 펩시콜라의 브랜드를 가리고 마시게 했을 때는 펩시콜라가 '더 좋은 기분을 느끼는 뇌' 부분을 활성화시켰지만, 브랜드를 보여주고 비교시켰을 때에는 코카콜라가 더 기분 좋게 한다는 것이 밝혀진 것이다(McClure et al., 2004).

특히 코카콜라 브랜드는 행동의 조절, 기억과 자아상을 새삼 생각하게 하는 뇌의 활동에 더 큰 영향을 미친다는 것이 발견되었다. 즉 익숙한 브랜드는 행동통제와 결정기능과 같은 두뇌기능을 책임지는 전두엽 피질을 더 많이 활성화시켜 구매시 이성적 판단보다는 거의 자동적인 선택 행위를 하게 만든다는 것이다. 뇌영상 연구에 의해 밝혀진 이러한 브랜드 파워에 대한 연구는 앞으로 광고 효과와 마케팅 연구에 있어서 뇌영상 기술이 더욱 폭넓게 사용되리라는 것을 암시한다(Ambler, Braeutigam, Stins, Rose & Swithenby, 2004).

또한 하나의 상품과 관련되어서 익숙해진 브랜드가 다른 종류의 상품과 연관지어질 때 소비자들이 얼마나 인지적인 불편함을 느끼는가를 살펴본 뇌파 연구도 있다(Ma, Wang, Dai & Shu, 2007). 먼저 피험자에게 익숙한 음료 브랜드 이름(코크, 펩시)을 먼저 보여준 뒤 곧 이어 네 가지 범주의 상품 종류 중 하나를 보여주고는 얼마나 두 단어(특정 음료 브랜드와 상품 종류)가 잘 어울린다고 느끼는지에 대한 뇌파 측정실험을 했다. 음료 브랜드가 음료(콜라, 우유, 주스 등)와 같이 나올 때는 (예컨대 펩시-우유, 펩시-주스) 특정한 뇌파(N270)가 상대적으로 약했지만, 스낵(과자, 빵, 케이크, 사탕 등), 의류(바지, 셔츠, 신발 등), 가 전제품(텔레비전, 냉장고, 에어컨 등) 등의 상품과 함께 등장할수록(예컨대, 펩시-과자, 펩시-바지, 펩시-냉장고) N270이 점차 강하게 나타나는 것이 발견되었다. 이러한 연구는 향후 브랜드 확장과 관련해서 많은 시사점을 준다. 이 연구는 정치 커뮤니케이션 영역에서도 한 정치인의 다양한 이미지 확장 또는 변신과 관련지어서 연구해볼 수 있는 방법론을 제시한 것이라고 할 수 있다.

광고에 대한 태도와 프레임에 관한 연구 역시 커뮤니케이션학의 주요 관심사다. 46개의 잡지광고 사진과 네 가지의 잡지 이름을 함께 보여주면서 광고가 얼마나 마음에 드는가를 판단하게 한 연구 결과(Deppe et al., 2007), 광고의 호감도를 결정하는 과정에서 잡지 이름이 뇌의 특정한 부위(anterior cingulate cortex)의 활성화에 많은 영향을 끼치는 것으로 나타났다. 즉 잡지의 이름은 광고의 이미지를 판단하는 데 있어서 일종의 프레임 역할을 하고 있음이 드러난 것이다.

이러한 연구 방법은 커뮤니케이션 분야에 매우 유용하게 사용될 수 있을 것이다. 예컨대 조선일보나 한겨레 혹은 연합뉴스 등의 신문 이름과 함께 특정 사진(특정 정치인의 모습이나 불탄 숭례문 사진 등)이나 뉴스 헤드라인을 제시했을 때, 피험자의 정치적 성향에 따라 뇌의 반응이 어떻게 달라지는가 등을 살펴볼 수 있다. 이러한 연구는 뉴스 매체의 효과나 프레이밍 효과 혹은 정보 소스의 효과 등을 구체적으로 측정함으로써 저널리즘이나 광고 연구에 새로운 전기를 마련해줄 수 있을 것이다.

한편 정치 커뮤니케이션 분야의 근본 문제는 도대체 왜 사람들은 정치적 사안에 대해 근본적으로 서로 다른 입장을 견지하느냐 하는 것이다. 많은 여론조사 연구자들이 유권자가 가진 보수적이거나 진보적인 정치 성향의 근거를 사회계층이나 교육 수준 혹은 경제적 지위 등에서 찾으려 했으나 대부분 실패했다. 가난한 사람 중에도 지나치게 보수적인 사람과 진보적인 사람이 있으며, 매우 부유한 계층에도 지나치게 진보적이거나 보수적인 사람이 모두 공존한다는 것이다.

이와 관련해서 정치적으로 보수적인 사람과 진보적인 사람의 뇌의 작동방식의 차이점에 대해 뇌파를 측정해 연구한 결과는 많은 시사점을 준다(Amodio, Jost, Master & Lee, 2007). 최근의 신경과학은 보수적인 사람들은 판단이나 의사결정을 하는 데 있어서 좀더 단순하고, 구조적이며 일관성 있는 인지 행태를 보여주는 반면에, 진보적인 사람들은 복잡하거나 모호한 것을 좀더 잘 받아들이고 새로운 경험을 선호한다는 것을 밝혀냈다. 그리고 이러한 인지 형태의 차이는 상당 부분 유전적으로 결정되며, 어렸을 때 이미 그러한 차이가 확연히 드러나고 또 일생 동안 잘 변하지 않는 것으로 밝혀졌다. 사람들의 정치적 성향은 기본적인 신경인지적 구조에 의해 결정된다고 볼 수 있는 증거가 나타난 셈이다.

문화간 커뮤니케이션을 연구하는 학자들 사이에서는 마커스와 기타야마(Markus & Kitayama, 1991)가 제안한 자아구성(self-construal)의 개념이 폭넓게 연구되어왔다. 오랫동안 문화간 연구를 해온 마커스 교수는 뇌영상 연구의 권위자인 MIT의 가브리엘리 교수 연구팀과 공동으로 문화 간의 차이를 뇌영상을 통해 보여주는 데 성공했다(Hedden, Ketay, Aron, Markus & Gabrieli, 2008). 독립적인 자아구성의 문화를 지닌 미국인 열 명과 관계적인 자아구성 문화를 지닌 동아시아인 열 명의 뇌영상을 fMRI를 이용해 비교한 결과, 동일한 과제를 수행하는 데 있어서 문화에 따라 활성화되는 뇌 부위가 서로 다르다는 것을 발견한 것이다. 즉 자극물 간의 관계를 파악하는 과제에서는 동아시아인의 뇌가 더 편안하게 작동하였으며, 많은 자극물을 개별화해서 분석 · 판단하는 과제에서는 미국인의 뇌가 더 잘 적응하는 모습을 보였다. 이러한 연구는 문화간 커뮤니케이션에 많은 영향을 미칠 것임이 분명하다.

이밖에도 커뮤니케이션학에 많은 시사점을 주는 연구로는, 친한 친구들과 상호작용할 때 활성화되는 뇌의 부위가 보상이나 쾌락을 담당하는 부위(amygdala and hippocampus, nucleus accumbens, and ventro-medial prefrontal cortex.)와 일치한다는 연구(Güroglu et al., 2007), 내향적인 사람과 외향적인 사람의 반응 형태에 대한 뇌파연구(Doucet & Stelmack, 2000), 개인적으로 의미 있거나 친숙한 자극에 대해 뇌가 어떻게 반응하는가를 다룬 연구(Roye, Jacobsen & Schroeger, 2007), fMRI를 이용하여 대인 커뮤니케이션과 의사결정의 과정 중에 뇌의 어느 부분이 활성화되는가를 살펴본 연구(Rilling, Sanfey, Aronson, Nystrom & Cohen, 2004) 등이 있으며 특히 특정 자극이나 사건에 반응하는 뇌파의 세기와 형태를 분석하는 기법(event-related potential analysis)이나 fMRI를 이용해서 커뮤니케이션이나 의사결정과정을 연구하는 많은 시도들도 잇따르고 있다(Bazana & Stelmack, 2002; Glimcher, Kable & Louie, 2007; Hsu, Bhatt, Adolphs, Tranel & Camerer, 2005; Huettel, Stowe, Gordeon, Warner & Platt, 2006).

인지신경과학이 밝혀내는 커뮤니케이션의 비밀

인지과학이 인지발달 과정에서 중요하게 여기는 것은 사람이 어느 시기부터 타인의 마음을 상상하고 배려할 수 있느냐 하는 문제다. 이를 마음이론(Theory of Mind; ToM)이라 하는데, 한마디로 입장을 바꿔놓고 생각할 줄 아는 능력을 말한다. 나의 입장이나 관점을 타인의 입장과 구분지어 생각할 수 있는 능력이야말로 사람과 동물을 구분하는 기준이며, 커뮤니케이션을 할 수 있는 가장 기본적인 조건이라 할 수 있다. 인지과학에서는 이러한 마음이론과 관련된 뇌 영역(즉 타인의 입장을 고려할 때 활성화되는 뇌 영역)이 이미 발견되었으며(superior temporal sulcus, temporal pole, medial prefrontal cortex), 이에 관한 활발한 연구가 진행되고 있다(Moriguchi et al., 2007). 마음이론에 관한 연구는 커뮤니케이션 능력이 언제 어떻게 발달되며(Grossman & Johnson, 2007), 또 개인별로 어떠한 차이가 있는지 등에 관해 새로운 이론적 지평을 제시해줄 수 있을 것이다.

조지 허버트 미드나 마틴 부버 등의 철학자는 대인 커뮤니케이션이 자아를 형성하는 데 있어서 핵심적인 과정이라고 오래전부터 이론화했다. 그러한 이론은 상당한 설득력을 지녔지만 명확한 근거에 의해 증명되기는 힘든 주장이었다. 그러한 점에서 인간관계가 뇌의 구성에 어떠한 영향을 주며, 또 뇌가 인간관계 형성에 어떠한 영향을 주는지, 다시 말해서 뇌와 인간관계 사이의 상호작용에 대해 명확한 근거를 제시한 시겔의 연구(Siegel, 1999)는 인지신경과학과 커뮤니케이션학의 가교 역할을 한다고 볼 수 있다.

이러한 관점은 뇌의 유연성(neuroplasticity)에 관한 발견과도 밀접한 관련이 있다. 사람들은 뇌 신경망과 뇌 구조는 어렸을 때 한 번 결정되면 평생 변하지 않는다고 오랫동안 믿어왔다. 그러나 최근 뇌 연구자들은 인간의 뇌는 평생 동안 환경과 상호작용하면서 끊임없이 그 구조와 기능이 변한다는 것을 밝혀냈다. 뇌의 신경세포는 노년 이후에도 죽을 때까지 끊임없이 재생산될 수 있으며, 뇌의 기능 역시 환경과 노력에 따라 얼마든지 변할 수 있음이 증명된 것이다(Doidge, 2007).

이러한 관점에서 커뮤니케이션 과정은 우리가 누구인가 하는 정체성의 문제에서부터 여러 가지 성격이나 능력을 끊임없이 재구성하는 과정이라 볼 수 있다. 커뮤니케이션은 단순히 메시지의 교환과정에 그치는 것이 아니라 내가 누구이고 네가 누구이며, 이 사회는 또 어떤 사회인가에 대해 끊임없이 재정의하는 과정인 것이다. 이제 커뮤니케이션학은 커뮤니케이션의 근본적인 기능과 역할 그리고 그 힘에 대해 자각할 시점에 놓여 있다.

이러한 점에서 두 사람 이상에 대한 상호작용을 fMRI나 EEG를 통해 살펴보는 것은 앞으로 새로운 연구 영역으로 떠오를 것이다. 이를 위해서는 복수의 fMRI기기가 동시에 투입되어야 함은 물론이고, 수집된 자료를 어떠한 이론과 모델에 의해 분석할 것이냐가 커다란 과제로 남는다. EEG 연구에서도 한 사람의 뇌의 각 부분이 어떻게 상호작용하고 동기화(synchronization)가 일어나는가에 대해 많은 연구가 축적되어 있다. 이제 그러한 방법론을 두 사람 이상이 서로 커뮤니케이션할 때 어떠한 상호작용과 동기화가 발견될 수 있는가 하는 문제에 확대하여 적용해볼 수 있을 것이다.

물론 전통적인 매체 연구 역시 인지신경과학으로부터 많은 도움을 받을 수 있을 것이다. 나는 여러 해 전에 특정한 대인 커뮤니케이션 동기(비난, 칭찬, 감사, 자랑, 애정표현, 휴식, 놀이 등)에 따라 선호되는 대인매체(채널)가 각기 다르다는 것을 밝힌 바 있다. 물론 그때 선호의 여부는 대부분의 커뮤니케이션 연구처럼 연구대상자의 설문에 대한 응답으로 측정한 것이었다. 그러나 이제는 동일한 연구를 뇌영상이나 뇌파 분석을 통해서 할 수 있는 길이 열렸다. 즉 주어진 커뮤니케이션 동기에 따라 사용하는 매체에 대해 얼마큼의 편안함 혹은 갈등을 느끼는지를 살펴봄으로써 좀더 정확히 매체 선택 여부에 대해 예측할 수 있게 된 것이다.

뿐만 아니라 각종 디지털 매체와 관련해서는 오래전부터 매체 사용자의 인터페이스(user interface)의 사용성(usability)에 대한 연구가 진행되어왔다. 이러한 매체 인터페이스 사용성을 뇌영상 기법을 통해서 측정하게 되면 모바일 단말기나 포털사이트 레이아웃을 포함한 다양한 인터페이스 디자인의 연구에 획기적인 진전이 있게 될 것이다.

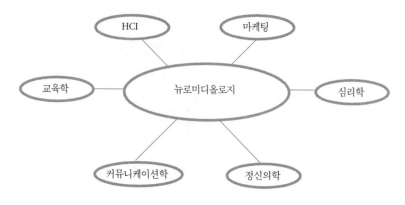

뉴로미디올로지가 포함하는 다양한 학문 분야

뉴로미디올로지의 탄생

나는 몇 해 전부터 온라인게임의 중독적 과다사용의 원인과 결과에 대한 연구를 해오고 있는데, 몇 달 전부터는 심한 게임중독 증세를 보이는 사용자에 대한 fMRI연구를 진행하고 있다. 아직 연구가 진행 중이어서 결과를 속단하기는 이르지만, 2008년 초까지 수집된 열세 명(중독자 아홉 명, 비중독자 네 명) 가량의 fMRI데이터를 비교해보면, 게임중독자들의 뇌는 게임에 대한 반응이 비중독자들과 상당히 다르게 나타나고 있다.

나는 커뮤니케이션 연구의 주요 부분 중 하나인 매체에 대한 연구가 이제 인지신경과학적 방법론을 통해 획기적인 돌파구를 찾을 수 있으리라고 믿는다. 그리고 이러한 믿음에 동조하는 연세대학교의 다양한 전공을 가진 몇몇 교수들과 '뉴로미디올로지'라는 기치 아래 공동연구를 시작하였다. 물론 뉴로미디올로지의 관심은 매체에 대한 연구에만 제한되는 것은 아니다. 그것은 오히려 신경과학을 포함한 커뮤니케이션학, 심리학, 정신의학, 교육학, 마케팅, HCI(Human Computer Interaction) 등 다양한 분야에 걸쳐 있다.

한편, 사회과학이 뇌영상 연구로부터 그 성과를 이어받기만 하리라는 것은 속단일지도 모른다. 뇌파나 fMRI데이터는 결국 방대한 양의 데이터를 통계 처리해야 하는 과정이 따른다. EEG나 뇌영상 데이터의 처리는 여전히 t검증 등 평균을 비교 분석하는 수준에 머물러 있다고 해도 과언이 아니다. 유능한 통계학자들이 저마다 새로운 이론과 분석틀을 다양하게 제시하기 시작했으나, 뇌영상 데이터는 아직 충분히 분석되고 있다고 보기는 힘들며, 현재는 다양한 분석 기법이 시험되고 있다고 보는 편이 정확할 것이다. 이와 관련해서 심리학이나 경제학 등 행동과학의 각 분야에서 개발되어온 다양한 통계분석 기법(다층분석, 잠재성장분석, 시계열분석 등)이 뇌파나 뇌영상 데이터 분석에 새로운 전기를 마련해줄 수 있을 것이다.

김주환 서울대 정치학과를 졸업하고 같은 학교 대학원 정치학과에서 석사학위를 받았다. 이탈리아 정부 장학생으로 이탈리아 볼로냐대학에서 기호학을 수학했으며, 미국 펜실베이니아대학에서 커뮤니케이션 석·박사학위를 받았다. 미국 보스턴대학 커뮤니케이션학과 교수를 역임하였으며 현재 연세대학교 언론홍보영상학부 교수로 있다. 또한 미술평론가(동아일보 신춘문예 미술평론 당선)로 활동하고 있기도 하다.

뇌기능영상법으로 그리는 뇌 기능 지도

뇌의 심연을 더듬어 길을 그리다

이경민

서울대 교수 · 신경과학

뇌, 물질세계와 정신세계의 유일한 접점

사람은 누구나 느끼고 사고하며 행동한다. 이런 감각 · 인지 · 감정 · 운동조절 등 모든 정신활동은 뇌에서 산출된다. 뇌척수액과 몇 겹의 뇌수막에 감싸여 두개강 내에 갇혀 있는 우리의 뇌는 수백 억 개의 신경세포와 그보다 더 많은 수의 교질세포로 구성된 유기조직이면서, 동시에 하늘을 올려다보며 지고한 형이상학적 진리를 추구하고 인간 한계를 초월하는 종교적 신념체계를 구축하며 때로는 가을바람 속에서 잊혀진 추억의 단편을 되살리는 풍부한 정신세계의 근원이다. 뇌는 영원히 단절되어 있을 것 같은 물질세계와 정신세계 사이를 가로지르는 유일한 접점이다.

이런 뇌의 신비에 대한 연구는 고래로 수많은 철학자들이 던졌던 질문, 즉 물질계와 정신계를 아우르는 인간 본질은 과연 무엇인가라는 질문에서 이미 시작되었고, 자연과학과 심리과학의 발전과 더불어 지속되어왔다. 그러나 인간의 뇌가 정신활동을 수행하는 과정을 직접적으로 관찰하는 방법이 없었으므로 과학적 뇌 연구의 발전은 매우 더딜 수밖

> **"** 우리의 뇌는 수백 억 개의 신경세포와 그보다
> 더 많은 수의 교질세포로 구성된 유기조직이면서,
> 동시에 풍부한 정신세계의 근원이다.
> 뇌는 영원히 단절되어 있을 것 같은 물질세계와
> 정신세계 사이를 가로지르는 유일한 접점이다.
> 살아 숨 쉬는 인간의 뇌를 직접 관찰할 수 있는
> 여러 가지 뇌기능영상 기술이 개발되면서
> 뇌와 정신세계의 간극은 점점 좁아지고 있다. **"**

에 없었다.

아주 최근까지도 뇌 연구에 동원되는 방법이라고는 뇌의 기능이 모두 정지된 후, 즉 사후에 뇌의 상태를 관찰하고 그 결과를 그 사람이 살아 있던 동안의 정신기능 양상과 관련시켜 짐작해보는 매우 제한적인 방법밖에 없었다. 하지만 최근 과학기술의 눈부신 발전에 힘입어 뇌과학 연구방법의 양상이 크게 바뀌고 있다. 살아 숨 쉬는 인간의 뇌를 직접 관찰할 수 있는 여러 가지 뇌기능영상 기술이 개발되면서 뇌와 정신세계의 간극은 점점 좁아지고 있다.

뇌의 구조와 뇌 기능 지도

뇌는 크게 대뇌와 소뇌, 그리고 뇌줄기로 나뉘며 대뇌는 좌우반구로 나뉜다. 대뇌는 외표면의 대뇌피질과 백질, 그리고 심부에 위치한 기저핵으로 구성되어 있는데, 신경세포의 세포체는 대뇌피질과 기저핵에 위치하고 이 세포체로부터 출발한 신경돌기들이 백질을 형성하면서 복잡한 전선 다발처럼 연결되어 있다. 뇌줄기는 대뇌와 소뇌 사이, 대뇌와

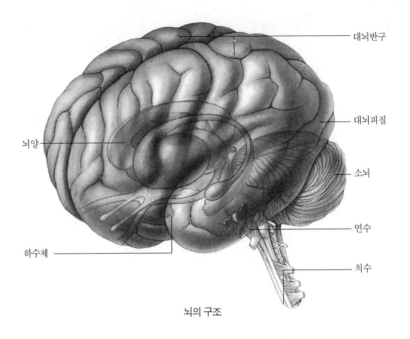

뇌의 구조

척수 사이의 정보전달 통로이면서 동시에 생명 유지에 필요한 기본 기능, 예를 들면 심박 조절이나 호흡 조절 등에 필수적인 신경세포핵을 포함하고 있다. 뇌의 각 부위는 매우 복잡한 생김새를 가지고 삼차원적으로 배치되어 있으며 미로와 같은 정교한 연결망을 형성한다.

다른 동물에 비해 인간에게 현저하게 발달한 고위 인지기능은 주로 대뇌피질에서 이루어진다. 대뇌피질은 마치 얇은 시트를 두개강에 맞도록 구겨서 집어넣은 것과 같은 형상인데, 면적은 신문지를 펼쳤을 때의 넓이와 거의 같고, 두께는 대략 몇 밀리미터 이내이다. 구겨짐의 형태, 즉 안으로 파여들어간 고랑과 밖으로 도드라진 이랑의 모양에 일정한 규칙성이 있기는 하지만 세밀한 양상은 손금처럼 사람마다 각기 다르다.

뇌 기능 지도 작성이란 이와 같이 복잡한 구조를 가진 뇌의 여러 부위가 각각 어떤 정신활동을 수행하는지를 밝히는 연구를 말한다. 예를 들면 언어를 말하고 듣고 쓰고 읽는 데 관여하는 대뇌피질 부위가 어디인지, 사람의 얼굴을 알아보거나 덧셈·뺄셈 등 사칙연산을 하는 기능은 뇌 속 어디에 존재하는지를 알아내는 것이다.

뇌 기능 지도의 연구 방법들

뇌에서 일어나는 정보처리는 신경세포의 전기적 활동을 통해 이루어진다. 뇌 활성화는 신경세포의 전기적 활동성이 증가하는 것을 말하는데, 어떤 종류의 정신활동이나 인지기능을 수행하는가에 따라 각기 다른 뇌 영역에서 활성화가 일어나게 된다. 이런 뇌 활성화를 관찰하는 방법으로는 기능적 자기공명영상법(fMRI, functional magnetic resonance imaging), 양성자 방출 단층촬영법(PET, positron emission tomography), 그리고 전기 및 자기 뇌파 기록법(EEG, electroencephalography 및 MEG, magnetoencephalography) 등이 있다. fMRI와 PET는 뇌기능영상법이라고 총칭하기도 하는데, 활성화된 뇌 부위로 공급되는 혈류량이 증가하는 원리를 이용해서 뇌 활성화를 간접적으로 영상화한다. 한편 EEG와 MEG는 머리 근처에 전극 혹은 자기장 측정 단자를 위치시키고, 신경세포의 활성화에 의해 유도된 전자기 신호를 직접 측정한다.

뇌기능영상법은 뇌 활성화 부위를 현재 몇 밀리미터 정도의 크기까지 분별해낼 수 있어서 공간적 해상도에서는 EEG/MEG보다 우월하지만, 측정시간이 길기 때문에 뇌 활성화의 시간적 변화를 측정하기는 어렵다. 반면 EEG/MEG는 뇌 활성화의 전자기 속성을 직접 측정하기 때문에 시시각각 변화하는 뇌 활성화의 시간적 추이를 실시간으로 관찰할 수 있으나, 그 뇌 활성화가 뇌 속 어디에서 일어나고 있는지 공간적 위치를 정확히 알아내는 데 한계가 있다.

최근 뇌기능영상법이 개발, 보급되면서 인지신경과학에서 급속한 발

fMRI의 뇌활성화 측정 원리

fMRI의 기본 원리는 최신 자기공명영상 촬영기술을 이용하여 영상당 수십 밀리초 정도의 매우 빠른 속도로 반복 촬영하면서 뇌의 각 부위마다 활성화에 따라 변화하는 자기공명신호를 추적하는 것이다. 신경세포가 활성화되면 그 부위로 가는 피의 흐름이 증가하게 되는데, 이 국소혈류량의 증가는 신경세포들이 필요로 하는 산소소모량보다 훨씬 더 많다. 따라서 활성화된 신경세포 주위의 모세혈관에서 산소와 결합된 산화헤모글로빈의 농도는 증가하고 산소가 분리된 환원헤모글로빈의 농도는 오히려 감소한다. 산화헤모글로빈은 자성을 띠지 않지만 환원헤모글로빈은 자성을 띨 수 있으므로, 그 주변에 있는 수소원자핵의 자기장 내 반응성에 영향을 미치게 된다.

이에 따라 평상시에는 자기공명 촬영 시 $T2^*$ 신호를 감소시키게 되고, 신경활성이 일어나면 환원헤모글로빈의 농도가 감소하므로 $T2^*$ 신호는 반대로 증가한다. 따라서 일정한 뇌 부위의 $T2^*$ 신호를 연속적으로 측정하면서 시각적 자극을 보여준다든지, 혹은 기억하고 있는 항목을 회상하도록 한다든지 하는 과제를 수행하도록 하면 자기공명 신호의 변화를 관찰할 수 있다. MRI 영상자료 속에서 이런 신호의 변화가 일어나는 부위를 찾아내면 이 부위가 곧 활성화된 뇌 부위라고 추정할 수 있다. 인지기능을 하지 않을 때의 기저 상태와 자극을 주어 뇌 기능이 활성화되는 자극 상태에서 각각 영상을 얻은 후에, 그 영상들 간의 차이를 측정하여 활성화 여부를 알아낸다.

이러한 기능적 영상을 잘 측정하려면 영상들 사이에 움직임이 없어야 하고, 활성화를 유도하는 인지기능 과제를 정교하게 고안해야 하며, 결과 분석에 영향을 주는 잡음요소들을 효과적으로 제거해야 한다. fMRI는 인체에 무해하고 영상의 공간적 해상도가 높으며 촬영에 걸리는 시간이 그리 길지 않다는 장점 때문에 뇌 활성화를 측정하는 방법으로서 매우 유용하다.

전이 이루어졌다. 이중 PET 방법은 1960년대 기술개발이 시작된 이래 뇌활성화 양상을 측정할 수 있는 유일한 방법으로 기대를 모아왔지만, 장비가 매우 고가이고 방사성동위원소를 사용한다는 점 등에서 일반화되는 데 한계가 있었다. 반면 fMRI는 1990년대 초에 기술적 가능성이 알려지고, 사람에게 안전하게 시행할 수 있다는 점이 확인되면서 급속도로 보급되기 시작하였다. 현재 전 세계 많은 신경과학 연구기관에서 연구 전용 MRI를 확보하고, 뇌과학과 뇌의학 분야에서 놀라운 연구결과들을 쏟아내고 있다. 그 연구영역은 다섯 가지 감각기능 및 운동조절 기능은 물론, 기억·언어·판단·추론 등의 인지기능, 더 나아가 사랑·두려움 등의 감정 반응과 사회적 교감기능에 이르기까지 인간의 모든 정신 영역으로 확대되고 있다.

인지기능과 뇌신경망 관계의 기능적 단위

뇌의 기능에 대한 이해는 우선 뇌의 해부학적 구조공간 위에 인지기능을 대응시키는 것에서 출발한다. 이와 같은 뇌 기능 지도 작성 연구에 있어서 중요한 문제 중 하나는 뇌-인지 간에 상응하는 단위 수준을 어디에 두어야 하는가 하는 점이다. 초기 연구자들은 뇌 영역을 해부학적 특징에 따라 나누고, 상식과 직관에 따라 구분한 정신기능들을 일대일로 대응시키고자 노력했다. 예를 들어, 초콜릿을 좋아하거나 싫어하는 심리적 차이는 전두엽 어느 해당 부분의 크기와 비례할 것이라는 식으로 짐작했던 것이다.

그러나 뇌 영역과 정신기능 사이에 이런 단순한 상응관계가 성립되지 않음이 곧 밝혀졌다. 특히 대뇌피질의 대부분을 차지하고 있는 연합피질에서 더욱 그러한데, 연합피질 영역이 손상된 환자들의 증상을 보면, 어느 부위가 손상되었는지에 상관없이 장애양상이 비슷한 경우도 있고, 반대로 동일한 부위의 손상에 의해 각기 다른 행동 이상이 유발될 수도 있었기 때문이다. 그 결과 어떤 뇌 영역들이 해부학적으로 구분 가능하더라도, 예를 들어 두 연합피질 영역의 해부조직학적 구조가 많이 다르더라도, 담당하는 인지기능이 반드시 달라야 하는 것은 아니라는 생각이 더 타당하게 여겨지게 되었다. 결국 20세기 중반까지도 일차피질 영역을 제외한 대뇌피질 영역들은 기능적으로 분화되지 않고 모든 인지기능을 다 수행할 수 있다는 이론이 풍미하였다.

그러나 최근의 연구결과에 의하면, 서로 다른 연합피질 영역이 담당하는 인지기능이 직관적·상식적으로는 구별할 수 없을지 모르나, 정교하게 잘 짜여진 행동실험을 통해서 변별 가능함이 점차 알려지고 있다. 더욱이 기존에 동일한 기능을 수행하는 것으로 알려져 있던 일정한 피질 영역이 세밀하게 분화된 기능을 수행하는 더 작은 구역들로 구분된다는 연구결과가 속속 알려지고 있다. 따라서 오늘날 대부분의 인지신경과학자들은 뇌 영역과 인지기능의 일대일 대응을 주장하는 순진한 국재주의는 부정하지만, 그렇다고 국재주의에 대한 전적인 부정, 즉 모든 뇌 영역이 똑같이 모든 인지기능에 관여한다는 생각도 받아들이지 않는 절충적 입장을 취하고 있다.

뇌와 인지기능의 관계라는 측면에서 뇌 영역의 기능적 단위는 개별 영역이 아니라 여러 뇌 영역의 연결체인 뇌신경망, 즉 인공지능 분야에서 말하는 컴퓨터 프로그램으로 모사된 신경망이 아닌 실제 신경세포들의 연결망이라고 본다. 예를 들면, 작업 기억이라고 하는 특정한 인지기능 과제를 수행할 때 전두엽과 두정엽의 연합피질 영역에서 동시에 뇌 활성화가 관찰되는데 이들 영역 사이에는 해부학적으로도 밀접한 연결망이 존재한다는 것이 밝혀져 있으므로, 이들 영역은 공간적으로는 멀리 떨어져 있지만 기능적으로는 하나의 단위신경망에 속한다고 볼 수 있다.

이와 같은 신경 영역의 연결망이 하나의 단위인지 아니면 더 작은 소신경망으로 세분할 수 있는지는 더 연구해봐야 할 주제이다. 현재 개발되어 있는 뇌 활성화 연구방법이 허용하는 해상도 범위 내에서 보면 이들 신경망은 하나의 단위를 형성하면서 일정한 인지기능을 담당하고 있는 것으로 추정되지만, 향후 연구방법의 공간적·시간적 해상도가 더 향상됨에 따라 뇌-인지 관계의 기능적 단위가 더욱 구체적으로 파악될 것이다.

뇌 신경망의 물리적 연결과 기능적 연결

앞서 살펴본 바와 같이, 뇌와 인지기능의 관계는 하나의 인지기능에 대해 여러 개의 뇌 영역으로 구성된 신경망이 관여하고, 반면 하나의 뇌 영역은 여러 개의 신경망에 소속되어서 여러 가지 인지기능의 수행에 참여하는 다대다 대응관계로 볼 수 있다. 현재 인지신경과학의 과제는 이러한 신경망의 연결을 확인하는 작업에서 시작되고 있다.

최근에는 확산 텐서영상(diffusion tensor imaging) 방법을 통해 실제 사람의 뇌 영역간 신경세포의 연결 구조를 알아낼 수 있는 첨단 기술이 개발되어 사용되고 있다. 뇌 영역 사이를 연결하는 신경다발들은 규칙적인 방향을 가지고 있어서, 그속에 존재하는 물 분자들의 확산을 일정한 방향으로 제한한다. 따라서 확산 방향의 제한성을 MRI기술로 측정하면 거꾸로 신경다발의 방향을 추정할 수 있다. 이런 원리를 이용한 DTI를 통해 대뇌 반구간 연결, 대뇌피질과 뇌 줄기 사이의 연결 등을 실제 사람에게서 확인할 수 있다. 아직 DTI의 해상도가 제한적이고, 신경다발이 분리 혹은 수렴되는 지점에서 신호 처리의 문제 등이 남아 있기는 하나, 뇌 영역 간의 물리적 연결 상태에 대한 중요한 정보를 제공하는 연구방법으로 그 가치가 뛰어나다 할 것이다.

수십 억 개의 신경세포가 누가 누구에게 연결되어 있는지를 파악하는 것만 해도 지극히 복잡한 과제일 터인데, 문제를 더욱 어렵게 만드는 것은 신경세포들 간의 물리적 연결을 파악하는 것만으로는 실제 그 연결이 어떻게 사용되고 있는지를 알 수 없다는 점이다. 신경세포의 전기적 활동 신호는 시냅스라고 하는 연결 고리를 통해 전파된다. 이 시냅스의 효율성은 사용 빈도에 따라 바뀌고, 효율이 높은 시냅스 전달을 통해 전달되는 신경신호 정보만이 인지기능에 직접적으로 기여한다고 볼 수 있다. 따라서 뇌신경망의 물리적 연결 상태와 함께 기능적 연결 양상을 알아내는 것이 뇌-인지 관계를 연구하는 데 필수적인 연구과제이다.

뇌신경망과 인지기능 관계의 필요충분조건

fMRI, PET 기법이 현재 인지신경과학의 총아로서 지식의 최전선을 이끌고 있는 주역이기는 하나, 이런 뇌기능영상법만으로는 뇌-인지 관계를 이해하는 데 충분치 않다. 뇌기능영상법은 인지기능을 수행하고 있는 뇌의 활동 상태를 측정하는 관찰 연구방법이다. 따라서 특정 인지기능을 수행하는 데 관여하는 모든 뇌 영역을 파악하는 데 강조점이 주어진다. 그런데 이렇게 관찰된 뇌 활성화가 그 인지기능을 수행하는 데 꼭 필요한 것인가는 또 다른 문제이다. 즉, 일정 인지기능을 수행하는 동안 특정 뇌 영역에서 활성화가 관찰되었다고 하더라도, 그 뇌 영역이 그 인지기능을 수행하는 데 필수적으로 관여하지 않을 수도 있다.

예를 들어, 꽃을 보고 이름을 말하는 과제를 생각해보자. 시각, 이름 기억, 그리고 말하는 데 필요한 여러 뇌 영역이 활성화될 것이다. 그런데 이런 영역들과 함께, 예를 들면 꽃을 이모저모 살펴보기 위해 눈을 움직이는 영역도 활성화될 것이고, 그 꽃으로 인해 연상되는 다른 기억과 연관된 영역, 혹은 아름다운 꽃을 보고 감동받는 데 관여하는 영역도 동시에 활성화될 것이다. 따라서 꽃을 보고 이름을 말하는 과제를 수행하는 동안 활성화된 뇌 영역이라고 해서 모두 그 과제에 필수적으로 관여하는 것은 아닐 수 있다.

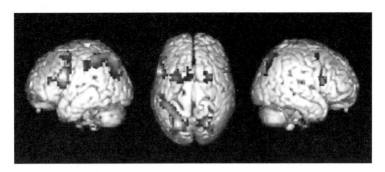

사칙연산 기능을 수행할 때 활성화되는 뇌영역의 부위를 표시한 그림.

그러면 꽃 이름 대기에 필수적인 뇌신경망을 어떻게 구별해낼 수 있을까? 우선 뇌 기능 영상 촬영 중에 수행하는 과제를 더 정교화함으로써 어느 정도 그 답을 얻을 수 있다. 예를 들면, 꽃 이름 대기 과제와 함께 다른 물체 이름 대기 과제를 비교해서 공통적으로 활성화되는 뇌 영역을 확인한다든지, 눈 움직임을 최소화하는 과제 조건을 마련해서 안구 운동에 관련된 뇌 활성화를 제거한다든지 하는 방법들을 구상해볼 수 있겠다. 그러나 이런 전략은 수많은 공통 변인들을 모두 찾아내 비교 혹은 제거해야 하기 때문에 꽃 이름 대기에 필수적인 뇌 영역을 찾아내고자 하는 목적에 근접할 수는 있으나 확실한 결론을 내리는 데는 미진함이 남는다.

이러한 뇌기능영상 연구의 방법적 한계는 신경심리학적 연구방법을 통해 보완될 수 있다. 신경심리학은 뇌기능영상법이 개발되기 전부터 뇌-인지의 관계를 연구하는 중요한 연구방법으로 사용되던 것인데, 뇌가 손상된 환자가 나타내는 인지행동의 이상을 파악해서 손상된 뇌 영역의 기능을 알아내는 전략이다. 이런 연구의 결과에 근거하면, 병변(病變)이 위치한 뇌 영역이 장애를 보이는 인지기능에 꼭 필요한지 아닌지를 확인할 수 있다. 바로 이 점에서 신경심리학적 연구 방법은 뇌기능영상법의 한계를 보완해줄 수 있다.

역으로, 뇌-인지 관계 파악이라는 측면에서 뇌기능영상 연구가 신경심리 연구의 한계를 보완하는 경우도 가능하다. 신경심리 연구는 연구대상이 된 뇌 영역, 즉 손상된 뇌 부위 이외의 다른 영역들이 관심거리가 된 인지기능에 관여하는지에 대해 아무런 정보도 제공하지 못한다. 즉, 그 인지기능을 수행하는 데 충분한 뇌 신경망을 파악할 수 없다. 그러나 뇌기능영상 연구에서는 인지기능 수행 중 활성화되는 전체 뇌 신경망, 혹은 그것을 포함한 더 넓은 범위의 뇌 활성화를 관찰할 수 있으므로 도움이 될 수 있다.

따라서 인지행동을 포함한 사람의 정신활동과 그 근거가 되는 뇌 신경망을 파악하는 데 있어서, 뇌기능영상법뿐만 아니라 신경심리 연구방법 등 다양한 연구방법이 동원되어야만 필요충분조건에 의해 결론에 도달할 수 있다.

향후 뇌 기능 연구의 전망

향후 인지신경과학 분야는 이미 많은 성과를 이룩한 뇌 기능 지도 작성 연구를 넘어, 다음과 같은 측면에서 지평을 넓힐 것으로 기대된다. 첫째, 현재 사용되고 있는 fMRI, PET, EEG, MEG 방법의 공간적·시간적 해상도를 더 높이는 연구가 지속적으로 주요한 과제일 것이다. 이는 뇌 신경망과 인지기능 사이에 존재하는 관계의 기능적 단위가 무엇인가 하는 문제와 직결되어 있다. 현재는 그 관계를 몇 밀리미터 정도의 뇌 조직에 대해 변별할 수 있으나, 몇 년 안에 밀리미터 단위 이내의 신경조직에서 기능적 분화양상을 판별할 수 있는 날이 오리라 기대한다.

둘째, 신경세포 간의 물리적 연결양상을 파악하는 데 그치지 않고, 앞으로는 실제 인지기능 수행에 기여하는 신경세포간 기능적 연결양상을 규명하는 연구로 발전할 것이다. 이런 연구방향은 현재 뇌기능영상법과

DTI의 융합, DTI와 EEG/MEG의 융합 등 융합연구의 형태로 구체화되고 있고, 더욱 가속화되리라고 전망할 수 있다.

셋째, 향후 뇌 기능 연구는 뇌/인지 기능에서의 개인차에 대한 이해가 중요해질 것으로 전망된다. 뇌기능영상에서 발견되는 뇌 활성화의 개인차는 단지 측정기술 상의 잡음, 과제 수행 중 인지 책략의 상이성 등에 의할 뿐만 아니라, 개개 뇌의 발생과정의 독특성으로 인한 뇌 구조의 개인차에 의한 것이기도 하다. 인지신경과학 연구가 뇌의 기능을 개체 수준에서 파악하고, 재현 및 예측이 가능한 결과를 산출해내려면, 뇌/인지 기능 자료의 개인간 변이에 대한 이해가 더욱 증진되어야만 한다.

이경민 서울대학교 의과대학을 졸업하였다. 미국 MIT대학교에서 신경과학 박사학위를 받았고 코넬 대학병원에서 신경과 수련을 마쳤다. 현재 서울대학교 의과대학 신경과 교수로 있다.

기억의 원리를 밝혀낸다

강봉균
서울대 교수 · 신경생물학

에릭 캔들, 마음의 정체에 도전하다

인간의 정신활동으로 형성되는 마음의 정체를 과학적으로 규명하는 것은 인류가 21세기에 당면한 과학적 명제가 되고 있다. 인간의 두뇌를 이용하여 인간 두뇌의 작동원리를 이해하고자 하는 것이 과연 적절한 과학적인 접근이 될 수 있을까 하는 회의적인 의견도 대두되고 있다.

과학의 발전 역사를 돌이켜보건대 혁명적인 패러다임의 전환이 수 차례 존재해왔다. 기존의 패러다임으로는 도저히 생각할 수 없는 놀라운 사고의 전환이 과학의 발전 역사를 일구어온 것이다. 인간의 정신활동에 대한 물질론적 접근은 고대 이래 과학의 발전과 함께 면면히 이어져왔으며 최근 현대 생물학의 발전에 의해 그 해결 가능성이 예측되고 있다.

인간의 두뇌는 신체기관 중에서 가장 복잡한 구조로 되어 있다. 뇌에는 수천 억 개의 신경세포(또는 뉴런, neuron)가 서로 그물처럼 연결되어 있다. 신경세포들이 연결되어 있는 구조를 시냅스(synapse)라고 하는데 그 수는 수천 조가 된다. 이렇듯 복잡한 해부학적 구조를 지닌 두

" *뇌 구조의 차이는 행위와 사고 패턴의 차이를 설명한다. 즉 인간 개체성, 인격은 뇌 구조에서 비롯된다. 캔들은 정상적인 학습이든 병리적인 학습이든 간에 학습이 우리 뇌 구조를 변화시키기 때문에 인간 개성의 차이 또는 정신질환을 만들어낸다고 주장하며 뇌 구조에 수반되는 분자 수준의 물질적인 차이를 밝혀내기에 이르렀다.* **"**

▶ 에릭 캔들

뇌에서 수행되는 고차원적인 정신활동, 즉 마음의 정체를 연구한다는 것은 언뜻 불가능한 과제처럼 보일 수 있다. 자연현상을 탐구하는 과학적 접근방법에는 통합주의(synthesism)와 환원주의(reductionism)가 있는데, 연구하고자 하는 현상에 따라 효과적인 접근방법이 결정될 수도 있으며 두 접근방법의 상호보완에 의하여 자연현상에 대한 이해를 더욱 고취할 수도 있다.

인간정체의 근본이 되는 두뇌 정신작용을 환원적으로 풀어온 과학계의 정점에 에릭 캔들(Eric Kandel)이 있다. 분자생물학의 혁신적인 방법론적 발전에 힘입어 복잡한 두뇌의 기능을 이해하는 것이 가능하다는 신념 속에서 자연현상 중에 신비의 영역으로 남아 있는 '마음'의 비밀을 풀기 위해 반세기를 도전해오고 있다.

생물학의 발전을 가져다준 분자생물학은 대장균과 박테리오파아지의 유전학적 연구에서 기인하였다. 생명현상의 이해를 물리·화학적 법칙으로 이루어낼 수 있을 것인가에 대해 고대로부터 많은 회의가 대두되어왔으나, 단순한 생명체를 이용한 분자 유전학적인 접근으로 생명 현상의 많은 부분이 과학적으로 규명될 수 있었다.

이에 따라 인류는 인간 유전체(genome)의 염기서열을 완전히 파악하기에 이르렀다. 지극히 단순한 생명체라 하더라도 그 생명체를 존재하게 하는 생명현상을 이해하면 그보다 훨씬 더 복잡한 생명체도 결국은 이해할 수 있다는 환원주의적 신념이 바탕을 이루었던 것이다. 또한 동물의 복잡한 생리현상을 연구하는 데 현상에 따라 적절한 동물연구 모델이 존재하고 있다는 믿음도 중요한 실마리를 제공해왔다.

예로 신경계의 언어라고 볼 수 있는 활동 전위(action potential)의 메커니즘 규명도 오징어의 거대 축삭이라는 매우 좋은 실험재료가 존재했기에 가능했다. 두뇌의 인지기능에 핵심적인 요소인 학습과 기억의 생물학적 규명도 적절한 연구방법론과 동물 모델이 갖추어질 때 충분히 가능해지리라 본다. 캔들은 이러한 환원주의적 연구방식을 바탕으로 학습과 기억 연구의 동물모델로서 바다달팽이인 '군소'(Aplysia)를 선택하여 놀라운 발견을 이룩하게 되었다. 이제는 그의 연구 업적과 사상을 간단히 요약해보고자 한다.

기억과 시냅스

현재 신경과학의 거두인 캔들은 2000년에 칼슨과 그린가드와 함께 노벨 생리의학상을 받는다. 칼슨은 신경전달물질인 도파민을 발견한 공로로, 그린가드는 신경전달물질인 도파민에 의해 신경세포 내에서 벌어지는 복잡한 분자들 간의 상호작용 과정을 밝힌 공로로, 캔들은 기억이 형성될 때 뇌세포에서 일어나는 변화를 이해한 공로가 수상 이유이다.

그의 노벨상 수상 이유가 말해주듯이 이들의 업적은 뇌를 분자 수준에서 미시적으로 이해하게 된 것으로 특히 뉴런(신경세포)이 다른 뉴런으로부터 신호(정보)를 받았을 때 어떠한 변화가 뉴런 속에서 일어나는지를 찾아낸 것이다. 뉴런과 뉴런 간에 연결된 연결고리를 시냅스라고 한다. 시냅스는 뉴런 간의 정보전달이 일어나는 핵심구조이다. 인간의 뇌에는 1,000억 개의 뉴런이 들어 있고 이들은 각각 1,000~10,000개의 시냅스를 가지고 있다. 따라서 우리 뇌에는 100조 이상의 시냅스가 존재하는 셈이다. 이 엄청난 수의 시냅스들이 각각 활동할 때마다 우리 뇌에서는 다양한 사고작용, 감정작용, 의식작용 등이 매순간 달라지게 되는 것이다.

컴퓨터에서는 소자들의 연결이 고정되어 있으나 뇌의 시냅스 연결은 항상 변할 수 있는 유연성(가소성, plasticity)을 지니고 있다. 뇌가 컴퓨터보다 우월한 이유가 여기에 있다고 생각된다. 시냅스 연결능력이 변화하는 것, 즉 시냅스 가소성 현상은 뇌의 기능이 장기적으로 변화하는 현상이며, 기억 현상에 있어서 매우 중요한 것으로 밝혀졌다. 이는 이 분야를 꾸준히 평생 동안 연구해온 캔들의 주요 업적 가운데 하나이다. 최근에는 시냅스 가소성이 기억뿐 아니라 감정변화, 정신병, 약물중독의 시냅스 메커니즘으로도 이해되고 있다.

캔들의 기억 연구활동

캔들은 1929년 오스트리아의 비엔나에서 태어나 9세 때 나치의 반유대인 정책을 피해 1939년 오스트리아에서 미국으로 이주하였다. 1948년 하버드대학에서 영문학을 전공하였는데, 정작 그가 매료된 것은 정신분석학이었다. 마음(mind)을 이해하는 것은 그의 궁극적인 학문 목표였기 때문이다. 그래서 그는 정신분석가가 되기 위해 1956년 의과대학(New York University)에 들어갔고 뇌가 작동하는 원리를 근본적으로 이해하기 위해 신경생리학(Neurophysiology)에 관심을 가지면서 본격적으로 실험연구를 하게 되었다. 이후 그는 기억 현상을 생물학적인 실험기법을 통해 이해하는 데 평생을 바치게 된다. 의과대학 졸업 후 1957~60년 사이에 캔들은 미국국립보건원(NIH) 신경생화학연구실에

두뇌정신작용을 환원적으로 풀어
온 과학계의 정점에 캔들이 있다.

서 본격적인 연구생활을 시작했다.

기억에는 어떠한 장면이나 사실, 사건 등과 같이 서술 가능한 형태의
서술기억(declarative memory)과 운동기술 습득, 습관 등과 같이 서술
하기가 어려운 형태인 비서술기억이 있다. 서술기억의 형성과정에는 두
뇌의 해마구조가 중요한 기능을 한다.

캔들은 해마구조에 기억의 신비가 들어 있을 것으로 예상하고 해마조
직에 있는 신뉴런의 활동 양상을 초기에 연구했다. 전극에 뉴런을 꽂아
서 전기활동을 처음 기록해낸 사람이 캔들이다. 그러나 해마구조의 복
잡한 신경회로 구조상 기억의 정도를 찾기가 쉽지 않았으므로 그는 좀
더 간단한 신경회로를 가진 신경계를 찾기에 이른다. 그가 선택한 것은
바다달팽이인 군소(Aplysia)였다. 그의 선택은 과감하게 보였지만 매
우 성공적인 결과를 가져다주었다. 우선 군소의 신경계는 다른 고등동
물과 마찬가지로 작동하는 신경회로망을 갖고 있으며 신경회로망의 기
능이 학습에 의해 변화될 수 있음을 알게 되었다. 뉴런 간의 연결고리인
시냅스의 효율이 학습에 의해 변한다는 것을 찾아낸 것이다. 아울러 시

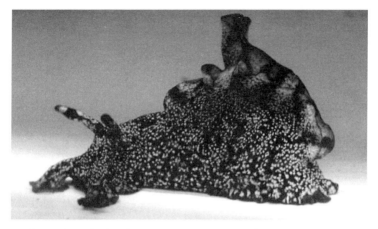

군소의 모습. 캔들은 학습과 기억 연구의 동물 모델로서 캔들은 바다달팽이 군소를 선택한다.

냅스의 효율이 학습으로 변화하는 과정에서 일어나는 뉴런 내부의 복잡한 생화학적인 변화과정을 찾아낼 수 있었다. 기억에는 지속되는 시간에 따라 몇 분 동안 유지되는 단기기억과 그 이상인 며칠, 몇 년 동안 유지되는 장기기억이 있다.

캔들은 군소를 이용한 기억 연구를 통해 단기기억은 시냅스 기능의 순간적 변화 또는 변형에서 비롯되고, 장기기억은 구조적인 변화 즉 시냅스의 수가 증가하는 것임을 밝힐 수 있었다.

아가미 수축반사 학습으로 밝혀낸 기억의 원리

캔들은 아가미 수축반사가 다양한 학습을 통해 변화하는 것에 주목하고 반사가 이뤄지는 신경회로(신경망, neural circuit)의 조직체계를 우선 분석하였다. 아가미 수축에 관여하는 운동뉴런, 감각뉴런, 연합뉴런들이 연결된 신경회로망을 찾아낸다. 호흡관 피부를 자극하면 감각 뉴런이 흥분하고 이 흥분은 운동뉴런과 연합뉴런에 전달되며 연합뉴런은 다시 운동뉴런을 활성화시킨다. 운동뉴런에 흥분이 전달되면 운동뉴런

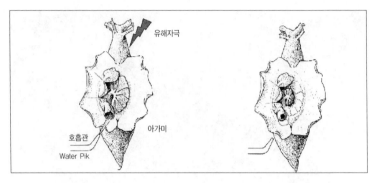

아가미 수축반사 학습.

과 연결된 아가미의 근육이 수축한다.

아가미 수축반사를 통해 연구된 기억의 형태는 습관화(habituation), 민감화(sensitization), 고전적 조건화(classical condition)가 있다. 수축반사를 유발하는 무해한 자극을 호흡관에 반복적으로 주게 되면 아가미는 제대로 수축하지 않는다. 이는 가장 단순한 기억 형태로 분류되고 있는 습관화로 규정된다. 반면에 해로운 자극을 꼬리나 머리에 가하면 아가미 수축반사가 향상되는데, 이를 민감화 기억이라 한다. 두 자극이 동시에 주어지면 고전적 조건화가 나타난다. 습관화 기억은 민감화 기억에 의해 지워지기도 한다. 기본적인 기억 형태들이 군소의 아가미수축반사에서 그대로 재현되고 있는 것이다.

아가미 수축반사에서 보이는 다양한 기억들은 어디에 저장되는 것인가? 캔들이 밝힌 중요한 업적은 이러한 다양한 기억 형태의 저장위치가 아가미 수축반사를 구성하는 신경회로망의 시냅스에 존재함을 밝혀낸 것이다. 습관화, 민감화, 고전적 조건화의 학습 결과는 감각뉴런과 운동뉴런 또는 감각뉴런과 연합뉴런 사이에 형성되는 시냅스에 기록되고 기억된다.

학습 형태에 따라 학습 결과가 시냅스에 기록되는 양상이 다르다. 습관화의 경우 시냅스의 유효성이 감소한다. 따라서 호흡관의 자극을 감각뉴런이 수용한 후 운동뉴런에 이를 전달하는 효율성이 떨어지므로 운동뉴런에 연결된 아가미 근육이 제대로 수축하지 못한다. 시냅스의 유효성이 떨어지는 세포학적 이유는 감각뉴런의 시냅스 말단에 존재하는 칼슘이온 채널의 기능이 저하되어 신경전달물질의 분비가 약해지기 때문이다.

민감화 자극은 또 다른 감각뉴런을 자극하고 이는 촉진성 연합뉴런을 활성화시켜 5-HT(세로토닌)을 분비시킨다. 분비된 5-HT는 아가미 수축반사 회로를 구성하는 감각뉴런의 신호전달체계를 흥분시켜 감각 뉴런의 다양한 전기적 특성들이 변화하게 되고 결과적으로 감각뉴런에서 신경전달자의 분비가 촉진된다. 따라서 운동뉴런으로의 신경전달이 효과적으로 일어나고 최종적으로 아가미 근육의 수축이 향상된다.

고전적 조건화의 경우, 조건자극에 의해 감각뉴런의 전기적 활성도가 증가할 때 무조건자극에 의한 시냅스 촉진이 동시에 일어나게 되면 감각뉴런, 운동뉴런 간의 신경 전달이 상승적으로 증가하게 된다. 이렇듯 시냅스의 유효성이 변화하는 현상을 시냅스 가소성(synaptic plasticity)이라 한다.

군소의 아가미 수축반사에서 보이는 다양한 기억현상의 근원이 시냅스의 유효성이 조절되는 데서 찾아볼 수 있다는 것은 캐나다 심리학자인 헵(Donald Hebb)에 의해 예견된 바 있다. 그의 가설에 따르면 외부에서 주어지는 환경정보는 신경계의 적절한 회로에서 표상되어 처리되는 학습과정을 거치고, 이러한 과정이 반복될 때 담당회로를 구성하는 뉴런 간의 시냅스가 활성화된다. 학습 후에 주어지는 환경정보에 대한 단서에 의해 담당회로는 용이하게 재활성되므로 결국 온전한 환경정보가 재구성될 수 있다는 것이 가설의 요지이다. 다양한 감각계를 통해 들어오는 외부 정보들은 신경계의 특정한 회로망을 활동하게 되고 활동의 결과는 회로망을

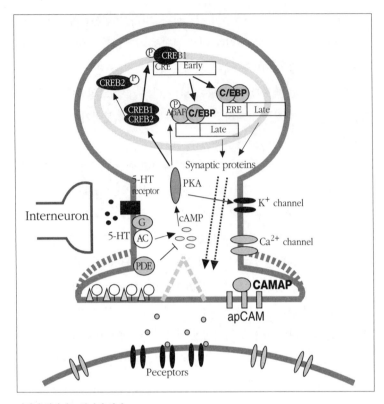

기억이 형성되는 분자적 원리.

구성하는 뉴런 또는 뉴런 간의 시냅스에 저장된다고 본 것이다.

군소의 신경계에서도 학습의 결과로 시냅스의 유효성이 변화한다는 것을 알아내게 되었다. 학습된 내용이 기억될 때 기억이 유지되는 지속성에 따라 수 분에서 수 시간 유지되는 단기기억과 수일에서 수년간 지속되는 장기기억으로 나눌 수 있다. 기억의 내용이 같다면 같은 신경회로망과 시냅스가 관련되어 있는 것으로 보이는데, 같은 기억내용이 단기와 장기기억으로 나뉘어진다면 신경회로망 또는 시냅스의 어떠한 특징이 단기와 장기기억을 구분하여줄 것인가? 이에 대한 해답도 캔들의 연구로 명쾌하게 해결된다.

장기 기억의 세포학적 모델

학습되는 내용이 단기적 또는 장기적으로 기억될 것이냐 하는 것은 학습 훈련의 강도에서 비롯된다. 반복적인 훈련은 장기기억의 형성에 중요한 요인이 된다. 군소에 대한 습관화 또는 민감화 자극이 수 차례 반복되면 장기기억화된다. 민감화 자극이 5회 이상 두 시간에 걸쳐 반복되면 촉진성 뉴런에서 5-HT 분비가 반복적으로 일어나게 된다. 감각뉴런에서 5-HT에 의한 cAMP의 형성 역시 반복적으로 일어나게 되며 활성화되는 PKA의 활성소단위는 세포핵의 핵공을 통과하여 핵으로 들어간다. 세포핵에서 활성소단위는 유전자 발현에 관여하는 CREB이라는 전사 인자를 인산화시킨다. 인산화에 의해 활성화된 전사 인자는 염색사에 있는 다양한 기억 관련 유전자를 발현시킨다. 발현된 유전자의 산물에는 또 다른 유전자들의 발현에 관여하는 C/EBP 전사인자도 포함된다. 최종적으로 발현되는 유전자 산물, 즉 단백질은 감각뉴런의 시냅스 발달을 강화시키는 역할을 수행한다. 유전자 산물 중에는 단백질 분해 효소도 있어 시냅스의 구조조정에 관여하고 PKA의 조절 소단위를 가수 분해시켜 활성소단위가 지속적인 활성을 유지하는 데 기여할 수 있다. 장기기억에 의한 시냅스 강화는 기존 시냅스의 유효성이 증가하는 데서 비롯될 수 있고 또 하나는 시냅스의 수를 늘리는 데서 일어나기도 한다. 시냅스의 수가 증가하기 위해선 감각뉴런의 구조가 변화해야 하는데, 반복적인 장기학습에 의해 시냅스의 구조가 변화하는 것으로 알려지고 있다.

두뇌의 측두엽에 있는 해마는 서술기억에 중요한 역할을 하고 있는데 해마의 신경회로에서 시냅스의 가소성인 LTP를 관찰할 수 있다. 해마에 존재하는 시냅스들은 반복적인 전기적 자극을 수 초간 받았을 때 시냅스 유효성이 강화된다. 이러한 강화를 장기 시냅스 강화(long-term potentiation, LTP)라 부른다.

해마에서 일어나는 장기 시냅스 강화(LTP)에 대한 세포·분자적 연구가 진행되면서 아가미/호흡관 수축반사의 민감화 및 고전적 조건화를 만들어주는 메커니즘인 장기 시냅스 촉진(LTF)과 비교할 수 있게 되었으며 두 현상 사이의 매우 유사한 점이 발견되고 있다. 기억이 저장되는 분자 수준에서의 원리가 동물에 구애되지 않고 일정하게 진화적으로 보존되어 있음을 나타내준다. 단순한 동물의 신경계를 이용한 연구결과가 인간에게도 적용될 수 있다는 환원주의적 가능성이 내포되어 있는 것이다.

인간 정체성에 대한 새로운 지평이 열리다

우리는 누구인가? 인간의 본성은 어디에서 어떻게 형성되는가?

이에 대한 해답을 얻는 데는 우리를 통제하고 표현하는 두뇌의 구조와 기능을 이해하는 것이 필요하다. 인간의 뇌는 다른 동물과 같이 학습과 경험을 통해서 항상 가소적으로 변하고 있다. 우리의 뇌는 우리가 자궁 속에서 바깥세상으로 나오는 순간 시시각각으로 변하는 다양한 자극과 외부의 환경을 경험하게 된다. 어느 누구도 똑같은 삶과 환경을 살 수 없으므로 각자 다양한 학습을 통해 뇌 신경망의 구조를 변화시키고 있다. 뇌 구조의 차이는 행위와 사고 패턴의 차이를 설명한다. 즉 인간 개체성, 인격은 뇌 구조에서 비롯된다. 캔들은 정상적인 학습이든 비정상적인, 즉 병리적인 학습이든 간에 우리의 뇌 구조를 변화시키기 때문에 인간 개성의 차이 또는 정신질환을 만들어낸다고 주장하며, 뇌 구조에 수반되는 분자 수준의 물질적인 차이를 밝혀내기에 이르렀다.

캔들이 이러한 연구성과를 이룩한 데에는, 끊임없이 새로운 연구동향을 분석하고 새로운 실험적 방법론을 과감하게 도입하는 능력이 뒷받침

되었다. 그는 신경과학의 영역에 관한 한 누구보다 해박한 지식과 통찰력을 겸비하고 있다고 자타가 공인하고 있다. 그의 대표 저작인 『신경과학의 원리』는 세계에서 가장 많이 사용되고 있는 신경과학 교재이다.

캔들은 80을 앞둔 나이에도 군소 외에도 쥐를 이용한 기억의 분자생물학 연구 등에서 정력적으로 세계 최첨단의 연구를 이끌어나가고 있다. 아마 뇌의 비밀을 생전에 풀겠다는 야망이 아직도 식지 않고 있는 모양이다. 그가 이룩해놓은 신경과학 업적의 위대함은 미국 뉴욕시가 5월 11일을 '캔들의 날'(Kandel' Day)로 선포한 데서도 찾아볼 수 있다.

강봉균   서울대학교 미생물학과에서 학사와 석사학위를 받았다. 그후 미국 컬럼비아대학교 석·박사(지도교수 에릭 캔들)과정을 거쳐 컬럼비아대학 신경생물학연구소 박사후과정을 지냈다. 현재 서울대학교 생명과학부 신경생물학 교수로 재직 중이다. 저서로는 『인지과학』(공저), 『기억』(공저) 등이 있으며 역서로는 『시냅스와 자아』 『동물생리학』 등이 있다. 논문으로는 「Activation of cAMP-responsive genes by stimuli that produce long-term facilitation in Aplysia sensory neurons」 등이 있다.

인지과학의 연구동향

마음을 자연과학으로 해명한다

김기현
서울대 교수 · 인지과학

컴퓨터 공학의 발전으로 인지과학이 뿌리를 내리다

인지과학(cognitive science)은 문자 그대로 인간의 인지가 어떻게 이루어지는가를 연구한다. 인지과학은 인지에 관심을 갖고 있던 컴퓨터 과학, 인지심리학, 철학, 언어학, 신경생리학, 동물학 등이 함께 참여하면서 구성되어 이제 겨우 50년 남짓의 역사를 가진 신생 학문으로서, 학제간 연구라는 현대적 조류의 대표적 분야이며 또한 학제간 연구가 가장 활발한 분야라고 할 수 있다.

인지과학의 역사적 의의는 이전까지 수수께끼로 여겨져온 마음을 과학의 틀 내에서 해명하는 실마리를 제공했다는 점에서 찾을 수 있다. 마음에는 물질에서 찾을 수 없는 몇 가지 신비로운 특성이 있다. 첫째로, 내가 지구는 둥글다라고 믿는 경우에 나타나는 바와 같이 마음은 외부의 사실을 일정한 방식으로 표상하는 능력을 갖고 있다. 둘째는, 내가 잘 익은 빨간 토마토를 바라볼 때 나타나는 바와 같이 나의 마음에는 감각의 파노라마가 연출되기도 한다. 셋째 특성은 수학문제를 푼다든가, 불확실한 시각의 영상으로부터 외부의 대상이 무엇인가를 용케 맞추는

❝ 인지과학은 인간의 인지과정을 기본적으로
추론을 통하여 문제를 해결하는 과정으로 본다.
이런 문제해결 과정의 대표적인 형태는
논리적 추론에서 찾을 수 있다.
연역논증이든 귀납논증이든 논리적 추론은
전제에서 출발하여 일정한 규칙을 사용하여
결론에 도달하는 과정이다. **❞**

경우에 발휘되는 지능적 문제 해결능력이다. 이러한 특성은 과거의 철학자들로 하여금 마음은 물질과는 근본적으로 다른 것이라고 생각하게 만들었다. 그러나 이후 자연과학이 발전함에 따라, 과학은 사람의 마음에서 나타나는 현상과 마음의 작용을 물리적으로 해명하라는 압박을 받게 된다.

이러한 시대적 분위기가 성숙한 가운데 컴퓨터 공학, 그 중에서도 인공지능의 발전은 마음에 접근하는 방식에 커다란 전환점을 제공하게 된다. 특히 위에서 열거한 마음의 특성 가운데 지능이 일차적 공격대상으로 포착되기에 이른 것이다. 컴퓨터 과학이 발전하고 산업현장에서 인간이 하던 제어기능을 인위적 체계를 통하여 더욱 정밀하게 수행할 필요성이 증가함에 따라 인공지능은 폭발적으로 발전하였다. 컴퓨터 과학과 인공지능이 발전하면서 이제 컴퓨터 프로그램은 단지 인간의 작업을 돕는 보조장치 이상의 의미를 지니게 되었다. 많은 사람들이 인간의 지능, 인지 자체도 정해진 프로그램을 수행하는 것에 다름 아닐 것이라는 생각을 품게 되었고, 이러한 생각이 공감을 얻으면서 인지과학이 발생

MIT에서 개발한 인공지능 로봇 키즈맷(Kismet)은 감각센서를 통해 사람의 감정을 파악할 수 있다. 컴퓨터 과학과 인공지능이 발전하면서 많은 사람들이 인간의 인지기능 역시 정해진 프로그램을 수행하는 것에 다름아닐 것이라고 생각하게 되었다.

하였다.

인지과학은 인간의 인지과정을 기본적으로 추론을 통하여 문제를 해결하는 과정으로 본다. 이런 문제해결 과정의 대표적인 형태는 논리적 추론에서 찾을 수 있다. 연역논증이든 귀납논증이든 논리적 추론은 전제에서 출발하여 일정한 규칙을 사용하여 결론에 도달하는 과정이다. 인지과학은 이러한 인간의 고차적인 인지작용뿐 아니라, 시각 판단, 청각 판단 등과 같은 기초적인 인지과정까지도 규칙에 따른 추론에 의하여 이루어지는 것으로 본다. 예를 들어, 내가 나무를 보는 경우 외부의 나무는 나의 망막에 일정한 모습을 지닌 시각적 상을 맺는다. 우리의 망막에 일정한 영상이 맺히면 우리의 시각체계는 그 영상의 색을 탐지하고, 영상에 주어진 음영을 분석하여 부분적인 형태를 탐지하여 종합하고, 다시 색과 형태를 결합하여 그 영상의 원인인 외부의 대상이 무엇인가를 판단한다.

결국 시각에서 보이는 인지과정은 시각영상을 단서로 하여 외부대상을 알아맞추는 문제해결의 과정이며, 이 과정이 컴퓨터에서와 같은 프로그램에 의하여 수행된다는 것이 인지과학의 기본적 입장이다. 인간의 마음이란 외부의 정보를 받아들이는 여러 장치, 이를 분석하는 장치, 과거의 정보를 담고 있는 기억장치, 이들 사이의 관계를 통제하는 중앙정보처리장치(CPU), 처리 결과를 언어로 또는 행동으로 출력하는 장치들이 각기 일정한 규칙에 따라 구성된 프로그램으로 운영되면서 복잡하게 얽혀 있는 체계라는 것이다.

인지과정 ─ 형식적 추론인가 전기화학적 반응인가

위에서 본 바와 같이 인지과학은 인간의 지능 또는 인지를 문제해결의 과정으로 파악하고, 다시 문제해결의 과정을 프로그램에 의한 추론 또는 계산의 과정으로 이해한다. 그리고 인간의 전체 인지체계는 하위의 단순한 계산체계들이 상층으로 이어지면서 점차 복합적으로 연계되는 계층적 구조로 이해된다. 인지과학자들은 이러한 포괄적 구도에 공감하면서 연구를 진행하지만, 이 포괄적 구도를 구체화하는 과정에서 여러 가지 상이한 견해를 노출한다. 첫 번째 대립은 문제를 해결하는 계산의 본성과 관련되어 있는데, 이 대립은 흔히 고전적 인공지능(classical AI)과 연결주의(connectionism) 또는 신경망이론(neural network theory) 사이의 대립으로 알려져 있다.

고전적 인공지능은 문제해결 과정을 문자 그대로 추론의 과정으로 본다. 예를 들어, 내가 '비가 오면 길이 젖는다'라는 믿음과 '지금 비가 온다'라는 믿음으로부터, "지금 길이 젖는다"라고 추론하는 경우를 보자. 이 추론은 '만약 A면 B다'라는 전제와 'A'라는 전제로부터 'B'라는 결론이 뒤따른다는 일반적 추론규칙에 근거하고 있다. 고전적 인공지능은 인간의 인지체계는 이러한 형식적인 추론규칙을 갖고 있으며, 규칙에 따라 추론을 수행함으로써 문제를 해결한다고 생각한다. 이런 의미에서 고전적 인공지능은 인간의 두뇌를 마치 언어와 같은 구조를 갖고 있는 체계로 이해한다.

반면에 연결주의 또는 신경망이론은 인간의 인지과정은 언어와 같은 형식적인 규칙에 따라 이루어지는 것이 아니라, 뇌세포를 이루는 뉴런들의 전기화학적 반응이 매개하는 것이라고 생각한다. 마음의 상태는 하나의 물리적 상태에 불과하며 이들은 뉴런의 조합에 의하여 구성된다. 한 심리상태에서 다른 심리상태로의 이행은 뉴런의 작동방식에 의하여 규정되며, 이들의 작동방식은 뉴런이 어느 정도의 활성상태에 도달하며, 이 활성상태에 따른 각 뉴런의 폭발 여부, 그리고 그 활성도가 어느 정도의 연관성을 지닌 연결선을 통하여 이웃 뉴런에 전달되는가에 의하여 결정된다. 따라서 연결주의에서의 추론은 순수히 인과적 과정으로, 이 과정은 언어와 같은 추론규칙으로 묘사되기보다는 뉴런 사이의 전기화학적인 반응에 관한 순수히 기계적인 방식으로 묘사된다. 이런 의미에서 고전적 인공지능에서 인지체계가 계산하는 것이 언어적 규칙에 따른 기호적 계산이라고 한다면, 연결주의에서의 계산은 뉴런의 활성과 그것의 확산에 관한 역학적 계산이라고 할 수 있다. 이러한 역학적 계산은 언어적 규칙이 아니라 미분방정식에 의하여 묘사된다.

고전적 인공지능과 연결주의 사이의 위와 같은 대립은 흥미로운 연구과제를 산출한다. 고전적 인공지능에 공감하는 사람들은 연결주의가 제시하는 인간의 인지과정에 대한 설명은 대안이 되지 못함을 주장한다. 인간의 인지과정은 거시적 차원에서는 언어와 유사한 형식의 추론과정이며, 연결주의는 이 과정이 미시적 차원, 즉 인간의 두뇌에서 어떻게 구현되고 있는가를 설명하고 있을 뿐이라는 것이다.

이들의 주장이 옳다면, 고전적 인공지능과 연결주의는 각기 다른 차원에서의 설명이기 때문에 연결주의의 성공이 고전적 인공지능의 타당성을 손상할 수 없게 된다. 더 나아가 만약 인간의 두뇌에서 인간의 인지과정을 주도하는 언어와 같은 코드(neural code)를 찾아낼 수 있다면, 이들의 이러한 주장은 더욱 설득력을 얻게 될 것이다. 오늘날 많은 인지과학자들은 이러한 두뇌의 코드를 찾고자 노력하고 있으며, 이 연구는 인간의 인지과정 자체에 대한 이해뿐 아니라, 고전적 인공지능과 연결주의 사이의 논쟁에서도 중요한 의미를 가질 것이다.

고전적 인공지능과 연결주의가 과연 대립적인 입장인가, 대립한다면 어느 입장이 옳은가 하는 것은 현재 해결되지 않은 문제로 논의가 진행되고 있기는 하지만, 이들이 협조하면서 조화롭게 연구를 진행하고 있다는 사실을 간과해서는 안 된다. 고전적 인공지능의 틀은 인간의 고차적 사고과정을 설명하는 데 강점을 갖고 있는 반면, 연결주의는 형태인식과 같은 기초적 인지과정을 설명하는 데 강점을 보인다.

이러한 이유로 어떤 인지과학자는 이들을 결합하여 인간의 인지체계를 모델링하기도 한다. 인간의 인지에는 고전적 인공지능의 틀과 연결주의의 틀이 혼재되어 있는지도 모를 일이다. 여하튼 고전적 인공지능과 연결주의를 둘러싼 인간의 인지구조에 대한 논란은 앞으로의 대답을 기다리는 흥미있는 주제임에 틀림없다.

경험은 인지과정에 영향을 주는가

현대 인지과학자들의 관심을 끄는 또 하나의 논란거리는 마음의 단원성(modularity) 문제이다. 앞에서 보았듯이 인지과학자들은 인간의 인지체계는 단순한 문제를 처리하는 기초적 장치들이 결합하여 복잡한 체계를 구성한다는 점에 동의한다. 예를 들어, 내가 한 물체를 인식하는 과정은 색채를 인식하는 장치, 형태를 인식하는 장치, 거리를 인식하는 장치들이 협동하여 이루어진다. 문제는 이러한 기초적 과정의 작동에 누적된 경험을 통하여 이루어진 세계의 일반적 구조에 대한 배경지식이 영향을 미치는가 하는 것이다.

마음의 단원성을 옹호하는 사람들은 이 기초적 과정의 작동이 배경지식으로부터 영향을 받지 않고 독립적으로 이루어진다고 주장하는 반면 단원성을 부정하는 사람들은 배경지식이 여기에 영향을 미친다고 주장한다. 단원성을 부정하는 사람들은 흔히 다음과 같은 뮐러-라이어 (Müller-Lyer) 착시현상을 자신의 입장을 옹호하는 예로 제시한다.

위의 두 선분은 같은 길이임에도 불구하고 위의 선이 더 길게 보인다. 이 현상은 다음과 같은 방식으로 설명된다. 다음 페이지의 그림에서 볼 수 있듯이 위의 모양은 일상적으로 오목 모서리에서 흔히 발견되고, 아래 모양은 볼록 모서리에서 흔히 발견된다. 따라서 이러한 상황에 대한 과거의 반복적 경험에 따라 위의 선은 아래 선보다 더 멀리 있는 것으로 해석된다. 그런데 두 선은 우리의 망막에 같은 길이로 등록된다. 위의 선이 더 멀리 있음에도 불구하고 가까이 있는 선과 같은 길이로 등록된다는 것은 실제로는 위의 선이 더 길다는 것을 의미한다. 이렇게 배경지식에 의한 추론이 우리의 인지과정에 영향을 미쳐 위의 선이 더 길게 보이게 된다는 것이다.

한편 위와 같은 주장에 대하여 단원성을 옹호하는 인지과학자는 위의 현상이 착시현상이라는 것을 깨달은 이후에도 착시현상이 지속됨을 지적한다. 즉 우리의 기초적 인지과정이 배경지식의 영향을 받는다면, 실제로 두 선분의 길이가 같다는 것을 깨달아 그것이 우리의 배경지식으로 자리 잡게 되면 착시현상이 사라져야 할 텐데 그렇지 않다는 것이다. 그렇다면 모든 배경지식이 우리의 기초적 인지과정에 영향을 미친다고 할 수는 없으며, 따라서 기초적 인지과정은 배경지식으로부터 상대적으로 독립되어

오목 모서리는 먼 곳에, 볼록 모서리는 가까운 곳에서 흔히 보게 되는 경험이 우리의 인지과정에 영향을 미친다.

있다고 할 수 있다.

단원성과 관련된 논쟁은 인지체계의 효율성과 관련된다. 우리가 컴퓨터와 같은 하나의 인공적인 인지체계를 고안한다고 하자. 우리는 이 체계가 가능한 세계의 모습을 오류 없이 그대로 반영하기를 바란다. 다른 한편 세계에 대한 인지는 그것을 토대로 하여 행동하기 위한 것이기 때문에, 신속한 판단을 또한 바란다. 만약 이 체계가 세계를 이해하는 데 상당히 많은 시간이 걸린다면 그것을 토대로 행동을 하는 데에는 도움이 되지 못한다. 문제는 위의 두 가지 요구가 서로 상충하는 측면이 있다는 것이다. 오류를 피하기 위해서는 배경지식을 충분히 살펴 조심스럽게 판단해야 하는 반면, 신속히 판단하기 위해서는 모든 배경지식을 충분히 살필 여유가 없기 때문이다.

따라서 효율적인 인지체계는 지나친 단원성으로 인해 많은 오류를 동반해서는 안 되며, 동시에 어느 정도 단원성을 지녀서 신속하게 판단할 필요가 있는 것이다. 마음의 단원성 문제도 이런 관점에서 이해할 수 있다. 인간의 인지체계는 오랜 진화를 거쳐 발전된 것인 만큼 어느 정도의 효율성을 갖고 있음에 틀림없다. 그렇다면 과연 인간의 인지체계는 어느 정도의 단원성을 갖고 있을까? 이런 맥락에서 제기된 마음의 단원성 문제는 오늘날 많은 인지과학자들의 주목을 받고 있다.

착시현상의 또 다른 사례

배경지식에 의한 추론이 우리의 인지과정에 영향을 끼치는 사례는
앞서 예로 든 모서리 착시현상 외에도 여러 가지가 있다.
그중 대표적인 것 몇 가지를 소개해본다.

사선 위에 늘어선 세 개의 기둥 중 가장 멀
리 있는 것이 가장 길어 보이지만 실은 모
두 같은 크기이다.

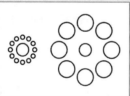

왼쪽과 오른쪽 그림에서, 왼쪽 그림의 가운
데 동그라미가 더 커 보이지만 실은 양쪽
다 같은 크기이다.

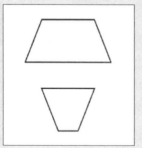

두 개의 평행사변형 중에서 위쪽 도형의 윗
변이 아래쪽 도형의 윗변보다 더 길어 보이
지만 실은 둘 다 같은 크기이다.

위에서 제시한 인간의 인지구조와 관련된 고전적 인공지능과 연결주의의 논쟁, 마음의 단원성과 관련된 논쟁 외에도 현대 인지과학에는 많은 논쟁거리와 그에 따른 첨단연구의 경향들이 있다. 예를 들어, 인간의 마음의 한 측면인 지능 이외에 앞에서 살펴본 감각의 파노라마의 존재, 세계의 모습을 표상하는 능력 등을 과연 자연과학의 틀 내에 어떻게 포섭시킬 수 있는가의 문제, 인간의 인지능력은 선천적인가 후천적인가의 문제, 세계에 대한 정보를 처리하는 인간의 인지는 언어와 같은 의미론적 내용을 가진 표상을 매체로 이루어지는가 아니면 그림과 같은 이미지를 매체로 하는가 등등. 이러한 논쟁은 인지심리학, 언어학, 신경과학, 컴퓨터 과학의 연구 결과와 이에 대한 철학적 반성 등이 협동하면서, 인지과학이라는 학제간 연구영역에서 흥미롭게 논의되고 있다.

김기현 서울대학교 철학과에서 학사와 석사학위를 받았으며, 1992년 미국 애리조나대학에서 앨빈 골드먼 교수의 지도 아래 박사학위를 받았다. 1995년 말까지 미국 오클라호마대학 철학과에서 조교수로 있었다. 서울시립대학교 조교수와 부교수를 거쳐, 현재 서울대 철학과 교수 겸 인지과학 협동과정 겸임교수로 있다.

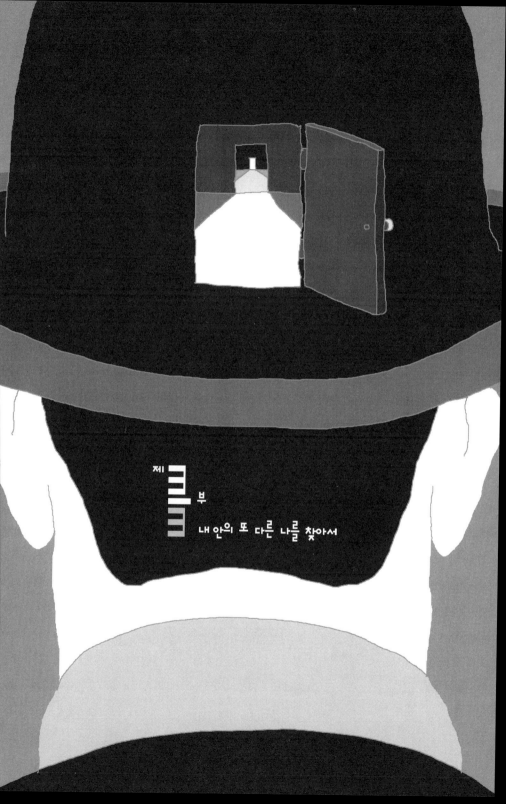

제 **3** 부

내 안의 또 다른 나를 찾아서

정신분석과 신경과학의 통합
21세기의 포스트모던형 정신의학

김종주
반포신경정신과의원 원장 · 신경정신의학

우울한 사회의 포스트모던형 의사

현대의 의사는 자신의 진료 형태에 따라 스스로를 두 부류로 나눠서 생각한다. 질병으로 고통 받는 환자를 진료하는 '모던형' 의사와 클라이언트의 웰빙을 도와주는 '포스트모던형' 의사가 그것이다.[1] 이런 이분법에 따르면, 분명히 정신분석을 전공한 의사는 포스트모던형 의사이고 정신병을 진료하는 의사는 모던형 의사일 수밖에 없는데도, 이상하게 정신분석을 진료하는 의사가 오히려 시대에 뒤떨어진 전근대적인 의사로 취급되고 있다. 프로이트 이래 100년간이나 존속해왔고 의심할 여지 없는 임상 결과에도 불구하고 정신분석은 오늘날 약물치료를 전공한 의사들의 막강한 공격을 힘겹게 받아내고 있다.

우울한 사회에서 살아가는 우울증 환자들은 이미 정신분석에서 정신약물학의 담당으로 옮겨갔으며, 정신치료보다는 한약이나 대체요법에 더 큰 믿음을 보이고 있다. 우리만 그런 것은 아니다. 종교의 위상만큼

---

1) Elliott, 1999/2005, 83~90쪽.

❝ 몇 가지 기능성 영상연구를 통하여 뇌의 기능적인 활동이
정신치료에 의해 정말로 바뀌고 있음을 볼 수 있다.
앞으로는 주관인인 경험에 대한 포괄적인 신경과학이
발전하게 될 것이고, 그 덕분에 인간의 주관성에 관한
과학으로서의 정신분석이 나타나리라고 전망할 수 있다.
이렇게 이전에는 꿈도 꾸지 못한 방향으로
우리의 임상 범위는 확장될 것이다. **❞**

올라가 있는 과학주의 사회와 욕망하는 인간보다는 기계-인간의 가치
를 더 중요시하는 인지과학의 사회에서, 최면술의 일종인 메스머리즘
(mesmerism), 요가나 선(禪)을 치료적으로 이용하는 소프롤로지
(sophrologie), 자연요법, 암시술, 심령술과 같은 갖가지 요법이 성행
하고 있다. 프랑스인의 25퍼센트가 환생이나 전생을 믿으며, 그런 믿음
으로 실존의 문제를 해결하려 한다는 것은 놀라운 일이다.[2]

현대 민주주의사회에서는 차이와 저항을 단 하나의 체계로 통합하려
고 한다. 그래서 불행과 죽음과 폭력 같은 현실을 보지 않으려 하고 사
회적 갈등에 대해서도 생각하지 않으려 한다. 그렇게 이 사회는 '직면
의 시대'로부터 '회피의 시대'로 이행해가고 있다. 정상과 병리의 개념
은 막연한 원칙에 의거하고, 각 개인은 자신의 고통을 더이상 보여주지
않을 권리와 의무를 지니게 되었다. 더구나 신경생물학의 지식이 발전
하면서, 정신적인 모든 장애는 신경세포의 기능 이상 때문이며 그 증세

---

2) Roudinesco, 1999, 15~16쪽.

에 따른 적절한 약물이 존재하기 때문에 우리는 걱정할 필요가 없다고도 한다. 이처럼 현대는 겉으로는 매우 평온해 보이는 시대지만, 폭풍 전야의 고요함이 폭풍 그 자체보다 더 두려운 법이다.

우울증이 현대의 주체성을 지배하고 있다. 19세기 말 브로이어(Josef Breuer)의 안나 오(Anna O.)와 샤르코(Charcot) 교수의 오귀스틴(Augustine)과 같은 히스테리 환자가 빈을 지배했듯이, 새천년의 이브에는 우울증이 민주사회의 정신적인 유행병처럼 되어버렸다. 히스테리는 사라진 것이 아니라 점차 우울증의 한 형태로 받아들여지고 치료되고 있다. 의학이나 정신의학 및 정신분석학에서는 새로운 패러다임의 도래가 이전의 것을 완전히 대체하지 못한다. 오히려 이전의 것과 겹쳐지면서 새로운 의미를 부여해간다.

여기서의 우울증이란 우리가 한때 무척 좋아했던 '신경쇠약'에서 유래된 용어이다. '피로와 결핍과 인격의 허약함'으로 생각할 수 있는 '상태'를 말한다. 따라서 현대의 우울증은 노이로제도 아니고 정신병도 아니며 멜랑콜리아의 한 형태도 아니다. 우울한 사람들은 자신의 무의식으로부터 도망치고 자기 자신 속에 있는 모든 갈등의 본질을 없애버리려고 한다.[3] 권리의 평등화와 조건의 수평화 덕분에 금지로부터 자유로워진 금세기의 우울한 사람들은 약물이나 종교에 의지하고 오로지 건강에만 전념하면서 완벽한 신체를 열망하고 있다. 이렇게 해서 불가능한 행복의 이상적인 상태를 꿈꾸게 된다.

이처럼 오늘날의 약물중독은 반(反)주체의 특징을 규정하기 위해 흔히 쓰였던 상징적인 모습이다. 전에는 그 자리를 광기가 차지하고 있었다. "만일 우울증이 찾아질 수 없는 주체의 역사라면 중독은 잃어버린 주체를 그리워하는 향수이다."[4]

3) 앞의 책, 20쪽.
4) 앞의 책, 21쪽.

한때 어떤 세자비가 '행복의 알약'이라 불러 유명해진 항우울제는 우울증에만 쓰이지 않는다. 강박증은 물론이고, 고3병과 비만 치료에도 쓰이며, 발기부전에도 쓴다. 이러다간 해당되지 않는 증상이 없을 것 같다. 알코올중독과 니코틴중독 같은 '새로운 병자'들은 역시 우울증처럼 치료되고 있다. 어디 그뿐이랴! 섹스중독, 음식중독, 스포츠중독에도 그 약물은 효과를 낼 것이다. 모든 사람이 웰빙을 위해 그 약물을 사용하게 될 것만 같다. 그것은 또 하나의 이데올로기가 되어가고 있다.

정신분석과 신경과학, 마음을 연구하는 두 가지 방법

정신기구는 두 가지 방법으로 알아볼 수 있다. 하나는 내부적인 시각으로서 마음의 주관적인 인상을 얻는 것인데, 정신분석이 마음을 연구하는 방식이 바로 이에 해당한다. 반면에 뇌라는 신체기관은 마음에 관한 객관적인 시각을 제공해준다. 이처럼 마음을 두 가지 방식으로 볼 수 있다는 사실이 심신문제의 기초가 된다. 이런 시각으로 인해 정신기구가 두 종류의 '원료'로 이루어져 있다는 착각을 불러일으킬 수 있지만, 또한 그런 착각으로 인해 이득을 얻기도 한다. 서로 다른 관점에서 얻어진 결과를 비교해보는 방식으로 정신분석과 신경과학이 공동연구를 시작하게 되었고 마음의 본질이 의식적인 인식이란 결론에 이르게 된 것이다.[5]

'기본감정 명령계통'의 구조 속에서 최초의 자기(self)는 상동화된 운동프로그램을 작동시킨다. 거기에는 선택이 결여되어 있다. 즉 칸트의 윤리법칙에 의한 모든 의지 규정의 본질인 '자유의지'가 없다는 뜻이다. 이런 강박행위가 프로이트의 그 유명한 '반복강박'이란 개념이다. 반복강박은 인간 뇌의 상부구조를 형성하는 '더할 나위 없이 영광스러

---

5) Solms & Turnbull, 2002/2005, 343~345쪽.

운 자리'인 전전두엽(prefrontal lobe)의 억제를 받고 있다. 전전두엽은 우리 인간성의 조직(tissue)으로 간주된다.

한편 다른 원숭이의 행동을 그저 바라보고만 있는 또 다른 원숭이의 운동 뉴런이 동일한 양상으로 점화하는 모습을 관찰하고서 그것을 '거울뉴런'(mirror neuron)이라 불렀다. 이것은 정신치료의 중요한 개념인 '감정이입'의 신경생물학적 기초를 마련해준다. 부모의 말씀을 내재화하여 금지를 억제로 바꾸는 기전이 '내부언어'(inner speech)다.[6] 전두엽에 병변이 생기면 내부언어가 망가져 지행의 분리가 일어난다. 지행합일(知行合一)이 깨지는 셈이다.

과학주의 사회라는 서양에서도 갖가지 '돌팔이'들이 성업 중이다. 그렇다면 과학주의란 무엇인가? 실증과학의 입장에서는 뇌과학이 최우선의 과제가 된다. 이런 논쟁의 한가운데에 프로이트의 무의식이 도마 위에 올라 있다. 아직도 프로이트 정신분석의 핵심개념인 무의식은 신경계통에 동화될 수도 없고 심리학의 인지개념이나 실험개념에도 통합되지 못한다. 대뇌 생물학을 전공하는 학자들은 정신분석을 신화적 교리나 문학적 교리라고 비난하며 심지어 샤머니즘 교리라고 공공연히 말하기도 한다. 미국의 정치학자인 후쿠야마(F. Fukuyama)는 자연과학을 기초로 하는 사회가 도래하면서 정신분석은 사라질 거라고 의기양양하게 말한다.[7] 우리는 이런 극단적인 생각을 어떻게 받아들여야 할까?

뇌를 기계로 본다면 정신기능은 뇌의 화학적 활동에 불과하다. 물론 대뇌의 활동 없이는 사유도 없을 것이다. 그렇다고 해서 뇌가 오로지 화학적인 활동의 결과만으로 사유를 만들어낸다고 말할 수는 없다. 아직은 "간이 담즙을 분비하듯이 뇌가 사유를 분비한다"고 말할 시기는 아닌 것이다. 당시의 과학지식의 수준으로는 더이상 이론을 진전시킬 수 없었던

6) 앞의 책, 355쪽.
7) Roudinesco, 1999, 73쪽.

프로이트도 정신과정이 신경생리학적 모델에 의거할 것임을 1895년과 1915년에 이미 두 차례에 걸쳐 강조했다. 정신기구를 '신경학화'(neurologiser)하려는 이런 욕구로 인해 생리학의 과학적 표상에 복종하게 되고 '대뇌 신화학'(mythologie cérébrale)을 조작해내게 된다.

특히 사후에(1950년) 출간된 프로이트의 1895년 저작인 『과학적 심리학 초고』는 한번 읽어볼 만한 가치가 충분하다. 여기서 프로이트는 단지 무의식의 진정한 이론을 구성하게 된 한 단계를 보여주는 것만은 아니다. 프로이트는 후에 이 저작을 버리긴 했지만 마음의 과학을 받아들이려는 유혹에 항상 사로잡혀 있었다. 그러니까 이 『과학적 심리학 초고』는 프로이트의 모든 저작에 영원히 출현하는 눈에 안 보이는 유령인 셈이다.[8]

신경생리학이 신의 형상 주위에 집중된 영혼의 표상의 죽음을 구체화함으로써 신체적 유물론의 근거를 벗어던진 바로 그 순간에 프로이트는 회상과 억압의 능력을 무의식에 부여할 수 있었다. 이런 무의식의 개념과 함께 태어난 20세기의 정신분석은 주체성에 관한 그 당시 모든 탐구 형태의 상징이 되었다. 그로부터 다른 학문에 영향을 미치게 되고 특히 종교와 철학과의 영속적인 대화가 가능해진 것이다.

프로이트는 주체를 더이상 이 세계의 주인이 아니라 오히려 기계적 인과론의 소용돌이에서 벗어나 있는 자기의 의식으로 간주하면서 무의식적 결정인자를 개념화하게 되는데, 그 까닭은 주체성을 그의 장치(dispositif)의 중심에 두기 때문이다. 이런 의미에서 프로이트의 이론은 틀림없이 낭만주의의 후계자가 되며 칸트와 계몽주의 철학자로부터 나온 비판적 사유의 철학이 된다. 달리 말해서, 프로이트의 주체가 가능해지는 이유는 오로지 자신의 무의식의 존재에 대해, 즉 자신의 무의식

8) 앞의 책, 76쪽.

의 고유성에 대해 생각할 수 있기 때문이다. 동일한 방식으로 그 주체는 오로지 강제하는 자유의 도전을 받아들이고 그 의미를 재구성하기 때문에 자유로울 뿐이다.

어떤 의미에서 정신분석은 야만성에 대한 문명의 발전이다. 정신분석이 유럽과 미국과 라틴아메리카 같은 서양문화의 특징을 갖는 국가에서 한 세기 동안 그처럼 성공을 거뒀던 이유도 바로 여기에 있다. 끊임없이 공격받고 있음에도 불구하고, 이런 상황 하에서 정신분석은 오늘날 인간을 다시 사유나 감정이 없는 기계로 환원시키는 우울한 사회에서 유순하면서도 치명적인 야만성에 대한 인본주의적 반응을 가져올 수 있게 해준다.

이분법을 바로잡으려는 시도, 신경·정신분석학

'초심리학'이란 말은 현대인의 과학적인 귀에는 모호하게 들리는 용어이다. 그러나 프로이트에게 있어서 정신분석은 참으로 '인간성의 과학'이었다. 만일 그가 정신분석을 자연과학에 통합시키려고 했다면 임상경험에 직접 연결되지 않는 개념에 대한 사변적인 모델로 뛰어들지 않았을 것이다. 이런 모델을 초심리학(metapsychology)이라 불렀는데, 이 용어는 존재라든가 영혼불멸과 같은 사변적인 것을 다루는 형이상학(metaphysics)을 암시한다. 초심리학은 인지신경과학을 포함한 모든 정신과학이 궁극적으로 관여하는 분야이며, 우리 정신생활의 도구인 정신기구의 기능적인 구조를 기술하고 그 작용의 지배 법칙을 규정하려는 시도이다. 그 기능구조들은 가상의 실체인 추상작용이라서 직접적으로 지각될 수 없고 관찰 자료로부터 추리될 뿐이다.[9]

인지신경과학은 추상작용인 기억·의식·감정 계통을 다루고 있다.

---

9) Solms & Turnbull, 2002/2005, 363쪽.

그러나 우리는 그런 계통을 지각할 수 없고 다만 그 계통이 분포되어 있는 그 사이사이에서 해부학적 조직을 볼 수 있을 뿐이다. 이런 초심리학은 인지과학이 실제로 관여하는 분야이다. 이 점에 있어서 인지과학은 다른 과학 분야와 아무런 차이점을 보이지 않는다. 예를 들어, 물리학은 '중력'과 '전기'와 '약한 힘'(소립자 간의 약한 상호작용)과 같은 추상작용에 관한 학문이다. 각각의 과학 분야는 자연의 각기 다른 측면을 연구하고 그것을 지배하는 법칙을 발견하는 데에 그 목표를 둔다. 또한 그런 법칙은 항상 추상작용의 형태를 취하는 가상의 실체이며 그것을 실현시키는 구체적인 사물과 사건의 다양성으로부터 추론된다.

마음은 다른 모든 것과 같이 자연의 한 측면이고 정신기구는 그 뒤에 놓여 있는 추상작용이다. 그러나 정신기구는 자연의 다른 부분들과 구별되는 한 가지 독특한 속성을 지니고 있다. 즉 그것은 우리들 자신이 차지하고 있는 자연의 일부이며 그것이 바로 우리들이라는 점이다. 이것은 정신기구가 자연의 다른 부분보다도 우리에게 더 큰 문제가 된다는 것을 의미할 뿐 아니라 우리가 그에 대하여 독특한 관찰 시각을 갖게 됨을 의미한다.

정신기구에 대한 우리의 두 가지 시각은 각각 자연의 서로 다른 부분을 연구하고 있다. 그에 따라 정신기구를 두 종류의 요소로 나눠왔고, 그 가운데 하나인 뇌는 신경과학자들에 의해 객관적으로 연구되며, 다른 하나인 자기(self)는 주관성의 과학인 정신분석학에 의해 연구되고 있다. 이렇게 잘못된 이분법을 바로잡으려는 시도가 바로 신경 · 정신분석학(Neuro-psychoanalysis)이다.[10]

정신분석과 신경과학은 동일한 것을 서로 다른 시각으로 연구하지만, 신경과학의 지식이 정신분석적 지식보다 훨씬 더 확실해 보인다. 그러

---

10) 앞의 책, 365쪽.

나 그런 불일치는 정신기구 그 자체의 속성 때문이 아니라 그 두 학문이 채택하고 있는 관찰 시각의 차이에 의한 것이다. 정신분석의 자료는 덧없고 순간적인 것들이라서 고정시킬 수 없고 또한 측정될 수 없다. 무엇보다도 경험은 주관적이기 때문에 주체 그 자신만이 관찰할 수 있을 뿐이다. 반면 인지신경과학의 자료는 객관적이다. 즉 그것은 고정되고 측정될 수 있다.

정신과학이 정신분석 없이도 시행될 수 있다고 많은 사람들이 믿고 싶어 하지만 그것은 중대한 실수이다. 정신분석이 우리로 하여금 '객관적인' 관점에서 연구될 수 없는 정신기구의 내부 작용에 접근할 수 있게 해주기 때문이다. 감정이 그 대표적인 사례이다. 감정은 볼 수 없지만 가장 확실하게 존재한다. 감정은 자연의 일부이다. 또한 감정은 자연의 다른 부분에 효과를 발휘한다. 감정에 의한 자살과 살인이 그 단적인 예를 보여준다. 비물질적인 것이 실제적(real)이지 않다면 어떻게 물질적인 것에 영향을 줄 수 있을까? 그 대답은 자명하다. 당연히 그것은 실제적이다. 그러나 실재(reality)는 가시적인 것과 동의어가 아니다. 감정은 분명히 존재하고 효과를 갖는다.

인간이라는 자연의 일부를 이해해보려던 과학은 우리 내부생활을 이루는 감정과 환상과 기억을 고려하지 않고서는 심각하게 길을 잃고 말 것이다. 주관적인 경험의 내부세계는 사과나 책상처럼 실제적인 것이다. 그것은 실재에 대한 인정이다. 주관적 경험이라는 내부세계는 마음의 필수적인 부분이자 그 작용방법이 된다. 이런 이유 때문에 현대의 정신분석이 신경과학으로부터 많은 것을 얻는 것처럼 현대의 신경과학은 정신분석으로부터 그만큼 많은 것을 얻어내게 된다.[11]

11) 앞의 책, 369~370쪽.

새로운 꿈의 과학

의식이란 인간 특유의 심리적 활동의 총체이다. 꿈 연구는 인간의 의식에 관한 연구를 과학적 이론으로 이끌어간다. 의식은 뇌의 기능이고, 뇌의 상태는 우리가 경험하는 의식의 종류를 결정해준다. 이렇게 꿈 연구는 수면과학에 연결되고 수면과학은 신경생물학에 연결되어 있다. 인지과학자들은 정신기구의 기억계통을 연구할 때 프로이트가 초심리학에 관한 저술 속에서 연구하고 기술하고 규정하려던 것과 동일한 것을 연구해왔다. 먼저 프로이트의 『꿈의 해석』 제7장에 나오는 그 유명한 도식인 '꿈꾸는 마음'을 살펴보자.

다음 페이지에 있는 '꿈꾸는 마음'의 도식은 처음으로 정신기구라는 개념을 퇴행과 관련시켜 소개한 그림이다. 꿈 분석을 통해 그가 얻은 세 가지 이론의 가장 중요한 특징은 꿈이 소망 충족을 위해 현재시제로 사유한다는 것과 꿈 사유를 시각이미지와 담론으로 변환시키는 것, 그리고 페히너(Fechner)의 덕분으로 꿈의 정신적인 장소가 각성시 표상의 장소와 전혀 다르다는 것이다. 이런 정신기구는 시간적 순서로 배열된 여러 가지 계통으로 이루어져 있어서 거기엔 방향성이 있게 된다.

정신과정은 언제나 지각종말(Pcpt)로부터 운동종말(M)로 진행된다. 주체가 받아들인 지각 자극들은 흔적을 남기는데, 그것이 바로 기억(Mnem)이다. 따라서 우리는 지각계통과 기억계통을 분명히 구별해야 하는데, 이것이 첫 번째 분화이다. 여기서 기억은 그 성질상 무의식적(Ucs)이다. 기억은 무의식이 된다. 꿈의 형성은 '비판하는 기관'과 '비판받는 기관' 두 가지로 설명된다. 비판하는 기관은 의식으로의 접근을 금지시킨다. 프로이트는 이 두 기관 사이에 중간역으로서 전의식(Pcs)을 설정해두었다. 전의식은 운동종말에 위치하여 지각-의식 계통의 마지막으로 간주된다. 그런데 꿈에서는 내적인 자극이 의식화되기 위해 중간역인 전의식을 거쳐 통과하려고 하지만 검열 때문에 그럴 수가 없

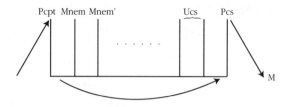

꿈꾸는 마음(출처: 프로이트, 『꿈의 해석』, 1900)

다. 따라서 그 자극은 정상적인 운동종말 쪽으로 향하는 대신 역행로를 따라가게 되는데, 이런 현상이 바로 퇴행이다.[12]

위의 도식은 개념과 목적에 있어서 현대 인지과학의 정보처리 도식과 동일한데, 이 '꿈꾸는 마음'의 도식이 나온 지 꼭 100년 뒤에 신경생리학자인 앨런 홉슨(Alan Hobson)은 옆 페이지의 '꿈꾸는 뇌'의 도식을 통해 '꿈꾸는 뇌'의 기능적 속성을 묘사하려고 했다.

홉슨은 의식 상태를 세 가지 매개변수 값으로 규정하고 분류한다. 이 매개변수들은 삼차원 공간의 축으로 간주되는데, 활성화변수(A)와 입력근원변수(I)와 조절변수(M)이다. 활성화변수는 망상체 뉴런의 발화속도로서 동물의 경우에는 비렘(NREM) 수면에서 초당 25, 렘수면에서 초당 50이다. 입력근원변수는 인간의 각성역이나 H-반사 진폭에서 유래되는데, 대충 활성화변수의 값과 비슷하다. 조절변수는 아민성 신경핵 뉴런들의 방전속도에서 유래되거나 노르에피네프린(NE), 세로토닌(5-HT) 및 아세틸콜린(ACh)의 농도로부터 유래된 것이다.

그러나 AIM상태공간으로는 인간의 주관적인 경험의 다양한 변화를 충분히 설명할 수 없으며 더구나 그 축들은 서로 독립적이지 못하다. 예를 들어, 수면에 들어갈 때 일반적인 활성화의 저하는 아민성 조절의 저하와 동반되고 외부 자극의 강도도 약해진다. 렘수면에서는 콜린성 활

12) Freud, 1900, 684~691쪽.

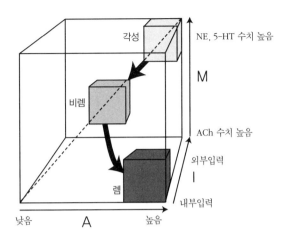

꿈꾸는 뇌(출처:『수면과 꿈꾸기』에 실린 홉슨 등의 논문「꿈과 뇌」, 2003)

동이 증가하고 내부 자극의 강도가 강해지며 일반적인 활성화가 상승한다. 그러니까 활성화의 수준은 각성 시와 렘수면에서 상승하는 역설적인 변화를 보인다. 따라서 이 그림을 제대로 이해하려면 각성시로부터 비렘수면을 거쳐 렘수면으로 가는 궤도를 따라가는 것이 편리하다.

즉 각성 시는 정육면체의 후면 오른쪽 위 귀퉁이에 그려져 있는데, 이 위치는 뇌의 활성화가 최고 수준에 도달해 있고(육면체의 우면) 최고 수준의 외부입력 근원과 최저 수준의 내부입력 근원이며(후면) 최고의 아민성 신경조절과 최하의 콜린성 신경조절을 보인다(상면). 깊은 비렘수면은 정육면체의 중앙에 자리하고 있고, 렘수면은 전면의 오른쪽 아랫부분에서 찾아볼 수 있다. 따라서 렘수면에서는 콜린성 조절의 상승과 아민성 조절의 저하를 보게 된다. 하지만 비렘수면에서 렘수면으로 옮겨가면서 뇌는 각성 수준의 활성화 정도를 되찾게 된다.[13]

마크 솜즈(Mark Solms)는 임상-해부학적 방법을 이용하여 꿈 생성

13) Hobson et al., 2003, 42~43쪽.

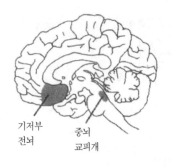 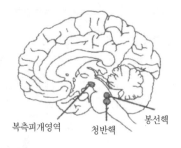

기저부　　중뇌　　　　　　　　복측피개영역　　청반핵　　봉선핵
전뇌　　교피개

신경전달물질과 리비도에 관계된 뇌 부위.

에 꼭 필요한 뇌의 한 부위가 전두엽의 복근심측 4분의 1 부위에 있는 백색질이라는 것을 발견하게 되었다. 이 부위가 손상되면 꿈이 중단된다. 임상적인 관찰 시각에서 볼 때 꿈꾸지 않는 이런 환자들은 자발성도 없고 활동적이지 못하며 무관심하다. 정신분석적으로 그것은 리비도의 대폭적인 고갈상태에 해당한다. 이렇게 우리는 '리비도'라는 개념이 뇌의 해부학과 화학의 지도 속에 그려지는 모습을 상상할 수 있다.

이제는 더욱 정확한 질문을 제기할 수 있다. 즉 뇌의 어느 쪽 4분의 1 부위가 리비도적인 관심의 전달 수단이 되느냐가 아니라 어떤 특수한 신경섬유 경로를 따라가는가 하는 문제이다. 이 실험은 정상적인 피실험자들에게서 기능성 MRI영상과 특수한 약리학적 시험을 이용하여 시행되고 있다. 예비적인 결과로는 그것이 특히 복측피개영역을 측좌핵에 연결시키는 중간피질–중간변연도파민계라는 것을 암시해주는데, 측좌핵은 복근심측 4분의 1 부위 병변의 중요한 요소가 된다. 현재의 연구는 이런 방식으로 '리비도' 개념의 중요한 요소의 신경학적인 상관물들을 분리해내고 있다. 꿈 연구를 이용한 이런 발견은 인류 역사상 처음으로 인간이 각성과 수면 및 꿈 상태에 있을 때 뇌의 국부적인 활동성을 보여

14) Solms & Turnbull, 2002/2005, 387~388쪽.

줄 수 있게 되었다. 이것은 진정한 르네상스이자 진정한 혁명이다.[14]

이처럼 두 학문은 최근까지도 서로 공유하고 있는 기능영역 가운데 완전히 다른 측면에 초점을 맞춰왔고 그 결과 서로에게 말해줄 것이 거의 없었다. 그러나 그런 상황은 이제 변하고 있다. 마침내 신경과학자들의 관심이 마음의 내부작용으로 향하고 있다. 다시 말해, 진정으로 '주관적인 경험의 신경과학'이라 부를 만한 지식체계를 제시하게 된 것이다.

이 새로운 사태에 대한 한 가지 기준을 2000년 노벨의학상을 받은 에릭 캔들(Eric Kandel)에게서 찾아볼 수 있다. 그는 "정신분석이 여전히 우리가 갖고 있는 마음에 대하여 가장 일관되고 지적으로 충족되는 견해를 발표하고 있다"고 쓰면서, 이것을 근거로 하여 정신분석이 신경과학자들한테 가장 적절한 이론적 출발점을 제공해준다고 주장했다. 본질적으로 그는 정신분석과 신경과학의 통합을 요청했고 이런 통합을 21세기의 '정신의학을 위한 새로운 지식체계'로 보았다.

몇 가지 기능성 영상연구를 통하여 뇌의 기능적인 활동이 정신치료에 의해 정말로 바뀌고 있음을 볼 수 있다. 앞으로는 주관적인 경험에 대한 포괄적인 신경과학이 발전하게 될 것이고, 그 덕분에 전혀 다른 인간의 주관성에 관한 과학으로서의 정신분석이 나타나리라고 전망할 수 있다. 이렇게 이전에는 꿈도 꾸지 못한 방향으로 우리의 임상 범위는 확장될 것이다.

김종주 연세대 의대와 같은 학교 대학원을 졸업했다. 원광대 의대 신경정신과 교수 겸 제2병원 원장과 '한국 라깡과 현대 정신분석학회' 초대 회장을 역임했다. 현재 반포신경정신과 의원 원장으로 있다.

프로이트에 반발하는 대상관계이론

오이디푸스, 그 이전의 심리 상태

이병욱
한림대 교수 · 정신의학

프로이트를 보완하는 대상관계이론

학문의 발전은 호기심과 의구심에서 시작한다. 일반인이 무심코 넘기거나 당연하게 여기는 일에도 그것이 일단 과학자의 눈에 들어오면 과학자는 '왜'라는 질문부터 던지게 마련이다. 아이들이 자신의 엄지를 빨거나 손톱을 물어뜯는 것도 프로이트 이전에는 아무도 관심을 두지 않았던 일이었다. 그러나 프로이트가 여기에 관심을 갖고 리비도 이론에 근거한 유아성욕설로 이러한 현상을 설명하기 시작하자 세상은 그의 학설이 윤리적으로 부도덕할 뿐 아니라 매우 사악한 이론이기까지 하다고 맹공을 퍼부었다.

프로이트의 초기 이론인 정신-성적 발달이론은 결국 말년에 가서 자아 · 이드 · 초자아의 삼원적 구조이론으로 수정, 보완되기에 이르지만, 그의 후계자인 하르트만은 이에 만족하지 않고 더 자율적인 자아상을 확립시킨 자아심리학을 본격적으로 출범시켰다. 왜냐하면 프로이트가 말한 자아의 모습이란 원초적 본능세계인 이드와 엄격한 도덕적 기능을 수행하는 초자아의 압력 사이에서 항상 전전긍긍하는 비극적인 존재로

> **❝** 대상관계이론가들은 오이디푸스기의 갈등에만 전념했던
> 프로이트와는 달리 그 이전에 겪은 모자관계에 더욱
> 중점을 두기 시작했다. 그리고 이러한 주장은
> 소아의 발달과정이나 정신병리에 대한 면밀한 관찰이
> 가능해진 오늘날에 이르러 더욱 활기를 띠고
> 아동의 육아법 및 교육방식에도 상당한 영향을 끼치고 있다. **❞**

비쳤기 때문이다.

또한 프로이트의 이론은 오이디푸스기의 갈등을 핵으로 모든 신경증의 수수께끼를 풀려고 했기 때문에, 그보다 훨씬 이전 시기인 조기 모자관계에서 벌어지는 심리적 사건에는 미처 눈을 돌리지 못했다는 점이 계속 결함으로 지적되어온 것도 사실이다. 그런 점에서 오늘날의 정신분석은 멜라니 클라인(Melanie Klein)에서 비롯된 대상관계이론으로 그 부족한 부분을 보완하려 하고 있다.

세상의 모든 엄마들은 아기들을 상대로 숨바꼭질 놀이를 한다. 문화적·인종적·종교적 차이에도 불구하고, 그리고 시대적 간격을 뛰어넘어 누군가 굳이 가르쳐주지 않았음에도 불구하고 모자 간에 숨바꼭질 놀이를 한다. 누가 시키지도 않는데 왜 이런 놀이를 하는가. 현대정신분석의 발달이론, 특히 대상관계이론에서는 이러한 숨바꼭질 놀이의 상징적 의미에 주목하여 이는 엄마와 아기가 분리이별에 관한 심리적 과제를 사전에 미리 예행연습하는 것으로 이해한다. 아기가 엄마에 대한 무조건적인 의존에서 벗어나 홀로서기가 가능해지기까지는 엄마와의

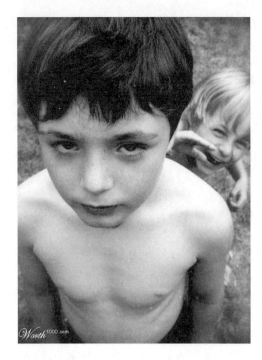

아기가 엄마에 대한 무조건적
인 의존에서 벗어나 홀로서기
가 가능해지기까지에는 엄마
와의 분리에 따른 불안을 극복
해내는 과제가 매우 중요하다.

분리에 따른 불안을 극복해내는 과제가 매우 중요하기 때문이다.

이 과정에 무리가 따를 경우, 아기에게는 상당한 좌절과 상처가 될 수
있으며, 동시에 이러한 흔적은 그후에 이어지는 발달단계에도 직접적인
영향을 주게 마련이어서 성인기의 인격 형성 및 신경증 발현과도 연결
된다고 보는 것이다. 따라서 대상관계이론가들은 오이디푸스기의 갈등
에만 전념했던 프로이트와는 달리 그 이전에 겪은 모자관계에 더욱 중
점을 두기 시작했다. 그리고 이러한 주장은 소아의 발달과정이나 정신
병리에 대한 면밀한 관찰이 가능해진 오늘날에 이르러 더욱 활기를 띠
고 있는 부분이기도 하다. 동시에 모자관계에서 빚어지는 심리적 현상
에 대한 많은 지식이 쌓여가면서 이러한 이론은 아동의 육아법 및 교육
방식에도 상당한 영향을 끼치고 있다.

결핍과 갈등, 무엇이 먼저인가

현대 정신분석이론의 양대 산맥이라 할 수 있는 자아심리학과 대상관계이론은 어디까지나 상호 보완될 성질의 것이지, 이 중에서 어느 한 가지만 옳고 다른 것은 전적으로 틀린 것이라 할 수 없는 문제이다. 그러나 두 입장이 너무도 첨예하게 대립하고 있기 때문에 서로 양립하기란 말처럼 그렇게 손쉬운 일은 아닐 것으로 보인다. 이는 현대 정신분석이 앞으로 풀어나가야 될 가장 큰 숙제 중 하나가 될 것이다.

무엇보다도 인격 형성에 가장 큰 밑거름이 되는 것으로 생각되는 아동기 경험에 대한 입장 차이가 중요한 과제임에 틀림없다. 오늘날의 자아심리학은 갈등에 주안점을 두는 반면, 대상관계이론은 결핍에 초점을 맞춘다는 점에서 서로 한 치의 양보도 하지 않고 있다. 갈등은 서로 부딪치는 것이요, 결핍은 뭔가 필요한 것이 부족한 것이다. 갈등의 해결에는 타협이 요구되는 반면 결핍은 뭔가로 반드시 충족되어야만 한다. 그러나 타협도 생각처럼 그렇게 용이하지 않고, 결핍의 충족도 뜻대로 되는 것이 아니기 때문에 인간은 항상 괴롭고 고달픈 존재인 것이다.

흔히들 애정 결핍이란 어릴 적 부모의 사랑을 충분히 받지 못했기 때문에 다른 사람에게 애정을 구걸하거나 항상 마음 한구석이 텅 비어 있음을 느끼는 경우를 말한다. 또한 결핍으로 인해서 상당한 갈등을 겪을 수밖에 없는 것도 사실이다. 따라서 결핍과 갈등은 서로 무관할 수 없다. 결핍이 먼저냐 갈등이 먼저냐 하는 것이 문제라면 시기적으로만 볼 때 결핍이 갈등에 우선한다고 주장할 수도 있겠지만 그렇다고 해서 문제가 해결되는 것은 아니다. 그러한 논점은 닭이 먼저냐 알이 먼저냐를 따지는 일과 다를 바가 없다. 결핍과 갈등은 발달과정에서 날줄과 씨줄처럼 서로 엮어져 그 결과를 낳는 것으로 보아야 하지 않을까.

대상관계이론의 어머니, 멜라니 클라인

영국에서 활동한 분석가 클라인은 실로 대단한 이론적 업적을 남긴 인물이다. 비록 대중의 관심을 끌지는 못했지만 오늘날의 대상관계이론이 있게 한 장본인이라 할 수 있다. 그녀의 방대한 이론체계는 프로이트의 계승을 표방했음에도 불구하고, 실제로는 상당한 거리를 유지하고 있다. 그 근본적인 차이는 프로이트가 거의 주목하지 못했던 조기 모자관계를 새로운 시각에서 정립했다는 점에 있다.

우선 클라인은 유아기의 성적인 측면보다는 공격성과 선망, 그리고 유아적 환상과 좌절 등에 초점을 맞추었다. 따라서 클라인에게는 프로이트식의 남근 위주 이론보다 엄마 및 젖가슴이라는 부분적 대상과의 관계가 더욱 중요했던 것이다. 물론 부분대상의 개념을 가장 처음 언급한 사람은 프로이트의 수제자인 칼 아브라함이지만, 그에게서 분석을 받았던 클라인이 이를 더욱 정교하게 이론적으로 다듬었다. 따라서 클라인은 자신을 먼저 분석했던 부다페스트의 페렌치에게서 모성의 중요성을, 그리고 아브라함에게서는 부분대상의 개념을 이어받은 것으로 볼 수 있다.

가장 원시적 단계의 부분대상관계에서 좀더 성숙하고 발전된 전체대상관계로의 이행이 인격의 발달과정에서 매우 중요한 과제라고 보았던 클라인은 그러나 모성의 역할보다는 유아 자신의 환상과 욕망 및 그 좌절에 치중하였다. 발달상 단계(phase)의 개념을 거부하고 입장(position) 개념을 도입함으로써 유아들이 경험하는 심리적 세계를 초기의 편집성 입장(paranoid position)과 그 이후의 우울 입장(depressive position)으로 설명하고자 했다.

또한 유아들이 원시적 단계에서 구사하는 가장 초기의 방어기전으로 분열(splitting)과 투사적 동일시(projective identification)를 지적하였는데, 이는 실제로 성인기 환자들의 임상적 특징을 이루는 현상이기

오늘날의 대상관계이론이 있게 한 장본인인 멜라니 클라인. 그녀는 프로이트가 거의 주목하지 못했던 조기 모자관계를 새로운 시각에서 정립했다.

도 하기 때문에 분석에서 매우 중요하게 다루어진다. 어쨌든 클라인은 단순한 추론이 아니라 수많은 소아의 분석 경험을 통해 자신만의 독특한 이론을 구축해나갔다.

내적대상을 정립하다, 로널드 페어베언

클라인이 영국 런던을 중심으로 독창적인 이론적 작업을 이루어나가고 있을 때, 그녀의 제자 가운데 한 사람인 로널드 페어베언(W. Ronald D. Fairbqirn)은 주로 에딘버러를 중심으로 클라인의 이론에 수정을 가하면서 진정한 대상관계이론의 핵심을 정립시켰다. 오늘날 우리가 알고 있는 대상관계의 개념은 실제로는 페어베언의 공로라 하겠다.

그가 말한 대상관계란 외부적 인물과의 심리적 관계가 아니라 인간의 내면에 자리 잡은 인물상과의 은밀한 심리적 관계를 의미하는 것으로, 이러한 내적대상(internal object)과의 관계는 일생 동안 지속된다고 했다. 그리고 내적대상과의 관계에서 드러나는 심리적 특성은 실제로

페어베언이 말한 대상관계란 외부적 인물과의 심리적 관계가 아니라 인간의 내면에 자리 잡은 인물상과의 은밀한 심리적 관계를 의미하는 것으로, 이러한 내적대상과의 관계는 일생 동안 지속된다고 했다.

일상생활에서 마주치는 주변 인물과의 관계를 통해서도 그 문제점이 나타난다고 하였다.

여기에 그치지 않고 페어베언은 1963년 프로이트의 고전적 이론을 정면으로 공박하면서 프로이트가 주장한 이드 및 죽음의 본능 등은 존재하지도 않는다는 폭탄선언을 하기에 이르렀다. 뿐만 아니라 자아는 출생 시부터 존재하는 것이며 리비도는 자아의 기능에 속하는 것으로 보았다. 또한 여지껏 논란의 대상이 되고 있는 공격성의 문제도 좌절이나 박탈의 결과로 나타난 것으로 보면서 타고난 공격적 본능의 존재를 거부하였다. 그리고 불안의 근원 역시 프로이트가 말한 거세불안보다 더욱 초기로 거슬러 올라간 분리불안에서 비롯된다고 하였다. 그런 점에서 현대의 대상관계이론은 페어베언에 의해 그 중심 골격이 이루어진 것이라 볼 수 있다.

이행기대상으로 위로받는다, 도널드 위니코트

영국의 분석가 도널드 위니코트(Donald Winnicott)는 이행기대상 (transitional object)의 개념을 통해 특히 현대 육아법에 커다란 변혁을 가져왔다. 그가 말한 이행기란 엄마에게 전적인 의존상태에 있던 아기가 엄마라는 존재로부터 떨어져 독자적인 심리적 활동이 가능해지기까지 겪게 되는 중간 단계를 말한다. 이 시기에는 아기의 불안을 경감시키고 달래줄 수 있는 대리 충족의 대상이 요구되는데 이를 이행기대상이라고 하며, 지금까지 가장 대중적으로 잘 알려진 이행기대상으로는 가짜 젖꼭지가 있다. 또 흔히 아기들이 잠들 때 품에 안고 자는 곰 인형도 동일한 효과를 갖는다고 하겠다.

위니코트는 이러한 시기에 특히 엄마의 기능과 역할이 중요함을 강조하면서 모든 세상을 대표하는 엄마라는 존재와 떨어지는 과정에서 얻게 된 상처의 흔적은 성인기에 이르도록 사라지지 않는다고 하였다. 그리고 그러한 상처의 치유를 위해서는 모성적인 보듬기 환경(holding environment)의 제공이 필수적이라고 하였다. 이는 결국 치료자의 지지적 기능을 강조한 것이기 때문에, 분석가는 어디까지나 중립적 자세의 견지를 굳게 지켜야 한다고 믿는 많은 분석가들로부터 반발을 불러일으키기도 했다.

그러나 실제로 경계성 인격장애 환자들의 경우, 엄격한 중립성 유지만으로는 치료관계의 틀을 유지하기가 곤란한 경우가 많기 때문에 위니코트의 주장에도 귀 기울여볼 가치는 충분히 있다. 특히 위니코트는 자신의 이론적 기반 위에서 반사회적 성향의 청소년을 치료한 결과 기대 이상의 효과를 보았다고 보고하기도 했다. 심각한 청소년 문제를 안고 있는 우리 사회의 입장에서는 치료적 차원에서라도 위니코트의 주장을 진지하게 검토해볼 필요가 있다고 본다.

분리-개별화의 4단계, 마가렛 말러

미국의 분석가 마가렛 말러(Magret S. Mahler)는 분리-개별화 과정의 이론 정립에 크게 공헌하였다. 그녀가 말한 분리-개별화란 유아가 엄마로부터 분리되어 독립적인 존재로 발전해나가기까지 일정한 단계가 있으며, 각 단계마다 주어진 과제를 성공적으로 완수해야만 진정한 독립이 가능해진다는 주장이다. 결국 엄마라는 존재가 눈앞에서 보이지 않더라도 아기가 불안을 견디어내며 언젠가는 엄마가 다시 곁으로 돌아올 것이라는 믿음이 형성되기 위해서는 대상항상성(object constancy)의 확립이 우선된다는 것이며, 이러한 능력이 형성되기까지의 단계를 말러는 생후 4단계로 구분하여 설명하였다.

다시 말해 가장 초기의 정상적 자폐기, 공생기(symbiotic phase)를 거쳐 분리-개별화 단계에 이른다는 것이다. 이 단계를 다시 세분화하면 첫째로 부화기(hatching phase)로 지칭되는 분별력과 신체상의 확립 단계, 둘째로 실행기, 셋째 재접근기, 마지막 넷째는 개별화의 확립과 대상항상성의 개시 등으로 구분할 수 있다. 그러나 말러의 이론에는 생물학적 냄새가 다분히 배어 있다는 비판도 존재한다. 특히 출생 직후의 유아적 단계를 자폐적 상태로 묘사한 점에 대해서는 대상관계이론가들의 비판이 거세다. 조기 모자관계에서 벌어지는 심리적 경험이 거의 모든 것을 결정한다고 보는 그들 입장에서는 당연한 반론이라 할 것이다.

자기표상과 대상표상, 이디스 제이콥슨

말러와 쌍벽을 이루는 미국의 여성분석가 이디스 제이콥슨(Edith Jacobson)은 불행히도 그 업적이 제대로 알려져 있지 않은데, 그 이유는 그녀의 이론 내용이 다소 추상적이고 형이상학적이기 때문에 이해하기가 용이하지 않기 때문이다. 그 중에서도 가장 이해하기 어려운 부분은 정신의 구조를 심적표상의 복잡한 배합으로 설명했다는 점일 것이다.

우선 유아가 엄마와의 관계에서 경험한 내용이 부정적 표상과 긍정적 표상으로 나누어지며, 이러한 심적표상이 자기표상(self representations)과 대상표상(object representations)에 각기 붙어 정신의 일부를 이룬다는 것이다. 따라서 부정적 및 긍정적 자기표상과 대상표상의 분배 정도에 따라 인격적 특성이 결정되며, 이에 따라 프로이트가 말한 구조이론의 자아 · 이드 · 초자아 등의 특성이 확립되기에 이른다는 것이다.

제이콥슨의 주장은 어찌 보면 영국의 대상관계이론과 미국의 자아심리학을 접목시키려 했다는 인상을 받는데, 결과적으로 보면 그녀의 시도는 그다지 성공적이지 못한 것으로 보인다. 제이콥슨의 영향을 가장 크게 받은 현존 분석가로는 미국의 오토 컨버그를 꼽을 수 있지만 그 역시 미국 현지에서는 큰 호응을 받지 못하고 있는 입장이다.

분석가에게는 담아두기 기능이 필요하다, 윌프레드 비온

오늘날 특히 유럽 분석학계는 윌프레드 비온(Wilfred Bion)의 연구에 열을 올리고 있다. 그 주된 이유 가운데 하나는 고식적인 분석이론에 식상한 일부 젊은 분석가들에게 비온의 이론이 매우 신선한 충격으로 와닿기 때문이다. 비온에 대해서는 심지어 융 학파 분석가들도 관심을 두고 있는데 그 이유는 어찌 보면 그가 전하는 다소 동양적인 메시지 자체에 기인한 것일 수도 있다. 그러나 비록 그가 인도 태생이기는 하나 융처럼 동양철학을 직접적으로 인용하거나 받아들인 것은 물론 아니다.

무엇보다도 비온이 분석학계에서 유명해진 것은 그의 담아두기(containing) 기능에 대한 주장 때문일 것이다. 특히 그가 말한 알파 요소와 베타 요소에 대한 부분은 다소 생소한 용어이긴 하지만 모자관계의 특성을 분석시간에 반복한다는 점에서 치료적 차원에서 매우 유용한 개념이다.

윌프레드 비온은 분석가가
어머니처럼 조건 없이 수용
적이고 온정적으로 환자를
받아들여 자신의 내부에 담
아둘 수 있는 기능을 지녀야
한다고 말한다.

　아기가 엄마와의 관계에서 경험한 매우 부정적인 감정과 사고 내용을
거침없이 토해내더라도 자상한 엄마가 그 토한 내용을 거부하지 않고
삼키고 받아들여 덜 해로운 내용으로 부드럽게 만들어 아기에게 되먹이
듯이, 분석가 역시 그러한 엄마처럼 조건 없이 수용적이고 온정적으로
환자를 받아들여 자신의 내부에 담아둘 수 있는 기능을 지녀야 한다는
것이다.

　이는 결국 분석가의 담아두기 기능을 통하여 환자 자신에게 해가 될
수도 있는 독소적인 베타 요소를 보다 안전하고 유익한 알파 요소로 전
환시킬 수 있다는 주장이다. 그의 이러한 요구는 상당한 매력으로 다가
오는 것이 사실이지만, 엄격한 중립성을 요구한 프로이트의 요구만큼이
나 과연 현실적으로 어느 정도 실천이 가능한지는 더 많은 경험과 검증
이 필요할 것이다.

통합이냐 공존이냐

정신분석의 이론체계는 오늘날에 이르러 실로 방대하고 복잡한 체계를 이루게 되었다. 통합을 이루지 않고는 견딜 수 없어 하는 사람도 많은 것이 현실이지만, 그렇다고 해서 무리한 억지 통합은 안 하는 것만 못할 때도 있다. 서로 다른 내용을 참지 못하고 공존을 거부하는 것도 어찌 보면 비온이 말한 소위 담아두기 기능 또는 위니코트의 보듬기 환경 제공에 역행하는 것일지도 모른다. 더욱이 바람직한 결과를 얻기까지 서두르지 않고 오랫동안 참고 기다려야 하는 분석의 특성을 생각해 볼 때, 이론적 통합을 서두르는 일은 이율배반적인 모습일 수도 있다.

이론적 다양성은 갈등의 소지도 많지만 상호 보완을 요하는 결핍의 문제일 수도 있다. 그런 점에서 비록 통합이 어렵더라도 환자 치료에 가장 적합한 이론적 기법의 적용과 선택이 우선시되어야 한다. 교조주의적 카리스마가 이론적 발전을 도모하던 시대는 이미 종언을 고한 지 오래다. 따라서 앞으로 정신분석학계에도 다양성에 기초한 상호 공존의 시대에 걸맞는 이론적 발전을 기대해본다.

이병욱 고려대학교 의과대학을 졸업하고 의학박사 학위를 받았으며 정신과 전문의로 현재 한림의대부속 강남성심병원에 정신과 교수로 재직하고 있다. 대한신경정신의학회 학술부장과 한국정신분석학회 간행위원장 및 회장을 역임하였으며 현재까지 100여 편의 논문을 남겼다. 제1회 한국정신분석 학술상을 수상하였다.

분석심리학의 현대적 동향

개인성을 초월하여 자기실현으로 향한다

이유경

한국융연구원 평의원 · 분석심리학

원형상─자기실현을 위한 본능적 성향

융(Carl Gustav Jung)이 제창한 분석심리학은 20세기 초 정신분석학의 뒤를 이어 등장한 심층심리학이다. 융은 프로이트의 가장 충실한 동료이자 제자로서 정신분석학 운동을 하다가, 1911~12년 「리비도의 변환과 상징」이라는 논문으로 결별을 선언하게 된다. 여기에서 융은 프로이트에 의하여 성애적 본능으로 알려진 '리비도' 개념을 생명력과 같은 정신 에너지로 일반화할 것을 제안하고, 또한 프로이트가 주목한 근친상간적 주제를 전 세계의 종교나 신화에서 발견되는 고도의 정신적 · 종교적 가치의 상징으로 밝힌다. 분석심리학은 '콤플렉스 심리학', '원형심리학'으로 불리기도 하는데, 이는 모두 의식심리학과 달리, '콤플렉스'나 '원형'이라는, 보이지 않지만 정신의 내부에 살아 있는 심리적 실체를 대상으로 하는 심리학을 의미한다.

분석심리학은 의학심리학에서 출발한 것으로, 학문적 태도는 철저히 경험적 사실을 연구하는 자연과학적 입장이다. 특히 인간 정신의 다양한 현상을 대상으로 함으로써 현상학적 입장을 취한다. 여기서의 현상

❝ 분석심리학은 자아의식에 개인성에서 벗어나
초개인적인 인격을 획득하도록 하는 '원형'의 특징을
밝히게 됨으로써, 이상적 인격 실현의 내용을
심리학적으로 다루게 된 것이다.
오늘날 '자기'와 '개인의 전(全)-인격화'는
분석심리학의 가장 핵심적인 사상으로 알려져 있다. **❞**

학적 입장이란, 예를 들면 동정녀 마리아에 의한 그리스도의 탄생이라는 관념은 실제로 진실이냐 거짓이냐를 주목하는 것이 아니라, 그러한 관념이 있다는 것 자체를 '심리적 사실'로 여기는 것이다. '심리적 사실'은 대부분 의식에 중상이나, 심상(心象) 등으로 알려진 것들인데, 모두 경험하는 개인에 소급시킬 수 없는 내용의 것이다.

이처럼 결코 개인성에 소급시킬 수 없는 정신의 현상들은 비개인적이자 보편적인 정신의 영역, 즉 '집단무의식'과 관련있는 것이다. 그래서 분석심리학은 '개인무의식'과 '집단무의식'을 구분한다. '집단무의식'은 인종적 차이를 넘어서 인간이면 누구나 본능적으로 나타내는 전형적 행동방식이자 더불어 심상을 표상할 선천적 가능성으로 정의된다. 특히 후자의 표상능력은 인간의 보편적인 심상을 산출하는 집단무의식의 '원형'(Archetypus)으로 나타난다. 인간이 공유하고 있는 보편적 심상, 말하자면 '원형상'(archetypische Bilder)은 각 민족의 신화나 민담 및 종교현상에서 잘 드러난다.

분석심리학에서 자주 거론되는 몇 가지 전형적인 '원형'으로는 태모

1909년 미국 클라크대학에서 프로이트와 함께 초청강연을 한 기념으로 찍은 사진. 아랫줄 맨 왼쪽이 프로이트, 가운데가 융.

(große Mutter), 노현자(der Alte), 어린이-원형(Kind-Archetypus), 아니마(Anima) 및 아니무스(Animus), 그림자(Schatten) 등이 있다. 이들은 모두 꿈이나 민담 및 신화 등에서 전형적으로 의인화되어 나타나는데, 어떤 경우에는 의인화되지 않고 동물의 형상으로 등장하기도 한다. 이들 '원형'은 꿈에서는 꿈-자아(꿈 속의 나)와 관계를 맺는 인물상으로, 신화나 민담에서는 여러 인물상으로 등장하여, 궁극적으로는 '집단무의식'이 가진 고유한 목적에 해당하는 결말에 도달하도록 구체적인 의견을 표방하며 영향을 미치는 심리내적인 요인으로 작용한다.

이밖에 자아(das Ich, Ego)가 성장하면서 외부 삶에 대한 적응이라는 문제를 해결하기 위하여 사회적인 역할을 위임받고, 그러한 역할에 자신을 전적으로 동일시하고 있을 때, 이를 '페르조나'(Persona)라는 가면의 인격을 가졌다고 한다. '페르조나'는 사회에서 부여받은 개별적 역할 때문에 개인적인 것 같지만, 실상은 개인성 위에 덧씌워진 집단적인 내용으로 이루어져 있다. '집단무의식'은 전체 정신의 조절자로서 '원형상'을 통하여 자아 의식의 태도에 대한 반응적 내용을 나타낸다. 이러한 반응적 내용은 주로 의지로서 발휘하는 의식의 일방적인 태도를 조절하고 교정하기 위한 것으로, 이를 무의식의 '보상적'(kompensatorisch) 기능으로 나타낸다. 따라서 외향의 인격인 '페르조나'에 대해 '집단무의식'은 '아니마'나 '아니무스'로 대응한다.

이러한 대응은 한 개인이 적응할 환경이 외부에만 있는 것이 아니라, 내부에도 있다는 사실을 보상적 형태로 드러낸 것이다. 말하자면 남성에서는 남성적 외향에 대해 여성적 인격상인 '아니마'의 내적 인격이 보상하고, 여성에서는 여성적 외향에 대해 남성적 인격인 '아니무스'가 보상한다. 이처럼 내면의 인격인 '아니마' 및 '아니무스'는 바로 의식에 대극을 이루는 정신의 구성요소로서 등장한다. 이로써 의식은 그러한 내면의 인격과 관계를 맺어 '전체성'(Ganzheit)으로 통합하는 정신적 과제를 가지게 된다.

분석심리학에서 신화나 민담, 그리고 나아가서 중세의 연금술 및 동양의 연금술을 주목하는 것도 형이상학적·초월적 신비주의에 대한 내용을 다루기 위해서가 아니라, 비합리적인 정신의 산물, 즉 정신의 자발적인 활동성이 형성하고 있는 전형적인 내용을 확인하기 위해서이다. 정신의 자발적 활동으로 형성된 신화나 민담은 정신의 구성요소들이 상호작용을 하면서 궁극적으로는 하나의 통일된 인격으로 형성되는 내용을 담고 있다. 연금술에서도 황금이나 불사약을 구하는 것으로 보이지만, 연금술사들은 원형상과의 작업을 통하여 궁극적으로는 '안트로포스'(Anthropos, 보편자로서의 인간), '현자의 돌', '철학자의 아들' 등 전(全)-인격적인 실현을 목적으로 함을 확인할 수 있다.

정신의 모든 현상, 특히 집단무의식의 산물은 그 자체 내재적인 목적을 가지고 있으므로, 분석심리학적 심상의 이해 작업은 '목적론적인

융의 연구는 심리학, 신학, 신지학, 신비학, 자연과학에
이르기까지 많은 성과를 남겼다.

관점'(teleologische Betrachtung)에 따르려 한다. '목적론적인 관
점'은 심상 형성이 그 자체로 무엇인가가 되려는 내재적인 동기의 발
현으로 이루어진 것으로 본다. 이러한 목적론적인 관점으로 심상을 이
해하기 위해서 '확충'(Amplifikation)의 방식을 사용한다. '확충'은 하
나의 심상이 신화나 민담 등에서 언제 어떻게 등장하는지를 살펴서,
심상들을 역사적 유비를 통하여 이해하려는 것이다. 각 심상은 '확충'
을 통하여 어떤 것을 위한 매개적 형상임을 인식할 때 비로소 상징으
로 알려질 수 있는 것이다. 이런 의미에서 하나의 심상이 성애적 충동
을 감추고 있다고 여기고, 심상을 기호로 읽는 환원적-인과론적 관점
과 구분된다.

　'원형상'은 특히 인간정신의 고유한 내적 목적을 향한 강한 본능적
성향으로 드러난다. 이는 의식의 태도를 보완하고 고무하여 궁극적으
로는 자아 의식의 개인성에 인류의 보편적 심성을 실현하도록 하려는
충동에 해당한다. 개별자로서의 자아의식으로 하여금 '무의식'을 수용
하고 이해할 수 있는 태도를 갖추어 보편자적인 인격을 실현하려는 내
면의 요구로 작용하는 것이다.

융이 직접 자신의 심상을 반영하여 짓고, 말년을 보낸 볼링엔 탑.

'자기'(Selbst)는 한 개인이 자신의 개인성을 넘어 유일자로서 보편적인 인간성을 획득하여 도달하게 되는 인간의 전체성(Ganzheit) 및 완전성에 해당하는 개념이다. '분석심리학'은 정신의 본성적 활동이 집단무의식의 영향으로 본성적으로 '자기실현'(Selbstverwirklichung)이라는 내재적 목표를 가진다고 본다. 그래서 한 개인의 인격적 완성을 위한 목표 개념이 바로 '자기'이다.

이러한 내재적 목표는 의식의 태도변화만으로는 이루어지지 않는다. 무의식의 '초월적 기능'(transzendente Funktion)이 반드시 발휘되어야 한다. 이러한 기능은 의식이 전체 인격의 부분 인격으로서의 면모를 인식하고, 무의식의 활동성을 수용하는 내향적 작업을 할 때, 어느 순간 의식도 아니고 무의식도 아닌 제3의 통합된 인격을 형성하도록 하는 '무의식'의 활동을 의미한다. 이 '초월적 기능'에 의하여 의식과 무의식이라는 대극의 합일이 가능하게 된다.

융이 직접 그린 만다라. 세계와 인간을 총체적으로 조망하려는 욕구는 융으로 하여금 동양의 정신적·종교적 전통에도 몰두하게 하였다.

결과적으로 '자기실현'의 내용은 자아 의식의 성장 및 변화의 내용이라고 할 수 있는데, 이를 분석심리학은 개성화 또는 '개인의 전(全)-인격화'(Indi-viduation)로 표현한다. 이는 한 개인이 특별한 정신적 수련을 통하여 도달하게 되는 초월적 존재, 즉 신-인간과 같은 존재로서 주로 종교적 담론으로 다루어져 왔던 것이었다. 분석심리학은 자아 의식에서 개인성에서 벗어나 초개인적인 인격성을 획득하도록 하는 '원형'의 특징을 밝힘으로써, 비로소 기능적 인격 실현의 내용을 심리학적으로 다루게 된 것이다. 오늘날 '자기'와 개성화 또는 '개인의 전-인격화'는 분석심리학의 가장 핵심적인 사상으로 알려져 있다.

융학파의 정신분석가들

융의 분석심리학 교육은 1948년 스위스 취리히에 사설연구소를 설립한 것과 더불어 시작되었다. 1979년 4월에는 취리히 시내에 있던 연구소가 교외 호숫가의 퀴스나흐트(Küsnacht)로 옮겨져 오늘날까지 운영되고 있다. 1916년부터 심리학을 지지하는 심리학 클럽(Der Psychologische Club)이 결성되어 있었는데, 이 클럽은 융의 분석심리학적 작업을 지지하는 단체로 변모해 1952년부터 75년까지 운영되었다. 취리히 융연구소의 설립도 이 클럽의 지원에 의한 것이었다. 이 클럽의 구성원들은 주로 융으로부터 분석을 받았던 사람들 및 분석심리학에 관심을 가졌던 사람들로서, 정기적으로 훌륭한 강사를 초빙하여 강연회를 여는 등의 후원활동을 하였다. 이 클럽에서 숄렘(Gershom Scholem), 케레니(Karl Kerényi), 엘리아데(Mircea Eliade) 등의 석학들이 강연을 하였다.

또한 1933년부터 스위스 남쪽의 아스코나에서 에라노스 강연(Eranos-Vortrag)이 시작되었다. 이는 심리학, 종교와 신화, 신지학, 신비학, 심지어 자연과학 분야를 포함한 공동의 관심사를 조망하는 중요한 자리였다. 에라노스 강연은 매해 연구서인 『에라노스 연구』(Eranos Studien)를 발간하였는데, 다양한 분야에 걸친 학자들의 논고가 실렸다. 이 강연회를 거쳐간 이들로는 침머(H. Zimmer), 케레니, 포트만(A. Portman), 리제마(R. Ritsema) 등이 있다.

전 세계적으로 융학파 정신분석가들은 실제적으로 융의 분석심리학을 더 발전시키지 않고 가능한 한 이를 고수하면서 철저히 '무의식'의 경험적 · 현상학적 접근을 시도해왔다. 그러나 점차 융이 밝혔던 분석심리학의 방대한 내용을 다 수용하지 못하고 어떤 부분들을 강조하여 작업하는 몇몇 융연구소가 생겨나게 되었다. 이에 따라 분석가마다, 연구소마다 어떤 부분을 강조함으로써 차별성을 보이는 연구가 있게 되었다. 그러나 언제나 이런 분류에서 융 자신은 제외된다.

1967년 아들러(G. Adler)가 융학파 정신분석가를 정통학파(orthodox), 비정통학파(unorthodox)로 나누었다. 정통학파는 융이 남긴 방법 그대로 원형적 패턴을 이해하기 위해 확충적 방식 및 적극적 명상을 사용하면서 궁극적으로는 목적론적인 관점에서 심리치료를 하는 그룹을 의미한다. 비정통학파는 신(新)-융학파(neo-Jungians)라고도 하는데, 이는 융의 심리학을 정신분석학 방법론의 보충이나 보완의 형태로 사용하는 경우를 의미한다. 예를 들면 미국의 에릭슨(Erikson), 영국의 클라인(Klein)과 위니코트(Winnicott)의 경우, 유아기적 시절로의 환원적 방법을 사용하면서 '전이'(transference)의 문제에 주목한다.

1978년 포댐(M. Fordham)은 아들러의 분류가 '전이'와 임상적인 것에 치중한 것임을 지적하고, 오히려 취리히 융연구소에서의 작업은 융의 후기적 작업, 말하자면 개성화 또는 '개인의 전-인격화'에 있어야 함을 강조한다. 그는 영국에서 다루기 시작한 '전이'의 내용은 융연구소에서의 것과 다르다는 것을 지적하고 새로운 운동으로 '런던학파'(London School)를 제창하였다. 특별히 런던학파는 클라인학파와 작업을 함께한다. 그래서 이들은 아들러의 분류에 따르면 '신-융학파'에 해당한다.

이들은 주로 유아기에서 아직 성장하지 못한 것을 무의식적 환상과 '전이'나 '역전이'(정신분석가나 치료자 자신이 내담자들에게 투사함으로써 생기는 심리적 현상)를 통하여 치료와 인격의 통합을 실현할 수 있도록 하는 것을 목적으로 한다. 이러한 정신분석학파와의 공조작업의 형태는 미국의 샌프란스코나 독일에서도 시작된다. 샌프란시스코 융연구소에서는 '역전이'뿐 아니라, 유형론에 관련된 작업을 발전시켰다.

결과적으로 포댐의 분류는 취리히-런던 간의 차이를 나타내는 문제와는 다르게 전개되었다.

1975년 골덴버그(N. Goldenberg)는 정식으로 융학파 분석가 수련 과정을 거치지 않고 독자적으로 융학파 분석가들을 통하여 성장하였다. 그녀는 융 이후 그 뒤를 이은 이른바 '후기-융학파'를 두 번째 세대의 그룹과 그 뒤를 이은 세 번째 세대로 나누어 살펴보았다. 두 번째 세대에 해당하는 사람들은 융과 더불어 작업을 했던 일부 동료들이 여기에 속하는데, 이들 세대는 융의 이론을 더 쉽게 그리고 더 잘 이해할 수 있게 하여 심지어 융보다 더 기여한 사람들로, 노이만, 폰 프란츠(Marrie Louise von Franz) 등이 이 세대에 속한다.

1985년 새뮤얼(Andrew Samuel)은 『융과 후기-융학파』(*Jung and Post-Jungians*)에서 위의 분류작업들을 참고로 새로운 분류를 제안한다. 새뮤얼은 여기서 융이 자신만을 유일한 '융학파'(Jungian)라고 했듯이, 그밖의 융학파 정신분석가들을 모두 '후기-융학파 사람들'(Post-Jungians)로 분류한다. 그의 분류는 분석심리학의 이론적 관점(1. 원형의 정의 2. 자기의 정의 3. 인격 발달)과 임상적 관점(1. 전이와 역전이의 분석 2. 자기에 관한 상징적 경험의 강조 3. 고도로 분화된 심상의 실험)으로 나누어 어느 부분을 우선적으로 강조하여 작업하는가를 살피고 그에 따라 세 그룹을 제안한다.

다음은 각 학파가 강조하는 작업의 순으로 분류한 것이다. 예를 들면 고전학파의 경우 이론적으로 '자기'의 개념을 가장 우선으로 놓고 있으며, 임상적으로는 '자기'에 관한 상징적 경험을 강조하거나 혹은 고도로 분화된 심상의 실험에 주안점을 둔다는 것이다. 또한 새뮤얼은 위의 기준에 따라 융학파 정신분석가들을 다음과 같이 나눈다.

학파		강조하는 작업의 순서	해당되는 주요 분석가
고전학파	이론적 관점	자기의 정의 〉원형의 정의 〉인격 발달	아들러, 빈스방어, 카스티예호, 피어츠, 프라이 론, 그뢰스벡, 한나, 하딩, 핸더슨, 야코비, 야페, E. 융, 매튼, 러플린, 페레라, 징거, 스티븐, 폰 데르 하이트, 폰 프란츠, 위버, 휠라이트, 볼프, 우드맨
	임상적 관점	자기에 관한 상징적 경험의 강조 〉고도로 분화된 심상의 실험 〉전이와 역전이의 분석 또는 고도로 분화된 심상의 실험 〉전이와 역전이의 분석 〉자기에 관한 상징적 경험의 강조	
발달학파	이론적 관점	인격 발달 〉자기의 정의 〉원형의 정의	카르발호, 데이비슨, 포댐, 고든, 잭슨, 케이, 램버트, 레더만, 리몬스, 마두로, 플로트, L. 슈타인, 스트로스, 진킨, 아벤하이버, 블로마이어, 클라크, 디크만, 퓨머러, 굿하트, 허바크, 야코비, 뉴턴, 무어, 리드펀, 새뮤얼스, 젤리크만, 윌리엄스, 블룸, 브래드웨이, 디틀로프, 에딩어, 홀, 맥커디, 노이만, 페리, 슈바르츠, 울라노프, 위트몬트, 월포드
	임상적 관점	전이와 역전이의 분석 〉자기에 관한 상징적 경험의 강조 〉고도로 분화된 심상의 실험 또는 전이와 역전이의 분석 〉고도로 분화된 심상의 실험 〉자기에 관한 상징적 경험의 강조	
원형학파	이론적 관점	원형의 정의 〉자기의 정의 〉인격 발달	구겐빌, 쇼터, R. 슈타인, 에이븐스, 베리, 케이시, 콜빈, 기거리히, 그린넬, 힐맨, 로페즈-페드라자, 밀러, M. 슈타인
	임상적 관점	고도로 분화된 심상의 실험 〉전이와 역전이의 분석 〉자기에 관한 상징적 경험의 강조	

새뮤얼에 의한 융학파 정신분석가의 분류

이상의 분류작업이 있었지만, 1994년 4월에 분석심리학의 본산지인 취리히 융연구소에서 몇몇의 분석가들이 새로운 움직임을 선언하였다. 그들은 이슬러(G. Isler), 압트(T. Abt), 에터(H.F. Etter), 베르텐슐라크(E. Wertenschlag-Birkhäuser) 등 대부분 폰 프란츠의 제자들로 구성된, 정통적 방법을 고수하려는 융학파 분석가들이다. 이들은 'C. G. 융과 폰 프란츠에 따라 심층심리학을 연구하고 교육하는' 센터(Zentrum)라는 또 하나의 취리히 융연구소를 출범시킨다. 주로 연금술, 신지학, 신비학, 신화, 민담을 중심으로 심층심리학적 작업을 하겠다고 선언한 것이다. 이러한 선언은 세계적으로 자리잡은 융연구소들은 물론이고, 심지어 기존의 취리히 융연구소조차도 융의 가르침에서 벗어나서 응용적 분석심리학 작업을 하고 있음을 지적하며 전통적 방식으로 되돌아갈 것을 제안하는 것이었다.

융에 대한 페미니즘적 비판

분석심리학에 대한 여성 분석가들의 활동 또한 주목할 만하다. 융은 프로이트나 A. 아들러와는 달리 상대적으로 여성의 위치를 남성과 나란히 끌어올리고, 심지어는 남성의 내면인격이자 영혼의 안내자로서의 여성상을 부각하는 데 기여하였다. 그럼에도 일찍이 융이 그림 형제가 모은 민담 중 '푸른 수염의 사나이'(Blaubart)의 분석심리학적 해석을 하였을 때, 민담의 여주인공을 부정적 '아니무스' 상을 가진 여성으로 보고, 남성적 힘으로 그 문제를 해결한다는 점에서 당시의 여성 분석가들이 비판의 목소리를 높이기 시작하였다. 그 선두주자들은 골덴버그, 크리스트(C. Christ), 루터(R. R. Ruther), 조르게(E. Sorge), 물랙(C. Mulack), 보스(J. Voss) 등이었다. 그러자 융은 여성들로 하여금 자신의 심리학을 스스로 다루도록 하였고 융의 부인 엠마 융(Emma Jung)의 『아니마와 아니무스』가 출판되기도 하였다.

그런가 하면 융의 분석심리학을 전적으로 지지하는 여성 분석가들도 있는데, 그들을 나열해보면 폰 프란츠, 야페(Aniela Jaffe), 야코비(Joande Jacobi), 한나(Barbara Hannah), 엠마 융(E. Jung), 슈필라인(Sabina Spielrein), 볼프(Toni Wolff) 등으로, 모두 융의 제자이자 동료, 조력자, 비서 등의 역할을 수행하였다. 이들은 분석심리학이 이해되고 적용될 수 있도록 더욱 쉽게 서술한 다양한 분석심리학 관련서를 내놓았다. 실제로 이들의 저서에 의하여 분석심리학이 널리 대중에 보급되었다고 할 수 있다. 예들 들면 폰 프란츠의 경우 일찍부터 신화나 민담에 분석심리학적 해석을 가하여 분석심리학의 입문을 좀더 용이하게 하였다. 그녀 자신만의 전집이 나올 정도로 수많은 저서를 남겼고, 그녀의 책은 여러 언어로 번역되어 전 세계적으로 읽히고 있다.

또한 융의 이론에서 여성에게 불리한 내용을 발견한 사람들은 주로 다음 세대의 여성분석가들로, 그들의 비판은 이전 세대가 남성과 여성이라는 대립항을 만들었고 그 대립항에서 보는 여성은 제한적이고 부분적인 가치로 인식되었다는 점이다. 특히 그 비판은 여성의 내면 인격인 '아니무스'가 미분화되고 덜 발달된 남성적 인격으로 드러난다는 융의 묘사에 있다. 이에 대하여 여성 분석가 바움가르트(U. Baummgardt)는 『푸른 수염의 임금님과 C. G. 융의 여성상』을 통해 융을 비판한다.

또한 남성에서의 여성적 요소의 경우 거의 보호하고 돌보는 모성적 역할만 강조함으로써 여성적인 것을 모두 모성적 가치로 이해하려 한다는 점이 지적된다. 이에 대한 비판은 여성 분석가 카스트(V. Kast)의 『부부들』(1984)에서 나타난다. 카스트는 여성에서든 남성에서든 아니마, 아니무스가 모두 나타날 수 있다는 주장으로 나아간다. 여성의 독립적이고 창의적인 작업은 아니마, 아니무스 모두에 기인할 수 있다는 것이다. 또 다른 비판은 모권적, 부권적이라는 상징체계로 구분하여 여성적인 것을 모권적인 것으로 봄으로써 '모친살해'를 남성적 로고스의 탄생을 위한 해방의 행위로 간주하는 융뿐 아니라, 노이만(Erich Neumann)에 대한 공격이기도 하다.

이러한 해석 자체가 남성중심적임을 지적하는 예로 리델(Ingird Riedel)의 『여신 데메테르의 찾기』(Demeters Suche)가 있다. 여기서는 여신 데메테르의 행위를 통하여 신성의 모성적 특징을 신비 그 자체로 다룬다. 리델은 여성 고유의 번식성, 재탄생, 새로운 삶이라는 신비교적인 변환의 내용을 수용할 수 있음에도 남성 중심적인 관점이 들어가면 강탈, 폭력, 죽음의 결혼식 등으로 나타나, 죽음과 파괴라는 측면으로 여성의 부정적인 측면을 부각한다고 지적한다. 이처럼 여성을 대지적인 것, 타락한 창녀 같은 것, 마리아와 같은 성스러운 것, 아니면 성적 유혹자인 이브 같은 특징을 부각하지만, 여성의 근원성은 아담의 갈비뼈에서 나온 이브나, 제우스의 머리에서 탄생한 아테네처럼 여러 삶의 모든 통합의 인식, 최고의 지혜를 나타내는 것이기도 하다고 주장한다.

융연구의 현황

취리히 융연구소에서 배출된 연구자들이 영국, 독일, 미국 등으로 진출하여 오늘날 전 세계적으로 수많은 융연구소가 설립되었다. 현재 스위스에 약 260명, 이웃한 일본에도 15명 정도의 융학파 정신분석가가 있으며, 한국에도 6명이 있는 등 그 수는 다 헤아릴 수 없다. 분석심리학은 대학에서 배울 수 없는 심리학으로 전 세계에 위치한 융연구소에서 각기 관리되는 교육 프로그램에 따라 최소한 6년 정도의 수련을 받아야 융학파 정신분석가 자격을 얻을 수 있다.

교육내용은 각자 자기 심리분석을 기초로 하여 정신병리, 꿈, 신화 및 민담의 해석, 종교사, 문화사의 이해, 그림분석, 사례연구 등 다양한 정신영역에 걸쳐 있다. 최근 영국에서는 케임브리지대학에서 부분적으로 석사과정으로 수용하여 교육하고 있기도 하다. 그밖에 전 세계적으로 융학파 정신분석가들의 학회인 국제분석심리학회가 국제적인 교류 및 만남을 주관하고 있다.

이유경 홍익대 대학원 미학과 석사·박사과정을 수료하고, 스위스 취리히의 융연구소를 졸업했다. 융학파 정신분석가로, 현재 한국융연구원 평의원으로 있다.

보로매우스의 매듭과 후기 라캉 이론
고통받는 주체, 그 무의식을 바라본다

홍준기
한국정신분석상담연구소 소장

라캉, 결핍의 욕망이론

정신분석학은 의식과 무의식으로 분열된 주체, 달리 말하면 '존재 결핍'과 '실존적 공허'로 고통받는 주체가 이러한 존재 결핍을 발생시킨 타자와 세계에 대해 취할 수 있는 다양한 관계의 방식, 이 관계 속에서 발생하는 병리적 결과(신경증, 성도착, 정신병)와 그 원인, 그리고 병리적 상태로부터 벗어나기(치료되기) 위하여 주체가 취해야 할 자세 등에 관해 연구하는 학문이다.

달리 말하면 정신분석학은 타자와의 관계 속에 있는 주체에 관해 탐구하는 '주체이론'으로서, 주체와 타자와의 관계 속에서 발생할 수 있는 다양한 문제들에 대해, 그리고 주체와 타자 간의 '비병리적' 혹은 억압 없는 '이상적' 관계가 무엇인지를 탐구하는 '새로운 철학'이자 '윤리학'이다. 그와 동시에 타자의 욕망에 의해 소외된 병리적 주체로 하여금 자신의 고유한 욕망을 되찾음으로써 진정한 주체로 다시 태어날 수 있도록 해주는 실천적 치료작업 혹은 분석작업이라고 간략히 정의할 수 있다.

" *라캉은 프로이트를 '완전히' 넘어섰다고*
자랑하려는 것일까? 라캉은 프로이트를 완벽히 극복한
라캉주의자인가? 아니다. 라캉은 여전히 프로이트주의자였다.
라캉은 마치 우리에게 이렇게 말하려는 듯하다.
라캉주의를 창시한 라캉은 라캉주의자가 아니라
프로이트주의자라고. 그리고 이 궤변 아닌 궤변을
이해하는 사람만이 정신분석가가 될 자격이 있다고. **"**

인간 주체는 '순수 의식'이라는 빈 공간에서 유아독존하는 것이 아니라 언어와 상징적 질서 속에서 태어나고 성장한다. 인간이 상징적 질서 속에서 태어난다는 것은 존재 결핍을 가지고 있음을 의미한다. 라캉은 언어에 의해 분열된 주체를 $\emptyset$로 표현한다. 이러한 결핍은 주체에 지울 수 없는 영향을 남긴다. 이제 주체는 자신의 존재 결핍, 실존적 공허를 메우기 위해, 타자는 주체의 결핍을 채울 수 있는 '팔루스'를 갖고 있는 존재라고 믿으며 타자에게 향한다.

하지만 타자 역시 완전한 존재는 아니다. 타자도 주체와 마찬가지로 존재 결핍으로 고통받는다. "타자의 타자는 존재하지 않는다." 라캉은 타자 속에 존재하는 결핍의 기표를 S($\cancel{A}$)로 쓴다. 정신분석학이 말하는 주체이론은 주체와 타자 모두 속에 존재하는 결핍을 둘러싼 드라마에 다름 아니다. 주체와 타자의 만남은 양자 모두가 가지고 있는 결핍의 교환에 지나지 않음에도 불구하고 주체는 타자가 자신의 결핍을 채워주기를 요구하며, 결핍의 완전한 충족이 가능하다는 믿음 속에서 그 대가로 자신을 타자의 욕망의 대상으로 제공한다.

라캉주의적 주체이론 혹은 임상이론에서는 주체와 타자 속에 존재하는 결핍에 대한 주체적 자세 혹은 입장을 중시한다. 이를 달리 표현하면 라캉은 '구조적 관점'을 취한다고 할 수 있는데, 주체와 타자의 관계에서 채워질 수 없는 결핍, 즉 제3의 심급을 어느 정도 받아들이는가에 따라 정신병, 성도착증, 신경증으로 구분한다. 단순히 어떤 특정한 증상의 유무에 따른 구분이 아니라는 것이다.

정신병자는 타자와의 합일을 통해 결핍을 완전히 망각하려는 주체이다. 달리 말하면 정신병자에게는 이자(二者)관계만이 존재한다고 할 수 있다. 신경증자는 인간에게는 채울 수 없는 결핍이 있다는 것, 혹은 '아버지의 이름'을 받아들인 주체이다. 즉 그는 이자관계로 흡수될 수 없는 삼자 관계, 상징적 질서를 받아들인 주체이다. 하지만 그럼에도 그는 이러한 결핍을 무의식적으로 다시 메우려고 한다. 성도착증은 말하자면 정신병적 구조와 신경증적 구조의 중간에 위치한다.

라캉의 주체이론은 철학적 주체이론을 무시하지 않으면서도 프로이트의 작업을 받아들임으로써 건조한 강단철학의 형식주의적 주체이론을 넘어선다. 요컨대 라캉에게 정신병, 성도착, 신경증(히스테리, 강박증, 공포증)은 '병리적' 현상이며 동시에 주체와 타자 속의 결핍에 대한 주체의 실존적 태도, 혹은 주체의 존재방식이라고 말할 수 있다. 라캉의 주체이론은 곧 임상이론이기도 하다.

보로매우스의 매듭으로 설명하는 임상이론

특히 후기의 라캉은 보로매우스의 매듭으로 주체의 구조와 임상이론을 더욱 명확히 하기 위해 노력했다. 보로매우스의 매듭, 즉 실재─상징계─상상계는 인간주체의 최소한의 전제조건을 가리킨다. 주체, "정신적 매듭"을 의미하는 보로매우스의 매듭은 실재(육체), 상징계(언어), 상상계(일관성, 이미지)의 매듭으로 이루어져 있다. 두 개의 매듭은 각각 항상 제3의 매듭을 통해서만 연결되어 있고, 따라서 매듭 중 어느 하나가 제거되면 다른 매듭들도 모두 풀리는 특징을 갖는다. 또한 각 매듭은 모두 실재, 상징계, 상상계적 속성을 갖는다. 각각의 범주는 제거될 수 없다는 점에서 실재이고, 하나(일자)로 표현되었다는 점에서 상징계이고 이미지의 형태로 제시

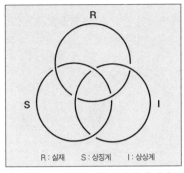

R : 실재　　S : 상징계　　I : 상상계

보로매우스의 매듭은 인간 존재의 세 전제조건을 가리킨다. 실재(존재한다)와 상징계(언어), 그리고 상상계(매듭이 유지되어야 한다)가 그것이다.

되었다는 점에서 상상계에 속하기도 한다. 보로매우스의 매듭은 세 개의 매듭으로 이루어져 있지만 매듭 전체가 하나의 완결된 구조를 이룬다는 점에서 '제4의 것'——완결성 혹은 일관성——을 이미 포함하고 있다.

　하지만 보로매우스의 매듭이 전체로서 유지하는 일관성은 형식논리적 일관성 혹은 '상상적 일관성'이 아니다. 라캉은 보로매우스의 매듭이 유지하는 이러한 일관성을 실재적 일관성이라고 부른다. 바로 이 '제4의 것'이 갖고 있는 일관성, 달리 말해 세 개의 매듭이 유지하는 '위태로운' 일관성은 다름 아닌 완전한 주체 혹은 승화된 주체의 구조이다. 보로매우스의 매듭에 따르면 비중이 꼭같은 세 개의 매듭의 관계 속에서 드러나는 빈 곳이 있다. 그리고 이 빈 곳은 보로매우스의 매듭이라는 상상적(일관적) 형태로 표현된다. 일관성임에는 틀림없지만 무언가 논리적으로 고정시킬 수 없는 '위태로운' 일관성, 이것이 바로 라캉이 말하는 실재적 일관성이다.

　그러나 라캉이 말했듯이 '정신적으로 박약한' 우리 인간은 이러한

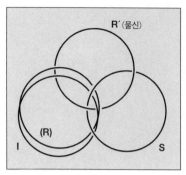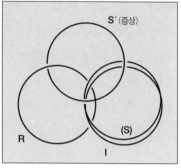

왼쪽 | 성도착자는 실재를 받아들이지 못하고 물신으로써 그것을 상상화한다.
오른쪽 | 신경증자의 경우, 증상으로써 상징계의 고리를 보완한다.

'위태로운' 일관성을 지속적으로 유지할 수 없다. 라캉은 정신병(망상
증)을 보로매우스의 매듭의 고리가 완전히 풀려서 하나 혹은 둘로 축소
된 형태로 표현한다. 알랭 쥐랑빌이 설득력 있게 설명했듯이 정신병자
는 붕괴된 보로매우스의 매듭을 거짓매듭의 형태(망상, 환각)로 복구
한 주체이다. 여기에서 망상은 '아버지의 이름의 배척'으로 말미암아
붕괴된 상징계를 대체하는 유사 상징계에 속한다. 하지만 망상을 단순
히 질병의 표현으로만 보아서는 안 된다. 망상은 무너진 상징계의 복원
으로서, 프로이트가 정확히 간파했듯이, 무너진 세계를 다시 세우려는
치료의 시도이기도 하다. 성도착자는 붕괴된 실재의 고리를 물신으로
보완한다. 그는 실재에서의 차이—예를 들면 성 구분—를 부인하는
주체이므로 실재에서의 차이를 물신으로 봉합한다. 정신병자와 달리
성도착자에게 상징계는 파괴되지 않고 남아 있다.

　신경증자는 증상으로써 상징계의 고리를 보완한다. 성도착자, 정신병
자와 달리 신경증자는 상징계, 상상계, 실재의 세 범주를 모두 갖고 있
다. 하지만 신경증자는 결핍과 불확실성을 견딜 수 없다. 그는 실재(혹
은 상상계)와 상징계의 연결을 더욱 확실히 하기 위해 네 번째 고리를

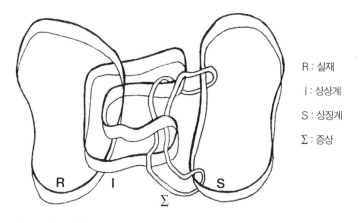

R : 실재

I : 상상계

S : 상징계

Σ : 증상

보로매우스 매듭의 위태로움을 완화하기 위해 주체는 제4의 고리를 추가한다.

필요로 한다. 이로써 보로매우스 매듭의 '위태로운' 속성이 완화된다.

이전과 달라진 점으로, 상징계의 고리가 두 개가 됨으로써 상징계의 위치가 고정되었음을 지적할 수 있다. 세 개의 원을 가진 매듭에서는 어떤 특정한 원을 상징계 혹은 상상계 혹은 실재라고 고정적으로 정할 필요가 없었으나 이제 네 번째 원이 도입됨으로써 상징계의 위치가 고정되었고 보로매우스의 매듭 내부에 '내적 이질성'이 생겨났다. 그리하여 보로매우스의 매듭의 보로매우스적 속성이 약화된다. 네 개의 원 중에서 상징계에 속하는 두 고리는 직접 연결되어 있으며, 두 개로 나뉜 상징계의 매듭을 하나의 매듭으로 간주할 때 이 매듭과 다른 매듭——상상계——도 직접 연결되어 있다고 할 수 있다. 즉 상징계의 특징인 비고정성이 상상적으로 고정되었으며, 이 상상계를 매개로 상징계와 실재 간의 연결이 더욱 규정적이 되었다는 것이다.

라캉은 이 네 번째 고리를 증상, 오이디푸스 콤플렉스, 심리적 실재, 아버지의 이름이라고 부른다. 이렇듯 후기 라캉은 순수차이를 의미했던 아버지의 이름이 증상 혹은 오이디푸스 콤플렉스의 역할을 할 수 있다는 것을 위상학적으로 보여주었다. 순수한 이름으로서의 아버지가 '사물에 이름을 부여하는' 지식을 가진 신비적 아버지로 기능할 때 그것은 증상이 된다. 상상적인 아버지, '안다고 가정되는 주체'를 상정함으로써 신경증자는 언어를 통해 드러나는 순수차이를 메우고, 실재와 상징계를 굳게 결합한다.

프로이트주의자 라캉

라캉은 보로매우스의 매듭의 이러한 연결 방식을 상징적 명명이라고 부르고 이를 크립키의 '고정적 지시어'와 비교한다. 라캉에 따르면 보로매우스의 매듭의 연결 방식에는 상상계의 고리를 고정시키는 상상적 명명과 실재의 고리를 고정시키는 실재적 명명이 있다. 라캉은 이로써 프로이트의 중요한 3대 개념인 심리장애, 증상, 불안에 대한 위상학적 설명을 시도한 것이다. 라캉에 따르면 심리장애는 상상적 명명, 증상은 상징적 명명, 불안은 실재적 명명에 해당한다.

라캉은 '위태로운' 일관성——이는 이미 논한 바 있듯이 상징적 질서가 주체에게 남긴 '결핍'에 대한 라캉의 또 다른 표현이다——을 유지할 수 없는 '보통의' 주체가 보로매우스 매듭의 붕괴를 막기 위해 제4의 매듭을 추가하는 방식에 주목한다. 보로매우스 매듭으로 최종 정리된 라캉의 임상이론은 '보완의 임상이론'(clinique de la suppléance)이라고 부른다.

라캉은 보로매우스의 매듭이론을 통해 프로이트의 주체의 구조와 임상이론을 더욱 명확히 해명함으로써 그가 1953년 이래로 주창했던 '프로이트로의 복귀'를 완성한다. 라캉은 이렇게 말한다. "프로이트는 상상계, 상징계 그리고 실재에 관해 내가 가지고 있는 개념을 갖고 있지는 않았다. ……그는 R. S. I.(실재, 상징계, 상상계)라는 개념을 가지고 있지는 않았지만 그럼에도 불구하고 그것을 어렴풋하게나마 알고 있었다. ……나는 그의 담론으로부터 서서히 그리고 인내심을 가지고 세 범주를 이끌어냈다. ……프로이트는 라캉주의자가 아니었다. 그렇지만 프로이트가 나의 세 범주——그의 발 밑으로 미끄러져 들어간 바나나 껍질——를 어떻게 잘 처리하는지 보기 위하여 그에게 이 세 범주가 이미 있었다고 가정하는 것을 방해하는 것은 없다."

라캉은 프로이트를 '완전히' 넘어섰다고 자랑하려는 것일까? 라캉은 프로이트를 완벽히 극복한 라캉주의자인가? 아니다. 라캉은 여전히 프로이트주의자였다. 라캉은 마치 우리에게 이렇게 말하려는 듯하다. 라캉주의를 창시한 라캉은 라캉주의자가 아니라 프로이트주의자라고. 그리고 이 궤변 아닌 궤변을 이해하는 사람만이 정신분석가가 될 자격이 있다고.

추종자들의 온갖 비난 속에서 라캉은 '파리 프로이트 학회'를 해체하고 새로운 학회(코즈 프뢰디엔, Cause freudienne)를 창설했다. 그리고 얼마 지나지 않아 다음의 말을 남기고 사망했다. "나는 나의 코즈 프뢰디엔의 창립을 앞두고 여기에 왔습니다. 여러분은 내가 그 형용사(프로이트적이라는 형용사－필자)를 고집하고 있다는 것을 알고 있습니다. 원하신다면 여러분은 라캉주의자가 될 수 있습니다. 그러나 나는 프로이트주의자입니다."

홍준기 서울대 법대, 총신대 신학대학원을 졸업한 후 독일 브레멘대학교에서 철학박사 학위를 받았다(정신분석학 전공). 박사과정 중 에라스무스 교환학생 프로그램으로 파리 10대학에서 수학하였다. 현재 한국정신분석상담연구소 소장으로 있다. 저서로 『라캉과 현대철학』 『오이디푸스 콤플렉스 남자의 성, 여자의 성』이, 역서로는 '아난케 정신분석 총서'를 비롯하여, 『욕망의 전복 : 자크 라캉 또는 제2의 정신분석학 혁명』 『노아의 외투 : 아버지에 관한 라캉의 세 가지 견해』 등이 있으며, 주요 논문으로 「불안의 정신분석 : 라캉과 프로이트」 「프로이트 라캉 정신분석학 : 이론과 임상」 「라캉의 성적 주체 개념: 세미나 제20권 앙코르를 중심으로」 「라캉의 예술론」 등이 있다.

후기구조주의적 정신분석

정신분석학을 격자 밖으로

맹정현
파리 8대학 박사 · 정신분석학

억압된 것의 회귀

"무의식은 언어처럼 구조화되어 있다." 이 말은 라캉 정신분석학의 테제를 한마디로 정리해주는 대표적인 명제로 알려져 있다. 하지만 이는 라캉의 작업을 대표하는 언술을 넘어서 한 시대의 분위기를 집약하는 명제로서 기능하기도 한다. 그 명제는 구조주의 시대를 예감하는 분위기 속에서 언어와 구조를 통해서 인간의 심층적인 무의식을 탐사하고자 하는 한 시대의 열망을 담고 있다는 것이다. 라캉의 정신분석은 바로 그러한 열망의 선두에서 인간의 내면에 자리잡은 불변의 구조에 대한 탐색으로서 특징지을 수 있는 한 시대의 결정체인 것이다.

1950년대에서 60년대 중반에 이르는 이른바 구조주의의 시대가 인간의 유한한 육체 속에서 초월적인 언어를 발견하는 시대였다면, 1960년대 말부터 시작되는 또 하나의 역사는 언어의 초월적 구조라는 기치 아래 사장되었던 주변적인 것들이 다시 역사의 한복판에 되돌아오는 형국을 보여준다. 구조주의적 열망에 의해 억압되었던 '육체'와 '힘'이라는 이질적인 요소가 회귀하며, 급기야는 구조를 지탱하는 하부구조로

> **"** 사실 라캉에 대한 비판은 그의 이론에 대한 완전한 폐기가 아니다. 그린에게 있어 정동을 이론의 전면에 제시한다는 것은, 단순히 라캉의 이론을 뒤집는 것이 아니라 정동을 포용할 수 있는, 라캉의 이론을 대체할 만한 메타심리학적인 표상이론을 완성하는 것이다. **"**

▶ 앙드레 그린

서 재발견되고 담화의 전면에 배치되기에 이른 것이다. 불변의 구조에 대한 탐색을 추동하던 열망은 대략 1968년을 기점으로, 구조의 이면에 감추어진 심층적인 역학을 탐색하는 작업으로 고스란히 재투자되기 시작했다.

이러한 경향은 정신분석학에 있어서도 예외가 아니다. 정신분석학이 현대 사상의 한 가지 중요한 축을 이루는 이상, 사상사적인 전환과 더불어 이론의 변곡점을 낳았다는 것은 지극히 당연한 사실일 것이다. 실제로 구조주의의 후퇴는 정신분석학의 관심사를 이른바 상징적인 것(le symbolique)으로부터 실재적인 것(le réel)으로 이동시켰으며, 라캉으로 하여금 이른바 초기 라캉에서 후기 라캉으로 이동하게 만드는 계기가 되었다.

앙드레 그린, 정신분석의 회생을 위하여

이러한 상황에서 후기 라캉과 더불어 1968년 이후의 새로운 조류의 정신분석학, 이른바 '후기구조주의적'인 정신분석을 대변하는 이가 있다면 우리는 단연 앙드레 그린(Andre Green)을 꼽을 수 있다. 그린은 시니피앙의 연쇄(chane signifiante)로 축소되어버린 무의식 개념, 언어처럼 구조화된 무의식 개념보다는 좀더 생동감 있는 무의식을 제시함으로써 정신분석의 '구조주의화'에 반대하는 데 앞장섰던 인물이다. 그는 이른바 구조주의 조류에 의해 점차 건조하게 변질되어가는 정신분석에 대항하여 정신분석과 제반 인문과학에 살아 있는 정동(affect)을 도입함으로써 무의식에 '죽음'이 아닌 '삶'의 측면에서 접근했다. 그에게 무의식은 죽어 있는 '텅 빈 사슬'이기 이전에 무엇보다도 주체가 느끼는 '정동'과 '감정'의 양태였던 것이다.

이집트 카이로에서 출생해 1940년대에 프랑스로 이주한 그린은 원래 정신과 의사 출신이면서도, 철학, 현상학, 문학 등의 인문과학에 심취했고 항상 새로운 지식에 대해 갈망했다는 점에서 라캉의 모습과 닮았다. 그는 동시대 정신과 의사들이 그렇듯이 라캉의 명성과 영향력 속에서 정신분석으로 마음을 돌린 세대에 속한다. 자신의 친구이자 라캉의 1세대 제자였던 로졸라토(Rosolato)의 권유로 라캉의 세미나에 참석했고 그로부터 많은 것을 배웠다. 하지만 놀랍게도 그가 궁극적으로 자신의 터전으로 선택한 곳은 라캉의 학파가 아니라 국제정신분석학회(IPA) 산하의 파리 정신분석학회(APP)였다. 이는 라캉의 교조주의적인 제자들처럼 그의 품안에 안주해서 정신분석을 박제화된 언술로 만드는 것이 아니라, 항상 자신으로부터 거리를 두도록 만든 라캉 자신의 비판적인 정신을 따라서 정신분석을 살아 있는 과학으로서 회생시키기 위함이었다.

라캉 사후, 프랑스 정신분석학계, 더 나아가서는 국제정신분석학계를 대표하는 독창적인 사상가로 성장한 그린은 파리 정신분석협회 회장, 국제정신분석학회 부회장 등을 역임하며 막강한 영향력을 과시하고 있으며, 현재 가장 역동적인 사유를 펼치는 정신분석가 가운데 한 명으로 손꼽히고 있다. 프랑스 정신의학계의 대부인 앙리 에(Henry Ey)의 총

애를 마다하고, 험란한 정신분석의 길을 고수한 그는 환자를 이미 규정된 격자 속으로 환원시키는 죽어 있는 지식에 불과한 정신의학을 비판하고, 정신분석의 핵심은 바로 구체적이고 역동적인 체험 자체에 있다고 보았다. 그는 정신분석학이 죽어 있는 이론이 아닌 항상 '살아 있는 이론'이 되기를 열망했다.

그러한 그의 열망은 그로 하여금 항상 중용의 길을 선택하도록 만들었다. 그린은 영미권의 정신분석학과 라캉의 정신분석 진영 사이에서 벌어지는 줄다리기에서 어느 한쪽을 편들지 않고 중도적인 길을 걸어왔다. 라캉을 읽지 않는 국제정신분석학회의 회원들에게는 라캉의 독서를 역설하고, 라캉과 그의 제자들에게는 사고의 경직성에 대해 충고하는 등, 항상 살아 있는 이론을 강조했다. 그는 한편으로는 무의식을 시니피앙의 사슬로 축소하고 주체를 그러한 사슬의 틈새 속에 위치시켜버린 초기 라캉을 비판했고, 다른 한편으로는 프로이트의 메타심리학과 표상이론에 대해 무지하고, 정신분석을 사회 순응의 도구로 축소시킨 영미의 발생론적·심리주의적 정신분석가들을 비판했던 것이다.

정동의 언어, 그 살아 있는 담화

그린의 작업이 이론적으로 학계의 주목을 받기 시작한 것은 1970년 『살아 있는 담화』(Discours vivant)란 제목으로 정동에 대한 보고서를 발표한 것을 통해서다. 그 보고서는 언어학과 인류학을 선구적인 과학으로 구조와 언어를 전면에 내세웠던 1950~60년대로부터 벗어나, 육체와 힘의 시대로 막 도약하는 1970년대를 연 선구적인 작업으로 평가되고 있다. 여기에서 그는 그동안 구조주의의 열풍에 의해 기억에서 잊혀져버린 프로이트의 정동이론을 체계적으로 제시하고 그것에 의거한 임상이론을 제시했다. 그는 시니피앙이 아닌 정동을 나침반으로 하여 임상범주들을 체계화했다.

ANDRÉ GREEN

Le discours
vivant

Le fil rouge

puf

『살아 있는 담화』에서 그린은 프로이트의
정동이론을 체계적으로 제시하고 그것에
의거한 임상이론을 제시했다.

 그린의 작업이 프로이트의 작업에 하나의 중요한 축을 이룸에도 불구
하고 라캉의 작업에서 빠져버린 정동을 다시 프로이트의 작업 속에 복
권시키는 것으로서 요약될 수 있다면, 그에게 가장 필요한 것은 그러한
복귀를 가능케 하는 표상이론을 마련하는 것이라 할 수 있다.

 사실 라캉에 대한 비판은 그의 이론에 대한 완전한 폐기가 아니다. 그
린에게 있어 정동을 이론의 전면에 제시한다는 것은, 단순히 라캉의 이
론을 뒤집는 것이 아니라 정동을 포용할 수 있는, 라캉의 이론을 대체할
만한 메타심리학적인 표상이론을 완성하는 것이다. 무의식을 시니피앙
의 연쇄로 축소시키는 표상이론이 아니라, 무의식은 살아 있는 담화임
을, 정동의 담화임을 보여줄 수 있는 표상이론을 필요로 했던 것이다.

 이런 맥락에서 그린은 억압(refoulement)은 정동에 대한 것이 아니
라 '표상', 즉 '기표'에 대한 것이며, 따라서 무의식은 정동을 포함하지

왼쪽은 라캉, 오른쪽은 프로이트. 그린은 라캉의 영향으로 정신분석의 세계에 들어섰지만 박제화된 언술에 묶여 있는 라캉의 학대를 벗어나 독창적인 사상가로 성장한다. 그후, 자신만의 이론의 체계화로 주목받은 저서 『살아 있는 담화』에서 프로이트의 작업 속에 '정동'을 복권시킨다.

않는다는 라캉의 초기 이론에 대항해 충동의 심적 표상은 충동에 대한 표상자를 포함하며, 억압과 관련해서도 억압은 표상에 대해서뿐 아니라 정동에 대해서도 일어난다는 점을 강조했다. 물론 정동은 심적 장치에 대해 이질적이기 때문에 사유를 마비시키는 트라우마의 효과를 초래할 수 있다. 이것이 바로 이른바 일차과정이며, 그 양상이 바로 죽음 충동이다. 하지만 정동은 억압과 더불어 무의식 속으로 한발을 들여놓음으로써 그러한 일차과정의 속성을 상실하고 조직적인 성격을 띨 수 있다는 것이 바로 그린의 주장이다.

그린은 정동과 언어 사이의 완벽한 분리를 전제하는 라캉과 달리, 언어 외적인 요소들을 언어 내부에 포함하는 언어의 '이종적(異種的) 구성'을 강조하고, 이러한 이종적 구성을 가진 언어 형식을 담화(discours)라고 불렀다. 그린에게 있어 담화란 사유·표상·환상·정동·육체 등과 같은 다양한 표상적 활동을 수행하는 복합적인 심적인 재료들을 말한다. 담화는 박물화된 기표들의 연쇄나 코드화된 체계가 아니라, 자신의 감각을 가지고 살아 있는 '몸'이다. 단순히 차이에 의해 의미효과(signification)를 발생시키는 그 자체는 텅 비어 있을 뿐인 추상적인 시니피앙, 다시 말해 죽어 있는 시니피앙과 달리 항상 살아 있는 언어, '몸'의 언어인 것이다. 그리고 여기에서 주체는 시니피앙들의 간극 속에서 간신히 목숨을 보존하고 있는 반신불수의 주체가 아니라, '담화'라는 육신을 통해서 살아 숨 쉬고 있는 삶의 주체이다.

1983년 정신분석과 언어의 관계에 관한 엑상 프로방스의 한 콜로키움에서 발표된 『정신분석에 있어서의 언어』에서 그린은 한걸음 더 나아가, 언어가 가지고 있는 역설적이고 이중적인 기능에 주목해 '살아 있는 담화'를 더욱 정교하게 체계화했다. 정확히 라캉의 1953년 보고서인 「로마 담화」(Discours de Rome)에 대한 반박문으로 제출한 이 보고서에서 그린은 언어가 가지고 있는 세 가지 수준에서의 이중성을 지적한다.

그에 따르면, 첫 번째로 언어는 이중적인 기표작용(signifiance)을 한다. 언어는 코드화된 기표들의 체계로서 의사소통을 가능케 하지만, 또한 동시에 마치 시적(詩的)인 언어에서와 같이 그러한 기표들의 파열(破裂)로서 의미와 정동의 효과를 초래한다. 그리고 언어는 이중적인 표상작용(repre-sentance)을 한다. 언어는 언어적으로 구성된 심적인 장치일 뿐 아니라 언어 외부의 것, 다시 말해서 심적 장치를 넘어선 사물과 정동과도 접속되어 있다. 이중적인 표상작용이란 언어는 언어 자신을 표상하면서 동시에 사물을 표상한다는 것이다. 이밖에도 언어는 또한 이중의 참조성(reference)을 갖는다. 이는 언어가 심적인 현실을 참조하는 동시에 외적인 현실 역시 참조한다는 것을 뜻한다.

이러한 이중성의 요체는 언어가 언어 자체로 자기충족적일 뿐 아니라 또한 언어의 외부와 긴밀히 연관성을 가지고 있다는 데 있다. 특히 그린은 이러한 이중성을 구성하는 각각의 축들은 절대적인 거리 속에서 외따로 고립되어 있는 것이 아니라, 간극과 조응의 놀이 속에서 상호작용을 한다고 주장한다. 그는 언어는 한쪽 극단에서 다른 한쪽의 극단을 왕복하면서 상호작용을 수행하며, 바로 이러한 상호작용을 통해서 창조적인 속성을 갖게 된다고 역설한다. 창조적 속성이란 곧 이러한 상호작용을 통해서, 정동과 침묵이 들어오고 표상 속에 각인됨으로써 담화를 살아 있는 것으로 만든다는 것을 뜻한다.

이렇게 정동을 통해서 정신분석의 한가운데 죽음이 아닌 삶을 들여놓는 것이 그린의 일차적인 목표였다고 한다면, 다음으로는 그러한 삶이 어떻게 우리의 삶 속으로 들어오는지를, 간단히 말해서, 삶의 근원이 어디에 있는지를 파헤치는 것으로 그 목표가 확장되는 것은 지극히 당연한 일이라 할 수 있다.

삶의 근원을 찾아서

그는 1986년 발표되었고 1994년에 책의 형태로 출간된 『부정태의 작업』(travail du negatif)에서 삶이 어떻게 죽음을 통해서 가능한가를 보여주고자 했다. 그는 부정적 환각(hallucination negative), 백색 정신병(psychose blanche), 경계선 장애(etats-limites) 등과 같은 현대 정신분석학의 핵심적인 과제에 대한 연구를 통해서, 우리에게 이미 주어져 있는 것처럼 보이는 삶의 터전이 실은 부정태(不定態)의 작업을 통해서 마련되는 것임을 보여주고자 했다. 여기에서 '부정태'란 곧 표상의 한계, 표상의 불가능성을 말하며, '부정태의 작업'이란 이러한 표상의 한계를 표상의 긍정적 토대로 전환시키는 생산적인 작업을 말한다.

가령 정신병리학에서 '부정적 환각'이란 외부에 실재하는 것을 부정

Andre Green

the work of the

Negative

『부정태의 작업』의 영문판. 앙드레 그린은 이 책에서 삶이 어떻게 죽음을 통해서 가능한가를 보여주고자 했다.

하는 환각, 가령 눈앞에 버젓이 있는 사물을 의식과 감각으로부터 지워버리는 환각을 말한다. 그런데 그린에게 있어 이러한 부정적 환각은 '긍정적 환각'(외부에 부재하는 것을 존재하도록 느끼는 환각)의 전도가 아니다. 부정적 환각은 좀더 근본적으로, 이후에 다양한 표상들이 자리 잡을 수 있도록 해주는 표상의 틀을 가능케 하는 부정적 메커니즘이다.

그린은 여기에서 라캉이 차용했던 집합론을 그대로 계승한다. 부정적 환각은 아무것도 표상하지 않는다는 점에서 영점(零點)이라고 할 수 있다. 그것은 곧 표상의 제로(zero)인 것이다. 그런데 이러한 제로는 표상을 가능케 하는 조건으로서, 표상의 틀을 만들어낸다. 다시 말해서, 부정성의 공간, 표상의 제로는 표상의 내용물을 담는 용기(contenant)가 된다는 것이다. 가령 유아는 현존하는 것을 부정하는 힘을 가짐으로써,

다시 말해 대상을 이미지로부터 도려냄으로써 이미지가 구성되는 정신적인 틀을 만들어내며, 바로 이러한 틀을 통해서 자기 보존의 가능성을 열게 된다는 것이다. 이러한 틀이 가능한 한, 유아는 자신의 육체를 끊임없이 파괴하고자 하는 죽음 충동을 삶의 원천으로 끌어올리게 되는 것이다.

물론 그린에게 있어 이러한 부정태의 작업에 대한 관심사는 단순히 이론적인 것이 아니다. 그것이 정신분석의 한계를 각인하는 심적 구성의 한계에 대한 과학적인 탐구로서 분명한 가치를 갖는다는 점에서는 이의의 여지가 없다. 하지만 중요한 것은 무엇보다도 그러한 탐구를 통해 우리는 우리에게 주어진 삶의 근원을 이해함과 동시에 정신분석으로 하여금 이론에 의해 제한된 실천의 한계를 넘어서도록 끊임없이 부추긴다는 데 있다. 이것이 바로 그린의 작업을 항구적으로 특징짓는 주된 특징이다. 우리는 바로 이런 맥락에서 그의 앞으로의 작업을 가늠해볼 수 있을 것이다.

맹정현 파리 8대학 정신분석학과 박사과정을 수료하였다. 옮긴 책으로는 『라캉과 정신의 학』, 라캉의 『세미나 I권: 프로이트의 기술에 관한 저술』 『세미나 XI권: 정신분석의 네 가지 기본 개념』 등이 있다.

탈 라캉 정신분석

자아는 피부다

맹정현
파리 8대학 박사 · 정신분석학

디디에 앙지외, 평생을 반라캉 운동에 몸담다

정신분석이 탈현대적인 담화의 선두에 서 있다고 한다면, 이는 그것
이 전통 철학의 고색창연한 대전제인 자아의 선험성을 뒤집어 그 자아
를 육체에 복속시켰다는 점 때문일 것이다. 정신분석학에 있어 '나'는
태어나기 이전에 주어져 있는 선험적인 실체가 아니라, 유아기의 일정
한 상황을 거치면서 만들어지는 형성물이다. 그리고 그러한 형성은 신
(神)과 같은 초월적인 존재나 객관적인 지식을 통해서 이루어지는 것이
아니다. 정신분석을 통해서 인간이 자신에 관해서 깨닫게 된 비밀이 있
다면, 이는 바로 '나'는 육체와 육체의 감각을 통해서 형성되는 봉합된
이미지에 불과하다는 사실이다. 이런 맥락에서 프로이트는 자아는 '육
체적'이라고 말했고, 라캉은 타인의 이미지를 통해서 구성된 '거울 이
미지'라고 말했던 것이다.

디디에 앙지외(Didier Anzieu)는 한걸음 더 나아가서 "자아는 피부
(皮膚)다"라고 주장한 현대 프랑스 정신분석가다. 인간에게 있어 피부
와 외피의 기능에 대해 천착했던 그는 고전철학에서 말하는 '자아'라든

▶ 디디에 앙지외

가 '사유'는 인간의 내밀한 '깊이'에서 연유한 것이 아니라 가장 바깥에 있는 '표피'에서 구성되는 것임을 주장함으로써 자신의 선배 정신분석가들이 닦아놓은 정신분석의 초석을 한층 더 심화시킨다.

물론 앙지외는 그의 동시대인들이 그랬듯이 라캉 정신분석학의 자양분을 섭취하며 성장한 라캉 이후의 정신분석가이면서도, 그를 계승하기보다는 그로부터 거리를 두고 오히려 프랑스의 정신분석과 영미권의 정신분석을 잇는 가교를 건설하는 데 중점을 두었던 인물이다. 1991년 유럽인으로서는 최초로 미국 정신분석협회(APA)에서 수여하는 시고니상(Sigourney Award)을 수상한 앙지외는 라캉과는 정반대로, 정신분석을 심리학화하고 정신분석을 대학제도에 맞게 건설하는 데 관심을 쏟았다.

라캉의 동료였으나 그와는 전혀 다른 길을 걸었던, 프랑스 정신분석학계의 또 한 명의 스승인 다니엘 라가슈(Daniel Lagache)의 '심리학에 봉사하는 정신분석학' 모델을 받아들여 정신분석학을 대학에 정착시키는 데 주력했던 앙지외는 파리 5대학(르네 데카르트)과 10대학(낭테르)을 임상심리학의 메카로 키웠고, 명실공히 프랑스 임상심리학계의 대부로 추앙받고 있다.

하지만 그의 이러한 명성의 이면에 가려져 있는 그의 독특한 개인사적 이력은 그의 사상적인 맥락을 암시한다는 점에서 주목할 만하다. 고등사범학교(ENS) 출신의 엘리트로서, 그는 자신의 경력을 당시 모든 지식인의 선망의 대상이었던 라캉의 분석 수련생으로서 시작했지만, 자신이 라캉의 박사 논문의 연구대상이었던 그 유명한 정신병자 에메 (Aimee)의 아들이라는 사실을 알고는 자신의 분석가인 라캉을 떠나게 되고 평생을 반라캉적인 운동에 몸담게 된다. 그리고 이러한 가족사적인 비밀은 일생 동안 그와 라캉의 관계를 그늘지게 만드는 그림자가 된다. 그는 상상적인 것에 대한 라캉의 초기 작업에 근접해 있으면서도 동시대인들의 관례와는 달리 영미의 정신분석에 눈을 돌렸고, 그의 작업은 그가 보기에 지극히 형식적이라 할 라캉에 구체화하고 살을 붙이는 것으로 시작되었다.

환상을 거쳐야 인간으로 태어난다

그의 학문적인 이력은 라가슈의 권유로 프로이트의 자기분석(auto-analyse)에 대한 연구로 박사학위를 받으면서 시작한다. 그는 프로이트에게서 정신분석이 탄생하는 기원을 그의 꿈 분석, 그리고 더 나아가 빌헬름 플리스(Wilhelm Fließ)와의 전이적인 관계에서 찾는다. 그는 주로 환상과 환영의 기능에 대해 관심을 가지고 있었으며 그의 초기 저작은 투사기법과 집단분석에 대한 연구에 집중되어 있다. 그는 라캉의 '상상적인 것'(l'imaginaire)이라는 개념을 한걸음 더 밀고나가 그것을 개인이 아닌 집단에 적용하며 '집단적 환영'(illusion groupale)이라는 개념을 제시했다. 라캉의 '상상적인 것'은 '이자적인 관계'(relation duelle)에 기초한 '몰인식'의 구조이자 리비도적인 구조이다. '집단적 환영'이

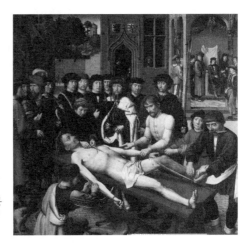

앙지외는 주체 탄생에 있어 근본적인 환상은 '피부로서의 자아'에 대한 환상이라고 여겼다.

란 바로 이러한 상상적인 관계에 기초해 집단의 구성원들이 집단 자체에 리비도를 투자함으로써 하나의 매끄러운 봉투를 만들어내는 특수한 환영을 말한다. 이러한 환영을 통해 집단이 리비도의 대상으로 자리잡고, 집단 구성원은 '하나'로 결속된다.

그러다가 앙지외가 정신분석학계에서 국제적인 명성을 얻기 시작한 것은 1974년 퐁탈리스(Pontalis)가 주간한 『신프랑스정신분석학지』(*Nouvelle revue de psychanalyse*)에 「피부로서의 자아」라는 논문을 발표하면서부터이다. 그 논문에 근거해 1985년 출간된 동일 제목의 저서는 현재 정신분석학과 임상심리학 분야의 고전으로서 널리 읽히고 있다.

집단적인 환영에 관심을 기울인 것과 마찬가지로 앙지외의 항구적인 관심사는 환상과 환영의 중요성이다. 라캉, 그리고 그보다 앞서 멜라니 클라인에 대한 독서를 통해 앙지외는 무(無)에서 유(有)로의 이동을 가능케 하는 매개 장치로서의 '환영'에 대해 천착한다. 그는 '나'가 없는 곳에서 '나'가 나타나도록 만드는 것이 무엇인지를, 다시 말해 내가 어머니 속에 함몰되어 있는 곳에서, 나의 '개별성'이 탄생하도록 만드는 것이 무엇인지를 묻는다. 다시 말해, 자연으로서의 신체로부터 어떻게 '나'라고 불릴 수 있는 인간의 신체가 태어나는지, 몸으로부터 어떻게 '나'라는 것이 탄생하는지에 주목한다는 것인데, 인간은 그러한 탄생의 첫 발자국으로서 다름 아닌 환상을 거쳐야 한다는 것이 바로 앙지외의 주장이다.

근원적 환상으로서의 '피부로서의 자아'

그는 주체 탄생에 있어 가장 근본적인 환상이 바로 '피부로서의 자아'에 대한 환상이라고 여겼다. 라캉에게서 자아가 시선의 교차 속에서, 보임과 바라봄의 역학관계 속에서 탄생한다면, 앙지외에게 있어서 자아는 피부 감각의 교차, 만져짐과 만짐의 변증법 속에서 탄생한다. 라캉이 시각을 자아 탄생의 중요한 계기로 보았다면, 앙지외는 모든 감각의 기저에서 촉각(觸覺)을 발견한다. 갓 태어난 아기는 엄마의 시선에 앞서 엄마의 손길을 느낀다. 시선의 거리와 공간의 감각이 자리 잡기 이전에 먼저 촉각을 통해 자신이 뭔가에 감싸여 있음을 피부로 느낀다는 것이다. 공간은 자신이 어떤 봉투 속에 담겨 있음을 느낀 다음에야 비로소 얻어지는 부수적인 산물이다. 이는 이러한 봉투가 해체되었다고 느끼는 정신병자의 경우에 공간의 감각이 무너짐을 통해서 반증된다. 이렇게 시각을 포함한 다른 감각들은 바로 이러한 촉각을 중심으로 전개된다.

그렇다면 이러한 촉각은 어떻게 '나'를 뿌리내리도록 하는가? 이에 답하기 위해서는 먼저 촉각이 가지고 있는 이중성에 주목할 필요가 있다. 무엇보다 촉각은 이중적이다. 가장 원초적인 수준에서의 촉각, 그러니까 '나'라는 관념(선입견)에 의해 지배되지 않는 촉각은 주체와 대상의 구별을 불식시킨다. 가령 손이 나의 코를 만질 경우, 만지는 것은 손인가 나의 코인가? 촉각에서는 능동성과 수동성이 교차하며, 중도적인 지대를 만들어낸다.

이러한 촉각을 통해, 엄마가 아이를 안아주고 보듬어주는 과정에서 엄마와 아이 사이에 얇은 피막, 일종의 중도적인 피부가 형성된다. 그것은 엄마와 아이에게 공통인 피부로서 그 둘의 공생적 관계를 구성하는 물질적 구성물이다. 엄마가 아기를 만져줄 때, 아기는 그러한 손길을 따라 자신이 만져지는 것인지 만지는 것인지를 알지 못하면서도 뭔가에 감싸여 있는 중간지대를 형성하게 된다. 바로 이러한 이중성, 모호함이 아이로 하여금 엄마와 아이를 하나로 봉합하는 피부를 만들어내는데, 이것이 바로 모성적 봉투이다. '모성적 봉투'란 엄마와 아이가 하나의 공통의 피부에 의해 감싸여 공생적인 관계에 있는 것을 말한다.

그런데 핵심은 바로 이러한 모호한 공생성에 의해 나의 분리에 대한 안전한 토대가 마련된다는 것이다. 이러한 모성적 봉투를 통해서, 차츰 나의 고유한 껍질과 피부가 형성된다. 이는 정확히 앙지외가 위니코트(Winnicot)를 따르고 있는 지점이다. 위니코트는 아이가 커나가는 과정에서 엄마가 아이를 안아주고 잡아주는 과정에 주목한 바 있다. 아이가 엄마로부터 독립적인 존재로 성장하기 위해서는 아이가 엄마의 품에 기대어 분리의 불안을 견딜 수 있는 충분한 쉼터를 마련해야 한다는 것이다. 아이는 따뜻한 엄마 품에서 비로소 안전하게 엄마로부터 분리하고 홀로설 수 있는 기회를 얻게 된다는 것이다.

결국 '자아'란 바로 이와 같이 안전한 모성적인 봉투 속에서 아이가 점차 획득해나가게 되는 자신의 고유한 '피부'를 말한다. 이는 클라인의 업적을 내용물과 용기(容器)의 측면에서 재구성해낸 영국의 정신분석가인 비온(Bion)의 논의를 좀더 발전시킨 것이라 할 수 있다. 정신분석과 구별되는 철학을 한마디로 규정하자면, 그것은 내용물에 대한 분석이다. 나를 분석하면서 '나'라는 관념을 분석하는 것이다. 하지만 앙지외는 '나'는 그러한 내용물이 아니라 그 내용물을 담는 그릇임을 역설한다. 이는 내용과 형식이라는 전통적인, 추상적인 이분법과는 무관하다.

'나'는 어떤 관념, 감정, 감각 등과 같은 내용물의 조합이 아니라, 그 내용물들을 담는 물리적인 용기이다. '나'라는 것은 나에게 귀속된 내용이 아닐 뿐더러 그것의 (선험적인) 형식도 아니다. 그것은 한 마디로 지형학적인 표면이라고 할 수 있다. 마치 피부가 우리의 육체를 감싸고 있는 것처럼 자아는 심적 장치를 감싼다. 다시 말해서, 자아는 충동의 저장소인 이드를 감싸 그것이 외부로 흘러나오지 않게 봉합한다.

따라서 이러한 피부, 자아의 봉투는 또한 '유지'(維持)의 기능을 수행한다. 그것은 나의 내부와 외부의 경계선을 확정지어줌으로써 나의 내부를 '지켜준다'. 나의 '내부'가 먼저 있고 그것이 '외부'를 규정하는 것이 아니라, '사이'의 경계선에 의해서 내부와 외부가 구분된다. 그리고 바로 이런 경계선을 통해서 나의 '개별성'이 탄생한다. 마치 우리 신체의 실제 피부가 우리의 몸을 타인의 이질적인 몸과 구분시켜주듯이, 자아의 심리적인 피부는 '나'라는 개체로서의 자기 개별성을 확보하도록 해준다는 것이다.

이러한 자아의 피부는 물론 촉각의 작용으로부터 시작하지만, 또한 다른 감각이 기록되는 표면이기도 하다. 심리적인 피부로서의 자아에는 다른 감각이 교차할 수 있으며 그러한 감각들의 기관이 각인될 수도 있다. 그런데 무엇보다 중요한 것은 이러한 피부는 쾌락원칙을 따른다는 점이다. 다시 말해서, 자아의 피부에 리비도의 투자가 이루어진다는 것이다. 앙지외는 프로이트의 나르시시즘 개념에 리비도의 투자가 이루어지는 피부를 결부시키고, 이러한 피부의 기능이 결손될 경우에 벌어지는 리비도와 불안의 역학관계에 따라 임상적인 범주들을 도출시킨다.

정신분석은 나르시스적인 애착에서 벗어나도록 도와주는 것

물론 자아는 단순히 감각의 원초적인 기능에만 머물지 않는다. 자아는 또한 '생각하는 자아'이기도 하다. 하지만 앙지외에게 있어 자아의 사유는 선험적인 기능이 아니다. 그것은 앞서 구성된 자아의 원초적인 봉투로부터 도출되는 이차적인 기능이다. 그렇다면, '감각적 자아'로부터 '사유하는 자아'로의 이동은 어떻게 이루어지는가? 어떻게 자신의 피부에 집중된 나르시시즘으로부터 타인을 '생각'할 줄 아는 나로 이동하는가? 다시 말해, 어떻게 쾌락원칙으로부터 현실원칙으로의 이동이 가능한가?

앙지외가 사유의 탄생, 생각하는 '나'의 탄생과 관련해서 제시하는 대답은 바로 금지이다. 물론 오이디푸스적인 금지가 아니라, 더 근본적인 '만지는 것에 대한 금지'이다. 만지기를 금한다는 것은 곧 피부의 나르시시즘적인 투자로부터 거리를 둔다는 것을 뜻한다. 이러한 거리는 곧 언어적인 공간의 가능성이다. 매끄러운 피부에 대한 거리는 그것을 대체하는 상징적 등가물이 자리 잡음으로써 완성된다는 것이다.

결론적으로, 앙지외의 정신분석은 주체에게 바로 이러한 상징적인 등가물을 만들어주는 작업이다. 주체로 하여금 언어라는 타자를 통해서 마음의 질병의 근원인 나르시스적인 애착으로부터 벗어나도록 해주는 것이 바로 정신분석인 것이다. 그리고 어쩌면 이곳이 바로 앙지외가 라캉으로부터 나와서 다시 라캉으로 회귀하는 지점이라고도 말할 수 있을 것이다.

맹정현 파리 8대학 정신분석학과 박사과정을 수료하였다. 옮긴 책으로는 『라캉과 정신의학』, 라캉의 『세미나 I권: 프로이트의 기술에 관한 저술』 『세미나 XI권: 정신분석의 네 가지 기본 개념』 등이 있다.

성욕의 근원에 대한 탐구

성욕은 무의식에 속하지 않는다

이수련

파리 8대학 박사 · 정신분석학

스승 라캉의 대척점에 서다, 장 라플랑슈

장 라플랑슈(Jean Laplanche)라 하면 우리는 정신분석학을 제반 인문과학의 화두로 등장시키고 더 나아가 사회 문화적인 현상으로까지 부상시킨 자크 라캉의 이름을 연상시키지 않을 수 없을 것이다. 이는 라플랑슈가 라캉의 가장 뛰어난 제자 가운데 한 명으로 알려져 있고, 그의 저서가 영미권에서 라캉의 이름이 아직 알려지지 않았던 시절에 라캉주의에 입각해 프로이트를 읽는 방법을 체계적으로 제시함으로써 라캉의 사상을 세계적으로 보급시킨 전환점으로 평가되는 것과 무관하지 않다. 특히 그가 1968년에 퐁탈리스와 함께 저술한 『정신분석 용어집』(*Vocabulaire de psychanalyse*)은 학파를 막론하고 프로이트 이후 정신분석학사의 가장 영향력 있는 고전 가운데 하나로 통한다.

하지만 우리가 주목해야 할 것은 정신분석학계 내에서 라플랑슈는, 이러한 외부의 평가와는 대조적으로 자신의 작업을 라캉의 대척점으로 삼아 정신분석이 경직된 교조주의에 빠지지 않도록 노력했던 인물이라는 것이다. 고등사범학교 시절 푸코의 동급생이었으며 라캉의 분석 수

> **❝** 무의식은 인간의 현상에 속하는 것임이
> 자명하지만, 성욕은 그렇지 않다.
> 가령 인간은 구두와 같은 하찮은
> 물건에서 성욕을 느낄 수 있다는
> 것인데, 이것이야말로 인간이
> 동물이 아닐 수 있는 존엄성을
> 보장해주는 것이 아닐까. **❞**

▶ 장 라플랑슈

런생으로 출발하였던 라플랑슈는 1960년, 본느발(Bonneval) 대회에서 스승인 라캉을 대변하는 대신 그를 비판하고 나섬으로써 세상 사람들을 놀라게 했다. 라플랑슈에게 "무의식은 언어처럼 구조화되어 있다"는 라캉의 명제는 무의식을 언어적인 것과 동일시함으로써 정신분석학을 언어학에 종속시키게 될 것으로 여겨졌다. 라플랑슈는 정신분석학의 초석은 언어학이 아닌 자기 자신, 즉 분석 경험 자체에 있으며 무의식은 언어의 산물이기보다는 오히려 언어의 조건이라고 보았기 때문이다.

이렇게 그는 라캉주의에 어떤 생동적인 힘을 불어넣고자 했는데, 이러한 그의 시도들은 서로의 오해 속에서 결별로 이어지고, 결국 라플랑슈는 1964년, 라캉의 또 다른 제자들인 퐁탈리스, 앙지외 등과 더불어 프랑스 정신분석협회(APF)를 창설하기에 이른다. 또한 그는 라캉의 동료이자 주된 논적 중 한 명이었던 다니엘 라가슈의 뒤를 이어 프랑스에서 가장 영향력 있는 PUF출판사의 정신분석학 총서의 책임자를 역임하였으며, 1968년 이후에는 라캉이 이끄는 파리 8대학 정신분석학과에 대응해, 파리 7대학에 정신분석학과를 설립해 학과장으로 재직하면서 과학으로서의 정신분석학을 대학 내에서 직접 실험해왔다.

정신분석학, 본래의 토대를 바로 세우기 위해

라플랑슈의 작업은 한마디로 정신분석의 초석을 마련하는 것이라고 요약될 수 있을 것이다. 정신분석학 연구의 장은 외양적으로는 무척이나 풍요롭게 비쳐지지만, 현대의 조류에 맞춰 양산된 저작들의 그와 같은 양적인 풍요로움은 토대의 부실함을 낳았고 종국에는 정신분석 본래의 취지를 훌쩍 뛰어넘어 그 과학적인 토대를 변질시켜버렸다. 이러한 상황에서 라플랑슈의 작업은 꼼꼼하고 충실한 원전에의 탐색과 더불어 정신분석의 이론적인 초석을 확고하게 세우는 방향으로 일관되게 나아가는데, 이는 정통성 있는 정신분석학 사전을 간행하는 일에서부터 파리 7대학에서 열린 박사과정 세미나, 프로이트의 불어판 전집을 간행하는 작업 등으로 구체화된다.

그의 세미나는『문제틀』(*problematique*)이라는 표제 아래 프로이트의 텍스트를 논평하고 프로이트가 탐구했던 일련의 문제와 그의 딜레마를 진단하는 자리였다. 이때 그의 해법의 독창성은 프로이트의 텍스트 안에서 어떤 매끄러운 해결책을 이끌어내어 정신분석학의 이론을 완결된 형태로 제시하기보다는 프로이트의 언술 속에 가려져 있는 모순점이나 불균형을 탐색하고, 바로 거기에서 정신분석의 탄생을 가능하게 해준 생생한 정신을 발견하고 그것을 계승한다는 데 있다.『정신분석 용어집』에서 단초를 보여준 라플랑슈의 이러한 입장은 그의 세미나뿐만 아니라 프로이트 전집을 번역하는 작업으로 이어진다.

성욕의 기원을 찾아서

정신분석학사에서 라플랑슈가 가장 크게 공헌한 바인 정신분석의 초석에 대한 탐구를 이론적으로 간략하게 정리해보자면, 우리는 무엇보다 성

라플랑슈가 1968년 퐁탈리스와 함께
저술한 『정신분석 용어집』은 학파를
막론하고 프로이트 이후 정신분석학
사의 가장 영향력 있는 고전 중 하나
이다.

욕의 근원에 대한 탐구를 강조할 수 있을 것이다. 정신분석의 대전제가
있다면, 그것은 바로 무의식의 존재이다. 무의식이 존재한다는 것의 의미
는 우리들 안에 의식이 포섭할 수 없는 어떤 지식이 있다는 것이다. 그런
데 이때 무의식은 억압된 것이란 점에서 그 억압의 근원에 대한 또 다른
전제를 요청하는데, 그것이 바로 성욕의 편재성(遍在性)이다. 무의식은
성적인 것이기 때문에 억압되어 무의식화된 것이다. 결국 성욕과 무의식
은 억압이라는 고리를 통해서 결착되어 있다고 할 수 있다.

　그런데 여기서 우리가 잊지 말아야 할 것은 무의식은 인간의 현상에
속하는 것임이 자명하지만, 성욕은 그렇지 않다는 것이다. 무의식이 언
어를 사용하는 인간에게 속한 독특한 현상이라는 사실은 이미 인정된
것으로서 누구나 동의할 수 있는 사실이지만, 대개 성욕은 이와는 정반

라플랑슈는 꼼꼼하고 충실한 원전에의 탐색과 더불어 정신분석의 이론적인 초석을 확고하게 세우는 방향으로 일관되게 나아가고 있다.

대로 인간이 완벽한 이성적 존재가 아니라 동물의 세계에도 속해 있음을 보여주는 증거로 여겨진다. 정신분석학이 범성욕주의(pansexulaisme)라는 오명과 함께 인간의 권위를 실추시켰다고 오인되었던 것은 바로 이런 맥락에서라고 할 수 있다.

하지만 정신분석이 인간의 성욕을 부각시킨 것은 인간을 동물의 영역으로 추락시키기 위한 것이 아니다. 오히려 정신분석이 말하고자 하는 것은 인간의 성욕이 자연으로부터 얼마나 멀리 떨어져 있는가이다. 라플랑슈는 인간의 성욕이 동물의 본능(instinct)과는 전혀 다른 질서에 속해 있으며 본질적으로 탈선적이라는 사실을 강조했다. 도착증(per-version)에 관한 프로이트의 연구가 보여주듯이, 인간의 성욕은 근본적으로 도착적이다. 이는 인간의 성욕에는 고유하게 규정된 대상이 없다는 것, 다시 말해, 어떤 특별한 조건만 주어진다면 인간은 모든 것에서 성욕을 느낄 수 있다는 것이다. 가령 인간은 구두와 같은 하찮은 물건에서 성욕을 느낄 수 있다는 것인데, 이것이야말로 인간이 동물이 아닐 수 있는 존엄성을 보장해주는 것이 아닐까. 게다가 성욕에 의해 야기된 정신적 질환에서 드러나는 독특한 시간적 구조는, 다시 말해 사후 작용(apres coup)은, 인간의 성욕이 일직선적인 자연의 질서를 따르지 않는다는 것을 보여준다.

그런데 바로 여기에서 라플랑슈 작업의 출발점을 이루는 기본적인 의문이 시작된다. 즉 인간에게 있어서 자연적인 성욕조차도 문화적인 질서를 따른다고 한다면, 어떻게 인간은 자연으로부터 문화로 이행하게 되었을까? 인간이 다른 동물과 똑같이 자연으로부터 자신의 피와 살을 얻는다면, 어떻게 그의 육체가 문화로 이행하는 것이 가능하게 되었을까? 요컨대 인간의 성욕은 어떻게 문화에 의해 구조화된 것일까? 바로 이것이 라플랑슈가 초기부터 일관되게 천착했던 문제이다. 그리고 이에 대해 제시되는 해법들은 프로이트에 대한 그의 고유한 독법이 발전되어 감에 따라 다양한 변화를 거치며 전개된다.

우선 라플랑슈는 1970년에 출간된 『정신분석에서의 삶과 죽음』(la vie et la mort en psychanalyse)에서 프로이트가 제시한 '의탁(依託) 이론'을 지지한다. 이는 인간에게 성(性)은 자기 보존의 본능을 만족시키는 과정에서 파생된 부수적인 산물이라는 주장으로서, 여기서 의탁이란 인간의 경우 문화적인 성이 구성되는 과정이 생물학적인 것에 의지해서 발생한다는 의미이다. 예를 들어 설명하자면, 가령 구강 충동은 식욕이라는 욕구를 만족시키는 과정에서 벌어지는 부수적인 효과라는 것이다. 하지만 이러한 이론으로는 과연 무엇 때문에, 어떻게 해서 충동의 대상이 끊임없이 재투자되는지가 해명되지 않는다.

결국 라플랑슈는 이러한 의탁 이론을 재검토하고, 좀더 근본적인 해결책을 찾게 되는데, 그것이 바로 '일반화된 유혹설'이다. 유혹설은 원래 프로이트가 1896년 히스테리 환자의 유년기 기억 속에서 성인이 가한 유혹과 성적 폭력을 발견하고 그것을 신경증의 원인으로 제시하면서 전개한 이론이다. 그러나 프로이트는 환자가 언술한 유혹이라는 것이 실제로 과거에 발생한 사건이 아니라 그 환자의 환상에 지나지 않는 것이라는 주장으로 우회하며 초기의 유혹설을 포기하게 된다. 프로이트의 이러한 설명이 바로 신경증의 병인론으로서의 환상설이다. 물론 환상설의 단초는 프로이트가 유아에 구조적으로 내재하는 성욕의 진리를 발견한 것에 있다. 유아는 자신의 성욕에 의거해서 세계를 해석한다는 것인데, 충동, 본원적인 매저키즘, 환상 등에 관한 프로이트의 후기 작업은 바로 여기서 연유한다.

일반화된 유혹설

프로이트가 유혹설을 포기한 것은 심리질환의 병인에서 주체의 성적 충동이라는 요소의 중요성을 강조하기 위해서였다. 그러나 문제는 이러한 충동이 어떻게 발생하는지를 여전히 해명할 수 없다는 사실이다. 프로이트는 의탁에 대한 가설을 세우지만 이 또한 그다지 만족스러운 결과를 일구어내지 못했다.

이에 대한 라플랑슈의 해법은 다시 유혹설로 거슬러올라가 그것을 환상설과 교차시켜 이해하는 것이다. 라플랑슈는 프로이트의 유혹설과 환상설이 서로 단절되어 불연속적인 관계에 있는 이론들이 아니라고 보았다. 프로이트가 환상설을 선택했다고 해도 이는 그가 유혹설에서 완전히 등을 돌렸음을 의미하지는 않는다는 것이다. 좀더 넓은 시각에서 접근한다면 환상설은 유혹설의 변형된 판본으로 이해될 수 있기 때문이다. 이러한 맥락에서 라플랑슈가 제안하는 이론이 바로 '일반화된 유혹설'이다.

일반화된 유혹설은 프로이트의 유혹설이 제한적이고 불충분하다는 전

라플랑슈에게 분석이란 번역되지 않는 것을, 즉 번역의 잔여물을 다시 번역해 삶의 원천으로 걷어올리는 작업이다.

제에서 출발하고 있다. 프로이트의 유혹설은 그것이 전제하고 있는 제약들로 말미암아 실패에 빠질 수밖에 없다는 것이 라플랑슈의 설명이다. 라플랑슈는 그러한 제약을 두 가지로 정리하는데, 첫 번째 제약은 프로이트가 유혹설의 핵심에 대한 탐구를 병리적인 것에서 시작했다는 점이고, 두 번째는 유혹을 사실과 사건의 측면에서만 접근했다는 것이다. 즉 프로이트는 적어도 유혹설과 관련해서는 정상인과 비정상인, 심적 현실과 외적 현실을 이분법적으로 구분하는 오류를 범했다는 것이다.

라플랑슈는 프로이트의 유혹설이 정당한 가치를 지니기 위해서는 프로이트가 전제했던 이러한 제약을 뛰어넘어야 한다고 역설한다. 그는 유혹에서의 관건은 어떤 특별한 외상적인 사건이 아니라는 것을 강조한다. 엄마의 보살핌조차도 유혹이 될 수 있기 때문이다. 모성적인 돌봄이라는 것은 물론 아이를 위한 것이지만, 문제는 아이가 그것을 수용할 수 있는 능력을 타고나지 않은 이상 그것이 항상 폭력적인 흔적을 남길 수밖에 없다는 사실이다. 아이는 아무런 상처 없이 그러한 보호를 받아들이기에는 너무나 미숙하며, 이와 동일한 맥락에서 아무리 사소한 성적 자극이라고 해도 아이의 입장에서는 수용하기에 너무나 과도하다.

하지만 이것은 라플랑슈의 핵심이 아니다. 그가 강조하는 핵심은 유아와 유아를 보살피는 최초의 타인 사이에서 일어나는 메시지의 불균형이다. 라플랑슈가 메시지에 주목하는 것은 프로이트가 전제로 하고 있는 환상과 현실의 이분법을 뛰어넘기 위해서인데, 라플랑슈의 설명에 따르면, 유아에게 있어 성욕의 탄생은 곧 메시지의 불균형, 더 정확히는 의미의 불균형에서 비롯된다. 주체의 성욕은 타인의 불가해한 시니피앙, 불가해한 메시지가 남긴 각인에 의해 추동된다는 것이다.

물론 타인의 이러한 메시지는 타인 자신에게도 불가해한 것이다. 이는 메시지 안에 억압이 내재해 있다는 의미로도 풀이될 수 있다. 메시지 자체에 내재한 불가해함은 발신인의 메시지에 항상 이해의 공백을 남겨 놓는데, 이러한 불가해함은 구조적인 것이기 때문에, 발신인 자신에게도 해당된다.

이러한 구조적인 경험을 라플랑슈는 프로이트의 번역에 대한 자신의 경험에 비추어 '번역'과 '번역의 잔여물'이라는 용어로써 풀이한다. 번역은 어떤 메시지를 다른 메시지로 변환하는 과정이다. 물론 여기서 메시지란 단순히 언어적인 것에 국한되지 않는다. 예를 들어 아이에게 메시지란 단순히 엄마의 말, 언어만을 뜻하는 것이 아니라 엄마의 몸짓, 표정, 동작 등을 모두 포함한 개념이다. 아이는 엄마에게서 받은 이러한 메시지를 자신이 이해할 수 있는 다른 메시지로 변화시킨다. 말하자면, 엄마를 번역하는 것이다. 그런데 이러한 번역의 과정에선 언제나 번역되지 않는 무언가가 남는다. 갓 태어난 유아가 어른들의 세계를 이해하지 못한다고도 말할 수 있겠지만, 더 근본적으로는 메시지 자체에 이해의 암점이 포함되어 있다는 것이다. 바로 이것이 '원억압' 개념의 핵심이며, '무의식'이란 그 번역되지 않는 부분을 일컫는 말이다.

결국 유혹이란 타인(성인)의 무의식이 주체(유아)에게 끼치는 효과라 할 수 있다. 타인에게 있어 번역되지 않는 부분, 즉 무의식이 주체에게 불가해한 메시지로 각인되고, 그러한 메시지는 유아에게 충동의 원천을 각인시킨다. 메시지가 남긴 불가해한 여분의 부분이 충동을 다시 추동시키는 것이다.

라플랑슈에게 있어 정신분석이란 이러한 근원의 유혹으로 되돌아가는 작업이다. 마음의 질병을 낳는 심적인 갈등은 바로 그러한 근원적인 장소로부터 연유한다. 정신분석은 그곳으로 되돌아감으로써 자신의 역사를 재구성하는 작업이다. 언어라는 실마리를 따라서 자신이 시작했던 그곳을 재구성해보는 것인데, 이때 주목해야 할 것은 이러한 재구성이 단순히 진리를 밝히거나 사실을 계시하는 것이 아니라 '재창조'하는 것이라는 사실이다. 왜냐하면 언어는 그 자체가 이미 번역이기 때문이다.

라플랑슈에게 있어 분석이란 번역되지 않는 것을, 즉 번역의 잔여물을 다시 번역해 삶의 원천으로 길어올리는 작업이다. 그리고 이러한 작업엔 무엇보다 자신의 기원에 대한 끊임없는 탐구가 선행되어야 한다. 이것이 바로 라플랑슈가 자신의 이론 속에서 끊임없이 기원으로 돌아가고자 하는 이유다.

이수련 서강대학교 불문학과와 같은 학교 대학원을 졸업하였고, 파리 8대학 정신분석학과 박사과정을 수료했다. 옮긴 책으로 『이데올로기라는 숭고한 대상』 『정신분석』 『위험한 하늘』 『커플의 재발견』 등이 있다.

제 4 부

인간, 우주를 꿈꾸다

우주개발의 현황과 과제

우주를 향한 꿈이 현실로 다가오다

이우경

한국항공대 교수 · 항공전자 및 정보통신공학

우주개발, 지적 호기심과 인류 문명의 확장

인류 문명의 진보란 호기심의 충족이라는 인간의 본성을 해결하는 과정에서 파생된 부산물이었음을 부인할 수 없다. 인터넷이나 정보통신의 혁명으로 숨 가쁘게 지나쳐온 20세기를 마감하고, 기술의 진보와 경제적인 성장을 바탕으로 사람들의 관심은 이제 우주로 향하고 있다. 미국의 부시 대통령은 2004년도에 우주개발에 대한 투자의 필요성을 국민들에게 호소하며 다음과 같이 역설하였다.

"새로운 세계를 탐험하고 이해하고자 하는 것이야말로 인류의 보편적 본성이며, 그래서 우리는 우주로 나아간다. 우리 선조가 험난한 해양을 건너 새로운 영역을 개척하는 과정에서 후손들에게 무한한 혜택을 넘겨주었듯이, 이제 우리는 우주를 향한 개척을 통해 인류 문명을 진보시키고자 한다".

1969년 아폴로 탐사선이 달에 착륙한 이후 우주는 인간의 영역으로 성큼 다가온 듯했다. 하지만 그후 인간이 우주 밖으로 진출한 영역은 기껏해야 지구 대기권을 갓 벗어난 국제 우주정거장 정도까지이며 이를

** 우주개발은 이제 더이상 냉전시대처럼 경쟁의 산물이나
단순한 국력 과시의 수단으로 여겨지지 않는다.
오히려 엄청난 소요비용과 위험요소를 나누기 위해
과거 적성국가였던 나라들 간의 협력이 강화되고,
우주로부터 발생할 수 있는 위협에 공동 대응함으로써
국가 간의 결속력을 강화시킬 수 있을 것으로 여겨지고 있다. **

지상에서의 거리로 환산하면 겨우 서울에서 대구까지밖에 되지 않는다. 우리는 지구촌 곳곳을 여행하고 수천 미터 깊이의 해양이나 오지를 개척하고 있지만 우주를 향해 시선을 돌리면 인간의 여정이란 아직도 걸음마 단계일 뿐이다.

인류의 역사를 돌이켜보면 평화의 시대가 도래할 때 과학과 문명의 발전 속도가 두드러지는 것을 볼 수 있다. 냉전이 붕괴된 이후 여러 우주개발 선진국들이 평화로운 기술 공조활동을 할 수 있게 된 21세기에야말로, 인류 문명의 큰 진보가 이루어질 수 있는 우주 르네상스의 도래를 경험할 수 있을 것으로 전망된다. 이러한 노력은 당분간은 미국의 주도로 이루어지겠지만, 중국이 점차 강력한 라이벌로 부상하고 있으며 러시아의 부활과 신흥 강국인 인도, 일본, 유럽연합이 가세하였다. 이들 나라는 때로는 협력하고, 때로는 새로운 자원을 선점하기 위해 경쟁하며 다채로운 활동을 벌이고 있다.

우주개발의 두 가지 방향

우주개발의 방향은 지구 대기권을 기준으로 하여, 지구 주변의 환경을 연구할 수 있는 정보를 제공하는 것과 지구 밖으로 눈을 돌려 우주의 생성과 기원 나아가 새로운 생명체에 대한 호기심에 도전하고 인류의 거주영역을 확장하고자 하는 염원을 실현하는 것, 이 두 가지로 양분되어 있다.

간간히 신문·방송에서 언급되는 달이나 화성탐사선의 소식을 들을 때마다 우주기술의 진보가 뿌듯하게 느껴지곤 한다. 태양계 너머로 진출하려는 인류의 시도는 매우 오랫동안 시련의 연속이었다. 지난 2007년은 미국이 1958년 달을 향해 쏘아올렸던 파이오니어 탐사선이 대기권을 벗어나지도 못하고 실패로 끝난 지 정확히 50주년이 되는 해였다. 지난 50년간 미국과 러시아, 유럽연합, 일본 등에 의해 지금까지 약 70번 이상 달 탐사 우주선이 발사되었지만 실제 달까지 도달한 것은 그리 많지 않으며 나머지는 상당수 대기권을 벗어나기도 전에 폭발하였으니 자못 험난한 여정이었음이 분명하다.

냉전의 종식은 이러한 위험을 인식하고 이를 극복하기 위해 국제사회가 서로 협력할 수 있는 기회를 제공하였다. 이제 2008년에는 유럽과 인도가 공동으로 제작한 달 탐사선이 2년 동안 달 주위를 돌며 달 표면에 대한 초정밀 지도를 제작하는 목표를 갖고 출발한다. 2년 후에는 달 표면의 구석구석을 최첨단 망원경으로 보는 것보다 훨씬 선명하게 집안에서 편히 바라보게 될 것이며, 달나라의 방아 찧는 토끼 이야기는 동화책에서 사라지게 될 것이다.

달은 일주일이면 왕복할 수 있을 만큼 가까운 외계지형이라는 것과, 인류가 더 먼 우주로 나아갈 수 있는 정거장의 역할을 수행할 수 있다는 이유로 많은 관심을 받으며 탐사가 계속되어왔다. 달 표면에 풍부할 것으로 여겨지는 He-3라는 물질은 석유를 대체하는 새로운 에너지원으로

2007년 9월 13일 발사된 일본의 달 탐사 위성 가구야. 위성 가구야는 1년 예정으로 달의 궤도를 선회하면서 달 표면의 성분과 지질, 그리고 지표 하부 구조에 관한 정보를 수집하고 있다.

활용될 가능성이 높은데, 이는 선점하는 국가가 소유권을 주장할 가능성이 높다. 최근에는 인도와 독일까지 가세하여 적어도 여섯 개 이상의 나라가 경쟁적으로 2020년까지 달 표면에 인간이 머무를 수 있는 기지를 설치할 것을 천명하고 있다. 미국은 지구상에서 가장 달에 근접한 극한 환경을 가진 남극지방에 모의 달기지를 설치하여 우주인을 훈련시킬 계획이다.

하지만 지형적 근접성이라는 장점에도 불구하고 달은 대기가 없고 중력이 미약하여 인류가 장기간 거주할 공간으로는 적절하지 않다. 반면 화성은 현대 기술로 인류가 근접할 수 있는 외계에서 생명체가 존재하거나 또는 체류할 수 있는 가능성이 있는 유일한 곳으로 여겨진다. 우주인에 의한 편도 여정에 적어도 6개월 이상이 걸리고 임무 수행 후 돌아오기까지 왕복 2년 이상이 소요된다는 것이 가장 큰 문제지만, 이미 국제우주정거장에서 1년 이상 지구에 귀환하지 않고 우주인 생활을 해본 인류에게는 이제 충분히 도전할 만한 목표가 되었다.

미항공우주국(NASA)에서 운용중인 로봇 스피릿(spirit)과 오퍼튜니티(opportunity)는 예정된 수명을 몇 년이나 초과하여 꾸준히 화성의 표면을 관찰하고 있다. 또 현재 화성 둘레를 돌고 있는 관측 위성은 향후 인간이 화성에 착륙하기에 가장 적합한 위치를 찾기 위해 정밀한 화성 지도를 만들고 있다. 2007년 발사된 미국의 피닉스 탐사위성은 화성 생명체에 대한 가능성을 추적하기 위해 2008년 여름 화성의 극지방에 착륙하여 지하 1.6미터 깊이의 구멍을 내고 물이 존재했는지의 여부를 알아보는 실험을 수행할 예정이다. 2009년 유럽연합에 의해 발사될 화성탐사선 엑소마스(EXO-MARS) 역시 화성에서 생명의 근원을 추적하고자 하지만 과거 여러 번의 실패로 인해 유럽의 도전은 다소 주춤한 상태이다. 반면 러시아와 엄청난 경제적 성장을 바탕으로 신흥 우주강국으로 떠오르는 중국이 2030년까지 화성에 도달할 것을 목표로 도전하고 있다.

화성이나 달에의 탐사가 실용적인 차원에서 다루어지는 반면 태양계 너머로 질주하는 우주여정은 인류의 지적 호기심 충족에 뿌리를 두고 있다. 오랜 천문 관측의 역사에서 지적 호기심으로 가득 찬 과학자들의 끊임없는 관찰에도 불구하고 오늘날 인류가 명왕성에 대해 알고 있는 지식은 우편엽서 한 장을 다 못 채울 만큼 미미하다. 2006년 발사된 미국의 뉴호라이즌(new horizon) 탐사선은 태양계 끝에 위치한 명왕성을 향해 묵묵히 10년간의 기나긴 여정을 계속하고 있다. 명왕성은 최근 행성의 지위를 상실하긴 했지만 지구가 생성된 태초의 모습과 가장 유사한 형태로 보존되어 있는 것으로 평가되어, 우주의 기원을 밝히는 데 중요한 단서를 제공할 것으로 기대된다. 명왕성으로의 공간여행은 지구의 과거를 향하는 시간여행이 될 것이며 이것은 말 그대로 우리들 자신의 관념에 새 지평을 열게 될 것이다.

1997년 발사 후 토성의 달 표면에 이미 도착하여 활동을 시작한 미국

2006년 발사된 미국의 뉴호라이즌 탐사선은 태양계 끝에 위치한 명왕성을 향해 10년간의 기나긴 여정을 계속하고 있다.

과 유럽이 공동개발한 탐사용 로켓 호이겐스 호도 태양계 생명체의 생성 근원을 추적하는 것을 임무로 하고 있다. 이밖에도 태양에 인접한 수성의 상태를 점검하고, 태양의 변화를 추적하며, 지구를 위협할지도 모르는 혜성을 감시하기 위해, 인간이 만든 피조물들은 끊임없이 분주하게 지구 밖으로 떠나가고 있다.

민간이 주도하는 우주산업 르네상스

진보한 인간의 문명은 더이상 우주를 미지의 낭만적이고 신비로운 영역으로 남겨두지 않을 태세다. 최근 민간기관들이 우주개발에 투자하는 천문학적인 자본은 향후 새로운 성장 동력으로 떠오르고 있는 신경제의 잠재적 가치를 반영하는 것이라고 할 수 있다. 인류가 최초로 위성을 발사한 지 50년이 되던 2007년, 세계 각국의 우주개발 전문가들이 모인 자리에서 최고의 화두가 된 것은 제한된 영역에 머물던 기존의 우주산업을 어떻게 상업적인 방향으로 전환할 것인가에 대해서였다.

2007년을 기준으로 우주산업은 이제 전 세계적으로 약 150조 원이 넘는 규모로 성장했다. 과거에는 우주 관련 사업이 대부분 국가 주도로 진행되었지만 이제는 민간사업자들이 주도하는 비중이 60퍼센트가 넘는다. 국가주도 사업은 국제우주정거장이나 GPS서비스 그리고 태양계 탐사처럼 공공성을 추구하는 반면, 상업적 서비스는 위성발사 로켓, 위성체 제작, 보험서비스, 통신이나 지구 관측용 위성 운용 그리고 우주관광 등으로 구분된다. 우주관광이 차지하는 비중은 현재 약 1000억 원 이내로서 전체의 1퍼센트도 채 안 되지만 향후 우주산업에서 가장 큰 성장이 예상되는 분야이다.

위성산업이 반도체나 자동차처럼 큰 수익을 내지 못한 것은 아직 일반인들이 널리 활용할 수 있는 응용 분야가 부족하기 때문이었다. 그러나 기존의 산업들이 성장의 한계를 보이면서 우주산업은 생명 분야와 함께 새로운 경제혁명의 대상으로 여겨지기 시작했다. 마이크로소프트나 영국의 버진 그룹처럼 엄청난 자본력을 갖춘 회사들이 우주산업을 지원하는 경우가 많은데, 이는 첨단 사업의 경영자일수록 우주에 대한 열정이 크기 때문이라고 하겠다.

한때 국가기밀을 다루는 정찰위성을 운용했던 키홀(Keyhole)이라는 회사는 수익성이 악화되어 경영에 어려움을 겪다가 우주산업을 보호하고자 하는 미국 정부의 재정적인 지원에도 불구하고 결국 거대기업 구글에 흡수되었다. 그후 구글은 기존에는 국가가 통제하던 고해상도 위성사진을 누구나 인터넷을 통해 검색할 수 있도록 하는 구글어스 서비스를 시작하면서 높은 관심을 불러일으켰다. 현재는 오래전에 찍은 사진들로만 서비스가 한정되어 정보활용 가치가 그리 높지 않은데, 이를 보완하기 위해 구글은 다수의 관측위성을 추가로 띄워 600킬로미터 상공의 우주에서 볼 수 있는 세계 곳곳의 모습을 인터넷을 통해 실시간으

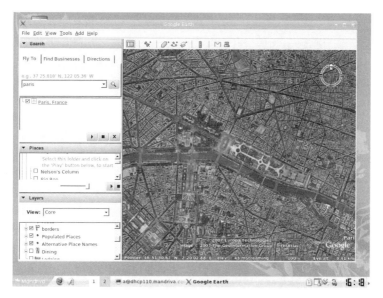

위성사진으로 본 파리. 구글은 지구의 위성사진을 인터넷을 통해 볼 수 있도록 한 구글어스 서비스를 시작하면서 높은 관심을 불러일으켰다.

로 제공할 예정이다.

또한 무엇보다 민간사업자들을 우주개발로 이끄는 가장 매력적인 분야는 바로 우주관광이다. 과거에도 우주관광이 언급되고 실제로 참여하는 사람이 있었지만, 천문학적인 참여 비용과 제한된 활동으로 인해 대다수 사람들에게는 여전히 비현실적인 꿈으로 남아 있었다. 이러한 비현실적인 꿈을 구체적인 목표로 설정하고 상금을 제시한 것이 안사리 엑스 프라이즈(Ansari X prize)이다. 이것은 2주 동안 두 번 이상의 우주 유영을 수행할 수 있는 최초의 상업우주선에게 수여하는 상금인데, 스케일드(Scaled) 사의 집요한 노력 끝에 2004년 드디어 첫 수여자가 나오게 되었다. 이는 일반인들도 살아생전에 한 번쯤은 우주여행을 하게 되리라는 희망의 메시지를 주는 사건이기도 했다. 구글은 달을 왕복할 수 있는 민간 우주탐사선에 미화 3,000만 달러의 상금을 제시하여 새

안사리 엑스 프라이즈는 우주관광이라는 비현실적인 꿈을 구체적인 목표로 설정하여 상금을 제시했다. 상용 우주선 'SpaceShipOne'을 타고 우주유영을 하여 이 상을 수상한 우주인 마이크 멜빌이 환호하는 모습. ⓒ Scaled Composite

로운 도전을 촉구하고 있다.

우주여행을 누구에게나 가능한 현실로 만들기 위해 현재 엑스코 에어로스페이스(XCOR Aerospace), 로켓플레인(Rocket plane), 스타 체이서(Star Chaser) 등 10여 개가 넘는 회사가 경쟁하고 있다. 스페이스 어드벤처(Space adventure)사에서는 지구유영의 다음 단계로 달 여행을 위한 고객을 모집하고 있다. 1인당 소요 비용은 약 1,000억 원이며 현재 이미 두 명의 고객을 확보한 상태이다. 달 여행이 아직은 비싸다고 생각하는 사람은 갤럭틱(Galactic)사에서 제공하는 지구유영 관광상품을 이용할 수 있다. 이 회사는 2007년 1인당 약 2억 원이 소요되는 지구유영 상품을 내놓았는데 100개의 좌석이 모두 팔려나가는 인기를 누렸다. 2008년 처음 발사될 예정이었던 이 여행상품은 안전 점검을 위해 잠시 연기되어 있는 상태이다. 이 회사는 개발된 우주선을 개인에게 직접 팔 계획도 갖고 있어서, 가까운 미래에 자가용 우주선을 타고 우주여

2012년 문을 열 예정인 최초의 우주호텔 갤럭틱 스위트(Galactic Suite)의 상상도. 이 사업에는 지금까지 미국의 한 항공 우주산업 관련 업체가 동참을 결정했으며 일본, 미국, 아랍에미리트연합의 개인 투자자들도 참여 여부를 두고 협상을 벌이고 있는 것으로 알려졌다.

행을 떠나는 부자들의 모습도 볼 수 있을 것이다. 이러한 회사들의 노력으로 인해 향후 2020년 정도가 되면 우주여행 상품의 가격은 약 1,000만 원 정도로 낮아질 것으로 전망된다.

1968년 제작된 「2001 스페이스 오디세이」라는 영화에서는 지구 둘레를 돌면서 운영되는 우주호텔에 대한 이야기가 나온다. 현재의 우주정거장과 같은 개념으로 달 착륙선을 갈아타기 전에 잠시 쉬는 공간으로 설정되어 있는데, 이미 우주정거장은 이러한 목적으로 활용될 수 있을 것으로 보인다. 국제 우주정거장의 완공은 당초의 목표보다 다소 지연되고 있지만 영화에서 보여준 우주호텔의 역할을 수행하면서 달이나 화성으로 여행을 가기 위한 중간 기착지 또는 휴식처가 될 것이다. 점차 좁아지는 지구촌에서 우주는 매력적인 차세대 여행지로 당당히 자리 잡을 날이 멀지 않은 것이다.

우리나라도 국가적 지원을 통해 우주인을 배출한 나라로 당당히 진입

국제우주정거장에 도킹되어 있는 러시아의 소유즈 우주선과 미국의 우주왕복선. 현재의 우주정거장은 우주호텔로서의 목적으로도 활용될 수 있을 것으로 보인다. © NASA

하였다. 향후 우주여행은 더이상 선택된 사람들만의 이야기가 아닐 것이다. 그러나 최초의 시도는 목숨을 담보로 하는 도전 정신을 요구하기에, 위험을 감수하고 떠난 선구자들은 분명 영웅으로 기억될 것이다.

광활한 공간에 펼쳐진 미아들의 위협

현재까지 약 4,500번의 위성 발사가 이루어졌다. 그중 상당수는 대기권 진입에 실패하기도 하였고 일부는 이미 수명이 다하여 50여 년의 위성개발 역사에서 잊혀졌다. 2007년 12월을 기준으로, 인간과 교신하며 민간 또는 군용으로 활동하고 있는 위성의 개수는 약 860개 정도이다. 따라서 상당수의 위성이 우주 미아가 되어 떠돌고 있는 셈이다. 실제로 위성이 발사되는 과정에서, 또는 위성이 노화하여 추락하는 과정에서 수없이 많은 파편이 발생했다. 또한 우주 무기의 개발 경쟁으로 인해 우주에서 실시된 위성 격추 실험 등에서도 파편이 발생한다. 우리나라도 우리별 위성을 비롯해 최근 수명이 다한 다목적 위성 1호를 지구 둘레 어딘가에 방치하면서 불가피하게 우주쓰레기 생산국이 되었다.

우주 궤도를 떠도는 파편들은 초고속 제트기보다 30배 정도 빠른 속도로 움직인다. 이것이 다른 위성이나 우주정거장 등에 부딪힐 경우 대형 폭발이 일어날 수 있다. 이렇게 직접적인 영향을 미칠 수 있는 크기 1센티미터 이상의 파편 개수는 현재 약 65만 개 정도로 추정되고 있다. 1센티미터 미만의 작은 파편들까지 고려한다면 지구 주변을 떠도는 파편은 자그마치 1억 5,000만 개가 넘을 것으로 추정된다. 만에 하나 우주에서 위성끼리 충돌하는 사건이 발생하면 우주 파편은 순식간에 기하급수적으로 늘어날 수 있다. 이러한 충돌은 자연적으로 발생할 확률은 극히 적지만 우주전쟁과 같은 특수한 상황에서는 얼마든지 가능하다. 한마디로 우주산업의 부흥은 지구촌 평화의 확립이 절대적으로 선행되어야 한다는 것을 의미한다. 한 번 발생한 우주 쓰레기는 회수하기가 매우 어려우며, 이것은 나중에 우주산업의 위기를 불러일으킬 수 있다.

정지위성의 경우에는 수명이 다하면 다른 위성과의 충돌을 방지하기 위해 궤도를 수정해야 하지만 중국의 경우 이러한 국제적 협약에 미온적이다. 이는 국제적인 강제성을 지닌 법적 제한이 없기 때문이다. 과거에는 우주산업이 소수의 정부기관에 의해서만 주도되었지만 이제 민간 차원에서의 우주개발 규모가 더욱 커지게 됨에 따라 다양한 이해관계 및 분쟁을 조정할 수 있는 우주법의 제정이 필요해졌다. 현재의 항공법처럼 모든 나라에 강제적으로 부과될 수 있는 우주법은 인류가 광범위한 우주개발 시대로 진입하는 데 요구되는 의지를 상징할 것이다.

인공위성이 주는 혜택들

인공위성은 여러 분야에서 이미 자연스레 우리 생활에 들어와 있다. 현재 상업위성 시장의 약 40퍼센트는 GPS시스템과 연관된다. 요즘 누구나 사용하고 있는 내비게이션은 위치추적 위성을 이용하는데 이는 미국이 국방용으로만 사용하던 것을 민간용으로 개방하였기 때문에 가능해졌다. 많은 위성을 이용할수록 위치 정보의 정확도는 높아지는데, 향후 미국이 GPS서비스를 중단하거나 혹은 유료로 전환한다면 일대 혼란이 발생할지도 모른다. 이에 대응하기 위해 신흥 우주강국으로 확고히 자리 잡은 중국과 러시아 그리고 거기에 유럽 각국이 가세하여 모두 100여 개가 넘는 위성으로 지구를 둘러싸는 독자적인 위치추적 시스템을 구축하고 있다.

이 모든 서비스가 동시에 제공된다면 위치 서비스는 지금과는 비교할 수 없는 성능으로 우리 생활을 변화시킬 수 있다. 현재 제공되는 10미터보다 훨씬 향상된 수 센티미터 이하의 정밀도로 위치를 파악할 수 있고, 기상이 악화되거나 도심의 빌딩에 가려져 있는 환경에서도 안정적인 서비스가 제공될 수 있을 것이다. 공상과학 영화에서 나오는 스스로 움직이는 자동차나 속도제한 없이 초고속으로 주행할 수 있는 스마트 고속도로는 모두 1미터 이내의 초정밀 위치 정보가 안정되게 확보될 때 비로소 가능해진다. 이러한 위치 정보의 제공은 건축 및 토목의 정밀측량 분야에도 크게 기여할 것이다.

인도에서는 해마다 경작의 실패로 수천 명의 농부가 자살을 하고, 약 70만 개의 지역이 통신과 단절되어 있다. 인도 정부는 인공위성을 이용하여 이러한 상황을 단기간에 극복할 수 있는 방안을 내놓았다. 인공위성을 이용한 기상 및 지리 정보는 농민들이 경작 상황을 미리 예측하고 점검하는 데 도움을 줄 수 있고, 통신회선이 들어가지 못하는 마을에도 위성단말기를 이용하면 즉시 통신망을 구축할 수 있다. 통신위성망의 확장은 세계 어디나 자유로이 여행하며 인터넷을 사용하고 고화질의 텔레비전을 시청할 수 있게 한다.

누구나 참여하는 풍요로운 기술로의 전환

우주개발이란 극도의 열악한 환경에서 값비싼 장비와 소중한 인간의 생명을 지켜내야 하는 것이므로 모든 과정이 완벽해야 한다. 더불어 지구와는 전혀 다른 환경에서 동작하므로 과거에는 존재하지 않았던 새로운 기술이 필요하다. 새로운 도전을 펼치면서 얻은 성과는 다양한 방식으로 우리의 일상생활에 접목되면서 산업의 부흥을 이끌어냈다. 이는 우주개발 선진국을 나열해보면 강대국의 순서와 그대로 직결되는 것에서도 확인할 수 있다. 최근 미국 경제의 퇴조는 1990년대에 우주개발 예산을 대폭 줄이면서 나타난 기술경쟁력 약화 때문이라는 지적도 있다.

미국을 비롯한 우주개발 선진국은 물론, 핀란드와 같은 나라에서도 우주개발에 소요된 기술을 민간으로 이전하는 전담 부서를 설치하여 경제성장의 도구로 활용하고자 노력하고 있다. 유럽에서는 우주기술의 상업적 용도 전환을 위한 학술회의가 해마다 열린다. 과학자들은 엄청난 개발 비용이 들어간 우주기술이 새로운 용도로 활용되는 사례를 해마다 수백 건 이상 만들어낸다. NASA에서는 『스핀오프』(Spin-off)라는 책자를 해마다 발간하여 1,500건 이상의 성공적인 우주기술 활용 사례를 소개하고 있다.

가볍고 내구력이 좋은 위성용 신소재는 인공장기를 만드는 데 사용되고, 고장난 위성을 원격수리하기 위해 개발된 정밀로봇 기술은 원격 수술장비 개발에 활용된다. 화성탐사와 같은 경우에서 몇 년간 지구로부터 격리되어 생존해야 하는 우주인들을 세균감염으로부터 보호하기 위해 우주선 내부를 무균 상태로 유지하는 연구에서 파생된 기술은 병원에서 박테리아나 세균이 번식하는 것을 억제하는 용도로 활용되고 있다. 2007년 우리나라의 서해안에서 원유 유출사고가 일어나 큰 재난을 겪었는데 이 같은 기름 유출은 해마다 세계 각지에서 일어나고 있다. 이에 대응하기 위해 미국의 'UniRemlnc'라는 회사는 NASA에서 우주용

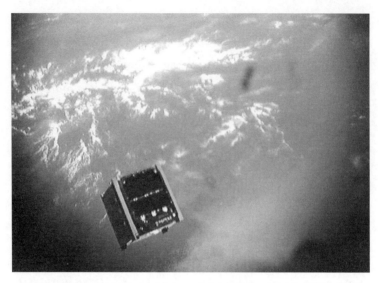

초소형 인공위성 큐브샛. 이제 우주개발이란 누구나 참여할 수 있는 일상의 레저활동이 되어가고 있다. 미국의 전자부품회사 펌킨은 '큐브샛 키트' 라는 세계 최초의 '맞춤형 인공위성 조립 키트' 를 내놓기도 했다.

으로 개발한 천연신소재를 사용한 기름 흡착장치를 개발하였다. 이 장치는 바다를 떠다니면서 유출된 기름을 신속히 흡수하는데, 이미 미국의 해안경비대에서도 유사시 사용하고 있다. 우주정거장에서 사용되는 정수시스템은 가난한 국가에 깨끗한 물을 공급하는 용도로 활용되고, 우주인들을 위해 개발된 저지방·고영양 성분의 음식은 건강식 가축 사료로도 사용된다. 이밖에도 교통·의류·의학·쇼핑몰 등 거의 모든 생활 분야에서 자연스럽게 우리는 이미 우주 기술을 활용하고 있다.

급격한 정보통신과 인터넷의 발전 그리고 교육 수준의 보편적인 상승은 우주개발에 대한 호기심을 일부의 과학자들만이 아닌 일반 대중에게로 확대시켰다. 특히 미국의 스탠포드대학 학생들이 주축이 되어 실험적으로 시작한 초소형 위성 혹은 큐브샛(Cubesat) 위성은 우주개발의 저변 확대에 크게 기여하였다. 이들은 우주공간에서 사진을 찍고 지상국과 교신하는 데 필요한 모든 장비가 무게 1킬로그램 내외의 초소형 상자 안에 담길 수 있음을 보여주었다. 이제 일반인도 약 5,000만 원의 비용만 투자하면 자신만의 창작물을 우주공간에 올려보낼 수 있다. 일본에서는 한 무리의 고등학생이 자신들만의 인공위성을 쏘아올릴 준비를 하고 있으며, 우리나라에서도 한국항공대의 대학원 학생들이 유사한 기술을 개발한 바 있다. 이제 우주개발이란 누구나 참여할 수 있는 일상의 레저 활동이 되고, 초소형 위성은 누구나 한 번쯤 소장하고픈 장난감이 되어가고 있는 것이다.

지구촌을 대표하는 문명국가로 나아갈 길

국내 우주개발은 이미 유년기를 지나 어느덧 우주쓰레기를 만들어낼 만큼의 역사를 가진 청년기에 접어들었다고 할 수 있다. 최초의 위성인 우리별 1호를 개발한 주역들은 이제 국내 유일의 위성개발 회사를 만들어 터키, 말레이시아, 싱가포르 등으로 위성을 수출할 만큼 높은 기술력을 인정받고 있다. 이들은 우주개발 후발 국가들에게 기술을 전수하는 전문가 그룹으로서의 위상을 과시하면서 21세기에 시작될 새로운 산업 혁명을 준비하고 있다.

활발한 인적 교류와 정보의 공유는 우주개발을 어느 한 국가만의 성역으로 남겨두지 않는다. 2006년 미국의 NASA 주도로 우주개발을 위한 국제적 협력을 제안하는 전략이 수립되었는데, 이를 위해 전 세계 14개 나라의 우주개발 기관이 참여하였다. 여기에는 우리나라도 당당히 포함되어 있다. 이제 우리나라도 지구촌을 대표하는 우주개발 국가로 공인되어 있는 셈이다.

2008년에는 국내 우주개발의 제2의 부흥기를 예고하는 사건들이 펼쳐질 전망이다. 한국인 최초의 우주인 탄생에 이어, 국내에서 자체 개발한 발사체가 과학위성 2호를 싣고 직접 우주공간으로 나가게 되어, 명실공히 우주기술 독립을 선언하는 원년이 될 것이다. 최근 중국과 일본이 달 탐사선을 띄우고 축하 분위기에 젖어 있을 때 우리나라도 당당히 이에 동참할 것이라고 발표할 수 있었던 것도 이러한 기술적인 자신감이 바탕이 된 것이라 할 수 있다.

우주의 광활함에 도전하는 거부할 수 없는 본능

최근 들어 인공위성이나 우주 관측에 대한 기사가 부쩍 늘어나고 있는데, 이는 그만큼 우주개발이 활발해지고 있음을 반영한다. 2007년에 조사한 바에 의하면 향후 10년 동안 약 960개의 새로운 위성이 발사될 예정이라고 한다. 이는 지금 현재 활동 중인 위성의 총 개수보다 더 많은 숫자이다.

우주개발에 사용되는 돈을 지금 당장 가난하고 굶주린 사람들에게 제공하는 것이 낫다고 주장하는 사람도 많다. 그러나 인간의 모든 활동에 대한 값어치를 단순하게 의식주의 잣대로 비교하는 것은 21세기까지 인류가 이룩해놓은 풍요로운 문명에 어울리지 않는다. 한강에 다리를 건설하면 약 2킬로미터 길이의 교량이 만들어지지만 같은 비용으로 위성을 만들면 우주 밖 수천 킬로미터까지 우리의 영역이 넓어진다. 이러한 단순히 물리적 거리의 문제를 떠나서, 본능과도 같은 광활한 우주에 대한 동경을 풀어가는 과정에서 펼쳐질 인류 문명의 확장은 비교할 수 없는 영혼의 충만함을 가져다줄 것이다.

1960년대 인류가 최초로 달에 발을 내딛는 것을 봤던 어린이들은 이제 그들이 환갑을 맞이하기 전에 인류가 화성에 안착하는 것을 목격하게 될 것이다. 이는 어떠한 경제적인 혜택이나 이해관계를 떠나서, 인류의 지적 호기심을 충족시키기 위한 과학자들의 노력이 이루어낼 결실이기도 하다. 달기지 건설 혹은 화성식민지 개척과 같은 방대한 사업은 관련 기술자들이 살아 있는 동안 직접 체험해볼 수 있다는 보장이 전혀 없다. 그럼에도 불구하고 그들을 정진하게 하는 원동력은 후손에게 더욱 나은 삶을 물려주고자 하는 인간 본능의 이끌림이 아닐까?

물론 선진국의 우주개발에는 우주 자원의 선점이라는 이익의 추구와 선진기술의 과시를 통한 국방력의 증대라는 목표가 분명 공존하고 있다. 그 과정에서 파생되는 타 산업으로의 경제 파급효과와 국민적 자긍심의 고취는 우주개발에서만 기대될 수 있는 선물이기도 한다. 그러나 우주개발은 이제 더이상 냉전시대처럼 경쟁의 산물이나 단순한 국력 과시의 수단으로 여겨지지 않는다. 오히려 엄청난 소요비용과 위험요소를 나누기 위해 과거 적성국가였던 나라들 간의 협력이 강화되고, 우주로부터 발생할 수 있는 위협에 공동 대응함으로써 국가 간의 결속력을 강화시킬 수 있을 것으로 여겨지고 있다.

우주개발의 매력이란 인간 본능이 품고 있는 염원을 현실에 구현할 수 있다는 데 있다. 어린이가 동경하는 꿈을 어른들이 들어주듯 21세기의 인류는 후손을 위해 우주개발에 뛰어들었다. 그 과정에서 획득할 수 있는 신기술이나 산업적 파급효과는 별도로 하더라도, 화성에서 전송되는 동시대 인류의 영상은 지켜보는 지구촌 사람들에게 가슴 벅찬 설레임을 공유하게 만들 것이다. 그리고 그 여정에 직접 참여한 국가의 국민이 품게 될 자긍심은 결코 비용으로 환산할 수 없는 소중한 자산이 되어 인류의 진보라는 역사 속에 깊이 새겨질 것이다.

이우경 광주과학고를 수료하고 한국과학기술원(KAIST)에서 학부 및 석사 과정을 마친 후 1999년 영국의 UCL에서 인공위성 원격탐사 분야로 박사학위를 받았다. 한국과학기술원 인공위성연구센터의 연구교수를 역임하고 현재 한국항공대학교 항공전자 및 정보통신공학부의 부교수로 재직하고 있다.

관측천문학이 밝힌 우주

더 멀리 관측해서 우주의 신비를 벗긴다

박석재
한국천문연구원 원장 · 천체물리학

천문학에 대해 혼동하기 쉬운 몇 가지

천문학(astronomy)이란 우주를 연구하는 학문이다. 여기서 우리말로는 똑같이 우주라고 번역되어 자주 혼동을 일으키는 영어의 세 단어——스페이스(space), 유니버스(universe), 코스모스(cosmos)——에 관하여 확실히 구분해둘 필요가 있다. 첫째, 스페이스는 인간이 장악할 수 있는 우주공간을 지칭하는 말이다. 따라서 우주 탐험, 우주 특파원, 우주전쟁 등은 'space exploration', 'space reporter', 'space war' 등으로 번역해야 한다. 따라서 스페이스란 현재로서는 태양계 정도의 범위에 지나지 않는다. 둘째, 유니버스란 별 · 은하 · 우주로 채워진 천문학의 대상이 되는 객관적 우주를 지칭하는 말이다. 따라서 제목이 『유니버스』라면 그 책은 천문학 교과서라야 한다. 셋째, 코스모스는 유니버스에 종교, 철학 등이 가미된 조화로운 주관적 우주를 말한다. 예를 들어 바둑에서 말하는 '우주류'의 우주는 코스모스를 의미하는 것이다.

근세 이전에 연구된 우주는 태양계를 벗어나지 못했고 연구 내용도 유니버스라기보다는 코스모스라 할 수 있다. 그래서 오늘날 우주론이라

❝ *잘 알려지지 않은 은하의 진화문제도 이제 곧
규명될 것으로 보인다. 현재 별의 탄생과 진화에 대해서는
비교적 잘 이해하고 있기 때문에 중·고등학교 과학시간에도
그 내용을 다루고 있다. 하지만 은하의 진화는
거의 알려진 바가 없어 천문학 분야의 큰 구멍으로
남아 있는 상태이다. 또한 머지않아 은하 중앙에 있는
거대한 블랙홀과 같은 수수께끼의 천체들도 그 정체가 규명될 것이다.* **❞**

는 학문 분야는 영어로 코스몰로지(cosmology)라고 부른다. 즉 코스몰로지는 이름이 주는 인상과는 달리 천문학의 한 분야인 과학이다. 참고로 점성술은 영어로 아스트롤로지(astrology)라고 부르는데 천문학을 의미하는 아스트로노미(astronomy)와 비슷하여 역시 혼돈하기 쉽다. 아스트롤로지는 과학이 아니다.

　해와 달은 물론 수성, 금성, 화성, 목성, 토성 등 다섯 개의 행성은 맨눈으로도 잘 보이기 때문에 동양과 서양에서 각기 독자적으로 연구되어왔다. 따라서 음양오행설에 기반을 두어 명명된 수성, 금성, 화성, 목성, 토성 등의 이름은 영어의 머큐리(Mercury), 비너스(Venus), 마르스(Mars), 주피터(Jupiter), 새턴(Saturn) 등과 아무런 상관이 없다. 사실 근세 이전에는 동서양의 천문학 중 어느 쪽이 더 훌륭했다고 말하기 어렵다. 하지만 천체망원경이 서양에서 등장한 이후 천문학의 주도권은 서양으로 넘어가게 된다. 그리하여 천체망원경으로 발견한 행성들은 서양에서 붙인 이름인 우라노스(Uranus), 넵튠(Neptune), 플루토(Pluto)를 직역한 천왕성, 해왕성, 명왕성이라는 이름을 갖게 된 것이다.

갈릴레이가 만든 망원경. 갈릴레이가 망원경을 통해 목격한 우주의 모습은 당시에 상상하고 있던 것과는 판이하게 다른 것이었다.

우리 눈에는 해와 달, 별이 뜨고 지는 것처럼 보이기 때문에 원시시대나 고대에 지구를 우주의 중심이라고 생각한 것은 지극히 자연스러운 일이었다. 이 우주를 우리는 흔히 천동설 우주라고 부르며, 현재 우리가 알고 있는, 해가 가운데에 있고 지구가 다른 행성들과 함께 공전하는 우주를 지동설 우주라고 부른다. 하지만 이 이름은 다소 혼동을 일으킬 소지가 있다. 영어로 지오센트릭(geocentric) 우주는 천동설 우주를 의미하고, 헬리오센트릭(heliocentric) 우주는 지동설 우주를 의미한다는 사실에도 유의하자. 즉 지구(geo)가 중앙에 있으니까 천동설, 해(helio)가 중앙에 있으니까 지동설이라는 이야기다.

광학 · 전파천문학과 우주천문학

근세에 이르러 천문학의 혁명을 주도했던 코페르니쿠스(Nicolaus

Copernicus), 갈릴레이(Galileo Galilei), 브라헤(Tycho Brahe), 케플러 (Johannes Kepler), 그리고 뉴턴(Isaac Newton) 등에 의해 지동설 우 주가 확립되면서 코스모스였던 우주는 서서히 유니버스로서의 우주로 자 리를 잡아가게 된다. 그리고 빛에 대한 관측기술이 발전하면서 유니버스 로서의 우주를 이해할 수 있게 되었다.

빛을 파장이 짧은 것부터 긴 것 순으로 늘어놓으면 γ선, X선, 자외 선, 가시광선, 적외선, 전파 순서가 된다. 빛은 파장이 짧을수록 높은 에너지를 가지며, 투과력이 강해진다. 따라서 γ선과 X선은 방사선의 일종으로 인간에게 치명상을 입힐 수 있다. 태양을 비롯한 모든 천체 는 앞에서 열거한 모든 종류의 빛들을 제각기 다른 세기로 발산한다. 만일 이 빛들이 그대로 지구 표면에 내리쬐인다면 우리는 모두 죽고 말 것이다. 하지만 지구의 대기는 우리에게 무해한 가시광선과 전파 만을 주로 통과시켜 생명의 낙원을 만들어주고 있다. 이는 지구상의 생명체가 지구환경에 적응하도록 진화한 결과일 수도 있다.

그러나 이 자연의 혜택이 천문학 연구에는 적지 않은 장애가 되고 있 다. 왜냐하면 우주를 내다보는 창문이 광학창문(optical window)과 전 파창문(radio window) 두 개만으로 한정되기 때문이다. 이 두 개의 창 문을 통하여 우주를 관측하는 천체망원경을 각각 광학망원경(optical telescope), 전파망원경(radio telescope)이라 한다. 그리고 광학망원경 을 이용하여 연구하는 천문학을 광학천문학(optical astronomy), 전파 망원경을 이용하여 연구하는 천문학을 전파천문학(radio astronomy)이 라고 부른다.

우리나라의 경우, 현재 한국천문연구원 산하 보현산 천문대에는 지름 1.8미터의 광학망원경이, 대덕전파천문대에는 지름 14미터의 전파망원 경이 각각 설치되어 연구에 참여하고 있다. 소백산천문대의 지름 61센 티미터의 광학망원경과 천문학 전공 학과가 있는 각 대학 천문대의 소

보현산천문대의 지름 1.8미터의 망원경 돔과 혜성의 모습. 망원경의 크기가 클수록 더 멀고 더 어두운 천체를 관측할 수 있다.

형 망원경들도 천체 관측에 큰 기여를 하고 있다.

천체망원경은 지름이 크면 클수록 더 멀고 더 어두운 천체를 관측할 수 있다. 선진국들은 현재 지름이 10미터에 이르는 광학망원경, 100미터에 이르는 전파망원경을 운용하고 있다. 앞으로는 더욱 커다란 천체망원경을 건립하여 인간이 볼 수 있는 우주 또한 더욱 커지게 될 것이다.

선진국에서는 더욱 선명한 관측과 지구대기를 투과할 수 없는 파장대의 관측을 위하여 천체망원경을 인공위성에 실어 대기권 밖으로 올리는 연구 사업도 활발히 진행하고 있다. 이렇게 우주공간에 설치된 것들을 우주망원경(space telescope)이라고 부르고, 우주망원경을 이용하여 연구하는 천문학 분야를 우주천문학(space astronomy)이라고 부른다.

우주망원경의 대표적인 예로는 세계적으로 뉴스 거리가 되고 있는 미국의 허블(Hubble) 망원경을 들 수 있다. 1990년 20억 달러의 경비가 투입된 이 망원경의 설치는 천문학의 역사에서 천동설이 무너지고 지동설이 확립된 것만큼이나 획기적인 대사건으로 여겨져왔다. 허블 망원경의 지름은 2미터에 불과하지만 지구 대기를 거치지 않은 빛을 직접 관측하기 때문에 그 성능은 지상에서 가장 커다란 망원경보다도 우수하여, 미국 워싱턴에서 일본 도쿄에 날아다니는 반딧불을 분간해 낼 수 있을 정도의 해상력을 가지고 있다.

우주망원경에서 가장 큰 활약을 하고 있는 빛의 영역은 X선이다. X선 우주망원경은 이미 60년대부터 우주궤도에 오르기 시작하였는데, 특히 1970년 미국의 우후루(Uhuru) 망원경은 획기적인 전기를 마련해주었다. 우후루는 아프리카 스와힐리어로 자유를 의미하는데, 이는 이 망원경이 더 쉬운 궤도진입을 위하여 아프리카 케냐에서 발사되었기 때문이다. 우후루는 수명이 다할 때까지 약 3년간 온 하늘을 뒤져 무려 339개의 X선을 발하는 천체를 찾아내었다. 이 중에는 유명한 블랙홀(black hole)도 다수 포함되어 있을 것으로 천문학자들은 생각하고 있다. 또한 찬드라(Chandra)라고 하는 거대한 X선 우주망원경도 운용되고 있다.

인간이 직접 우주로 발을 내딛다

선진국은 망원경을 가지고 우주를 관측하는 것에 만족하지 못하고 아예 탐사선을 직접 행성의 표면에 착륙시켜서 많은 성과를 거두었다. 특히 행성탐사를 향한 미항공우주국(NASA)의 시도는 이미 1960년대부터 활발히 진행되어왔는데, 냉전시대 소련과의 경쟁 덕분에 마리너(Mariner)를 비롯한 많은 탐사선들이 금성과 화성을 향하여 발사될 수 있었다.

특히 화성은 여러 면에서 지구와 비슷하기 때문에 끊임없는 관심을 받아왔다. 화성의 하루는 약 24시간 40분으로 지구와 겨우 40분밖에 차이가 나지 않을 뿐 아니라 공전궤도면에 대한 자전축의 경사각도 24도

허블 우주망원경은 가장 우수한 지상의 우주망원경으로 보는 것보다 50배나 어두운 물체까지 관측할 수 있다.

로서 지구의 경사각 23.5도와 놀라우리만큼 비슷하다. 또한 희박하나마 대기가 존재하고 사계절의 변화가 관측되기도 한다. 그러나 미국의 화성탐사선 바이킹(Viking) 1, 2호가 1976년 여름에 보내온 황량한 화성 표면의 사진들은 '고등생명체가 사는 화성'의 이미지를 불식시켰다.

화성에 생명체가 있느냐 없느냐 하는 것은 아직도 민감한 문제다. 바이킹 호의 탐사 이후 화성에 고등생명체가 존재하리라고 믿는 천문학자는 거의 없지만 비록 하등생명체의 형태로라도 존재만 한다면 이는 태양계에 대한 우리 인식의 혁명적 변화를 초래하는 것이기 때문이다. 화성에서 날아왔다고 추측되는 운석에서 생명체와 관련된 유기물이 발견되었다고 해서 전 세계의 비상한 관심을 모았던 일 또한 우주생명체에 대한 기대를 보여준다.

목성과 토성이 처음으로 탐사선에 의해서 자태를 드러낸 것은 1970년대로 각각 1972년 파이오니어(Pioneer) 10호와 1973년 파이오니어 11호에 의해서였다. 1980년대 들어 발사된 보이저(Voyager) 탐사선들은 천왕성과 해왕성까지 관측하여 태양계의 신비를 많이 밝혀낼 수 있었다.

처음으로 NASA가 보낸 탐사선을 맞이한 혜성은 1985년에 나타났던 지아코비니-지너(Giacobini-Zinner) 혜성이었다. 이에 자극받아 1986년 76년 만에 나타난 핼리(Halley) 혜성에는 여러 나라의 탐사선이 보내져 태양계의 신비를 밝히는 데 크게 기여하였다.

현재 우리가 관측할 수 있는 가장 먼 천체는 거의 100억 광년 거리에 떨어져 있는 퀘이사(quasar)와 같은 밝은 은하이다. 빛이 이 은하로부터 우리에게 날아오는 데에는 약 100억 년이라는 시간이 걸리므로, 이 은하는 우주가 태어난 직후라고 할 수 있는 거의 100억 년 전 과거의 모습을 우리에게 보여주고 있는 셈이다. 21세기에는 관측천문학의 발달로 더욱 먼 은하나 은하단을 관측하게 될 것이다. 이를 바탕으로 이론천문학자들은 우주의 탄생과 진화에 대하여 더욱 종합적 이론을 수립하게 될 것이다.

특히 잘 알려지지 않은 은하의 진화 문제도 이제 곧 규명될 것으로 보인다. 현재 별의 탄생과 진화에 대해서는 비교적 잘 이해하고 있기 때문에 중·고등학교 과학시간에도 그 내용을 다루고 있다. 하지만 은하의 진화는 거의 알려진 바가 없어 천문학 분야의 큰 구멍으로 남아 있는 상태이다. 또한 머지않아 은하 중앙에 있는 거대한 블랙홀과 같은 수수께끼의 천체들도 그 정체가 규명될 것이다.

박석재 서울대 천문학과를 졸업하고 미국 텍사스대학에서 박사학위를 받은 후 연구원으로 재직했으며 현재는 한국천문연구원의 원장으로 있다. 전공 분야는 블랙홀 천체물리학이다. 한국아마추어천문학회를 창립하고 대전 시민천문대 건립을 제안하였으며 한국형 SF를 발표하는 등 천문학의 대중화에 노력해왔다. 주요 저서로는 『재미있는 천문학 여행』『우주를 즐기는 지름길』『코리안 페스트(SF)』『해와 달과 별이 뜨고 지는 원리』『아인슈타인과 호킹의 블랙홀』『블랙홀이 불쑥불쑥』『블랙홀 박사의 우주 이야기』『별과 은하와 우주가 진화하는 원리』 등이 있다.

이론천문학이 밝힌 우주

팽창하는 우주의 미래를 밝힌다

박석재

한국천문연구원 원장 · 천체물리학

천문학의 양면, 관측천문학과 이론천문학

광학천문학, 전파천문학, 우주천문학과 같이 관측을 중심으로 연구하는 천문학 분야를 관측천문학(observational astronomy)이라 하고, 관측 결과를 이론적으로 규명하는 천문학 분야를 이론천문학(theoretical astro-nomy)이라 한다. 관측천문학의 발전은 물론 이론천문학의 발전을 동반하게 된다. 관측천문학과 이론천문학은 천문학이라는 동전의 양면과 같은 것으로, 두 분야가 조화를 이룰 때 진정한 천문학의 발전이 가능하다.

관측천문학과 이론천문학은 모두 물리학과 깊은 관계를 유지하고 있다. 이러한 관점에서 천문학을 천체물리학(astrophysics)이라고 부르기도 한다. 따라서 현대 이론천문학은 현대 물리학에 근거를 둘 수밖에 없다. 즉 상대성이론(theory of relativity)과 양자물리학(quantum physics)을 뺀 현대 이론천문학은 생각하기 힘들다는 말이다.

최근 이론천문학의 가장 큰 업적은 별의 구조와 진화과정을 규명했다는 점에 있다. 천문학을 연구하기 위해서 별을 실험실로 가져올 수는 없

> ❝ 하늘로 던져진 돌은 두 가지 운명 중 하나를 선택하게 된다.
> 다시 땅으로 떨어지든가 아니면 지구를 탈출하는 것이다.
> 이는 전적으로 그 돌이 어떤 속도로 던져졌느냐에 달렸다.
> 우주의 운명도 마찬가지다. 태초 어떤 크기로 대폭발을
> 했느냐에 따라 무한히 팽창을 계속하느냐 아니면
> 팽창을 하다가 멈추고 다시 수축하느냐가 결정된다. ❞

으므로 가까이 있는 태양은 매우 훌륭한 교재가 된다. 우리가 태양을 잘 이해하면 별을 이해한 것과 다름없는 것이다.

태양은 전형적인 작은 별로 반지름은 약 70만 킬로미터, 지구 반지름의 약 100배에 달한다. 작은 점처럼 보이는 흑점들도 사실은 크기가 우리 지구와 엇비슷하다. 해는 지구로부터 약 1억 5,000만 킬로미터 떨어져 있다. 즉 지구 공전궤도의 반지름이 약 1억 5,000만 킬로미터라는 말이다. 따라서 초속 30만 킬로미터라는 어마어마한 속도로 여행하는 빛도 태양에서 지구까지 오려면 8분이 조금 넘게 걸린다.

해의 질량은 200…(0이 모두 27개)…00톤이나 되어 지구 질량의 무려 30만 배에 이른다. 그리고 표면 온도는 섭씨 6,000도 정도로 그 속에서는 모든 물질이 녹을 수밖에 없다. 흑점은 온도가 섭씨 4,000도 정도 되는 주위보다 온도가 낮은 지역으로, 태양의 활동이 활발해지면 그 수도 증가한다. 태양 중심부의 온도는 무려 1,500만 도나 된다. 이렇게 온도가 높기 때문에 '핵융합'이라는 과정을 거쳐 엄청난 에너지를 생성할 수 있고, 그래서 태양은 빛나게 되는 것이다. 핵융합은 수소폭탄의 원리

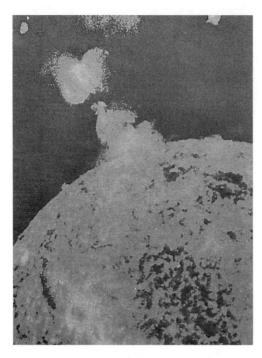

태양 표면이 폭발하는 장면. 태양과 같은 별이 빛을 낼 수 있는 것은 핵융합을 통해 생성된 에너지 덕분이다.

이기도 하다.

　태양과 같은 별은 대부분 수소로 구성된 성운의 중력수축에 의해서 태어난다. 여기서 성운이란 가스와 먼지로 이루어져 별들 사이에서 구름처럼 보이는 것을 말한다. 성운이 점점 빨리 회전하면서 중심 방향으로 중력수축함에 따라 내부의 온도는 서서히 상승한다. 그러다가 마침내 중심 온도가 1,000만 도에 이르면 핵융합에 의해서 에너지를 방출하기 시작한다. 즉 별이 빛나기 시작하는 것이다. 별의 진화가 계속됨에 따라 중심부는 수축하게 되고 그에 따른 에너지의 생성이 급증하여 별은 팽창한다. 그리하여 대부분의 별은 진화 막바지에 이르러 적색거성이 된다고 추측된다. 우리 태양도 약 50억 년 후에는 마침내 화성의 궤도를 삼킬 만한 크기로 팽창하게 될 것이다.

우리 눈에 긴 강처럼 보이는 은하수는 태양과 같은 별이 1,000억 개가 넘게 모여서 형성한 우리 은하의 모습이다. 동양에서는 은처럼 반짝이는 물이 흐른다고 하여 '은하수'라고 불렀고, 서양에서는 여신 헤라의 젖이 흐른다고 하여 'milky way'라고 불렀다. 즉 은하 안에 있는 우리 태양계에서 보았을 때 긴 띠처럼 보이는 은하의 단면이 바로 은하수인 것이다. 별, 성운, 성단 등이 어우러져 하나의 은하를 이룬다. 성운이란 가스나 먼지들이 모여서 별 사이에서 마치 구름처럼 뿌옇게 보이는 것을, 성단은 별들이 모여 덩어리로 아름답게 보이는 것을 말한다.

은하들의 지름은 10만 광년 정도라고 보면 되는데, 은하에 따라 크기가 꽤 다르다. 은하는 모양에 따라 여러 가지로 분류되는데, 크게 타원 모양을 한 타원 은하, 소용돌이 모양을 하고 있는 나선 은하, 특별한 형태를 취하지 않고 있는 불규칙 은하 등 세 가지로 나뉜다. 개개의 은하들이 어떻게 태어나서 어떻게 진화하는가에 대한 문제는 거의 알려진 바가 없다.

은하들이 분포하는 대우주의 모습을 연구하는 데 가장 결정적인 문제는, 우주 공간의 대부분이 우리에게 보이지 않는 물질로 채워져 있다는 사실이다. 천문학자들이 관측할 수 있는 물질은 아무리 낙관적으로 추산해도 우주 공간을 채운 물질의 10퍼센트가 채 안 된다. 거의 장님인 천문학자들이 코끼리를 더듬듯 우주를 연구하고 있는 상황이다. 이와 같이 우주 질량의 대부분을 차지하는 보이지 않는 물질을 천체 물리학자들은 '암흑물질'이라고 부른다.

팽창하는 별과 우주

20세기 초반 유명한 미국의 천문학자 허블(Edwin Powell Hubble)은 윌슨 산 천문대에서 은하들을 연구하다가 놀라운 우주의 비밀을 알아냈는데, 그것은 곧 모든 은하들이 우리에게서 멀어지고 있다는 사실이었다. 허블이 내린 결론은 거리가 두 배, 세 배 더 먼 은하는 그만큼 더 빠른 속도로 후퇴한다는 것이었다. 오늘날 천문학자들은 이러한 우주를 팽창우주라고 부른다. 따라서 영화 필름을 거꾸로 돌리는 것과 마찬가지로 과거로 시간을 거슬러올라갈 경우 이번에는 먼 은하일수록 더 빨리 우리에게 접근해와서 어느 시점에 이르면 모든 은하가 한곳에 모이게 된다. 바로 그 순간을 우리는 '태초'라고 부른다.

허블이 우주의 팽창을 발견하기 전, 아인슈타인은 독자적인 우주론을 세우면서 무척 고민을 많이 하였다. 왜냐하면 아인슈타인이 이론을 세울 당시에는 우주가 팽창할 수 있는 동적인 존재라는 생각을 꿈에도 할 수 없었기 때문이었다. 당시까지 관측된 우주의 모습은 정적이었고, 아인슈타인은 정적인 우주의 모습을 기술하려고 애를 썼다. 하지만, 중력으로 엮인 은하들만으로는 정적인 우주를 만들 수가 없었다. 왜냐하면 은하들은 서로 당기기만 할 뿐 밀지는 않기 때문이었다. 따라서 유한 개의 은하를 가지고 정적인 우주를 엮어놓으면, 그 우주는 중력에 의해 한곳으로 모여들어 바로 붕괴하는 것이었다. 하지만 허블에 의해 우주가 정적일 필요가 없다는 사실이 밝혀지면서 아인슈타인의 고민은 자연스럽게 해결되었다. 아인슈타인이 세운 일반상대론의 방정식 속에는 동적인 우주를 기술하는 답이 포함되어 있기 때문이었다.

허블의 팽창우주에서 주의할 것은, 우리 은하가 우주의 중심이라는 뜻은 결코 아니라는 사실이다. 팽창우주는 풍선이 커지면 풍선에 찍어놓은 점들(은하) 사이의 거리가 멀어지는 것에 비유할 수 있다. 반대로 풍선의 공기가 빠지면 표면의 어떤 점에서 보더라도 주위의 점들이 점점 가까워지는 것처럼 보일 것이다. 이와 마찬가지로 시간이 거꾸로 흐른다면 어떤 은하에서 보더라도 주위의 다른 은하들은 그 은하를 향하여 접근하게 되는 것이다. 태초의 우주는 엄청나게 밀도가 크고 무지막지하게 뜨거웠을 것이다. 우주의 모든 물질이 한점에 모여 있었으니 이

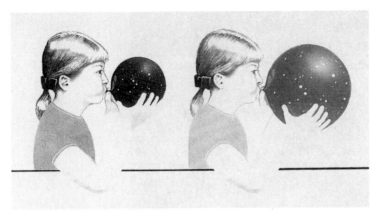

고무 풍선의 표면에 골고루 점을 찍어놓은 다음 풍선을 불어보자. 그러면 우주가 팽창하는 모습을 쉽게 이해할 수 있을 것이다.

는 당연하다. 그 상태에서 대폭발(big bang)을 일으켜 팽창우주가 되었다는 것이 현대우주론의 정설이다.

수수께끼의 천체 퀘이사와 블랙홀

우주론은 1963년 퀘이사(quasar)가 발견되면서 미궁에 빠지는 듯하였다. 퀘이사는 일명 준성체(QSO, quasi-stellar object)라고도 불리는데 망원경으로 보면 보통의 별과 똑같이 보이는 데서 생긴 이름이다. 놀라운 사실은 퀘이사들을 관측한 결과 대부분이 수십억 광년이나 떨어져 있다는 결론을 얻었다는 것이다. 허블의 관측 법칙에 의하면 먼 은하일수록 더 빨리 멀어져야 하므로 퀘이사들은 거의 광속에 가깝게 후퇴하고 있어야 한다.

그러나 무엇보다도 천문학자들을 당황하게 만든 것은 퀘이사의 밝기였다. 그렇게 먼 거리에서 그 정도로 빛나려면 우리 은하의 밝기를 한점에 다 모아놓아야만 한다. 하지만 퀘이사의 에너지원은 우리 태양계 크기 정도밖에 되지 않는다는 사실이 다시 알려졌다. 즉 태양계만 한 에너

작은 크기인데도 불구하고 엄청난 규모의 에너지를 방출하는 퀘이사의 미스터리는 블랙홀의 존재로 설명이 가능하다.

지원에서, 별이 1,000억 개나 모인 우리 은하의 총밝기에 해당하는 에너지가 나오고 있다는 믿지 못할 결론이 내려진 것이다.

더 완벽한 퀘이사의 이론을 정립하기 위하여 많은 천문학자들이 고심한 가운데, 거대한 블랙홀이 퀘이사의 중심에 숨어 있다고 가정하면 문제가 쉽게 풀린다는 사실을 알게 되었다. 블랙홀의 질량이 태양보다 1억 배 가량 더 크면 주위의 유입물질 원반으로부터 충분히 은하 밝기 정도의 중력 에너지를 만들어낼 수 있다는 것이 이 이론의 골자이다. 최근의 관측 자료들은 우리 은하와 안드로메다 은하의 중심에 태양 질량의 수백만 배에 이르는 블랙홀이 존재함을 확인시켜주고 있다. 허블 망원경은 많은 은하의 중심에 거대한 블랙홀이 존재한다는 증거를 속속 찾아내어 이제는 대부분의 은하 중심에 거대한 블랙홀이 존재한다는 것이 기정사실화되었다. 퀘이사도 바로 은하의 한 종류로서, 다만 지나치게 핵이 밝은 나머지 그렇게 멀리 있어도 별처럼 보이는 것이다. 퀘이사와 같이 비정상적으로 밝은 핵을 갖는 은하를 활동성 은하핵을 갖는 은하라고 부른다.

하늘로 던져진 돌은 두 가지 운명 중 하나를 선택하게 된다. 다시 땅으로 떨어지든가 아니면 지구를 탈출하는 것이다. 이는 전적으로 그 돌이 어느 정도의 속도로 던져졌느냐에 달렸다. 우주의 운명도 마찬가지다. 태초 어떤 크기로 대폭발을 했느냐에 따라 무한히 팽창을 계속하느냐 아니면 팽창을 하다가 멈추고 다시 수축하느냐가 결정된다. 즉 일정 세기보다 더 큰 힘으로 대폭발을 했다면 은하들의 중력이 팽창속도를 늦출 수는 있지만 팽창 자체를 저지하지는 못하여 영원히 팽창할 수밖에 없다. 하지만 일정 세기보다 더 작은 힘으로 대폭발을 했다면 은하들의 중력은 팽창속도를 계속 늦춘 뒤 마침내 팽창을 멈추게 할 수 있다.

현재 천문학자들은 우주의 운명이 이중 어떤 것인지 알지 못한다. 이것은 더 커다란 천체 망원경, 더 정밀한 관측기술이 개발되어야 해결할 수 있는 분야로 남아 있다. 우주는 대부분 수소와 헬륨으로 구성되어 있지만 끊임없는 별의 핵융합 과정에 의하여 언젠가는 수소와 헬륨이 고갈될 것이다. 이때가 되면 별의 탄생은 더 이상 일어나지 않을 것이다. 따라서 은하들은 더 이상 밝은 별들을 갖지 못하고 별들의 '시체'만을 지니게 될 것이다. 이것은 앞으로 약 1조 년 뒤의 일이다. 100…(0이 27개)…년 정도가 지나면 각 은하는 모두 거대한 블랙홀로 바뀌어 있을 것이다. 100…(0이 31개)…년이 지나면 마찬가지 원리로 은하단 전체가 하나의 거대한 블랙홀이 될 것이다. 이것이 우주 종말의 모습이다.

박석재　서울대 천문학과를 졸업하고 미국 텍사스대학에서 박사학위를 받은 후 연구원으로 재직했으며 현재는 한국천문연구원의 원장으로 있다. 전공 분야는 블랙홀 천체물리학이다. 한국아마추어천문학회를 창립하고 대전 시민천문대 건립을 제안하였으며 한국형 SF를 발표하는 등 천문학의 대중화에 노력해왔다. 주요 저서로는 『재미있는 천문학 여행』 『우주를 즐기는 지름길』 『코리안 페스트(SF)』 『해와 달과 별이 뜨고 지는 원리』 『아인슈타인과 호킹의 블랙홀』 『블랙홀이 불쑥불쑥』 『블랙홀 박사의 우주 이야기』 『별과 은하와 우주가 진화하는 원리』 등이 있다.

우주형성론
은하들은 어떻게 생겨났는가

안상현
한국천문연구원 선임연구원 · 천문학

거대 망원경에 백억 개의 은하와 퀘이사를 담다

20세기 전반기 우주론의 가장 큰 발견은 외부 은하가 존재한다는 것과 우주가 팽창한다는 사실 이 두 가지이다. 이 발견은 모두 1920년대 에드윈 허블(Edwin Hubble)에 의해 이루어졌다. 먼저 그동안 별구름으로 알고 있었던 '안드로메다 성운'이 우리 은하에 속한 천체가 아니라 우리 은하와 같은 급의 또 다른 '외부 은하'라는 사실을 알아냈다. 그후에 허블은 외부 은하의 모양에 대해 연구했고, 거기까지의 거리를 구하는 방법을 연구했다. 그것을 바탕으로 은하까지의 거리가 멀수록 그 은하는 더 빨리 달아난다는 사실을 알아냈다.

그 이후로 거대한 망원경들이 건설되면서 더 멀리 내다보려는 인간의 도전이 계속되었다. 망원경이 커야 더 멀리에 있는 희미한 천체를 볼 수 있는데, 멀리 있을수록 그것은 우주의 더 옛날 모습이라 할 수 있다. 1950년대만 하더라도 캘리포니아에 있는 직경 5미터짜리 팔로마 망원경이 유일한 거대 망원경이었다. 그후에 1970년대와 1980년대에는 열 개 이상의 4미터급 망원경들이 건설되었다. 그리고 빛을 감지하는 능력

66 우주의 모습을 생각할 때,
우리의 마음속에 자연스럽게 품게 되는
의문은, '은하들은 어떻게 생겨났는가?'
하는 것이다. 이 문제를 풀기 위해서
수많은 천문학자들과 천체 물리학자들이
매달려 즐거운 노동을 하고 있다. **99**

▶ 마틴 리즈

이 매우 좋아진 CCD소자가 천문관측에 도입되면서 우리의 눈은 더욱 밝아졌다. 1990년대 들어 작게 쪼갠 반사경 여러 개를 정교하게 붙여서 제작된 구경 10미터짜리 켁(Keck) 망원경이 하와이 마우나케아 산 정상에, 8.2미터 망원경 네 개가 함께 움직이면서 대기의 요동에 의해 천체 영상이 흔들리는 효과를 보정하여 훨씬 섬세한 천체 영상을 얻는 적응 광학계를 구현한 초거대 망원경(VLT)이 칠레의 안데스 산맥에 각각 건설되었다.

일본의 8미터급 망원경인 스바루는 반사경이 하나로 되어 있고 적응 광학계를 도입하였으며 또한 적외선에서 훌륭하게 작동하도록 설계되었다. 이와 함께 1990년 취역한 허블 우주망원경은 그후 몇 차례에 걸친 성능개선 사업을 통해 다채롭고 자세한 우주의 모습을 보여주었다. 또한 우리가 볼 수 있는 빛뿐만이 아니라 자외선, 적외선과 엑스선, 감마선에 이르는 빛띠 전체를 아우르는 관측이 지상은 물론, 우주에서 주로 이루어지고 있다.

이러한 관측기술의 진보에 따라 수많은 천문학적 발견이 잇따랐는데,

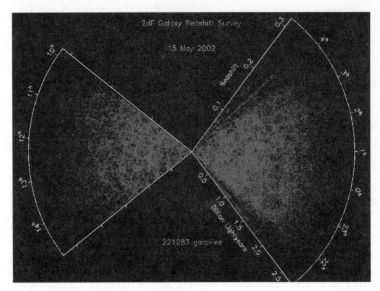

2df은하 적색이동 조사 프로젝트로 관측된 106,688개의 은하들을 점으로 찍어본 그림.

예를 들어 1960년대에 퀘이사가 발견되었고, 1980년대 중반에 우주 거대구조를 발견하게 되었다. 최근의 '슬론 디지털 우주 탐사'(SDSS)는 아주 멀리 있는 천체까지 조사하는 프로젝트이다. 우리로부터 40억 광년 거리에 있는 은하와, 퀘이사는 그보다 넓은 100억 광년 규모 안에 있는 것을 관측했다. 이러한 최첨단 천문관측의 결과, 우리 우주의 은하와 퀘이사의 물질들은 제멋대로 퍼져 있거나 균질한 것이 아니라 떼를 지어 거미줄 같은 패턴을 이루고 있다는 것을 알아냈는데, 우리는 이것을 '우주 거대구조'라고 부른다.

우주 배경복사란

한편, '멀리 있는 은하일수록 우리로부터 빠르게 멀어져 간다'는 허블의 법칙은 우주가 팽창하고 있음을 뜻한다. 팽창을 하면 물질과 빛이 식게 되므로 시간을 거꾸로 거슬러올라가면 우주가 뜨거워야 할 것이다. 그러다가 우주 속에 있는 빛과 물질의 온도가 3,000도로 낮아지면, 그 전까지는 양성자와 전자가 분리되어 있는 플라스마 상태에서 양성자와 전자가 결합하여 중성 수소를 만들고 광자를 내놓게 된다.

양성자 + 전자 →중성수소 + 광자(13.6 전자볼트 이상)

이 시기를 우리는 재결합 시기라고 부른다. 우주가 지금보다 1,000배쯤 작았을 때의 이야기다. 재결합 시기에 방출된 광자는 우주의 팽창 때문에 적색이동되어 우리에게 도달하면 1,000배 낮은 온도로 관측된다. 또한 이때 나오는 광자는 발생한 곳의 중력장의 세기와 운동 속도 등에 따라서 빛의 파장이 길어진다. 이를 적색이동이라고 하며, 적색이동은 그 부분의 온도 차이로 나타난다.

이러한 우주 배경복사는 1965년에 미국의 펜지아스와 윌슨에 의해 우연히 발견되어 그들에게 노벨상을 안겨주었다. 우주에서 날아오는 우주 배경복사는 어느 방향으로든 똑같아 보였다. 그러나 태초에 우주가 정확하게 등방적이었다면, 물질이 뭉칠 중심이 존재하지 않으므로 은하와 같은 우주의 구조물들을 만들어낼 수가 없을 것이다. 태초에 우주의 물질들이 많이 모인 데도 있고 적게 모인 데도 있어야만, 많이 모인 물질들이 자체 중력 때문에 모여들어서 우주 구조물을 만들 수 있다. 이러한 태초의 덩어리는 앞서 말한 적색이동을 일으키고, 이는 우주 배경복사의 온도 차이로 관측될 수 있을 것이다.

1992년 우주 배경복사 탐사선(COBE, 코비)이 이러한 비등방성을 재는 데 성공했다. 그러나 코비의 관측장비는 공간 분해능이 나빠서 미세한 요동을 보지는 못했다. 우주 배경복사가 생겨나던 재결합 시기에 우주의 크기는 1도 정도였는데, 코비의 분해능은 약 10도였다.

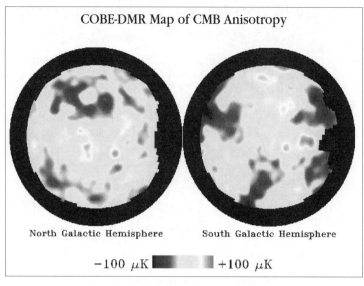

COBE-DMR Map of CMB Anisotropy

North Galactic Hemisphere   South Galactic Hemisphere

−100 μK ▮▮▮ +100 μK

왼쪽은 코비 위성으로 관측한 우주 배경복사의 비등방성을 온도로 나타낸 것이고, 오른쪽은 부머랑 프로젝트로 관측한 우주 배경복사의 미세한 요동들을 보여준다.

거꾸로 재결합 시기의 우주 크기를 넘어서는 두 영역이 열역학적인 평형상태에 있다는 사실은 그동안 천문학자들이 '우주의 지평선 문제'라 부르던 패러독스이다. 우주의 지평선 문제를 해결하기 위해 우주론자들은 그 이전의 어느 시기에 우주가 훨씬 작았는데 갑자기 아주 빠르게 커졌다는 인플레이션 이론을 제안했다. 즉 작았을 때 서로 열역학적 평형상태에 놓여 있던 영역들이 갑자기 너무 멀어져서 빛이 도달할 수 없는 우주 밖으로 나갔다는 것이다. 또한 인플레이션을 하는 동안에 자연스럽게 양자 요동이 밀도 요동으로 변화되어 오늘날의 우주구조를 만들 씨앗을 제공한다. 그러므로 재결합 시기에 우주의 크기인 1도 규모 이내에도 물질들의 얼룩을 볼 수 있어야 한다.

이러한 얼룩은 여러 관측연구 그룹의 연구를 통해 알려졌는데, 그 가운데 특히 부머랑(BOOMERanG) 프로젝트가 유명하다. 또한 우주 배경복사를 잘 연구하면 우리 우주를 묘사하는 상수들을 정밀하게 측정할 수 있음이 알려지면서 비등방성 탐사 위성(MAP)과 같은 천문관측 위성이나 나아가서 플랭크(PLANCK)와 같은 천문관측 위성을 고안하기에 이르렀다.

은하들은 어떻게 생겨났는가?

이처럼 태초에 우주는 현재 우주의 은하나 퀘이사 등의 구조물로 성장할 씨앗이 있었으며, 그 물질은 대부분 암흑물질이었다. 또한 Ia형 초신성 관측으로부터 우주가 가속 팽창한다는 사실이 발견되었는데, 우주가 물질만으로 되어 있다면 우주는 감속 팽창을 해야 하니 우주가 가속 팽창을 한다는 사실은 따로 그러한 가속을 일으키는 원천이 되는 '그 무엇'이 있어야 함을 뜻한다. 천문학자들은 이것을 '암흑 에너지'(dark energy)라고 부르고 있다. 사람들은 이 두 가지가 무엇인지 알아내는 사람에게 분명히 노벨상이 돌아갈 것이라고 말한다.

이러한 우주의 모습을 생각할 때, 우리의 마음속에 자연스럽게 품게 되는 의문은, '은하들은 어떻게 생겨났는가?' 하는 것이다. 이 문제를 풀기 위해서 수많은 천문학자들과 천체 물리학자들이 매달려 즐거운 노동을 하고 있다. 관측기술과 아이디어가 드디어 우주의 첫 천체들이 생겨나는 시기를 보게 해주는 시대가 오자, 이론 천문학자들은 그 모습을 설명하고 무엇을 발견하러 가야 하는지 그 길을 제시하기 위해 여러 이론적 결과들을 내놓고 있다. 다음에 소개할 은하 형성과정은 마틴 리즈(Martin Rees)를 비롯한 여러 천문학자들이 대체적으로 공감하고 있는 은하 형성의 시나리오다.

현재 우리 주변 우주에 보이는 우주 거대구조물들은 우주 초기에 인플레이션 도중 생겨난 밀도의 얼룩이 중력 불안정으로 수축하고 진화하여 자라난 것이다. 우주의 물질은 암흑물질이 대부분이어서 먼저 암흑

스티븐 호킹과 마틴 리즈.

물질이 서로 모여들어서 은하와 퀘이사가 될 수 있는 터를 잡아준다. 거기에 우주의 물질 중 10~20퍼센트를 차지하는 중입자(Baryon)가 모여들게 되며, 분자 수소에 의해 식으면서 은하를 만들고 퀘이사의 모체가 되는 거대 블랙홀을 형성한다.

그 다음에는 어떤 일이 벌어질까? 여기에도 리즈의 공헌이 있다. 우주의 역사를 되짚어, 우주 배경복사가 물질에서 분리되는 재결합 시기를 생각해보자. 일단 양성자와 전자가 전부 재결합해버리면 우주에는 수소와 헬륨이 중성상태로 남게 된다. 그런데 현재 우리 주변 우주를 관찰해보면, 은하 속에 들어 있지 않은 수소는 전부 이온화되어 있다. 그러므로 재결합 시기 이후 언젠가는 우주의 물질이 이온화했어야 한다. 즉 어떤 원인이 있어서 중성 수소에서 전자를 떨구어내야 한다. 수소가 전자를 떨구어내려면 13.6전자볼트 이상의 에너지가 공급되어야 한다.

중성 수소 + 에너지(13.6전자볼트 이상) → 양성자 + 전자

이때 전자를 떨구어내는 데 쓸 에너지는 열운동하는 입자들이 충돌하거나 다른 강한 빛에 의해 공급될 수 있다. 그러나 열운동에 의해 13.6전자볼트 이상의 에너지를 주기에는 너무 낮은 온도인 3,000도 이하로 이미 물질이 식었기 때문에 열운동은 수소를 이온화하지 못한다. 게다가 원자들 사이의 거리도 허블 팽창으로 인해 상당히 멀어져 있어서 두 원자가 충돌할 확률이 적다. 그때 당시에 존재하는 유일한 빛은 우주 배경복사인데, 이미 3,000도 이하로 식어 버렸으므로 이렇게 높은 에너지를 공급하지 못한다. 따라서 당시 우주에서 중성 수소를 이온화할 수 있는 자외선 빛을 제공할 수 있는 것은 아주 뜨거운 별이 많이 생겨난 별탄생 은하나 또는 검은 구멍으로 물질이 빨려 들어가면서 아주 뜨거운 빛을 내놓는 퀘이사뿐이다.

그런데 우주의 첫 천체들이 생겨나려면 시간이 필요하므로, 우주 탄생 후 50만 년에서 우주의 첫 천체가 생겨나기까지는 천체가 있을 수 없다. 그러므로 당시의 우주의 모습을 알아낼 방법은 거의 없다. 이 시기를 천문학자들은 암흑기(Dark Age)라고 한다.

암흑기를 끝내는 첫 천체들이 내놓는 강한 자외선 빛은 주위의 중성수소와 헬륨을 이온화하여 이온화 거품을 형성한다. 이 거품들은 스스로 커지고 또한 우주의 팽창에 묻어서 커지다가 결국 서로 하나로 연결될 것이다. 이러한 거품들이 모두 연결되어 우주의 모든 중성 원자들이 이온화하는 시기를 재이온화가 완료되었다고 한다. 이러한 재이온화 과정을 계산하고 관측해보는 것은 아주 중요하다. 왜냐하면 재이온화는 은하형성 방식, 우주의 물질의 양, 팽창 속도의 변화율, 비균질성 정도 등에 따라 결정되기 때문이다.

우주형성론·우주구조론의 미래

현재 지상에 건설된 10미터급 망원경들로 관측한 결과, 최대 적색이동 6, 7의 사이에서 퀘이사와 은하들이 관측된다. 특히 퀘이사의 빛띠를 살펴본 결과, 적어도 적색이동 6에서는 우주의 재이온화가 완료되었음을 알 수 있었다. 이때는 우주 탄생 후 약 8억 년이 지난 시점이다. 앞으로 천문학자들이 만들어야 할 이론은, 우주가 탄생한 이후 8억 년 동안 퀘이사가 만들어지고 재이온화도 이루어지는 과정을 설명해야 한다.

더군다나 은하의 탄생과 퀘이사 블랙홀의 탄생은 밀접한 관계가 있어야 함이 최근의 연구에서 밝혀졌으므로 은하 형성에 대한 천문학적 이론들은 이러한 모든 발견들을 설명하면서 자연스러운 물리법칙으로 은하들이 어떻게 생겨났는지 설명해야 한다. 이처럼 현대 천문학의 최첨단에서는 이미 정밀한 이론을 바탕으로 인간이 우주에 나타나는 전 과정을 연구하는 시대가 되었다. 이것은 우주형성론이나 우주구조론이 형이상학적인 학문이 아니라 사람들에게 구체적으로 영향을 줄 수 있는 학문으로 발전하고 있다는 것을 의미한다.

영국 왕실 천문학자 마틴 리즈

마틴 리즈는 1942년 영국의 시골 슈롭셔 출신으로 케임브리지대학의 트리니지 칼리지에서 수학을 공부하여 1964년 학사학위를 받았다. 곧이어 케임브리지에서 스티븐 호킹 박사의 지도 교수이기도 했던 데니스 사이아마 교수의 지도를 받았는데, 이때는 우주 배경복사, 퀘이사, 펄사, X선 방출 천체들이 발견된 때로서 상대론적 천체 물리학이라는 새로운 분야가 열리던 시기였다. 그의 창의적인 연구는 곧 이 새로운 분야에서 빛을 발하기 시작했고, 그후 수십 년에 걸쳐 그는 여러 다양한 천체 물리학 분야에서 꾸준한 연구 성과를 내왔다. 그는 케임브리지대학에서 박사학위를 받은 뒤 영국과 미국에서 연수를 했고, 서섹스대학의 교수가 되었다. 1973년부터 1991년까지 프레드 호일 박사의 뒤를 이어 천문학 및 실험 철학을 연구하는 플러미안 교수직을 역임하였다. 그후 10년 동안 케임브리지 천문학 연구소(IoA)의 소장으로 봉사했다.

그는 우주전파원, 검은 구멍, 은하형성, 감마선 폭발 천체 등을 연구하고 있으며, 그의 이론적 연구들은 관측에 의해 증명되곤 했다. 그의 가장 유명한 연구는 퀘이사에 보이는 제트와 거기서 나오는 빛에너지의 근원이 회전하는 거대 블랙홀이 먼지와 가스를 빨아들이기 때문이라는 사실을 밝힌 것이다. 최근의 연구는 우주의 첫 천체들의 형성과 그에 따른 우주의 재이온화를 연구한 것이다. 리즈는 1995년 열다섯 번째 영국 왕실 천문학자가 되었으며, 현재는 케임브리지대학의 킹스 칼리지에서 왕립학회의 연구교수직을 수행하고 있다. 뿐만 아니라 영국은 물론 세계 유수의 연구소에서 명예직을 갖고 있다. 현재 500여 편의 논문과 수없이 많은 대중적인 글을 썼고, 책으로도 여러 권이 출판되었다.

안상현 1971년 충남 당진 출생. 서울대학교 천문학과에서 「은하단의 중력렌즈 현상이 우주 배경복사에 미치는 영향」을 연구하여 석사학위를 받았고, 「별탄생 은하에서 라이만 알파의 전파」를 연구하여 박사학위를 받았다. 현재 한국천문연구원 선임연구원으로 재직하고 있다. 저서로는 『우리가 정말 알아야 할 우리 별자리』와 『어린이를 위한 우리 별자리』가 있다.

블랙홀을 향한 끝없는 도전

이창환
부산대 교수 · 물리학

블랙홀과의 첫 인연, 행운은 열심히 일하는 자들을 위한 것이다

1987년 초신성의 폭발은 수많은 과학자들의 이목을 집중시켰다. 인간이 천체 현상을 관측하기 시작한 이래 지구와 가장 가까운 거리에서 별이 폭발한 것이다. 광학 망원경뿐 아니라 일본의 뉴트리노 검출 장치에서도 초신성 폭발의 증거가 잡혔다. 그런데 아인슈타인의 상대성 이론에 의하면 빛은 광속도로 여행을 하므로, 이 별은 17만 년 전에 이미 폭발하여 우주 공간을 지나 이제야 지구에 도달한 것이다. 행운의 여신이 바로 우리에게 다가온 것이다. 우연히 초신성을 발견한 천문학자들과 일본의 중성미자 검출장치를 위해 헌신한 사람들 모두에게 이것은 일생일대의 행운이었다. 그리고 이 행운은 또 다른 두 명의 이론 물리학자를 기다리고 있었다.

제럴드 브라운(Gerald E. Brown) 박사가 초신성 연구를 시작한 것은 1978년 한스 베테(Hans Bethe) 박사와 함께 공동연구를 시작하면서였다. 이미 두 사람은 학계에서 인정을 받은 유명한 학자였다. 베테 박사는 1967년 태양에서의 핵반응에 대한 공로로 노벨상을 수상하였으며, 브라

▶ 제럴드 브라운

> **브라운 박사는 베테 박사에게 초신성의 중심에 형성되었던 중성자별이 블랙홀로 진화되었을 것이라고 설명하였다. 그것은 기존의 천체 물리학 이론과 너무나 상반되는 이론이었다. 하지만 그 반대는 오래가지 않았다. 몇 시간 뒤에 브라운 박사는 자동응답기에 남겨진 베테 박사의 음성을 확인할 수 있었다. 'This is Hans. You're right. Good Bye.'**

운 박사는 미국 물리학회의 보너상을 수상하는 등 화려한 경력을 가지고 있었다. 이미 은퇴를 생각할 나이였음에도 불구하고 이 둘의 만남은, 돌이켜 보건대, 현대 천체물리학의 새로운 장을 여는 계기가 된 것이다.

연구를 시작한 바로 다음날, 베테 박사는 기존의 이론에 모순이 있음을 발견하여 초신성 폭발의 중심부에 중성자별이 형성됨을 예측하였고, 브라운 박사의 지식이 더해져 중성자별의 형성과 이에 따른 뉴트리노의 방출 및 초신성 폭발을 설명하는 새로운 이론을 1985년 학계에 제시하였다. 그리고 1987년 1월, 두 박사는 캘리포니아 공과대학(Caltech)에서의 공동연구를 마치며 악수를 하였다. "이제 새로운 초신성이 발견될 때를 기다리는 일만 남았다"는 인사와 더불어 기약할 수 없는 미래를 아쉬워하며, 각자의 학교로 돌아왔다.

그 기다림은 오래가지 않았다. 1987년 2월 23일 새 초신성이 발견된 것이다. 이 초신성은 현대까지 관측된 초신성 중 지구에서 가장 가까운 거리에 있으며, 현대 관측기술의 발달과 함께 초신성에 대한 가장 많은 데이터를 제공하고 있다. 많은 동료들의 축하 메시지에 브라운 박사는

"행운은 열심히 일하는 자들을 위한 것이다"라는 답변을 남겼다. 그러나 이 행운은 블랙홀을 향한 새로운 연구의 전주곡에 불과했다.

초신성과 함께 발견된 뉴트리노에 의해 초신성의 중심에 형성된 중성자별의 존재가 확인되었다. 그리고 학자들은 또 다른 중성자별의 신호인 펄사 신호를 기다리고 있었다. 초신성 폭발 후 수년이 지나면 초신성 폭발의 잔재물들이 우주로 날아가버려, 펄사 신호를 관측할 수 있을 것으로 모든 학자들이 믿고 있었다. 어느 누구도 초신성이 블랙홀을 향한 단서를 제공하리라고는 기대하지 않았다. 그러나 자연은 모든 사람의 기대를 저버리고 말았다. 아무것도 발견되지 않은 것이다. 과연 중성자별은 어디로 가버린 것일까?

어느 날 브라운 박사는 베테 박사에게 전화를 걸어, 초신성의 중심에 형성되었던 중성자별이 블랙홀로 진화되었을 것이라고 설명하였다. 물론 통화 중에 베테 박사의 심한 반대에 부딪혔다. 기존의 천체물리학 이론과 너무나 상반되는 이론이었기 때문이었다. 하지만 그 반대는 오래가지 않았다. 몇 시간 뒤에 브라운 박사는 자동응답기에 남겨진 베테 박사의 음성을 확인할 수 있었다. "This is Hans. You're right. Good Bye." 이렇게 하여 학계를 뒤흔든 블랙홀에 대한 새로운 이론이 탄생한 것이다.

중성자별 내부의 고밀도 상태에서는 중성자별이란 이름과 달리, 중성자만 존재하는 것이 아니라 양성자 및 전자도 존재하는 것으로 알려져왔다. 그런데 이들 모두가 페르미온으로서 많이 모이면 모일수록 불안정한 상태가 된다. 이는 닫혀진 공간에 계속해서 많은 사람을 모으는 것에 비유될 수 있다. 이러한 불안정한 상태에서 야릇한 쿼크를 가지는 새로운 입자들이 등장하기 시작한다. 그 대표적인 것이 케이온이란 입자이다.

이 케이온 입자의 특징은 보존으로, 같은 상태에 여러 개의 입자를 동시에 쌓을 수 있다. 즉 페르미온만으로 구성된 중성자별보다 압축이 용이한 부드러운 별이 되어버리는 것이다. 이때 케이온 입자가 형성되면서

블랙홀의 형성은 별의 전체 질량보다는 밀도에 좌우된다.

중성미자도 동시에 형성되는데 이 중성미자는 다른 입자들과 거의 상호 작용을 하지 않으므로, 중성자별을 쉽게 벗어나 우주로 사라져버리게 된다. 그런데 블랙홀의 형성은 별의 전체 질량보다는 밀도에 좌우되므로, 압축이 쉬워진 별의 중심부는 밀도가 높아져 블랙홀로 진화할 수 있다. 즉 케이온이 축적된 중성자별은 태양의 1.5배의 질량만 가지고도 블랙홀로 진화할 수가 있는 것이다. 브라운 박사는 바로 이러한 현상이 1987년에 발견된 초신성의 중심부에 형성되었던 중성자별에서 일어났을 것이라는 가설을 제시한 것이다.

중력장 검출장치: 또 한 번의 행운을 기다리며

1987년의 초신성과 함께 맺어진 브라운 박사와 블랙홀의 인연은 몇 년이 지난 1996년 중력장 검출장치라는 새로운 분야로 이어졌다. 베테 박사

케이온이 축적된 중성자별은 태양
의 1.5배의 질량만 가지고도 블랙
홀로 진화할 수 있게 된다.

와 브라운 박사는 지난 10여 년간 매년 1월 캘리포니아 공과대학에서 공
동연구를 수행해왔다. 천체물리학의 첨단을 달리는 많은 학자들이 그곳
과 인연을 맺고 있으므로 그들에게 아주 좋은 정보를 제공해주었을 뿐
아니라, 미국의 동부에 살고 있는 그들에게는 겨울의 눈을 피할 수 있는
좋은 기회를 제공해주었다.

　미국 캘리포니아 공과대학을 중심으로 한 천체물리학자들은 중력장의
검출을 위한 거대한 실험을 추진하고 있었다. 이론적으로 예언된 중력장
의 존재는 두 중성자별로 이루어진 천체의 공전주기 변화로부터 간접적
으로 이미 확인되었다. 1993년 헐스와 테일러에게 이 공로로 노벨상이
주어졌다. 그런데 이 두 중성자별이 충돌할 경우에 아주 강력한 중력장
을 방출할 것으로 예상되며, 캘리포니아 공과대학을 중심으로 한 천체
물리학자들은 이 중력장을 레이저의 간섭현상을 통하여 직접 측정하는

실험을 추진하고 있었다. 그런데 그 당시 두 중성자별로 구성된 천체가 단 하나 발견되었으므로 2006년 이후 예상되는 실제 측정이 이루어질 경우 1년에 한 번 정도의 중력장만이 검출될 것이 예상되었다. 1996년 1월 그들이 미국의 캘리포니아 공과대학을 방문하고 있을 때, 중력장 측정실험을 이끌고 있는 토른(Kip Thorne) 교수로부터 새로운 질문을 받게 되었다. "두 박사님이 작은 질량의 블랙홀을 만드는 데 있어서 세계적 전문가임을 알고 있는데, 우리를 위해 블랙홀의 충돌에 의해 발생할 중력장의 빈도를 계산해주실 수 있겠습니까?" 이렇게 하여 학계를 뒤흔든 또 하나의 새로운 이론이 탄생한 것이다.

앞에서 언급했듯이 두 개의 중성자별로 구성된 천체가 단 하나만이 발견되었는데, 그럼 과연 중성자별과 블랙홀로 구성된 천체는 얼마나 존재할까? 초기 질량이 태양의 여덟 배에서 스무 배에 이르는 별이 진화를 하여 초신성 폭발과 함께 중심부에 중성자별을 형성한다는 사실은 이미 알려져 있었다. 그리고 이 중성자별의 질량은 태양의 1.4배 가량이 된다. 그런데 초기질량이 무거운 별일수록 수명이 짧으므로, 초기에 이러한 두 별이 짝을 이룬 경우 무거운 별이 진화하여 먼저 중성자별이 되고, 가벼운 별은 나중에 중성자별이 된다. 그런데 초기의 질량 차이가 클 경우에 먼저 형성된 중성자별이 아직 초신성 폭발을 하지 않은 짝별로부터 물질을 흡수하게 된다. 그런데 앞에서 언급된 케이온 응축 현상의 경우 태양의 1.5배의 질량을 가진 중성자별은 블랙홀로 진화하므로, 먼저 형성된 중성자별이 짝별로부터 물질을 흡수할 경우 블랙홀로 진화하게 된다. 따라서 기존의 이론에서 예상되었던 두 중성자별로 구성된 천체 대신에 중성자별과 블랙홀로 구성된 새로운 천체가 탄생하는 것이다.

이 새 이론에 의하면 두 중성자별로 구성된 천체는 탄생 초기 별의 질량이 거의 비슷하여 초신성 폭발이 거의 동시에 일어난 경우에만 가능한 것이다. 결국 두 중성자별로 구성된 천체보다는 블랙홀과 중성자별로 구성

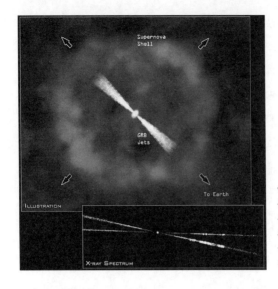

엑스선 관측위성 찬드라. 최근 찬드라와 같은 엑스선 관측위성이 지구 대기권 밖에서 엑스선 펄서의 스펙트럼을 관측해 중성자별의 크기와 질량을 알아냈다.

된 천체가 훨씬 큰 확률로 존재하게 되는 것이다. 이 이론에 의해 2006년 이후에 이루어질 중력장 검출의 빈도가 당시의 예상치보다 20여 배 증가하게 되었다.

블랙홀의 형성과 진화: 엑스선 블랙홀 쌍성과의 만남

필자는 1996년부터 뉴욕주립대 연구원으로서 브라운 박사와 새로운 인연을 가지게 되었다. 케이온 응축 현상에 관한 필자의 박사논문 연구에 의해 이미 오래전부터 브라운 박사와 전자우편을 통한 인연을 가지고 있었고, 그 인연으로 박사학위를 마친 후에 브라운 박사와 뉴욕주립대에서 5년 여에 걸친 공동연구를 수행할 수 있었다.

1998년 브라운 박사로부터 엑스선을 방출하고 있는 블랙홀 쌍성에 대한 연구를 하자는 새로운 제안을 받게 되었다. 이렇게 하여 우리 은하에 존재하는 엑스선 블랙홀 쌍성의 형성과 진화에 관한 새로운 이론이 탄생하는 계기가 되었다. 우리 은하 안에서 블랙홀을 찾는 가장 좋은 방법은

블랙홀을 찾는 가장 좋은 방법은 블랙홀과 다른 별이 짝별이 되어 서로 공전하는 경우를 찾는 것이다. 이 경우, 다른 별에서 나온 물질이 블랙홀로 빨려들어가면서 강한 엑스선을 내뿜게 된다.

블랙홀과 다른 별이 짝별(쌍성)이 되어 서로 공전하는 경우를 찾는 것이다. 다른 별에서 나온 물질이 블랙홀로 빨려들어가면서 강한 엑스선을 내뿜기 때문이다.

과학자들은 엑스선 망원경을 우주에 띄워 블랙홀을 찾는다. 이 블랙홀은 앞에서 언급된 블랙홀보다는 질량이 커서, 태양의 다섯 배에서 열 배에 이르는 질량을 가지는 것으로 관측되었다. 그런데 이 블랙홀과 짝을 이루는 별이 주계열항성의 분류상 K나 M형태로서 태양보다 작은 질량을 가진다는 일정한 양상을 보이고 있었으며, 이들의 진화에 대한 정립된 이론이 없었다. 브라운 박사와의 공동연구에서 우리는 블랙홀의 모체가 초거성 단계를 지나면서 급속히 팽창할 때 짝을 이루는 별과 만나게 되어야만 태양의 5~10배의 블랙홀을 형성할 수 있다는 새로운 가설을 제시하였다. 그리고 이 블랙홀의 모체가 진화하여 블랙홀이 형성된 후 현재 관측되는 엑스선을 방출하려면 짝을 이루는 별의 질량이 일정한 범위에 있어야 함을 밝혔다. 짝을 이루는 주계열항성의 질량이 큰 경우에는 블랙홀과의 거리가 너무 멀어서 엑스선을 방출할 수 없기 때문이다. 이 블랙홀의 형성에 관한 브라운 박사와의 첫 논문이 완성된 1999년 당시까지 우리 은하에서 확인된 블랙홀은 7~8개에 불과했다. 그후 확인된 블랙홀 쌍성의 수는 열다섯 개로, 새로 발견된 모든 블랙홀 쌍성이 우리의 이론을 뒷받침하고 있다.

관측된 블랙홀 쌍성 가운데 가장 대표적인 것으로 전갈자리에서 발견된 엑스선 쌍성이 있는데, 이 블랙홀 쌍성이 극초신성 폭발과 감마선 폭발 현상이라는 새로운 천체 물리현상과의 인연을 엮어주는 계기가 될 줄은 당시에 짐작조차 하지 못하고 있었다.

극초신성 폭발과 감마선 폭발 천체

엑스선 블랙홀에 관한 우리의 이론이 정립된 후, 1999년 어느 날 브라운 박사는 우연히 라디오 방송을 통해 전갈자리에서 발견된 엑스선 블랙홀에서 극초신성 폭발의 증거를 발견했다는 소식을 접하게 되었다. 앞에서의 연구를 통해 전갈자리에 있는 블랙홀에 대해 사전 지식이 있었음은 물론이다. 또한 브라운 박사는 당시 감마선 폭발 천체에 대한 연구를 하고 있었으므로, 감마선 폭발에 필요한 에너지가 극초신성 폭발에 필요한 에너지와 같다는 사실을 곧바로 인식할 수 있었다. 이렇게 하여, 감마선 폭발 천체와 엑스선 블랙홀 쌍성의 상관관계에 대한 새로운 이론이 탄생했다.

전갈자리에서 발견된 블랙홀 쌍성은 태양 질량의 다섯 배 이상인 블랙홀과 태양의 두 배 정도의 질량을 가진 주계열 항성으로 구성되었는데, 1999년 유럽의 천문학자들은 스페인 남부의 카나리 섬에 있는 광학 망원경을 통하여 블랙홀과 짝을 이루는 별을 관측한 결과 아주 놀라운 사실을 발견했다. 산소, 실리콘 등의 원소 함량비가 태양보다 10여 배 높게 나타난 것이다.

태양과 비슷한 주계열 항성이 정상적으로 진화했다면, 이러한 원소함량비를 형성하는 것은 불가능하므로, 이 물질들은 이 별의 밖에서 유입

전갈자리에서 발견된 엑스선 쌍성은 극
초신성 폭발과 감마선 폭발 현상이라는
새로운 물리현상을 밝혀주었다.

되어야만 한다. 그런데 이 별은 블랙홀과 짝을 이루고 있으므로 블랙홀
의 모체에서 이러한 물질들이 형성되어 이 별에 흡수되어야만 한다.

그런데 이러한 함량비를 설명하기 위해서는 기존의 초신성보다 10여
배나 큰 폭발력을 가지는 극초신성(하이퍼노바)이 필요하다는 이론이 제
기되었다. 1945년 일본 히로시마에 떨어진 원자폭탄 1000조 개가 30조
년 동안 매일같이 터진 양에 해당하는 대폭발이다. 많은 과학자들의 연
구에도 그 원인은 그동안 수수께끼로 남아 있었다. 빛조차 빨아들인다는
블랙홀이 아이러니컬하게도 빅뱅 이후 우주에서 가장 강력한 폭발을 일
으킬 수 있다는 것이다.

필자와 브라운 박사는 자전 주기가 반나절 정도로 아주 짧고 무거운
별이 블랙홀이 되면 주위에서 극초신성 폭발이 일어날 수 있다는 사실을
밝혀냈다. 별이 연료를 다 태워 죽게 되면 무게에 따라 백색왜성, 중성자
별, 블랙홀 등이 된다. 태양과 비슷하거나 여덟 배 정도로 무거운 별은
백색왜성, 8~20배로 무거운 별은 중성자별, 20배 이상 되는 별은 블랙
홀이 된다. 별은 내부에서 핵융합 반응이 일어나 빛을 내는데, 핵융합이
일어날수록 별의 중심부에 있는 수소는 점점 무거운 원소가 되고 핵융
합 반응도 줄어든다. 마침내 핵융합 반응이 멈추면 자신의 무게를 견디
지 못해 별의 중심부가 압축되어 블랙홀이 된다.

브라운 박사와의 연구에서는 '짝별 등에 영향을 받아 블랙홀의 자전 주기가 아주 빨라지면 별의 바깥 물질이 바로 빨려들어가지 못하고 외부에 남아 있다가 블랙홀에서 나온 회전 에너지와 충돌해 극초신성으로 폭발한다'는 사실을 밝혀냈다. 자전주기가 12시간인 큰 별이 나이를 먹어 아주 조그만 블랙홀이 되면 자전속도가 1초에 1,000~10,000번까지 빨라진다. 별의 바깥쪽 물질은 블랙홀의 자전 속도가 워낙 빨라 바로 빨려들어가지 않고 회오리바람을 타듯 빙글빙글 돌며 천천히 빨려들어간다. 물질이 다 빨려들어가기도 전에 블랙홀의 엄청난 회전 에너지와 자기장이 방아쇠를 당겨 블랙홀 주변의 물질들을 폭발시키는 것이다. 그리고 이때 이 에너지의 일부가 감마선 폭발 현상을 일으킬 수 있다.

이 이론은 기존에 별도의 서로 다른 영역에서 연구되어오던 감마선 폭발 현상과 극초신성 폭발 현상, 그리고 엑스선 블랙홀들의 질량과 주기 상관관계에 대한 통합적인 이론을 제시하여 블랙홀의 형성과 진화에 대한 새로운 가능성을 제시하였다.

미래를 향한 기대: 고정 관념을 버린 열린 마음을 위하여

언젠가 브라운 박사의 새로운 아이디어가 물리현상과 맞지 않음을 보인 적이 있었다. 그때 브라운 박사는 "어제 배운 말도 안 되는 이론 때문에 왜 괴로워해야 하느냐?"(Why should I bother by the nonsense which I learned yesterday?)는 말과 함께 새로운 아이디어를 찾기 시작하였다.

지난 몇 년을 돌이켜보면 브라운 박사는 언제나 기존의 고정관념이나 기존의 지식에 매이지 않는 학자였다. 언제나 새로운 이론이나 실험을 받아들일 준비가 되어 있는 열린 마음의 소유자였다. 브라운 박사의 새로운 이론의 검증은 앞으로 이루어질 관측 및 실험에 의해 밝혀질 것이다. 새로운 자연 현상을 이해하고자 하는 그의 열정과 열린 마음은 미래의 과학도들을 통하여 끝없이 이어지리라 믿는다. 왜냐하면 열린 마음을 통해서만 숨겨진 자연의 비밀들을 밝혀낼 수 있기 때문이다. 이는, 비단 자연과학에 국한된 것만은 아닐 것이다. 이 사회의 어느 영역에서든 열린 마음의 소유자만이 새로운 미래를 개척해나갈 원동력이 되리라 믿는다.

이창환 서울대학교 물리학과에서 학사학위를, 같은 대학원에서 석·박사학위를 받았다. 이후 미국 스토니브룩 소재 뉴욕주립대 연구원으로 브라운 박사와 블랙홀에 관한 공동연구를 수행했다. 고등과학원 물리학부와 서울대 물리학부 BK21조교수를 거쳐 현재 부산대 물리학과 부교수로 재직 중이다. 중성자별에서의 케이온 응축 현상을 연구한 박사학위 논문이 국제 학술지인 『Physics Reports』에 단독으로 초청 게재되었고 30여 편의 연구 논문과 20여 편의 국제학술대회 발표 논문이 있다. 노벨상 수상자인 베테 박사(Cornell University, USA)와 이 글에서 소개된 브라운 박사와 함께, 블랙홀의 형성과 진화에 관한 연구 논문집을 발간했다(*World Scientific*, 2003).

통일이론과 우주론
우주 시나리오로 미래를 예측한다

임경순
포항공대 교수 · 물리학

중성미자가 여는 새 통일이론

소립자 물리학 혹은 고에너지 물리학은 20세기 초 양자역학과 상대성이론이 이룩한 물리학의 혁명을 기초로 해서 한 세기 동안 놀라운 성장을 거듭해왔다. 고에너지 물리학이 20세기에 이룩한 가장 커다란 업적은 소립자의 상호작용을 설명하는 표준모형(standard model)을 확립한 것이다. 스티븐 와인버그, 압두스 살람, 글래쇼 등에 의해서 1960년대와 70년대를 통해서 확립된 전기약력 통합이론은 현재 0.1퍼센트 측정범위 내에서 실험적으로 검증되고 있다.

현재 과학자들은 이 표준모형에 만족하지 않고 물리학의 근본적인 질문에 해답을 줄 수 있는 통일이론을 계속 추구하고 있으며, 21세기에는 전기약력을 넘어선 더욱 통합적인 새로운 이론이 출현할 것이다. 우선 1998년 발견된 중성미자 진동에 대한 증거는 표준모형을 넘어서는 새로운 모형을 요구하고 있으며, 전기약력에서의 힉스장 가정도 많은 문제점을 불러일으키고 있다.

1998년 일본의 슈퍼가미오칸데(Super-Kamiokande) 실험에서 중

> **❝** 우주 팽창의 미래는 우주의 초기 팽창속도와
> 우주의 팽창속도를 감소시키는 우주공간 내 물질들 사이에
> 작용하는 중력의 크기에 따라 달라진다.
> 즉 우주가 영원히 팽창하는가 아니면 다시 수축하게 되는가
> 하는 것은 우주의 밀도가 어떤 임계값보다
> 크냐 작으냐에 따라 달라진다. **❞**

성미자가 아주 작지만 질량을 지닐 가능성이 있다는 것을 발견한 것은 새로운 대통일이론의 존재 가능성에 대한 구체적인 실험적 증거로서, 다소 침체된 이 분야의 논의를 활성화할 가능성이 있다는 점에서 시사하는 바가 크다. 최근 과학자들은 중성미자와 암흑물질과 연관된 초대칭이론, 초중력과 초끈이론과 같은 통일이론, 막우주론 등을 정열적으로 연구하고 있다.

입자물리 실험 분야는 실험장치를 만드는 데 엄청난 비용이 들어가기 때문에 가까운 장래에 통일이론을 실험적으로 검증할 수 있는 고에너지 실험물리학 발전은 기대하기 힘들다. 하지만 이 분야의 과학자들은 국제적 공동연구를 바탕으로 통일이론을 검증할 수 있는 다각도의 노력을 경주하고 있다.

초대칭이론—모든 입자는 짝이 있다

1995년 톱 쿼크의 존재가 확인된 이후 표준모형에 대한 실험적 증거 확보는 거의 완성 단계에 이른 것으로 여겨져왔다. 입자물리학의 중심

이론인 표준모형에 의하면 우주를 구성하는 기본물질들은 양성자나 중성자와 같은 바리온, 전자나 중성미자와 같은 여섯 개의 렙톤, 그리고 중간자 등 세 가지 입자군으로 이루어져 있다. 또한 바리온과 중간자들은 여섯 개의 쿼크로 이루어져 있으며, 여덟 개의 글루온이라는 매개입자가 쿼크 사이에 힘을 매개하고 있다. 표준모형보다 한발 더 나아간 입자물리학 이론 가운데 하나가 초대칭(super-symmetry)이론이다.

초대칭이론에 의하면 이미 알려진 모든 기본입자는 각자에 상응하는 초대칭 짝의 입자를 가지고 있어야 한다. 초대칭이론은 현재 우리가 알고 있는 입자에 대응되는 초대응입자가 발견되면 입증된다. 만약 한 입자가 전자기력을 나르는 광자나 강한 핵력을 나르는 글루온과 같이 기본 힘을 매개하는 한 운반체라면, 그 입자에 상응하는 짝은 쿼크나 렙톤과 같이 힘을 나르지 않는 입자가 된다. 지금까지 몇몇 과학자들은 광자, 즉 포톤(photon)에 상응하는 초대칭 짝인 포티노(photino)의 존재를 나타내는 실험결과를 얻었다고 주장하고 있으며, 전자(electron)의 초대칭 짝에 해당하는 실렉트론(selectron)을 생성시키는 입자 충돌 사건을 확인했다고 한다. 하지만 이들 실험결과는 모두 다른 설명도 가능한 상태이기 때문에, 아직 초대칭이론이 분명한 형태로 입증된 상황은 아니다.

끈이론의 발전

양자중력장을 도입해서 우주의 시작을 다루어보려는 양자우주론 분야가 모색되고 있으며, 이보다 더욱 근본적인 차원에서 포괄적으로 자연계를 이해하려는 끈이론(string theory)을 우주론에 도입하려는 시도도 이루어지고 있다. 다차원의 구조를 지닌 통일이론은 1970년대에 초끈이론(superstring theory)으로 구체화되면서 우주의 모든 힘과 입자를 통일시키려는 이론으로 발전했다.

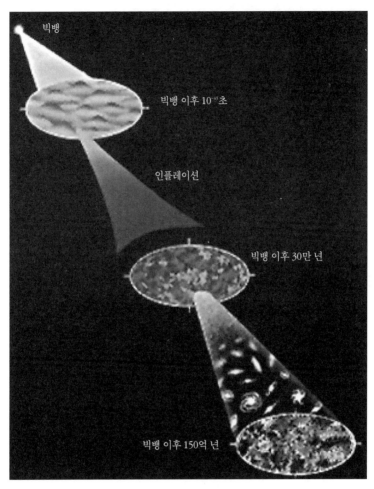

빅뱅

빅뱅 이후 10^{-43}초

인플레이션

빅뱅 이후 30만 년

빅뱅 이후 150억 년

인플레이션 시나리오는 표준우주론으로 설명되지 않는 문제들을 해결할 수 있으나 이를 입증할 만한 증거가 아직 발견되지 않은 상태이다.

초끈이론이란 1974년 프랑스의 세르크(J. Scherk)와 칼텍의 슈바르츠(John Schwarz)가 제안하고 1984년을 전후해서 슈바르츠와 런던대학 퀸 메리 칼리지의 그린(Michael Green)이 골격을 마련한 이론이다. 이 이론에서는 우주에 존재하는 네 가지 종류의 힘과 수많은 입자들의 구조를 통일하기 위해서 10차원의 시공구조를 가진 초끈의 존재를 제안했다. 1998년 아카니-하메드(Nima Arkani-Hamed)를 비롯한 몇 명의 과학자들은 10차원을 넘는 추가적인 공간차원의 존재를 제안했다. 이듬해인 1999년 랜덜(Lisa Randall)과 선드럼(Raman Sundrum)은 4차원에 7차원을 더한 11차원의 막우주론을 체계적으로 전개했다.

초끈이론이나 초중력이론은 '플랑크 길'이라고 하는 아주 작은 길의 영역 근처를 다루고 있다. 현재 지구상에서는 이렇게 작은 영역을 조사할 수 있는 실험실을 설치할 수 없으므로 이것은 대폭발과 같은 우주 초기 현상에 대한 관측을 통해서만 알 수 있다.

인플레이션 시나리오와 카오스 우주론

표준모형을 뛰어넘는 새로운 우주론도 우주론 학자들에 의해 계속 추구되고 있다. 구스(Alan H. Guth)에 의해 처음으로 제안된 인플레이션(inflation) 우주 시나리오는 국내 학자들에 의해서도 많은 연구가 이루어지고 있다. 현재 인플레이션 우주의 기본 개념은 정착되었다고 볼 수 있으나, 구체적인 모형은 아직도 다양한 차원에서 시도되고 있다.

1981년 구스는 초기 표준 팽창우주론이 지니는 문제점을 보완하기 위해 인플레이션 시나리오라고 하는 새로운 우주모형을 발표했다. 첫째, 표준우주론은 인과적으로 연결되지 않은 우주 내의 여러 지역들이 거의 동일하며, 특히 동시에 같은 온도라는 것을 충분히 설명하지 못하고 있다는 것이다. 둘째, 우주가 현재 우리가 관찰하는 것처럼 균일하기 위해서는 우주 초창기의 허블 상수가 엄청나게 정확하게 조절되어야 한다는 것이다. 구스는 표준우주론이 지니는 문제점들은 우주가 초창기에 기하급수적으로 팽창해서 1028제곱이나 그 이상으로 과냉각되었다는 것을 가정하면 해결할 수 있다고 주장했다. 구스는 자신의 모형이 우주에는 대폭발 이후 엄청난 수의 모노폴이 있어야 하지만 현재 우리가 모노폴을 관찰하기가 무척 어렵다는 특이한 문제점도 해결해준다고 보고 있다.

구스가 제기한 인플레이션 시나리오를 입증할 만한 관측 증거는 아직 확보되어 있지 않다. 하지만 천문학자들의 상상력은 여기서 멈추지 않고 심지어는 카오스 우주론이라는 더욱 환상적인 우주론도 제기하고 있다. 린데(Andrei Linde) 등이 제안한 이 카오스 우주론에서는 우리가 접할 수도 없고 다가가기도 힘든 수많은 시공간에 대한 논의를 전개하고 있다. 즉 우주는 잘 짜여진 초기 조건을 가지고 시작한 것이 아니고 모든 가능한 상태가 복합되어 만들어진 카오스적 상태에서 시작했기 때문에, 현재 우리가 접하고 있는 시공세계는 아주 우연하게 선택된 것으로 우주는 끊임없이 스스로 복제하며 팽창하고 있다는 것이다.

뉴트리노의 질량과 우주팽창의 비밀

1998년 도쿄대학 우주선연구소가 중심이 되고 전 세계 23개 연구소들이 참여하는 실험 계획인 슈퍼가미오칸데의 물리학자들은 우주선이 지구대기와 충돌하여 생긴 대기 중성미자의 관측을 통해서 뮤온 중성미자가 타우 중성미자로 진동변환을 한다는 아주 극적인 결과를 발표했다.

중성미자의 존재는 원자핵이 붕괴하면서 전자를 방출하는 베타 붕괴를 할 때 에너지가 보존되지 않는다는 사실을 설명하기 위해 1930년 파울리(Wolfgang Pauli)에 의해 처음으로 제안되었으며, 현재 널리 받아들여지고 있는 표준모형은 중성미자, 즉 뉴트리노가 질량이 없다는 가정 아래 세워졌다.

슈퍼가미오칸데 검출장치는 배경복사 효과를 극소화하기 위해서 지하 1,000미터의 아연광산 속에 설치되었는데, 1만 1,150개의 개별 검출기로 둘러싸인 5만 톤의 초고순도 물탱크로 이루어져 있다. 그들은 전자 뉴트리노의 경우에는 거의 모든 방향에서 동일하게 검출되지만, 뮤온 뉴트리노의 경우는 지구를 뚫고 아래에서 올라오는 비율이 위에서

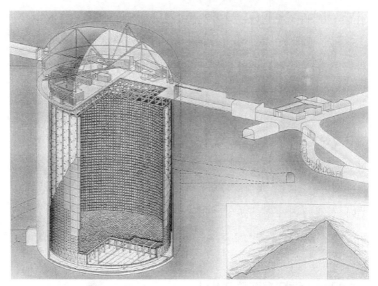

일본의 슈퍼가미오칸데. 중성미자가 질량을 가질 수 있다는 발견은 새로운 대통일이론의
논의를 다시 불러일으키고 있다.

내려오는 비율보다 약간 적은 것을 발견했다. 만약 뉴트리노가 질량을
가지고 있다면 타우 뉴트리노와 뮤온 뉴트리노의 질량 차이에 의해 나
타나는 주기로 뮤온 뉴트리노가 타우 뉴트리노로 변화하거나 이 둘 사
이에서 서로 진동 변환할 것으로 추정된다. 지구를 뚫고 검출기로 들어
오는 뉴트리노는 더 긴 거리를 달리기 때문에 붕괴하는 데 더 많은 시간
을 소요하게 된다.

　실험 결과는 뉴트리노가 질량을 지니고 있다는 긍정적인 증거로서 이
들 두 뉴트리노 사이의 질량 차이가 전자 질량의 1,000만 분의 1에 해
당함을 보였는데, 이것은 뉴트리노 질량의 하한가를 나타낸다. 이 실험
결과는 우주론과 고에너지 물리학 분야에서 엄청난 변화를 몰고올 수
있다. 우선 뉴트리노가 질량을 지니고 있다는 사실은 표준 모형의 범위
를 넘어서는 현상으로서 기존 이론의 한계를 넘어서는 '대통일이론'

(grand unification theory)이라는 새로운 입자물리학 이론이 열리게 될 최초의 증거가 될 것이다.

우주 팽창의 미래는 우주의 초기 팽창속도와 우주의 팽창속도를 감소시키는 우주공간 내 물질들 사이에 작용하는 중력의 크기에 따라 달라진다. 즉 우주가 영원히 팽창하는가 아니면 다시 수축하게 되는가 하는 것은 우주의 밀도가 어떤 임계값보다 크냐 작으냐에 따라 달라진다. 현재의 우주 모형은 지금까지 관측된 우주 전체의 질량보다 훨씬 많은 질량을 가져야만 설명될 수 있다.

과학자들은 우주 도처에 아직까지 관측되지 않고 있는 암흑물질이 산재되어 있는 것으로 보고 있다. 우주에 엄청난 수로 존재하는 뉴트리노의 존재는 현재의 우주모형이 지닌 문제점인 우주 질량의 부족 부분에 대한 실마리를 제공해줄 수도 있다. 우주에는 우리가 아직 완전히 해명하지 못한 수많은 천체들이 존재하고 있다. 이 천체들은 초창기 우주 생성을 해명하고 현재에도 계속 팽창하고 있는 우주의 미래 운명을 알려주는 새로운 증거를 제시해줄 것이다.

임경순 서울대 물리학과를 졸업하고 같은 학교 대학원 물리학과(과학사 및 과학철학 협동과정)에서 석사학위를, 독일 함부르크대학에서 과학사 박사학위를 받고 현재 포항공대 인문사회학부 과학사 교수(물리학과 및 환경공학부 겸임 교수)로 있다. 또한 과학기술부 지정 포항공대 과학문화연구센터 소장, 환경운동연합 경북시민환경연구소 소장 등을 맡고 있기도 하다. 연구 분야는 과학사, 물리학사, 양자역학사, 환경사이며, 1995년 한국과학사학회 논문상과 1997년 한국과학기술도서상을 수상하였다. 저서로『20세기 과학의 쟁점』『100년 만에 다시 찾는 아인슈타인』『21세기 과학의 쟁점』『현대물리학의 선구자』등이 있으며, 역서로는『과학과 인간의 미래』가 있다.

제 **III** 부

보이지 않는 것을 볼 수 있게 하는 과학

자기조립과 나노기술

알아서 모이고 스스로 만든다

김기문
포항공대 교수 · 초분자화학

아직 풀지 못한 인류의 과제, 자기조립

2005년 7월 1일자 과학전문학술지 『사이언스』는 창간 125주년을 맞아 인류가 아직 풀지 못한 숙제 125항목을 선정하고 그 중에서 25가지를 집중 조명하였다. 질문 형태로 이루어진 이 미해결 과제 목록에는 "우주는 무엇으로 이루어져 있는가?", "지구상의 생명은 어디서, 어떻게 처음 탄생했는가?", "기억은 어떻게 저장되고 되살아나는가?", "인간의 수명은 얼마나 연장될 수 있는가?" 등 우리가 흔히 접하는 질문이 포함되어 있다. 그런데 그 중에 "화학적 자기조립의 한계는 어디까지인가?"(How far can we push chemical self-assembly?)라는 일반인들에게는 다소 생소한 질문이 눈길을 끈다. 과연 자기조립(自己組立)이란 무엇인가?

물질의 기본 구성요소는 분자(molecule)이며 분자는 이를 구성하고 있는 원자들 간의 공유결합(covalent bond)으로 이루어져 있다. 분자 간에도 공유결합에 비하면 훨씬 미약하지만 인력이 작용하는데, 수소결합, 반데르발스 인력, 정전기적 인력 등이 대표적인 예다. 이 분자 간 인

> **❝** 과연 자기조립의 한계는 어디인가? 아무도 그 답은 모른다.
> 그러나 비록 지금은 초보적인 단계에 머무르고 있다 할지라도
> 분자간 또는 물질 간의 약한 상호작용을 통제하고
> 이를 활용하는 기술을 점차 체득해나간다면
> 자기조립을 통해 우리가 성취할 수 있는 일은 무한히 널려 있다. **❞**

력(intermolecular interactions) 하나하나는 미약하지만 집단으로 작용하면 공유결합에 못지않은 결합력을 발휘하게 된다. 화학적 자기조립 또는 분자 수준의 자기조립(Molecular self-assembly)이란 분자들이 분자간 인력을 통해 자발적으로 모여 특정한 구조와 성질을 갖는 분자집합체, 또는 초분자(supramolecule)를 형성하는 현상을 말한다.

자기조립은 자연계, 특히 생명체에서는 널리 발견되는 것으로, 대표적인 예로 인지질이 모여 세포막을 형성하거나, 서로 상보적인 염기서열을 갖는 DNA 두 가닥이 분자간 인력을 통해 이중나선을 형성하는 것을 들 수 있다. 여기에 그치지 않고 생명체는 DNA에 저장된 유전 정보를 읽어 단백질같이 자기를 구성하고 있는 기본 단위들을 생산한다. 이 기본 단위들이 자발적으로 모여 세포를 형성하고, 세포는 다시 조직을, 조직은 기관을 형성하여 고등생물을 이루는데, 이 과정은 다 자기조립을 통해 이루어진다고 할 수 있다. 그러면 자기조립의 원리는 무엇일까? 다시 말해서 어떻게 기본단위들이 자발적으로 모여 최종적으로 요구되는 복잡한 구조를 형성할까?

자연으로부터 배운다

아직도 우리는 자기조립의 원리를 확실하게 파악하지 못하고 있지만 자연계에서 일어나는 자기조립 현상을 유심히 살펴보면 몇 가지 특징을 발견할 수 있다. 우선, 자연은 다수의 약한 비공유상호작용(noncovalent interaction)을 이용하므로 전체 자기조립 과정은 동적(dynamic)이며 가역적(reversible)이다. 즉 강한 공유결합을 이용할 경우, 일단 결합이 생성되면 다시 돌이킬 수 없기 때문에(비가역적), 오류가 생겼을 경우 이를 수정하는 것이 불가능하지만 약한 비공유결합을 이용한다면 조립과정 중에 자체검사(self-checking)와 자체교정(self-correction)을 통해 열역학적으로 가장 안정된 생성물을 형성할 수 있다. 이런 의미에서 자기조립은 고도의 지능적인(intelligent) 경로를 통해 이루어진다고 할 수 있다.

그러나 무엇보다 중요한 것은 개개의 구성요소에 '프로그램'되어 있는 정보에 따라 자기조립에 의해 형성되는 초분자체의 구조와 기능이 결정된다는 점이다. 그렇다면 자연으로부터 배운 자기조립의 원리를 이용하면 우리도 원하는 초분자체를 자유자재로 만들 수 있지 않을까?

적어도 원리적으로는 그렇다. 그러나 자연이 그토록 복잡한 구조와 기능을 갖는 분자집합체를 자기조립을 통해 손쉽게 형성하는 것과는 대조적으로, 분자 간의 인력을 이용하여 원하는 초분자체를 자기조립하는 인간의 능력은 아직 초보적인 수준에 머물고 있다. 그 이유는 우리가 아직도 자연계에서 일어나는 자기조립의 원리를 제대로 이해하지 못하고, 상대적으로 약한 분자간 인력을 제어하고 활용하는 기술을 익히지 못하고 있기 때문이다. 그럼에도 불구하고 우리가 자기조립에 많은 관심과 노력을 기울이는 이유 중 하나는 자기조립이 21세기 과학과 공학의 화두 중 하나인 나노미터(10^{-9}m)크기의 나노구조물 및 나노장치를 제작하려는 나노테크놀로지 개발과 직접 맞물려 있기 때문이다.

지금까지 나노구조물 또는 나노장치를 만드는 데에는 큰 것을 깎아 작게 만드는 하향식(top-down) 방법을 흔히 사용해왔다. 그러나 나노 미터 영역에서 원하는 구조물을 정확히 깎아내는 기술은 구현하기가 어려울 뿐만 아니라 많은 비용을 들여야 한다. 따라서 이 하향식 접근방식의 한계를 극복하기 위해 원자 또는 분자로부터 자기조립을 통해 나노구조물 또는 장치를 제작하려는 상향식(bottom-up) 접근방식이 대안으로 떠오르고 있다. 이 글에서는 자기조립을 이용하여 분자집합체와 나노구조물을 만들려는 화학자의 노력을 몇 가지 소개하고 이를 통해 자기조립과 나노기술에 대한 우리의 현주소를 알아보고자 한다.

3차원 퍼즐 조각 맞추기

누구나 조그만 캡슐 안에 든 감기약을 한 번쯤 복용해보았을 것이다. 이와 같은 캡슐을 100만 분의 일 크기로 줄이면 나노캡슐이 된다. 나노 미터 크기의 속이 빈 공과 같은 구조를 갖는 나노캡슐은 자연에서 흔히 발견될 뿐만 아니라 약물 전달, 물질의 저장, 센서의 개발, 반응용기로서의 응용 등 다양한 응용성으로 인해 최근 많은 관심을 끌고 있다.

먼저 생명체가 자기조립을 통해 형성하는 나노캡슐의 예를 하나 들어 보자. 바이러스는 유전정보를 지니고 있는 핵산(nucleic acid)과 이를 감싸서 보호하는 단백질 껍질(capsid)로 이루어져 있다. 세포 내로 바이러스가 유입될 때까지 자신의 유전정보를 보호하는 역할을 하는 단백질 껍질은 속이 빈 캡슐의 형태를 지니고 있는데, 수백 개의 동일한 단백질 단위체(subunit)가 마치 퍼즐 조각이 맞춰지듯이 자발적으로 연결되어 수십 나노미터 크기의 캡슐을 형성한다.

예를 들면 콩에 감염되는 바이러스 CCMV(Cowpea Chlorotic Mottle Virus)는 180개의 동일한 단백질 단위체가 자기조립하여 직경 2나노미터의 단백질 껍질을 형성하는데, 이때 형성된 껍질은 그 내부에

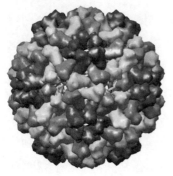

180개의 동일한 단백질 단위체가 자기조립하여 단백질 껍질을 형성하는 CCMV 바이러스의 구조.

유전정보를 지니고 있는 세 개의 단일 가닥 RNA를 보호하는 역할을 한다. 그러면 어떻게 이 단백질은 자발적으로 모여 공 모양의 껍질을 형성하고, 더구나 형태뿐만 아니라 유전정보 물질을 저장하고 보호하는 창고의 역할을 하는 것일까? 우리는 아직도 그 원리를 확실하게 파악하지 못하고 있다. 다만 여러 개의 동일한 단백질이 자발적으로 모여 구의 형태를 이루도록 '프로그램' 되어 있다는 것만은 확실하다.

그렇다면 어떻게 분자를 설계해야 같은 분자 여럿이 스스로 모여 속이 빈 공을 형성할 수 있을까? 이 같은 문제에 처음으로 접근한 화학자는 현재 스크립스 연구소(Scripps Research Institute)의 교수로 있는 레벡(Rebek)이다. 1993년, 당시 MIT대학 교수였던 레벡은 테니스 공에서 영감을 얻었다. 테니스 공을 자세히 들여다보면 똑같은 모양을 하고 있는 두 개의 조각이 모여 공을 형성하고 있는 것을 볼 수 있다. 레벡은 공 조각을 닮은 간단한 분자를 합성해서 용액에 녹인 결과 두 분자가 스스로 모여 구형 초분자를 형성함을 밝혔다. 마치 실로 공의 봉제선을 따라 두 조각을 연결하여 공을 만들듯이 이 두 분자 조각은 각자의 말단에 존재하는 산소와 수소 간의 수소결합을 통해 초분자 공을 형성한다. 이 빈 공 내부에는 메탄과 같은 작은 분자를 가둘 수 있다.

또한 레벡은 이 연구를 확장하여 이러한 나노캡슐 안에서 화학반응을

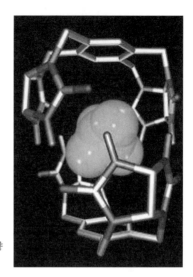

내부에 작은 분자를 가둘 수 있는 테니스공 모양
의 나노캡슐.

일으키면 용액에서보다 반응속도가 훨씬 빨라지고, 생성물의 선택성을 높
일 수 있다는 것을 보였다. 이 같은 레벡의 연구는 똑같은 단백질 180개
가 모여 커다란 구를 형성하는 바이러스에 비하면 극히 초보적 단계이
나, 분자가 둘 이상 모여 속이 빈 공과 같은 구조를 갖는 초분자체를 자
발적으로 형성하는 연구를 촉발하게 되었다.

　한편 일본 도쿄대학의 후지타(Fujita) 교수는 1995년 금속이온과 유기
물질 간의 배위결합(coordination bond)을 이용하여 나노미터 크기의
캡슐을 처음 합성하였다. 후지타 교수팀은 정삼각형 구조를 갖는 유기화
합물을 패널로 이용하고 금속이온을 접합제로 이용하여 패널을 이어감
으로써 정팔면체 구조를 갖는 초분자체를 합성하였고 최근에는 이 연구
를 발전시켜 다양한 모양과 크기의 나노캡슐을 합성했다. 이러한 나노캡
슐 내부에서 화학반응을 일으키면 용액에서 반응이 일어날 때와는 다른
생성물을 얻을 수 있고, 그 자체로는 불안정해서 통상적인 방법으로는
합성할 수 없었던 화합물도 나노캡슐 내에서는 쉽게 합성할 수 있었다.

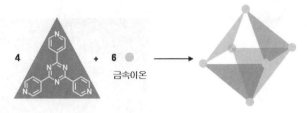

금속이온

후지타가 합성한 정팔면체 나노캡슐.

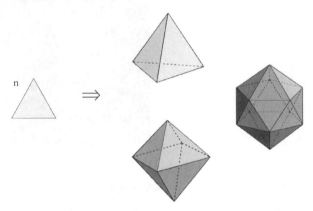

n

패널을 접합하여 정다면체 구조를 갖는 나노캡슐을 합성하는 방법.

최근 우리 연구팀에서는 쿠커비투릴이라는 가운데 구멍이 난 원판형 분자 주위에 중합 가능한 작용기를 여러 개 붙이고 이 물질과 함께 중합할 수 있는 물질을 함께 용액에 녹여 빛을 쪼여주면 자발적으로 직경이 100나노미터나 되는 고분자 나노캡슐을 형성하는 것을 발견하였다. 아직 어떤 과정을 거쳐 나노캡슐이 형성되는지 확실하지 않지만 원판형의 분자들이 중합 반응에 의해 옆으로 이어지면서 2차원 폴리머 조각이 얻어지고 어느 순간에 이 조각이 굽으면서 나노캡슐로 변하는 것으로 보인다. 우리는 이론적인 연구를 통해 2차원 폴리머 조각이 나노캡슐로 변환되는 것이 에너지 측면에서 가능한 일임을 밝혔다.

쿠커비투릴이 약 3,000개 모여 이루어진 이 나노캡슐은 표면에 무수한 분자 크기의 구멍이 나 있어, 이 구멍에 선택적으로 결합할 수 있는

쿠커비투릴로 이루어진 고분자 나노캡슐의 형성과정.

나노캡슐을 활용한 표적지향형 약물 전달.

분자를 이용하면 나노캡슐의 표면에 우리가 원하는 물질을 손쉽게 도입하여 이용할 수 있다. 예를 들면 이 나노캡슐 표면에 비타민의 일종인 엽산을 도입할 수도 있다. 표면에 엽산을 도입한 나노캡슐은 엽산을 인지하여 선택적으로 결합하는 수용체가 많이 분포되어 있는 암세포에 선택적으로 침투하게 된다. 이런 현상은 암세포만을 선택적으로 죽이는 표적지향형 약물 전달에 응용할 수 있다.

나노 건물짓기

숯, 스펀지, 제습제 등 주변에서 흔히 볼 수 있는 이런 기능성 소재들은 '다공성'(porous) 물질이라는 공통점을 가지고 있다. 말 그대로 구멍이 많이 있다는 뜻이다. 스펀지가 다량의 물을 흡수할 수 있는 것은 무수히 많이 뚫려 있는 작은 구멍이 물을 머금기 때문이다. 예로부터 정화제로 사용되던 숯 역시 미세한 구멍을 많이 가지고 있다. 석유화학 산업에서는 제올라이트 계열의 다공성 물질이 매우 중요한 역할을 하는데, 나노미터 크기의 세공을 갖는 이들은 촉매로 사용할 수 있어 매우 큰 경제적 가치를 지니고 있다.

금속-유기 다공성물질은 1990년대 후반 이후 본격적으로 연구가 시작된 다공성 결정물질로, 높은 결정성과 다공성으로 인한 다양한 응용 가능성으로 많은 관심을 끌고 있다. 이 물질은 오른쪽 그림에 나타낸 것과 같이 금속이온과 유기물질이 일정한 규칙에 따라 결합하여 3차원 골격구조를 형성한다. 마치 건물을 짓듯이 유기물질을 기둥과 보로 이용하고 이들을 금속이온으로 연결하여, 나노미터 크기의 세공이 규칙적으로 반복되는 다공성 결정물질을 얻을 수 있다. 여기에서도 자기조립의 원리가 적용되는데, 금속이온과 유기물질 간의 가역적인 배위결합을 활용하여 세공의 크기와 모양, 화학적 환경이 다양한 다공성 물질을 제조할 수 있다.

이 물질은 빈 공간을 많이 가지고 있어 찻숟가락 하나 정도의 양이 테니스장이나 축구장 크기만 한 큰 표면적을 갖고 있다. 또한 금속이온과 유기물질을 적절히 선택하면 적어도 원리적으로는 빈 공간의 크기와 모양, 화학적 환경을 원하는 대로 조절할 수 있어 가스 저장, 물질분리, 촉매, 새로운 자성물질의 제조 등에 활용할 수 있다. 특히 최근에는 청정에너지원으로 각광받고 있는 수소를 저장하는 매체로서의 가능성이 제시되면서, 자기조립을 통해 높은 수소저장 효율을 갖는 금속-유기 다공성물질의 제조가 전 세계적으로 활발히 연구되고 있다.

스스로 조립되는 3차원 전기회로

한편 자기조립의 원리는 비단 분자와 같이 작은 크기의 물질에만 적

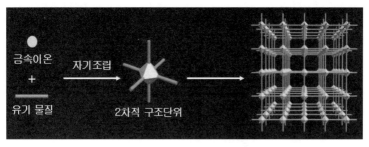

금속-유기 다공성물질의 자기조립.

용되는 것은 아니다. 최근에는 분자 수준에서 이해한 자기조립의 원리를 이용하여 수 나노미터에서 수 밀리미터 크기에 이르는 물질들을 기판 위에 정렬하려는 시도가 널리 이루어지고 있다. 이 분야의 선구자인 하버드대학의 화이트사이즈(Whitesides) 교수는 크기가 작아 기계로는 조작하기 힘든 수 나노미터 크기에서 수 밀리미터 크기에 이르는 메조물질을 집적하여 이들을 나노트랜지스터, 분자메모리와 같이 유용한 소자로 응용하는 데 가장 유용한 방법이 자기조립이라고 주장하고 있다.

분자 수준에서는 여러 개의 분자들이 그들 사이의 약한 비공유상호작용을 통해서 특정 나노물질을 형성하지만, 구성 요소들의 크기가 커지면 그들의 모양이나 표면성질, 중력, 자기력, 모세관 힘(capillary force) 등의 상호작용이 이들의 자기조립에 결정적인 역할을 하게 된다.

화이트사이즈 교수 연구팀은 10마이크로미터 크기의 육각튜브 형태의 메조물질을 제작하고, 이들의 측면에 물과의 친화력이 적은 소수성(疏水性) 유기물질을 코팅하였다. 물에 10만 개의 메조물질과 소수성 유기물질을 이어주는 접착제를 섞으면 이들이 자기조립하여 벌집 모양의 평판을 자발적으로 형성하는 것을 확인하였다. 연구팀은 메조물질의 표면 성질이나 크기·모양을 달리하여 구성요소들 간의 상호작용을 조절하면 분자 수준에서의 자기조립 원리를 그대로 메조물질에도 적용하

5 mm 메조 물질로 구성된 전기 회로.

여 3차원의 구조체를 원하는 대로 제작할 수 있다고 밝혔다.

최근에는 전도성의 메조물질을 자기조립하면 원하는 3차원 구조의 전기 회로를 구성할 수 있음이 밝혀졌다. 먼저 꼭지가 잘린 정팔면체 (Truncated Octahedron) 모양의 메조물질을 준비하고 이들의 표면에 땜납, 전선, 발광소자(LED, Light-emitting device)을 부착한다. 준비된 메조물질을 뜨거운 브롬화산칼륨 수용액에 넣으면 표면에 납이 달라붙으면서 3차원적인 전기 회로가 형성된다. 이때 메조물질의 모양이나 표면 회로의 구성에 따라 다양한 형태의 전기회로를 구성할 수 있다.

광자결정의 신비, 현란한 색으로 암컷을 유혹하라

여러 가지 요소를 조절하여 메조물질을 원하는 형태로 자기조립하면 구성요소의 물리적인 성질을 그대로 집적할 수 있을 뿐만 아니라 개별의 구성요소가 가질 수 없는 광학적이나 전기적인 성질을 지닌 소자를

자연에서 발견되는 광자결정. 보는 각도나 위치에 따라 다른 색깔을 나타낸다.

만들 수 있다. 대표적인 예로 광자결정(photonic crystal)을 들 수 있다. 오팔이라는 보석은 보는 각도나 위치에 따라 다른 색깔을 나타내는 것으로 유명한데, 이를 전자현미경으로 관찰하면 수백 나노미터 크기의 실리카 입자들이 규칙적으로 배열된 자기조립 구조를 지니고 있음을 알게 된다. 게다가 암컷을 유혹하는 무지개 색의 공작새 깃털이나 빛에 따라 색이 변화하는 나비의 날개 또한 자세히 들여다보면 비슷한 자기조립 구조를 지니고 있음을 알 수 있다.

이처럼 광자결정은 굴절률이 다른 물질들이 규칙적으로 쌓여서 조립된 3차원의 구조체로, 특정한 파장 영역의 빛만을 완전히 반사시키는 기능을 지니고 있다. 이 성질을 이용하면 반도체가 전류의 흐름을 제어하듯이 빛의 흐름을 제어할 수 있다. 수백 나노미터 크기의 구형(球形) 메조물질을 물에 섞으면 이들이 중력의 영향으로 서서히 가라앉고, 결국에는 3차원적으로 메조물질이 정렬되어 광자결정이 된다. 흰색을 띠는 구형의 입자를 사용하더라도 광자결정에 들어온 빛이 구형의 입자와 빈 공간을 반복적으로 통과하면서 빛의 파장을 중첩시키기 때문에 뚜렷한 색상을 나타내게 된다.

광자결정의 전자 현미경 사진.

자기조립의 한계는 어디인가?

위에 기술한 바와 같이 과학자들은 지난 20여 년간 자연을 모방하는
연구를 통해 자기조립의 원리를 더 잘 이해하게 되었고, 아직은 초보적
인 단계이지만 실험실에서도 단위체를 잘 설계하면 나노미터 크기의 분
자로부터 밀리미터 크기의 메조물질들이 자발적으로 모여 원하는 구조
물을 형성하게 할 수 있다는 확신을 갖게 되었다. 그렇다면 원래의 질문
으로 돌아가서, 과연 자기조립의 한계는 어디인가? 우리는 어디까지 자
기조립을 추구할 수 있을까?

아무도 그 답은 모른다. 그러나 비록 지금은 초보적인 단계에 머무르
고 있다 할지라도 분자간 또는 물질 간의 약한 상호작용을 통제하고 이
를 활용하는 기술을 점차 체득해나간다면 자기조립을 통해 우리가 성취
할 수 있는 일은 무한히 널려 있다. 아마도 언젠가는 지금의 반도체소자

대신 분자를 자기조립하여 만든 분자소자를 부품으로 사용하는 더 작고 성능은 훨씬 뛰어난 컴퓨터가 우리 일상생활을 바꾸게 될지도 모른다. 어쩌면 21세기가 가기 전에, 오늘날 SF영화에서나 볼 수 있는 우리 몸 속을 돌아다니며 손상된 곳을 치료하는 나노로봇을 제작하거나, 심지어 자기 스스로 복제하고 진화하는 인공생명체도 만들 수 있지 않을까?

김기문 서울대 문리대 화학과(학사), KAIST(석사)를 거쳐 스탠포드대학에서 박사학위를 취득했으며 현재 포항공과대학교 홍덕석좌교수로 재직하고 있다. 지난 20년간 초분자화학 분야에서 왕성한 연구활동을 해오고 있으며, 분자목걸이와 같은 흥미로운 초분자체를 합성하고 키랄 다공성물질 합성을 『네이처』에 발표하기도 했다. 현재 자기조립의 원리를 이용하여 다양한 나노기능성 물질을 개발하는 데 노력을 쏟고 있다. 2001년 과학기술훈장 도약장을 받았으며 제8회 한국과학상, 제3세계아카데미가 수여하는 TWA상, 2006년 호암상을 수상하였다.

랩온어칩, 화학 및 생 · 의료 분석용 마이크로 프로세서

마이크로칩 위에 놓인 화학실험실

한종훈
포항공대 교수 · 화학

동전만 한 크기로 실현하는 첨단기술

랩온어칩(lab-on-a-chip)이란 말 그대로 칩 위의 실험실(lab은 laboratory의 준말)이란 뜻이다. 동전만 한 크기의 칩 위에 분석 및 반응에 필요한 여러 가지 장치들을 미세가공 기술을 이용하여 집적시켜놓은 화학 및 생화학 분석장치가 바로 랩온어칩이다. 랩온어칩은 현재 병원의 특수 실험실에서 다수의 고가장비를 사용해도 며칠씩 걸리는 혈액분석을, 휴대폰 크기의 장치로 어디서나 극소량의 혈액(한 방울의 100분의 1 정도)을 사용하여 수 분 내에 분석 결과를 얻을 수 있게 하는 첨단기술이다.

하나의 마이크로칩 위에 놓인 화학실험실이란 공상과학에서나 있음직한 이야기일 수 있다. 그러나 화학적 · 물리적인 소형화 작업이 현재 활발히 진행되고 있으며, 특정분야에서는 칩을 이용한 소형화 작업이 실제로 구현되고 있다. 과학자들은 마이크로칩이 컴퓨터와 전자공학 분야에 일대 혁명을 가져온 것처럼 화학에서도 이러한 초소형 장치가 분석과 합성에 거대한 변화를 가져올 것이라고 기대하고 있다.

66 랩온어칩 분야는 인간에게 개척해야 할 또 다른 세계를
열어주는 도구를 제공한다. 이러한 새로운 도구는
인간이 자연을 이해하는 시야를 넓혀주는 동시에
인류 복지에도 엄청난 기여를 한다.
랩온어칩은 종합 첨단기술이기 때문에
미래의 랩온어칩 시장은 관련된 기술 분야 발전의
돌파구를 제공할 것이다. **99**

전통적인 분석 시스템에서는 현장에서 시료를 채취한 후 이를 실험실로 가져와 시료의 불순물 제거, 농축, 분리, 검출 등의 복잡한 처리과정을 거쳐야 결과가 나온다. 이와 같은 일련의 과정들은 고가의 분석장비와 많은 인력에 의해 독립적으로 이루어질 뿐만 아니라 분석에 필요한 시약과 시료의 양도 많아야 하며 분석에 걸리는 시간도 매우 길다. 하지만 랩온어칩에서는 마이크로리터(백만분의 일 리터)의 시료만 갖고도 위와 같은 과정을 모두 처리할 수 있다.

랩온어칩의 비밀

어떻게 하나의 작은 칩 위에서 이렇게 복잡한 분석과정들이 이루어질 수 있을까. 비밀은 마이크로머시닝(micromachining) 기술이다. 마이크로머시닝 기술은 반도체 집적기술을 기반으로 하며 지난 수십 년간의 기술 축적으로 이제는 밀리미터보다 작은 모터, 펌프, 기어, 밸브, 광학 부품 등을 만들 수 있다. 랩온어칩에서는 시료가 미세 채널을 흘러가면서 일련의 분석 및 합성과정을 거치는데, 미세 채널을 제작하고, 미세

채널 내의 유체를 조작하고, 시료를 분석, 검출하기 위하여 마이크로머시닝 기술이 필요하다. 현재의 랩온어칩에서는 단순한 형태의 미세 채널로 유체를 흘려보내면서 유체 조작이나 검출에 필요한 장치는 칩 외부에 설치하여 운용하고 있다. 그러나 미래의 칩은 미세 채널의 요소요소에 마이크로머신과 센서까지 포함하게 될 것이다. 여태까지 개발된 마이크로머신은 대부분 실리콘을 재료로 하고 진공 또는 공기 중에서 작동하는 정도이다. 그러나 화학 및 생·의료 분석용 마이크로 프로세서인 랩온어칩은 다양한 재료를 사용하고 용액을 다루어야 하므로, 유체조작 장치, 검출기 등이 집적되어야 하며, 이러한 랩온어칩이 실현되기 위해서는 앞으로 많은 연구가 필요하다.

그러면 여기서 랩온어칩의 실제적인 예를 보기로 하자. 그림 A, B, C는 랩온어칩을 만들기 위해서는 우선, 원하는 분석이 목표한 바대로 수행되도록 미세 채널의 구조 및 패턴을 설계해야 한다. 미세 채널 설계는 건축이나 자동차 설계에 흔히 사용하는 캐드(CAD : computer aided design) 프로그램을 이용한다. 또한 칩의 제작에는 반도체 고집적 미세 회로에서 전자의 움직임을 제어하기 위해 개발된 '광식각기술'(photolithography)을 응용한다. 칩의 재료로는 유리, 수정, 실리콘을 주로 사용하고 있다. 최근에는 좀더 저렴하고 대량생산이 가능한 여러 가지 고분자 재료를 이용하려는 연구가 활발히 진행 중이다.

그림 A는 형광분자를 시료에 붙이는 화학반응을 수행하는 반응기와 혼합물 시료를 구성성분으로 가르는 분리기를 통합하여 집적시킨 랩온어칩의 개념도이다. 두 개의 미세 채널 끝으로 시료용액과 형광시약을 각각 주입하면 두 채널이 만나는 점에서 용액이 섞이면서 반응이 일어난다. 칩 중간의 십자형 교차점에 이르기 전까지 반응이 완결되고 교차점에서 반응생성물을 옆가지로 빼낸다. 반응생성물 용액 중 일부(나노리터 정도. 나노 리터는 천분의 일 마이크로 리터)를 취하여 아래쪽의

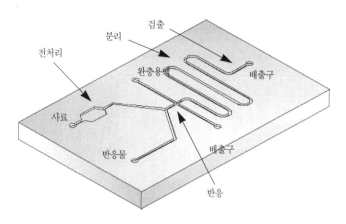

그림 A. 반응기와 분리기가 통합된 랩온어칩의 개념도.

구불구불한 분리 채널로 보내면 분리 채널 내에서 시료가 각 구성성분으로 분리된다. 분리가 충분히 이루어진 분리 채널 끝 부근에서 각 성분에 붙어 있는 형광분자로부터 발생되는 형광을 검출함으로써 각 성분이 무엇이고 양이 얼마인지를 알아낸다. 용액을 흐르게 하고 분취하는 등의 미세 채널 내에서의 유체조작은 각 채널 끝에 가하는 전기장의 세기를 시간에 따라 변하도록 프로그램하여 이루어진다.

이러한 개념으로 만든 실제 랩온어칩은 그림 B와 같다. 그림 C는 이 랩온어칩을 이용한 분석 예이다. 분석대상 물질은 생선, 육류, 치즈 등에 있는 아민류인데, 아미노산의 분해 생성물이기 때문에 식품 안정성의 지표로 쓰인다. 일반적인 실험실에서는 짧게는 몇 시간부터 길게는 하루 이상의 분석시간이 소요되는데 랩온어칩을 사용하면 형광표지반응과 분리분석을 1분 내에 완료할 수 있다.

랩온어칩 개발의 파급효과
랩온어칩은 인간 게놈 프로젝트의 완성 이후에 가속화되고 있는 신약

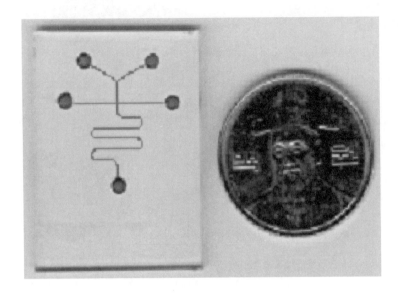

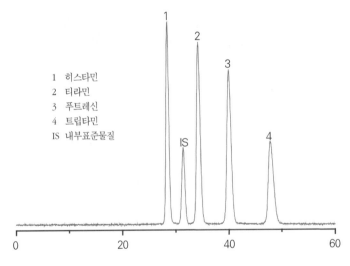

1 히스타민
2 티라민
3 푸트레신
4 트립타민
IS 내부표준물질

위 | 그림 B. 실제 칩 및 미세 채널 패턴.
아래 | 그림 C. 식품 속에 함유되어 있는 아민류를 칩으로 분석한 결과.

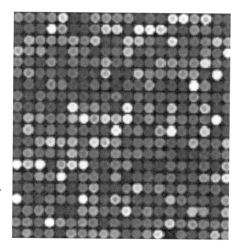

DNA 칩. 어두운 점은 칩상의 DNA
의 시료 DNA가 결합하지 않은 것
이고, 밝은 점은 결합한 것으로 형
광을 내고 있다.

탐색, 의료진단 및 유전자 검색 분야에서 큰 시장을 형성할 것으로 예측
하고 있다. 미세 채널 내에서 유체를 조작하는 '마이크로유체공학'
(microfluidics)을 기반으로 하는 랩온어칩 시장은 매년 100퍼센트 이상
성장하고 있다. 랩온어칩의 최초 상품은 미국 애질런트(Agilent) 사가
2000년에 출시한 '2100 Bioanalyzer'이다. 이 기기는 DNA의 크기 및
정량 분석에 주로 사용된다.

다음 페이지의 그림은 그 핵심요소인 칩을 보이고 있다. 칩 위에 열여
섯 개의 주입구가 있고 각 주입구 사이에 미세 채널들이 연결되어 있다.
열두 개의 작은 주입구에는 서로 다른 DNA 시료를 넣고 네 개의 큰 주
입구에는 분석에 필요한 시약을 넣는다. 이 칩으로 열두 가지의 DNA
시료를 모두 분석하는 데 소요되는 시간은 수 분밖에 되지 않는다. 전통
적인 방법인 겔 전기영동(gel electrophoresis)을 사용하면 최소한 몇
시간은 걸릴 뿐만 아니라 분석에 필요한 DNA의 양도 몇십 배나 많다.
수정으로 만들어진 이 칩은 일회용이며 단가는 2달러 정도이다. 생명과
학이나 제약 및 의료 분야에는 많은 수의 시료를 처리해야 하는 연구가

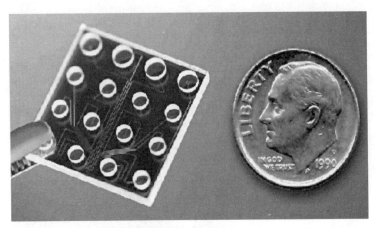

애질런트 사가 개발한 2100 Bioanalyzer의 DNA 분석용 칩.

계속 늘어나고 있다. 이는 소량의 시료를 신속히 분석할 수 있는 랩온어칩의 수요를 폭발적으로 증가시킬 것이다.

랩온어칩은 화학, 생명, 환경, 제약, 의료보건 등의 광범위한 분야에 응용될 수 있다. 이 중에서도 특별한 관심 아래 연구되고 있는 분야는 유전자 분석용 랩온어칩이다. 현재는 많은 수의 유전자를 한꺼번에 분석하는 데 DNA칩을 사용하고 있다. 현재 세계의 많은 회사들이 DNA 칩 기술개발 및 유전자 분석용 칩 개발을 위해 치열한 경쟁을 하고 있다.

그런데 현재의 DNA 칩은 유리 같은 기판 위에 서로 다른 DNA들을 행렬로 올려놓은 형태이다. 그 위에 분석대상인 DNA 시료를 뿌려 칩 위의 어느 DNA와 결합하는지를 알아내어 시료 DNA에 대한 유전정보를 얻는다. DNA 칩을 이용한 유전자 분석은 그 자체로는 매우 빠르고 간단해 보인다. 그러나 기판 위에 올려놓을 수많은 DNA와 시료 DNA를 준비하는 데에는 수 개월의 시간과 많은 인력, 비용이 요구된다. 그러나 유전자 분석용 랩온어칩은 DNA 시료 준비 및 유전자 분석을 하나의 칩 위에 통합, 집적한 것으로, 미래에는 이런 칩을 사용하여 가정에

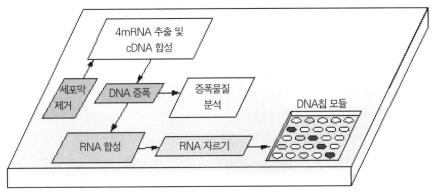

DNA 시료 처리와 DNA 칩이 통합된 유전병 진단용 DNA 칩의 개념도.

서 피 한 방울만 갖고도 각종 유전병을 신속히 진단해낼 수 있게 된다.

위의 그림은 유전자 분석용 랩온어칩의 개념도이다. DNA 칩의 경우, 여러 단계의 DNA 시료 준비과정이 있고 분석의 목적에 따라 시료 준비 과정이 달라진다. 위의 그림은 혈액세포에서 발현되고 있는 유전자의 정보를 mRNA(messenger RNA, 전령 RNA)의 분포를 DNA 칩으로 분석하여 얻어내는 과정을 보이고 있다. 혈액 시료가 주입되면 시료 내 세포의 세포막을 제거하고 세포의 핵 DNA에서 전사된 mRNA만 추출한다. mRNA 자체는 분석하기에 양이 적기 때문에 양을 늘리기 위하여, 우선 역전사효소를 사용하여 mRNA를 cDNA(complementary DNA)로 바꾼 다음 PCR(polymerase chain reaction)을 사용하여 양을 십만 배 이상 증폭시킨다. 제대로 증폭되었는지가 확인되면, 다시 DNA를 RNA로 변환시킨다. 왜냐하면 DNA칩에 뿌려지는 시료가 칩상의 DNA(한 가닥의 뉴클레오티드 사슬로 되어 있음)와 잘 결합하기 위해서는 이중 나선인 DNA가 아니라 한 가닥의 뉴클레오티드 사슬인 RNA여야 하기 때문이다. RNA가 합성되면 이를 적당한 길이로 자른 다음 DNA 칩에 뿌린다.

이런 모든 과정이 하나의 칩 위에서 실현되기까지는 아직 해결해야 할 기술적인 문제들이 많으나 멀지 않은 미래에는 앞의 그림에서 제시한 칩 외에도 다양한 의료진단용 랩온어칩이 실용화될 것이다.

기반산업의 활로를 열다

우리는 랩온어칩 기술로 현재와는 많이 다른 미래를 맞이할 것이다. 그러나 랩온어칩 기술이 향상되려면 다양한 관련 분야의 지식과 기술이 발전되어야 하고, 이것들이 서로 잘 연결되어야 한다. 랩온어칩이 응용되는 분야에는 화학, 생명, 환경, 의료, 보건, 제약, 화학공학, 화생방 등이 있고, 랩온어칩 개발에 관련된 분야로는 화학, 생명, 기계공학, 전기·전자공학, 재료공학, 화학공학, 광학 등이 있다. 응용 분야는 어떠한 용도의 칩을 만드느냐를 정하고, 기술 분야는 관련 기술을 종합하여 가장 효율적이고 경제적인 칩을 개발한다.

관련 기술과 해당 분야의 예를 들어보자. 우선, 미세 채널에서 극미량의 액체를 제어하기 위해서는 특별한 기술이 필요하다. 현미경 수준의 액체를 효과적으로 운반하고 섞어주고 나눠주기 위한 마이크로 유체공학은 랩온어칩의 핵심이다. 마이크로 유체공학은 화학공학과 기계공학의 지식을 기초로 한다. 기판의 재료는 칩의 제조, 성능 및 가격을 결정한다. 그러므로 만들기 쉽고 유체제어도 용이하며 값싼 재료를 랩온어칩에 활용해야 하고 경우에 따라서는 새로운 재료의 개발도 요구된다. 이러한 분야에는 재료공학자나 화학자가 기여할 수 있다. 그외 미세 채널 설계에는 기계공학, 전기·전자공학 지식이 필요하고, 검출기 개발에는 화학자와 물리학자의 참여가 요구된다.

랩온어칩 분야는 인간에게 개척해야 할 또 다른 세계를 열어주는 도구를 제공한다. 이러한 새로운 도구는 인간이 자연을 이해하는 시야를 넓혀주는 동시에 인류 복지에도 엄청난 기여를 한다. 랩온어칩은 종합

첨단기술이기 때문에 미래의 랩온어칩 시장은 관련된 기술 분야 발전의 돌파구를 제공할 것이다. 예를 들면 기계공학의 마이크로머시닝 기술은 지난 30년간 눈부신 발전을 해왔으나 산업화에는 성공하지 못했다. 반도체 기술은 집적도의 한계에 가까이 와 있기 때문에 미래시장이 불투명한 상황이다. 그리고 화학공학도 석유화학기술 개발의 필요성이 줄어들어 그 정체성을 상실하고 있다. 랩온어칩은 이러한 전통적인 기반기술 분야에 새 활로를 열어줄 것이다.

한종훈 부산대학교 화학과를 졸업하고, 1981년 한국과학기술원에서 화학전공으로 석사학위를 받았으며, 1989년 스탠퍼드대학에서 이학박사학위를 받았다. 현재 포항공과대학교 화학과 교수로 있으며, 과학기술부 지정 국가지성연구실(생의학분석기술연구실) 연구책임자를 맡고 있다.

생체의료용 물질의 연구

사람의 몸속에 마이크로칩을 심는다

최인성

한국과학기술원 교수 · 화학

나의 연구 분야는 화학, 공학, 생물학 전반이다

MIT 화학공학과의 로버트 랭어 교수를 소개할 때면 항상 따라다니는 수식어는, '미국 과학계의 대표적인 학술원 세 곳(국립과학원, 국립공학원, 의학회—National Academy of Sciences, National Academy of Engin-eering, Institute of Medicine)의 유일한 정회원'이라는 것이다. 그의 경력은 다음과 같다. 700편 이상의 학술논문 발표, 13권의 도서 저술, 600회 이상의 초청 강연과 100개 이상의 수상경력. 거기에 덧붙여 400개 이상의 특허를 받아 이 가운데 80개 이상을 회사에 기술 이전하여 현재 30개 이상이 상품화되었다. 그의 특허 가운데 하나는 1988년에 매사추세츠주 최고의 특허로 선정됨과 동시에 미국 최고 20개 특허 중 하나로 선정되었다.

그는 또 2002년 타임지에서 뽑은 미국 최고 과학자(America's Best) 가운데 생의공학 분야에서 최고 과학자로 선정되었으며, 공학의 노벨상이라고 불리는 'Draper Prize'를 2002년에, 공학자로는 유일하게 'Gairdner Foundation International Award'를 1996년에 수상하였다

❝ 약물전달용 마이크로칩 연구를 수행한
동기를 랭어 교수는 세미나에서
다음과 같이 말했다.
어느날 컴퓨터칩을 만드는 공정과
인텔에 대한 텔레비전 프로그램을
보다가, '약물전달용으로 마이크로칩을
만든다면?' 하는 생각을
하게 되었습니다. **❞**

▶ 로버트 랭어

(이 상을 수상한 과학자 가운데 56명이 후에 노벨상을 수상했다). 많은
기사들은 그를 아래와 같이 표현한다. 'Drug Deliveryman', 'Tissue
Master', 'Plastic Man'. 그러나 그를 가장 적절하게 표현한 것은 단연,
'현대 생체의료용 물질의 아버지'라고 할 수 있다.

랭어 교수의 연구 분야는 약물전달시스템(drug-delivery system)과
조직공학(tissue engineering)으로 나누어 이야기할 수 있다. 이는 한
마디로 말해 고분자를 포함한 인공물질과 생체물질(예를 들면, 단백질
이나 세포) 간의 상호작용을 연구하고 이를 생의학 분야에 응용하는 것
이다. 고분자공학에서부터 시작된 그의 연구는 'pharmacy-on-a-chip',
줄기세포를 이용한 조직공학, 초음파를 이용한 약물전달, 나노테크놀로
지 등으로 다양하게 전개되어 있다. 약물전달시스템에 대한 그의 연구
결과는 현재 미국에서 연간 200억 이상으로 추정되는 큰 시장의 서장을
여는 계기를 제공했다.

그는 새롭게 떠오르는 신기술인 조직공학의 골격을 만든 사람이기도
하다. 자신의 연구 분야에 대해서 랭어 교수는 다음과 같이 표현하고 있

다. "제가 연구하고 있는 분야는 화학, 공학, 생물학이 함께 어우러진 분야로서, 저는 이런 학제간 연구에 관심이 많습니다. 이 분야는 계속 발전할 것이며, 앞으로 인류복지 향상에 도움을 주는 많은 결과들을 창출해낼 것입니다."

인류의 건강을 증진시키는 것이 나의 임무

랭어 교수는 1948년 뉴욕주 알바니에서 주류판매상을 하는 평범한 가정에서 태어났다. 똑똑한 아이들이 흔히 그렇듯이 학창시절에 수학과 과학에서 탁월한 실력을 보인 그는 코넬대학에 입학한다. 대학 입학 당시 그는 앞으로 하고 싶은 일이 무엇인지 전공을 무엇으로 선택해야 할지 결정하지 못했으나, 1학년 과목 중에 화학을 제일 좋아했다. 주위에서 공학자가 되라는 조언을 받은 그는 화학공학을 전공으로 선택한다. 그러나 대학 졸업 후에도 앞으로의 진로에 대해서도 그는 어떻게 해야 할지 갈피를 잡지 못했다고 한다. 여러 군데의 화학공정 회사에서 채용 의사를 받기도 했지만, 고민 후에 MIT 화학공학과에 진학하여 1974년에 박사학위를 취득한다.

박사학위를 취득했을 때를 회상하며 랭어 교수는 다음과 같이 말했다.

"MIT에서 질 높은 교육을 받기는 했지만, 인류의 삶을 윤택하게 하고 향상시키는 일을 했는지에 대해서는 회의가 들었습니다. 내 마음속의 한 부분에서, 내가 할 수 있고 없는 것을 찾아서 안일하게 할 수 있는 일만 하는 것이 아닌, 그보다 더 높은 그 무엇 즉, 내가 가진 것, 내가 배운 것을 이용해서 인류의 건강을 증진시키는 일을 하고 싶다는 욕망이 일었습니다."

이와 관련하여 랭어 교수는 다음과 같은 말도 했다.

"많은 사람들이 과학에 대한 호기심에 이끌려 과학을 선택하고 과학의 아름다움 자체에 심취할지 모르지만, 저의 경우는 다릅니다. 제가 생

PRINCIPLES
OF TISSUE
ENGINEERING

SECOND EDITION

Edited by
Robert P. Lanza
Robert Langer
Joseph Vacanti

랭어의 연구 분야는 크게 약물전달시
스템과 조직공학으로 나누어 이야기
할 수 있다.

각하기에 과학은 인류와 세상을 바람직한 방향으로 이끌고 변환시킬 수
있는 도구입니다."

그가 미국 과학계에 제일 먼저 일으킨 파문은 고분자를 이용한 약물
전달시스템이었다. 이 연구는 그가 MIT에서 박사과정을 마치고, 하버
드 의대의 포크만(Folkman) 교수 연구실에서 연구원으로 있었을 때로
거슬러올라간다.

포크만 교수는 혈관생성(angiogenesis)을 저해함으로써 암을 치료할
수 있다는 연구 결과를 발표하여 그 당시에 이미 지명도가 있는 교수였
다. 포크만 교수 연구실에서 랭어 교수가 수행한 연구 주제는 혈관생성
저해제를 연골로부터 추출하는 것과, 혈관생성을 저해하는 단백질을 몸
속에서 장기간에 걸쳐서 전달하는 방법을 찾아내는 것이었다. 그때 당

랭어 교수가 개척하고 있는 생의공학과 조직광학 분야는 인류의 미래를 영화나 공상과학소설에서나 만날 수 있는 그런 가능성의 세계로 변화시키고 있다.

시 크기가 작은 스테로이드계 약물의 경우에는 실리콘이라는 고분자를 사용해서 약물전달을 하는 방법을 사용하고 있었는데, 전하를 띠고 있는 약물이나 단백질과 같이 크기가 큰 약물은 고분자 사이를 빠져나가는 속도가 느리므로 고분자를 이용해서는 약물전달이 용이하지 않다는 것이 당시 학계의 정설이었다.

랭어 교수는 고분자 중에서 소수성(물을 싫어하는 성질)을 가지는 고분자를 용매에 녹인 후에 단백질과 같은 고분자 약물을 혼합하면 마이크로구 형태나 종이 형태를 만들 수 있음을 발견했고, 이와 같은 공정을 사용해서 단백질을 100일 이상에 걸쳐서 천천히 몸속에서 방출하는 방법을 개발했다. 박사후과정 연구원 시절의 이 두 가지 연구 주제는 최고의 과학학술지인 『사이언스』와 『네이처』에 각각 발표되었다. 그 시절의 랭어 교수에 대해서 포크만 교수는 다음과 같이 말하고 있다.

"밥(로버트의 애칭)은 다른 사람들이 생각하는 것과는 다른 방향으로 문제를 바라보고 해결법을 찾는 특별한 능력과 창의력을 가지고 있다. 다른 사람이 풀지 못한 문제나 풀 수 없다고 생각한 문제를 그에게 주었을 때, 밥은 며칠 후에 해결점을 들고 나타나곤 했다."

포크만 교수의 랭어 교수에 대한 칭찬은 이것으로 끝나지 않는다.

"하버드에는 다양한 유형의 천재들이 있다. 대부분은 보통 천재로서 그들이 문제해결 방법을 설명하였을 때, 그들이 해결한 방법은 이해가 가능하다. 그러나 마술사적 천재(magician genius)가 한 일은 도저히 그가 어떻게 해결점을 찾았는지 이해를 할 수가 없다. 아인슈타인과 파인만 교수를 포함해서, 랭어 교수가 이 부류에 속하는 천재라고 할 수 있다."

그의 아이디어는 기존 연구방법에 반대로 접근하는 것이었다. 앞에서 언급했듯이 스테로이드계의 약물을 실리콘을 통해서 방출하는 방법은, 실리콘과 같은 고분자를 종이 형태의 막으로 만들었을 때 일반적으로 자연스럽게 생성되는 아주 미세한 구멍을 이용한 것이었다.

예를 들면, 멀미를 치료하기 위해서 귀 옆에 붙이는 접착형 밴드는 고분자막으로 이루어져 있다. 이 고분자막 밑에 약물이 있고, 그 약물이 고분자막의 미세한 구멍을 통해서 빠져나오게 된다. 하지만 덩치가 큰 단백질과 같은 약물은 그 작은 구멍을 통해서 빠져나갈 수가 없다. 이는 마치 커다란 조약돌을 모래를 거르는 체에 통과시키려고 하는 것과 똑같은 것으로서, 70년도 당시에는 풀지 못한 숙제로 남아 있었다.

랭어 교수는 이 문제를 거꾸로 접근하였다. 조약돌을 체에 통과시키려고 하지 않고 조약돌을 커다란 체로 보자기에 싸듯이 싼 것이다. 이렇게 함으로써 조약돌이 들어 있는 공간과 조약돌 간에 3차원의 길을 만들 수 있었고 조약돌은 그 길을 통해서 보자기 밖으로 빠져나갈 수 있게 된다. 랭어 교수는 이 현상에 대해 다음과 같은 비유를 들기도 한다. "이것은 마치 보스턴의 복잡하고 꾸불꾸불한 길을 자동차가 지나갈 때와 같습니다. 길은 꾸불꾸불하고 앞에는 차가 막혀 있지만 서서히 소통이 되어 결국은 길을 통과할 수 있듯이, 고분자길 안의 약물도 천천히 방출되게 됩니다."

지금의 관점으로 보면 너무나도 간단한 해결방법이지만 그 당시에는 누구도 생각하지 못한 방법이었다. 한 예로, 고분자 분야의 전문가이자 노벨상 수상자였던 플러리(Flory) 교수조차 포크만 교수에게 단백질은 너무 커서 고분자로부터는 절대로 방출할 수 없다고 했다고 한다. 그 당시 포크만 교수 연구실에서는 이 문제를 해결하기 위해 5년 정도의 기간을 아무 소득이 없이 보냈으나 위에서 설명한 방법을 이용해서 랭어 교수는 단 6개월 만에 이 문제를 해결하였다.

포크만 교수 연구실에서 3년을 보낸 랭어 교수는 MIT의 조교수로서 그의 독자적인 연구 활동을 수행하게 된다. 그의 주요 관심사는 현존하는 고분자를 사용하는 것이 아니라 생의공학의 각 분야에서 필요한 성질을 만족시키는 고분자를 화학적으로 설계하고 합성하는 것이었다.

뇌암을 치료하는 새로운 기술을 개발하다

랭어 교수는 다음과 같이 말한다.

"사람 몸속에 삽입되는 물질을 설계하는 일은 화학자와 화학공학자가 할 일입니다. 연구를 처음 수행했을 당시에 대부분의 생의공학 연구는 임상의사들에 의해 이루어지고 있었으며, 그들은 주위에서 쉽게 구할 수 있는 물질을 사용해왔습니다."

랭어 교수가 항상 드는 예 가운데 하나가, 초창기의 인공심장에서 사용했던 고분자 물질이다. 이것은 여자속옷인 거들을 만들 때 사용하는 고분자였다. 그 당시에 보통의 연구자들이 기존에 있는 물질을 사용해서 그것을 응용하고자 한 반면, 랭어 교수는 고분자를 사용해서 응용하고자 하는 분야를 먼저 생각하고 그 목적에 맞는 생리학적 제한 조건과 성질을 연구한 다음 이에 따라 고분자를 설계했다. 누구도 생각하지 못했던 일, 그러나 결과를 놓고 보면 너무나 당연하고 누구나 생각할 수 있는 것처럼 보이는 일. 콜럼버스의 달걀 같은 일을 제일 먼저 제안하는 그의 창의력이 그를 현재의 위치에 있게 한 것이다.

하지만 그의 아이디어는 그 당시에는 너무나도 획기적인 것이었기 때문에 과학계에서조차 인정받을 수가 없었다. 1977년과 1978년, 2년 동안 그는 고분자를 이용한 항암제 전달 연구와 혈관생성 억제제 연구에 대한 아홉 개의 연구계획서를 미국국립보건원을 포함한 연구비 지원기관에 제출하지만 어느 하나도 선정되지 못했다. 그가 제안한 연구 방법론은 교과서에 없는 내용이었기 때문에 평가위원들이 이해를 하지 못한 것이다.

어느 땐가 연구실 모임에서 옛날을 회상하며 랭어 교수가 다음과 같은 에피소드를 말한 적이 있다.

"제가 조교수를 할 당시에 MIT에서는 조교수에서 부교수 승진 심사가 없었고 심사는 정교수 승진시에 있었습니다. 하지만 부교수 승진을 몇 달 앞둔 어느 날 학과장 교수가 절 부르더니, '당신의 연구 주제는 미래가 없다. 전혀 성공할 수 없는 것을 연구하기보다는 다른 길을 찾아보는 것이 좋겠'라고 말한 적도 있습니다."

하지만 랭어 교수는 이런 주위의 염려와 부정적인 시각에도 불구하고 자신의 신념대로 자신이 원하는 일을 추진했다.

각각의 목적에 맞는 고분자를 설계하고 합성하는 연구의 첫 번째 결과로서, 랭어 교수는 원하는 물성을 가짐과 동시에 몸속에서 분해되는 고분자를 합성하였다. 이렇게 합성된 고분자는 분해속도와 형태 조절이 가능했으며, 또한 이 고분자로부터 분해된 물질은 생체에 전혀 유해하지 않은 물질이어서 사람의 몸을 다루는 생의공학 분야에 응용이 가능했다. 그는 이 고분자를 이용하여 재발성 뇌암을 치료하는 방법을 개발하게 된다.

미국 식약청으로부터 판매 허가를 받은 이 방법은, 뇌암 치료 방법으로는 25년 만에 새로운 방법으로 허가를 받은 방법임과 동시에 고분자를 이용한 항암제 전달 시스템 중에서 세계 최초로 상품화에 성공한 것이다. 그가 상품화한 방법은, 항암제를 포함한 생분해성 고분자를 1원짜리 크기 정도로 만든 후에 이를 종양제거수술을 한 자리에 삽입하여 종양의 번식을 막는 방법이다. 이렇게 하면 주사를 통해서 항암제를 몸에 주사했을 경우에 나타나는 부작용을 최대한 억제할 수 있으며, 또한 직접 종양이 있던 신체 부위(뇌)에서 작용하기 때문에 임상 실험결과 환자의 기대 생존율을 두 배 이상 늘릴 수 있는 결과를 보였다. 이 방법은 미국의 인기 의학드라마인 「ER」에서 주인공인 그린 박사가 뇌암을 치료하는 새로운 기술로 소개되기도 했다.

조직공학 분야에서의 연구

랭어 교수가 생분해성 고분자를 이용하여 수행하고 있는 생의공학의 또 다른 분야는 조직공학이다. 그는 고분자의 화학적 성질과 물성을 조절하면 원하는 종류의 세포(예를 들면, 피부세포, 간세포, 연골세포, 신경세포, 또는 줄기세포)를 고분자 표면에서 증식시킬 수 있다는 것을 발견했다. 하버드의대 소아과의 배칸티(Vacanti) 교수와의 공동연구를 통해서, 생분해성 고분자로 원하는 3차원 구조(예를 들면, 코모양이나 연골 구조)를 만들고 형성한 고분자 구조위에 세포를 배양하면, 배양된 세포가 조직으로 바뀌고 조직의 구조는 원래의 고분자 구조를 가진다는 것을 발표했다.

기술의 가능성을 보여주기 위해서 랭어 교수는 쥐의 등에 사람의 귀모양을 조직공학 방법을 통해 생성하기도 했다. 또한 최근에는 척추를 다쳐서 움직이지 못하는 쥐의 부러진 척추 사이에 신경줄기세포가 증식된 고분자를 삽입한 후에 조직공학 방법을 이용하여 쥐의 몸속에서 척

랭어는 고분자의 화학적 성질과 물성를 조절하면 피부세포, 신경세포 등을 고분자 표면에서 증식시킬 수 있다는 것을 발견했다.

추를 생성하여 쥐가 다시 완벽하게 활동하는 결과를 발표하기도 했다. 그가 개발한 방법을 이용하여 인공피부를 만드는 방법은 미국 식약청의 허가를 받아 제품화되어 화상 환자나 당뇨병, 궤양 환자 치료에 이미 사용되고 있다. 조직공학 분야에서 랭어 교수의 꿈은 환자 자신의 세포를 가지고 인공 심장, 간, 신장 등의 장기를 생성해서 이를 환자에게 이식하는 방법을 개발하는 것이다. 즉 인공 물질을 사용하여 인공 장기를 만드는 것이 아니라, 환자 자신의 세포로 환자의 원래 장기와 똑같은 (인공)장기를 만드는 것이다.

약물전달용으로 마이크로칩을 만든다면

최근에 랭어 교수는 그의 연구 분야를 미세공정 및 나노테크놀로지와 접목하는 연구를 수행하고 있다. 약물이 들어 있는 마이크로칩을 몸속에 삽입한 후에, 필요에 따라 약물을 몸속에서 원하는 시간에 원하는 장소에서 원하는 양만큼 방출할 수 있는 방법을 발표하였으며, 바이오센서를 이용한 진단칩 등의 연구 또한 수행하고 있다.

약물전달용 마이크로칩 연구를 수행한 동기를 랭어 교수는 세미나에서 다음과 같이 말했다.

"어느 날 컴퓨터칩을 만드는 공정과 인텔에 대한 텔레비전 프로그램을 보다가, '약물전달용으로 마이크로칩을 만든다면?' 하는 생각을 하게 되었습니다."

현재 동물실험을 수행하고 있는 이 약물전달용 마이크로칩에 바이오센서기술이 융합된다면 훨씬 효과적인 약물전달법이 될 것임에 틀림없다. 예를 들어, 당뇨병환자의 경우 혈당량을 마이크로칩에 장착된 센서로 진단하고, 혈당량이 높을 경우에만 필요한 양만큼의 인슐린을 전달하게 할 수 있을 것이다. 이뿐 아니라 그는 더 나아가 환자 한 사람 한 사람에게 필요한 칩을 개발하는 비전을 제시하고 있다. 즉, 환자의 진단과 치료에 필요한 모든 종류의 약과 진단 기능을 하나의 칩에 포함한다는 것이다.

랭어 교수는 이 모든 결과를 그의 연구실에서 연구를 수행하고 있는 학생과 연구원들의 공으로 돌린다. 그의 연구실에는 학부연구생 20명 정도를 포함해서 약 60명 정도의 박사과정 학생과 박사후연구원이 연구를 수행하고 있다. 2000년 『사이언스』에 표지로 소개되기도 했던 랭어 교수의 연구실은 하나의 큰 회사에 비유된다. 그의 연구실에서 일하고 있는 학생과 연구원들의 전공을 살펴보면, 물리학에서부터 화학, 임상의학, 생물학, 전자공학에 이르기까지 다양한 전공을 가지고 있음을 알 수 있다. 일 년에 5~6명 정도 선발하는 박사학생과 박사후연구원 모집에 2,000명 이상의 지원서가 해마다 도착한다. 그가 연구원을 선택하는 기준은 무엇일까. 그는 선택의 기준을 다음과 같이 말한다.

"나는 단지 똑똑하고 열심히 연구하는 사람을 찾지는 않습니다. 똑똑하고 열심히 일하는 것은 기본이며, 이와 함께 독립적으로 연구를 할 수 있으며 성취의욕이 높은 사람을 원합니다."

문제를 푸는 것이 우리가 할 일이다

랭어 교수 연구실의 학생과 연구원들은 자신이 공부하고 직접 자료를 수집해서 자신의 연구 주제를 선택하고 연구를 수행한다. 랭어 교수가 도움을 주는 것은 연구원들이 제안한 주제가 얼마나 실현가능성이 있는지, 그리고 실현되었을 때 과학계와 인류의 삶에 어느 정도 영향을 줄 수 있는 것인지를 판단하여 알려주는 것이다. 필자가 박사후연구원으로 랭어 교수 연구실에 있을 때, 첫 만남에서 그는 다음과 같은 말을 들려주었다.

"연구 주제에 대해서 난 별로 가지고 있는 생각이 없다. 앞으로 약 두 달 정도 도서관에서 자료를 찾고 공부한 후 몇 개의 연구 주제를 제안해서 가져와라."

이러한 연구실 운영방법에 대해 랭어 교수는 다음과 같이 설명한다. "연구실 운영에 있어서 저의 목표는 연구실 멤버 간의 교류와 창의력을 극대화하는 환경을 만드는 것입니다."

그의 연구실 실훈이 "어떠한 난관이 있더라도, 그 문제를 푸는 것이 우리가 할 일이다"(Whatever it takes to solve the problem, that's what we'll do)라는 것과, "겉으로 보기에 아무리 어려운 일이라도, 아무리 다른 사람들이 불가능하다고 생각한다 하더라도, 세상에 불가능한 일은 없다"인 이유는 쉽게 이해가 된다.

필자가 연구원으로 있을 때 필자의 사무실이 랭어 교수 사무실의 바로 앞에 있어서 문을 통해서 교수의 하루 생활을 엿볼 수 있었다. 보통

10시쯤에 출근해서 6시쯤에 퇴근하는 그는 1분도 쉬지 않는 하루를 보낸다. 그의 일과표는 회의, 강의, 모임으로 빽빽하게 차 있으며 다른 사람과 같이 있지 않는 시간에는 항상 전화로 회의와 토론을 하는 소리가 들렸다.

연구 분야는 최첨단을 달리고 있으면서도 그는 옛것을 좋아하는 사람이다. 일과표로 아직도 오래된 다이어리를 사용하고 있으며 이메일보다는 전화통화를 좋아한다. 랭어 교수에 대해서 놀랄 만한 사실은 일정이 바빠 일 년에 한 번도 실험실에 직접 와서 연구 수행 상황을 본 적이 없음에도 불구하고, 누가 어떤 일을 하고 있는지 어느 정도 연구가 진행되고 있는지를 훤히 꿰뚫고 있다는 사실이다. 이는 그의 사무실이 언제나 개방되어 있다는 뜻이기도 하다. 일과표에 언제라도 빈 공간이 있으면 누구라도 교수를 만나서 이야기를 할 수 있다. 이메일을 그리 좋아하지 않지만 항상 PDA를 가지고 다니면서 'Yes', 'OK' 정도로 간단한 대답일지라도 즉시 답장을 보내준다.

끊임없는 도전의식을 가지고 큰 꿈을 꿈과 동시에, 자신의 연구실에서 일하는 연구원들에게 큰 꿈을 심어주고 그들의 창의성을 극대화시키고자 하는 그에게서, 진정한 과학자이자 후학을 가르치는 교수로서의 면면을 느낄 수 있다.

랭어 교수의 별장은 보스톤의 남쪽에 케이프코드(Cape Cod)라는 해변가에 있다. 전 미국 대통령의 여름 휴양지이기도 했던 그곳에서 랭어 교수는 여름 두 달 동안을 가족과 함께 보내는 가정적인 모습도 가지고 있다. 여름 중 하루는 연구실 모든 학생과 연구원들이 랭어 교수의 별장에서 파티를 하는데, 일광욕으로 검게 그을린 피부와 선글래스에 수영복을 입고 있는 그의 모습에서는 생의공학계 대부의 모습은 찾아볼 수 없고, 옆집 아저씨의 친밀함만을 느낄 수 있다. 포크만 교수는 랭어 교수에 대해서 다음과 같은 말을 남겼다.

"밥이 언짢은 얼굴을 하거나 생동감을 잃어버린 얼굴을 하고 있을 때를 본 적이 없다. 그는 항상 사람들에게 친절하고, 항상 새로운 아이디어를 가지고 있다."

사람들은 랭어 교수를 평가할 때, 랭어 교수가 만약 과학을 선택하지 않았다면 아마도 라스베이거스의 길거리에서 사람들을 상대로 마술을 보여주면서 돈을 벌고 있을 것이라는 우스갯소리를 한다. 왜냐하면 그가 지금까지 보여준 연구 결과는 모자에서 살아 있는 토끼를 꺼내는 마술과도 같은 것이었기 때문이다.

최인성 서울대학교 화학과를 졸업하고 같은 학교 대학원에서 석사학위를 취득했다. 졸업 후 도미하여 하버드대학교 화학과에서 조지 화이트사이즈 교수의 지도 아래 박사학위를 취득한 후, MIT 화학공학과의 로버트 랭어 교수 연구실에서 박사후연구원 과정을 밟았다. 현재는 한국과학기술원(KAIST) 화학과 교수로 재직하고 있다.

지능로봇과 인간이 함께 꾸려나갈 미래

로봇과 함께하는 일상

정명진
한국과학기술원 교수 · 전자공학

로봇이 일상화되는 시대

요즈음 우리는 거의 매일같이 신문과 방송을 통하여 최신 과학기술을 접하고 있다. 그 중에서 우리의 관심을 사로잡는 것 하나가 로봇에 관련된 것이다. 최첨단기술로 중무장한 각종 서비스로봇이 소개되고 있고 로봇의 응용 분야도 오락과 교육 · 의료 · 재활보조와 복지 · 국방 · 해저탐사 · 우주항공 등 광범위하다. 가까운 예로 우리의 실생활에서도 최근 몇 년 동안 청소용 로봇이 많이 보급되어 사용되고 있고, 정부의 국민로봇 시범사업인 URC(Ubiquitous Robot Companion)를 통해 가정과 공공기관에 로봇이 보급되고 있어 머지않은 장래에 '1가구 1로봇' 시대가 올 것이라고 이야기되고 있다.

매일 반복되는 일상을 지내며 우리는 가끔 '이런 반복적인 일들을 대신해주는 사람이 있었으면' 하는 바람을 품는다. 옛날부터 인간은 인간과 더불어 살면서 도움을 주는 기계 혹은 그 이상의 무엇을 바라왔다. 그리스 신화에도 아름다운 여인 조각상을 만들어 생명을 불어넣고자 하는 피그말리온(Pygmalion)의 이야기가 있다. 스스로 일하고 도움을 주

> **❝** 감지기능, 판단기능, 운동기능, 통신기능의
> 네 가지 기능을 갖는 첨단로봇을 지능로봇이라고 부른다.
> 만일 이러한 지능로봇이 등장한다면 인간에게
> 어떠한 영향을 끼칠 것인가도 로봇 연구와 더불어
> 한 번쯤 생각해봐야 할 문제이다.
> 지능로봇이 인간의 안전과 복지를 위한 친구가 될 것인지
> 아니면 인간에게 해를 끼치는 존재가 될 것인지는
> 인간의 손에 달려 있다. **❞**

는 무엇이 있었으면 하는 바람은 중세와 근세에는 자동화된 기계 형태로 만들어졌으며 현대에서는 로봇이라는 모습으로 우리에게 다가오고 있다.

실제로 로봇이란 단어는 20세기 초 체코인 작가 카렐 차페크(Karel Capek)의 희곡 「로섬의 만능 로봇」(*Rossum's Universal Robots*)에서 처음 등장한다. 차페크는 작업 능력에서 인간과 동등하거나 그 이상이면서 인간적 '감정'이나 '혼'을 가지고 있지 않은 개체를 등장시키면서 이를 로봇이라고 불렀다.

로봇이 대중 앞에 최초로 등장한 것은 1926년 「메트로폴리스」(Metropolis)라는 영화에서였다. 그리고 실물로서는 1939년 뉴욕 세계 박람회에 등장했던 엘렉트로(Electro)라는 초보적인 수준의 걷는 로봇이었다. 실제적인 로봇의 개척자로는 산업용 로봇을 기술적으로 구체화한 조지 드볼(George Devol)과 이 기술을 상품화한 산업용 로봇의 창시자인 조셉 엥겔버거(Joseph Engelberger)를 꼽을 수 있다. 이때의 로봇은 작업 환경이 미리 정해진 경우에만 이미 주어진 궤적을 이동하

며 사용이 가능했는데, 이처럼 외부 환경에 대한 정보를 획득할 수 없는 로봇을 1세대 로봇이라 부른다. 1세대 로봇은 3D(Difficult, Dangerous, Dirty)업종이나 높은 생산성이 요구되는 제조업에서 주로 사용되었다.

이후 컴퓨터와 센서 그리고 모터의 비약적인 발전으로 인해 외부 환경을 빠르게 인식하고 신속히 정보를 처리하여 계산된 명령에 따라 로봇을 빨리 그리고 정확하게 움직일 수 있는 여러 가지 방법들이 개발되었다. 이는 센서를 이용하는 2세대 로봇을 거쳐 3세대 로봇으로 발전되었고, 지금은 제조 분야를 벗어나 서비스 분야에까지 응용 분야가 확장되고 있다.

이에 따라 로봇에 요구되는 기능도 변하고 있다. 초기에는 생산성을 높이기 위한 신속성과 정확성이 요구됐지만, 이제는 인간과 공간을 공유하며 지낼 수 있는 지적능력과 적응능력, 그리고 안정성이 강조되고 있다. 여러 매체를 통하여 접했던 일본 소니사의 아이보(AIBO)라는 강아지 로봇이나 큐리오(QRIO)라는 조그마한 인간형 로봇 그리고 MIT 대학의 키즈멧(Kismet)이나 레오나르도(Leonardo)와 같은 인간과 감정 교류를 통해 교제할 수 있는 사회성이 있는 로봇(sociable robot)들을 통하여 이러한 기능적인 측면을 잘 살펴볼 수 있다.

국내의 로봇 개발 역사

1950년대에 시작된 외국의 로봇 개발과는 달리 국내의 로봇 개발 역사는 그리 오래되지 않았다. 1979년 지금의 한국과학기술원(KAIST)과 한국과학기술연구원(KIST)에서 실린더 타입의 산업용 로봇 팔(manipulator)인 'KAISEM'과 NC기계 개발이 각각 시작되었으며, 이 무렵 자동차 조립 공정에도 수입된 로봇 팔이 사용되기 시작하였다.

산업용 로봇이 아닌 첨단로봇에 대한 비교적 큰 규모의 연구로는 1987년부터 3년간 과학기술처의 국가주도 과제로 한국과학기술원이

일본 소니사에서 개발한 애완용 강아지 로봇 아이보. 주인의 얼굴과 목소리를 인식하며 감정을 표현하고 에너지가 떨어지면 스스로 충전하는 기능을 갖추었다.

주관이 되어 진행한 사각보행 로봇에 대한 개발 연구가 있었다. 이 로봇은 네 발로 걷고 계단을 오르내리는 동작을 성공적으로 선보였다. 이와 비슷한 연구는 그후 1996년부터 휴먼 로봇 시스템 개발 과제로 한국과학기술연구원에서 진행되었으며 센토(Centaur)라는 반인반수 형태의 로봇이 만들어져 보행과 감지 기능을 갖춘 발전된 모습을 보였다. 또한 한국원자력연구소(KAERI)에서는 원자력발전소에서 이용 가능한 무한궤도 바퀴를 갖는 로봇을 개발하였다.

　1996년에 시작된 로봇 축구는 길이와 폭과 높이가 각각 7.5센티미터인 작은 크기에 여러 가지 복합된 기능을 갖는 이동 로봇이 폭 1.8미터, 길이 2.2미터의 축구장에서 축구를 하는 로봇 시스템이다. 이것은 우리나라에서 처음으로 제안된 후 세계적으로 확산되고 있어 종주국으로서의 자부심을 느끼게 해주고 있다. 2003년 8월 정부의 10대 차세대 성장동력 산업의 하나로 지능형 로봇이 선정된 시점을 전후하여, 과학기술부에서 시작된 21세기 프론티어 사업으로 노약자를 위한 서비스 로봇

개발이 시작되었으며 2004년에는 산업자원부와 정보통신부에서도 각각 지능형 로봇 사업단과 IT기반 지능형 로봇사업단이 만들어져 정부 주도의 서비스 로봇 개발의 황금시대를 열어가고 있다.

하지만 위에 열거한 로봇들은 일반인이 상상하는 로봇과는 아직도 거리가 멀다. 오히려 일반인이 기대하는 로봇은 과학기술 분야보다는 영화 쪽에서 찾아봐야 할 것이다. 「스타워즈」의 'R2D2'와 'C-3PO', 「바이센테니얼 맨」의 앤드류, 그리고 최근의 「I, Robot」에 나오는 현란한 동작과 지능을 갖춘 로봇은 앞으로 로봇 공학이 가야 할 방향을 잘 보여준다. 이러한 영화 덕분에 로봇 기술에 대한 일반인들의 기대감이 커져 있는 반면 현재의 기술은 그렇지 못하다는 점이 아쉬움으로 남는다.

SF영화에 등장하는 로봇을 제작하기 위해서는 어떤 기술의 발전이 뒷받침되어야 할까? 결론부터 말하자면 센서 공학, 인간-로봇 상호작용 기술, 실시간 정보처리 기술, 고성능 구동기 기술, 고속통신 기술 등 다방면에 걸친 기술의 협력이 필요하다. 이러한 기술이 전반적으로 이용되는 서비스 로봇 혹은 지능로봇에서 해결해야 할 기술 동향과 문제점을 살펴보자.

인간과 공존해야 하는 미래의 로봇

앞으로 등장할 첨단로봇은 제조업 분야는 물론, 서비스 분야에서 더욱 많이 사용될 것이기 때문에 주위 환경을 감지하고 인식하는 각종 센서를 필요로 하며, 감지된 정보는 실시간으로 처리되어야 한다. 처리된 정보는 지적인 판단 기능에 의해 손을 움직이거나 발을 움직이는 적절한 행동으로 나타나게 되는데, 이렇게 획득된 정보에 의해 결과가 행동으로 보이는 점이 기존의 컴퓨터 공학이나 IT(Information Technology) 분야와 차별성을 갖는 로봇공학의 특징이다. 또한 미래의 로봇은 인간과 공존(coexistence)하고 공생(symbiosis)해야 하므로 인

영화 「바이센테니얼맨」의 한 장면. 영화에서 볼 수 있는 인간과 교감하는 로봇의 모습은 앞으로 로봇 공학이 가야 할 방향을 잘 보여준다.

간과 상호 대화를 할 수 있는 인간-로봇 상호작용 기능(Human-Robot Interaction)이 필요하다.

이러한 상호작용 기능을 크게 나누면 감지기능, 판단기능, 운동기능, 통신기능의 네 가지 기능으로 나눌 수 있다. 이러한 기능을 갖는 첨단로봇을 지능로봇이라고 부른다. 이러한 지능로봇은 투입되는 분야에 따라 순수한 기계 모양으로, 혹은 동물 또는 곤충의 모양과 기능을 모사한 여러 형태로 나타날 수 있으며 경우에 따라 네트워크화된 형태가 없는 임베디드 로봇(embedded robot)으로 만들어지고 있다. 그러나 인간 형태의 로봇이 사람과 더불어 사는 데 가장 적절하고 효과적이기 때문에, 인간형 로봇(humanoid)의 연구가 활발히 진행되고 있으며 아울러 인간의 기능을 극대화하는 사이보그(cyborg)에 대한 연구도 활발히 진행되고 있다.

소니사의 인간형 로봇 큐리오. 큐리오는 사람의 얼굴을 식별하고 대화를 나눌 수 있으며, 노래를 부르기도 한다. 미래의 로봇은 인간과 공생해야 하므로 인간과의 상호작용 기능이 필요하다.

주위 환경을 인식하는 로봇의 감지기능

먼저 로봇의 감지기능을 살펴보자. 인간이 주위 환경을 인지하기 위해 오감을 사용하듯이, 로봇도 주위 환경을 이해하기 위해 오감에 해당하는 감지기능이 필요하다. 얻을 수 있는 정보가 정확할수록 더욱 정확한 판단을 할 수 있기 때문이다. 특히 시각과 청각 그리고 촉각은 아주 긴요한 감지기능이라고 할 수 있다.

이 중에서는 시각이 가장 많이 사용된다. 인간의 경우 시각을 통해 필요한 주위 환경에 대한 정보의 80퍼센트 이상을 얻기 때문이다. 로봇의 눈에 해당하는 시각 센서는 주로 카메라를 사용하고 있다. 로봇은 카메라를 통해 영상 정보를 획득하여 주변 환경과 물체를 인식하고 자기 위치를 판별하는 데 필요한 정보를 얻는다. 특히 로봇이 이곳저곳을 자유롭게 이동하기 위해서는 로봇 스스로 자신이 있는 위치를 알아야 하는 문제 (localization)가 있다. 이는 이동로봇에서 가장 기본적으로 해결해야 하는 문제임에도 불구하고 아직까지 완벽하게 해결되지 못하고, 여전히 어려운 문제로 남아 있다. 따라서 최근에는 로봇이 움직일 환경에 인공적으로 별도의 표식을 부착하거나 RFID(Radio-Frequency Identification)나 GSP(Global Satellite Positioning)와 같은 별도의 센서를 사용하는 해결책을 연구하고 있다.

시각 센서를 통해 물체를 인식하는 것은 더욱 어려운 문제로 남아 있다. 물체를 인식하는 데 특징이 되는 윤곽선 · 명암 · 색깔은 외부 환경에 따라 매우 민감하게 바뀐다. 따라서 외부 조명이 변하더라도 물체의 특징을 검출할 수 있는 방법이 도출되어야 환경을 인식하고 물체를 인식하는 지능로봇을 만들 수 있을 것이다.

시각 센서만으로 얻기 어려운 정보는 다른 센서를 보완 사용하여 얻기도 한다. 박쥐가 어두운 밤에 쉽게 날아다닐 수 있는 이유는 초음파를 내보내 주변의 장애물 유무를 판단하기 때문인데, 이와 유사한 개념으로 초음파 센서(ultrasonic sensor)를 사용하여 로봇 주위 50센티미터~6미터 내외의 주변 환경에 대한 장애물 유무를 알아낼 수 있다. 고가이지만 레이저 센서(laser range sensor)를 이용하면 더욱 정확한 거리 정보와 형상 정보도 얻을 수 있다. 또한 열을 이용한 적외선 감지센서를 이용하여 어두운 밤에도 물체의 유무와 형태 그리고 움직임을 알아낼 수 있다. 하지만 이러한 방법들은 특정 환경에서만 정확히 동작하는 것으로, 인간이 생활하는 복잡하고 수시로 변하는 환경에서 활용하기에는 아직도 해결해야 하는 문제점들을 많이 가지고 있다.

청각 센서로는 두 개 이상의 마이크로폰을 이용해서 주변의 소리를 얻고 잡음 속에서 원하는 소리를 구별해낸다. 삼각법으로 소리가 나는 위치를 알아내고 특정인의 소리를 인식할 수도 있다. 또한 촉각으로 접촉 센서와 힘 센서가 이용되며, 물체의 접촉 여부와 로봇이 물체와 접촉 시 어떤 힘이 작용되는지도 알 수 있다. 이러한 센서 외에 로봇의 자세와 관절의 위치를 알아내는 센서로 각종 인코더(encoder)와 가속도계 그리고 자이로(gyro)가 있다. 앞서 열거한 것 외에도 다양한 감지기능이 필요하나, 아직까지 인간 수준의 감지기능을 로봇에게 부여하기에는 많이 부족한 실정이다. 따라서 센서 공학의 수준이 한 단계 높아질 때 인공 지능을 가진 로봇 구현은 한 발짝 다가설 것이다.

판단하고 공감하고 행동하는 로봇

다음은 지적인 판단기능이 있다. 센서로부터 감지된 정보와 지금까지 축적된 지식정보 데이터베이스를 토대로 추론 과정을 거쳐 적절한 판단을 하게 되며, 이 결과는 운동기능에 전달된다. 인간의 경우 두뇌는 상호 연결되어 작용하는 신경망의 집합체로 정보가 순간적으로 병렬 처리되나, 로봇의 경우는 두뇌에 해당되는 부분이 기존의 디지털컴퓨터이기 때문에 모든 일이 순차적으로 처리가 된다. 이것이 실시간으로 정보를 처리하는 데 장애를 주고 있다. 이에 따라 원활한 처리를 위해 디지털 신경망 등 인공지능에 대한 연구가 진행되고 있다. 인간은 학습하는 기능을 갖고 있어 스스로 지식을 습득할 수 있으며, 얻어진 지식과 경험이 데이터베이스에 저장된다. 그러나 아직은 인간이 학습하는 정보처리 과정이 완전히 파악되어 있지 않고, 적절한 판단을 내리기에는 정보량이 너무 방대하기 때문에 모든 경우가 아닌 특정 분야에 대한 지식영역 (knowledge domain)에 대해 판단을 내리는 수준이다.

또한 사람과 더불어 사는 로봇의 경우 인간과 감정을 공유할 필요도 있다. 따라서 센서 정보의 처리를 통하여 지식을 얻을 뿐 아니라 이로부터 사람의 감정이나 정서를 어떻게 얻어내고 표현할 것인지를 알아내야 한다. 감정인식 기술은 여러 형태의 다양한 센서 정보를 이용하여 사람의 심리상태, 신체변화 등을 파악하는 기술로 희로애락이나 졸림 등 사람의 상태를 알아내는 기술이다. 이 기술도 지금 사회성 로봇(sociable robots)을 연구하는 그룹에서 활발히 진행하고 있는 연구 주제이다.

인간은 죽으면 그동안 축적된 지식이 상당 부분 없어지지만 로봇의 지식은 온전히 전달될 수 있다. 만일 로봇이 지적인 판단을 하는 데 장애가 되는 문제점들이 어느 정도 해결된다면 엄청난 정보가 축적될 것이고, 따라서 고도의 지능을 갖는 로봇의 탄생도 예측할 수 있다. 세계적인 물리학자인 스티븐 호킹 박사도 컴퓨터의 성능이 무어(Moore)의 법칙에 의해 18개월마다 두 배로 뛴다는 예를 들며 "기계의 발전 속도를 따라잡기 위해서는 인간의 DNA를 향상시킬 수밖에 없다"고 말한 바 있다.

세 번째 기능은 운동기능이다. 지금까지 산업용 로봇의 개발로 로봇 팔에 대한 연구는 비교적 성숙 단계에 들었다고 할 수 있다. 그러나 산업용 로봇과는 달리 서비스 로봇이 사람의 팔과 유사한 기능을 갖기 위해서는 어깨에 두 개, 팔꿈치에 두 개 그리고 팔목에 세 개 등 적어도 일곱 가지 움직임이 필요하다. 이러한 관절의 수를 로봇에서는 자유도라 표현한다. 3차원 공간상의 한 점에 원하는 자세로 팔을 위치시키기 위해서는 여섯 개의 자유도면 가능하며, 자유도가 그보다 높으면 좀더 다양한 자세로 로봇 팔이 위치할 수 있게 된다. 이것을 설계하고 제어하는 문제는 쉽지 않으며 사람처럼 두 팔로 작업을 할 경우 두 팔을 충돌 없이 조화롭게 제어하는 문제도 쉽지 않다. 또한 섬세한 작업을 위해서는 팔의 움직임과 더불어 손의 움직임도 정밀해야 한다. 그러나 상대적으로 크기가 작은 손가락 관절에는 작지만 힘이 상대적으로 큰 구동기가 필요하다. 이러한 구조적인 문제와 구동기의 부재가 손의 개발을 막고 있다.

팔 움직임 외에 아주 중요한 움직임으로 이동기능을 들 수 있다. 1996년 전까지 수많은 연구기관에서 두발(biped)로 걷는 기술을 개발하기 위해 많은 노력을 기울였으나 안정성이 떨어져 로봇이 넘어지는 문제가 많이 발생하였다. 이 문제는 혼다(Honda)사에서 P2라는 로봇을 발표함으로써 일단락되었다. 혼다의 기술은 사람의 걷는 모습을 다

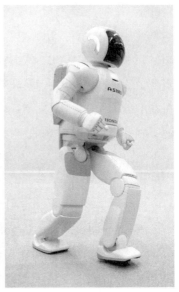

혼다사의 인공지능 로봇 아시모. 아시모는 두 발로 걷고 달릴 수도 있다.

년간 관찰하고 분석한 후 얻어진 것으로 사람이 걷다가 넘어질 것 같으면 발바닥을 지면에 강하게 내딛거나 방향을 바꿔 균형을 유지하는 보행 원리를 이용한 것이다. 이후 여러 형태의 걷는 로봇이 많이 개발되었으며 혼다사의 아시모(ASIMO)와 한국과학기술원의 휴보(Hubo) 등이 대표적인 두발로 걷는 로봇이다. 아시모는 달리기도 하지만 경사가 있는 곳이나 계단에서의 보행이나 제자리에서 뛰는 동작에는 아직도 많은 문제가 남아 있다.

또한 사람과의 교감을 나누기 위해서는 감정 표현이 필요하다. 이에 따라 표정을 나타낼 수 있는 머리 부분이 필요하게 되는데, 머리 부분의 움직임을 보면 눈의 빠른 좌우상하 움직임 그리고 목의 전후좌우 움직임, 눈썹과 입술의 움직임이 있어야 한다. 다양한 표정을 표현하기 위한 기계구조 설계와 구동 기술은 아직도 많은 기술 혁신이 필요하다.

마지막으로 인간과의 감정 교류에 기초가 되는 통신기능이 있다. 로봇이 인간과 공존 · 공생하기 위해서는 사람에서 로봇으로, 그리고 로봇에서 사람으로 양방향으로 의사와 감정을 교류할 필요가 있다. 상대방에게 자기의 의사와 현재 상태를 전하고 상대방의 의도와 감정을 알아야 한다. 이를 위해 표정과 제스처 그리고 음성을 통해서 의사를 교환할 수도 있고 로봇 언어를 이용하여 의사를 교환할 수 있다. 각종 센서를 통하여 얻은 정보로부터 상대의 의도와 감정을 읽어내고 이에 대응하는 행동을 취하고 감정을 표현할 필요성이 있다.

현재는 이와 같이 지능뿐만 아니라 감성도 교류할 수 있는 인간과 로봇의 상호작용 기술(human-robot interaction) 분야에 대한 연구가 활발히 진행되고 있다. 지능로봇의 경우 로봇이 자율적으로 동작할 수 있지만 분야에 따라 인간이 로봇을 원격 조종할 필요도 발생하게 된다. 화성 탐사로봇이나 해양로봇 또는 원자력발전소와 같은 악조건에서 운영되는 로봇의 경우 원격조정을 위해서는 조종하는 사람이 마치 로봇이 있는 환경에 똑같이 있는 느낌을 받아야 한다. 이것을 원격 현실감(tele-presence)기술이라 하는데, 이를 위해서는 3차원 그래픽 기술과 함께 센서공학 그리고 감성공학 기술이 접목되어야 한다. 이 기술은 지금 컴퓨터 게임에도 일부 사용되고 있다.

앞에서도 밝혔듯이 위에 열거된 기능들은 아직까지도 완성된 기술이 아니며, 모든 기능을 완전히 가지고 있는 지능로봇을 제작하기 위해서는 앞으로 많은 연구가 필요할 것이다. 로봇 연구는 이러한 요소 기술의 개발과 함께 여러 분야의 기술을 합치는 기술(integration)이 절대적으로 필요하다.

인간과 로봇이 꾸려나가는 관계

만일 이러한 지능로봇이 등장한다면 인간에게 어떠한 영향을 끼칠 것

뛰어난 지능을 가진 로봇에 의한 범죄를 그리고 있는 영화 「아이, 로봇」(I, Robot). 지능로봇이 인간의 친구가 될 것인지 아니면 해를 끼치는 존재가 될 것인지는 전적으로 인간의 손에 달려 있다.

인가도 로봇 연구와 더불어 한 번쯤 생각해봐야 할 문제이다. 지능로봇이 인간의 안전과 복지를 위한 친구가 될 것인지 아니면 인간에게 해를 끼치는 존재가 될 것인지는 인간의 손에 달려 있다. 인간보다 지능이나 운동능력이 뛰어난 로봇의 등장에 관한 우려는 로봇이라는 말이 처음 만들어진 차페크의 희곡에서도 나오며, 공상과학소설가인 아이작 아시모프(Isaac Asimov)의 원작을 바탕으로 만들어진 「I, Robot」이란 영화에서도 나온다. 이러한 지능로봇에 대한 부정적인 이미지는 최근 컴퓨터 바이러스의 등장으로 더욱 우려되는 바 있다.

최근 들어 인간과 로봇의 관계를 다루는 미래사회학자도 등장하고 있으며, 지능로봇으로 인한 문제를 사전에 예방하기 위한 로봇 윤리규정을 만들려는 움직임이 우리나라와 유럽을 중심으로 생겨나고 있다. 그러나

아시모프가 제안했던 로봇의 세 가지 법칙(Three Laws of Robotics)이 인간에 의한 왜곡 없이 잘 지켜지기만 한다면 미래의 삶은 지능로봇의 도움을 받아 더욱 편리하고 안전한 것이 될 수 있으리라 생각한다.

아시모프가 1950년에 제안한 세 가지 규칙과 1985년 보완한 영 번째 법칙을 소개하면서 글을 맺는다.

영 번째 법칙: 로봇은 인류에게 해를 끼쳐서는 안 되며 위험에 처한 인류를 방관해서도 안 된다.

첫 번째 법칙: 로봇은 상위 법칙에 위배되지 않는 한 인간을 해치거나 다치게 할 수 없다.

두 번째 법칙: 로봇은 상위 법칙에 위배되지 않는 한 인간에게 반드시 복종해야 한다.

세 번째 법칙: 로봇은 상위 법칙에 위배되지 않는 한 스스로를 지켜야 한다.

정명진 서울대학교 공과대학을 졸업하고 미시간대학교에서 공학박사 학위를 받았다. 현재 한국과학기술원(KAIST) 전자전산학부 교수로 있으며, 전공 분야는 로보틱스와 제어공학이다.

분수양자 홀 효과

전자들과 함께 춤을

문경순
연세대 교수 · 물리학

당신, 아직도 떠나지 않았소?

로버트 래플린(Robert B. Laughlin)은 가는 곳마다 많은 재미있는 에 피소드를 남기는 창의력이 넘치는 물리학자다. 필자가 미국 인디애나대 학에서 대학원생으로 양자 홀 효과에 대한 연구를 할 때 공동연구자의 한 사람이 1994년 봄 미국물리학회에서 초청발표하게 되었다. 이때 청 중으로 있던 래플린은 발표 중간에 연구결과에 대하여 연사와 논쟁을 벌 이게 되었다. 좌장은 래플린에게 발표장에서 나가기를 익살스럽게 주문 하였다. 연구발표가 끝난 후 넓은 강연장의 맨 뒷줄에서 한 사람이 다시 질문을 하였다. 그 역시 래플린이었다. 이때 좌장은 래플린에게 다음과 같은 한마디를 던졌다. "래플린, 당신 아직도 떠나지 않았소?"

래플린과의 두 번째 만남은 1996년 겨울 스키 휴양지로 유명한 콜로 라도의 아스펜 이론물리연구소(Aspen center for theoretical physics) 에서였다. 이곳에서도 래플린은 특유의 학문적인 끼로 많은 의미있는 질 문들을 던지곤 했다. 1998년에는 최근 이루어진 양자 홀 효과와 연관된 중요한 연구결과들을 한데 모은 새로운 책의 서평을 래플린에게 부탁한

❝ 예시할 수 있는 날카로운 눈으로
관찰해보면 이 세상에는
새로운 것들이 널려 있다.
우리가 미시세계를 지배하는
법칙을 안다고 해서 모든 것을
알고 있다고 생각한다면
그것은 오산이다. **❞**

▶ 로버트 래플린

일이 있었다. 래플린은 서평에서 필자의 연구를 포함한 몇 개의 주제를
제외하고는 혹평을 했고, 이것은 저자로부터 게재가 거절된 최초의 서평
으로 기록에 남게 되었다.

래플린의 창의성을 가장 잘 나타내는 연구는 그의 '분수양자 홀 효과'
에 대한 연구이다. 이제부터 양자 홀 효과의 세계로 빠져들어보자. 고대
자연철학 시대부터 현대에 이르기까지 자연과학의 가장 큰 관심사 중 하
나는 물질을 이루는 궁극적인 알갱이가 무엇인가 하는 것이다. 19세기
말경부터 이러한 질문은 실험적으로 검증되기 시작하여 원자는 양전하
를 가진 핵과 음전하의 전자로 이루어져 있음이 밝혀졌다. 입자가속기의
발달과 함께 단단한 알갱이로 믿어졌던 핵은 양전하를 가진 양성자와 전
하를 띠지 않는 중성자로 이루어져 있으며, 아울러 양성자와 중성자는
세 개의 쿼크라는 기본입자로 구성되어 있다는 사실이 밝혀지게 되었다.
백여 년에 걸친 수많은 세월의 검증에도 불구하고 전자는 여전히 궁극적
인 알갱이로 굳게 자리 잡고 있다. 전자는 요즘 우리가 실생활에서 사용
하는 트랜지스터와 같은 전자소자에서 전류의 운반자로서 매우 큰 역할

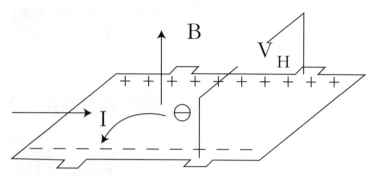

양자 홀 효과 실험 장치 개요도. 자기장 B 하에서 전류 I가 흐르면 전류의 방향에 수직한 홀 전압 A_H가 형성된다. 홀 저항은 $R_{//} = V_{//}/I$로 주어진다.

을 하고 있으며, 전자들로 이루어진 복합 다체계에 대한 연구를 응집물리학이라고 부른다. 전자들로 이루어진 물리계에 존재할 수 있는 특정한 상태는 전자전하의 정수배에 해당하는 전하값들을 가지게 될 것이다.

츄이, 스퇴르머와 함께 노벨 물리학상을

1982년 벨연구소(Bell lab.)의 츄이(D.C. Tsui), 스퇴르머(H. Stormer), 고사드(A.C. Gossard)는 강한 자기장 하에서 반도체 이성구조에 존재하는 전자들의 전기전도특성을 연구하던 중 매우 특이한 사실을 발견하게 되었다. 기존의 실험 결과에 의하면 전기전도도는 특정한 값의 정수배만 존재해야 하는데, 그들의 실험결과는 3분의 1과 같은 분수값의 전기전도도를 나타내는 것이었다. 이러한 물리현상을 '분수양자 홀 효과'라고 부르게 되었다. 그 실험결과는 매우 많은 이론물리학자들의 관심을 끌게 되었는데, 이에 대한 분명하고 명쾌한 해석을 제시한 학자가 바로 래플린이었다. 그는 분수양자 홀 효과에서 전자들은 새로운 양자유체를 형성하며 이러한 유체에 존재하는 기본입자들은 분수전하, 즉 전자전하의 3분의 1 또는 5분의 1을 가진다는 놀라운 사실을 밝혔다.

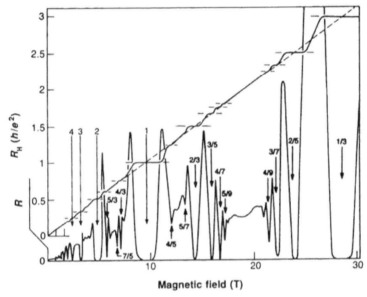

분수양자 홀 효과 실험결과 점선은 고전적인 홀 저항을 나타내고 실선은 특정값에서 계단을 형성하는 실제 실험결과를 보여준다(J. P. Eisentiein et al., *Science*, 1990).

그 연구의 결과로 1998년 노벨 물리학상이 츄이, 스퇴르머, 래플린에게 공동수여되었다. 어떻게 기본 알갱이인 전자들로 이루어진 물리계에서 분수값을 가진 전하상태가 존재할 수 있을까? 전자전하가 분할된다는 것인가?

홀 효과는 1879년에 대학원생이었던 홀(Edwin H. Hall)에 의해 발견되었다. 자기장 하에서 얇은 금박에 전류를 흘리면 전류와 자기장의 방향에 수직으로 전위차가 형성된다는 것을 발견한 것이다. 이 현상은 전하를 가진 입자, 즉 전자가 자기장 하에서 구심력을 받아서 회전운동하기 때문에 발생하는 것이다. 그후로 홀 효과는 도체나 반도체 등에서 전하밀도와 전하의 종류를 결정하기 위해 사용되는 가장 표준적인 방법이 되었다. 홀은 상온에서 1테슬라(Tesla) 이하의 적당한 자기장의 세기에서 실험을 수행하였다. 1970년대 말에는 연구자들이 섭씨 영하 272도의 초저온 상태에서 수십 테슬라 정도의 매우 강한 자기장하에서 실험을 수행할 수 있게 되었다. 그들이 주로 연구한 물리계는 저소음 트랜지스터를 제작하기 위하여 이용되는 반도체 이성구조였다. 반도체 이성구조는 양자우물구조라고도 불리는데 전자들의 운동이 평면에 수직한 방향으로는 제한되어 이상적인 이차원 전자계를 형성하게 된다. 전자운동의 이차원으로의 제한은 많은 예기치 않았던 효과를 보여주었다.

1980년 막스 플랑크 연구소(Max Planck institute)의 클리칭(K. von Klitzing)은 반도체 이성구조에서 홀 저항을 측정하게 되었고, 홀 저항이 자기장의 세기에 따라 직선으로 변하지 않고 어떤 특정한 값들만을 나타낸다는 사실을 발견하였다. 이 특정한 저항값은 실험물질 자체에는 의존하지 않고 물리학의 기본상수들과 정수의 곱으로 나타나는 것으로 밝혀졌다. 즉 저항이 양자화되었다는 것이다. 홀 저항이 양자화되었을 때 일반적인 전기저항은 사라졌으며 이차원 전자계는 마치 초전도체처럼 행동하였다.

정수양자 홀 효과의 발견으로 1985년 노벨 물리학상이 클리칭에게 수여되었다. 정수양자 홀 효과는 강한 자기장 하에서 개개의 전자들이 어떻게 양자역학적으로 운동하는지를 고찰해봄으로써 이해될 수 있다. 1980년대 초까지 물리학자들은 이차원에서 전자가 불순물 하에서 운동하면 전자의 운동이 불순물에 의해 구속되어 절대 영도에서 결국 전기전도를 할 수 없는 부도체가 된다고 믿어왔다. 래플린은 강한 자기장이 가해지면 전자는 특정한 전도띠들을 형성하기 때문에 전기전도를 할 수 있으며, 이를 통하여 홀 저항의 양자화를 적절히 설명할 수 있다는 것을 보여주었다.

몇 년 후 더욱 정교한 실험을 통하여 양자 홀 효과를 검증하던 과정에서 벨 연구소의 츄이, 스퇴르머, 고사드는 더욱 놀라운 실험결과를 얻게 되었다. 홀 저항이 기존의 실험에서는 볼 수 없었던 분수값도 가질 수 있다는 사실을 발견하게 되었던 것이다. 실험을 거듭해감에 따라 다양한 종류의 새로운 분수값을 얻을 수 있었다.

래플린과 실험 물리학자 츄이, 스퇴르머의 인연은 1980년대 초반으로 거슬러올라간다. MIT대학에서 박사학위를 취득한 후 래플린은 벨 연구소에서 박사후연구원으로 일하게 되었다. 벨 연구소는 트랜지스터를 함께 발명한 윌리엄 쇼클리(W. Shockley)에 의해 1950년대에 설립된 이후 응집물리학 연구의 중심지로 자리 잡고 있었다. 많은 연구자들이 반도체 연구에 참여하고 있었는데, 츄이는 반도체 이성구조에 존재하는 이차원 전자계의 전기전도 특성의 정밀측정에 대한 전문가였다. 스퇴르머는 최첨단의 갈륨 비소(GaAs) 반도체 이성구조의 물리적 특성 연구에 능통하였다. 래플린이 분수 양자 홀 효과의 발견 소식을 접하게 된 것은 그가 리버모어 국립연구소(Lawrence Rivermore) 의 박사후연구원으로 일할 때였다. 츄이와 스퇴르머의 섬세하고 정교한 연구방식에 대해 익히 잘 알고 있었던 래플린은 그들의 실험결과의 중요성을 더욱 잘 인식할 수 있었다. 분수양자 홀 효과에 대한 이해는 정수양자 홀 효과와는 차원이 다른 문제였다. 양자역학과 전자들 사이의 쿨롱 상호작용을 동시에 적절히 적용해야만 해결될 수 있는 난제였던 것이다. 이러한 물리계를 저차원 강상관 전자계라고 하며, 현대물리학의 가장 중요한 관심사 중 하나로 현재 활발하게 연구되고 있다.

실험결과가 발표되고 약 1년이 지나서 래플린은 자신의 이론을 제시하였다. 극저온에서 이차원 전자계에 강한 자기장이 가해지면 전자들은 새로운 양자유체를 형성한다는 것이었다. 액체 헬륨으로부터 고온 초전도체에 이르기까지 양자유체 발견의 역사는 현대 물리학의 발전과 아울러 노벨 물리학상의 역사와 함께 해왔다. 액체 헬륨의 발견으로 1962년, 1978년, 1996년, 초전도현상의 발견으로 1913년, 1972년, 1987년, 리

래플린이 참가한 APCTP/ICTP 국제제회 사진.

튬이온에서 보제-아인슈타인 응축의 발견으로 2001년 노벨 물리학상이 수여되었다. 이러한 양자유체의 공통적인 특성은 초액체성을 띤다는 것이다. 초액체성이란 유체가 용기표면을 아무 저항없이 흘러내리는 특성을 말한다.

이제 양자역학을 적용하여 양자유체를 이해해보기로 하자. 현대물리학은 양자역학을 기반으로 많은 발전을 이루어왔다. 우리가 보고 접하는 거시세계에서는 기존의 고전역학적인 사고의 틀을 통하여 다양한 자연현상들을 이해할 수 있었다. 그러나 미시세계로 관심을 돌리기 시작하면서 우리의 경험이 예시할 수 없었던 신비로운 양자현상들이 대두하게 되었다. 양자역학은 하이젠베르크(W. Heisenberg)의 불확정성 원리에 기반을 두고 있다. 불확정성 원리는 "주어진 입자의 위치와 속도를 동시에 정확히 측정하는 것은 불가능하다"라고 기술된다. 전자의 정확한 위치를 규정할 수 없기 때문에 전자의 존재는 확률적인 분포를 가지며 전자구름을 형성하게 된다. 원자나 나노 물리계와 같은 작은 단위의 물질계로 갈수록 미세한 불확정 물리량의 영향이 중요해지기 때문에 양자역학의 적용이 필수적이다.

 불확정성의 정도는 플랑크 상수로 주어지는데, 그 값은 매우 작지만 현대물리학에서 가장 중요한 상수이며, 절대 영도에서도 전자계에는 양자적 떨림이 있음을 의미한다. 대부분의 물질은 온도가 낮아지면 원자들의 열적 요동이 줄어들어 고체가 된다. 가장 가벼운 원소인 수소도 극저온에서는 고체가 된다. 그러나 헬륨의 경우 극저온에서 액체상태로 존재하며 절대 영도로 접근하면 초액체가 된다. 헬륨 원자들 사이에는 매우 약한 반발력이 작용하여 절대 영도에서는 이 반발력을 최소화하기 위하여 고체를 형성하려 할 것이다. 그러나 양자적 떨림은 결합력이 약한 고체를 녹여 액체 상태로 만들게 되는데, 이를 양자유체라고 한다.

 전자는 페르미온(Fermion)이라고 분류되는 입자이다. 페르미온은 파울리(W. Pauli)의 배타원리 때문에 서로 같은 상태에 한 개 이상 존재할 수 없으며 양자유체로의 응축이 불가능하다. 반면에 헬륨과 같은 보존(Boson)은 같은 상태에 무한히 많은 입자들을 수용할 수 있기 때문에 응축이 매우 용이하다. 페르미온인 전자가 보존으로 위장하는 방법 중 하나는 두 개의 전자가 쌍을 이루는 방법이 있다. 이를 쿠퍼쌍이라고 부르며 초전도현상을 매개하는 주요 전하운반자이다. 초전도체에서는 전자들 사이에 신비한 인력이 존재하여 전자들이 쌍을 이룰 수 있게 한다.

 그렇다면 양자 홀 계에서는 전자가 어떻게 보존으로 위장하는가? 이에 대한 해답을 래플린이 제시하였다. 홀 저항이 3분의 1이란 분수값을 가지는 경우를 생각해보자. 본 물리계에는 전체 전자 갯수의 세 배에 해당하는 양자 자기다발이 존재한다. 전자가 세 개의 자기다발과 결합하여 운동하게 되면 복합입자는 신비롭게도 보존의 특성을 띠며 복합입자들은 극저온에서 양자유체를 형성한다. 이러한 양자유체는 전기저항이 사라지는 초액체성을 띠게 되며, 분수양자 홀 실험 결과를 잘 설명할 수 있었다.

래플린이 제안한 양자유체는 기존의 양자유체들과 매우 다른 특성을 보여주는데 예를 들면 다음과 같다. 양자유체에 한 개의 전자를 외부에서 유입하면 유체는 다음과 같은 반응을 보이게 된다. 전자는 세 개의 준입자로 나뉘게 되는데 각 준입자는 전자전하의 3분의 1을 띤다. 양자역학에 의하면 전자의 존재는 전자구름으로 표현할 수 있다. 양자유체 내에서 전자들은 상호반발력을 최소화하기 위하여 '양자 춤'이라고 불리는 조화로운 운동에 의해 공간에 퍼져 있는 전자구름을 적절히 분할함으로써 분수전하를 가지는 준입자를 형성하게 되는 것이다.

분수양자 홀 효과를 최초로 설명하다

분수양자 홀 효과에 대한 래플린의 성공적인 해석에는 많은 필연과 우연이 시기적절하게 작용했던 것 같다. 벨연구소에서 박사후연구원으로 일하던 시기에 장차 분수양자 홀 효과를 발견하게 될 츄이와 스퇴르머와 조우한 것이 그중 가장 중요할 것이다. 벨 연구소에서의 박사후연구원 생활을 마치면서 영구직을 보장받을 수 없었던 래플린은 리버모어 연구소로 떠나게 되는데, 리버모어 연구소는 국립연구소로, 주로 핵과 플라스마와 관련된 연구를 수행하는 곳으로 순수학문 연구와는 조금 거리가 있는 곳이었다. 이곳에서 분수양자 홀 실험결과를 접한 후 래플린은 바로 이론적인 발상을 얻어서 논문을 『피지컬 리뷰 레터』(*Physical Review Letters*)에 제출했으나, 다행히도 논문이 심사위원에 의해 거절되었다. 나중에 알려졌지만 당시 심사위원이었던 키블슨(S. A. Kivelson)이 논문의 오류를 발견했던 것이다.

그후 래플린은 새로운 시도로 컴퓨터를 이용한 전산적인 방법을 적용하였다. 총 전자 개수가 두 개부터 여섯 개의 경우까지 연구를 할 수 있었다. 이러한 연구를 통하여 개략적인 특성을 파악한 래플린은 변분 파동함수를 제안하게 되었다. 변분 파동함수의 물리적인 특성을 구하기 위하여 자료를 구하던 중 래플린은 파동함수의 특성이 고전적인 플라스마 통계와 밀접한 연관을 가진다는 사실을 알게 되었다. 마침 리버모어 연구소는 플라스마 연구의 전문가들이 대거 포진되어 있었기 때문에 그들로부터 계산방법을 터득한 래플린은 바로 파동함수의 물리적 성질을 계산할 수 있었으며, 특히 전자전하의 3분의 1을 띠는 분수전하가 존재함을 명확히 밝혔다.

분수전하를 만드는 데 소요되는 에너지는 실험에서 저항측정을 통해 측정할 수 있는데 래플린의 계산값은 실험과 상당히 일치하였다. 이러한 사실을 확인한 후 래플린은 바로 논문을 『피지컬 리뷰 레터』에 제출했으며, 논문은 몇 달 뒤 잡지에 게재되었다. 논문이 게재된 후 많은 물리학자들이 그의 연구에 관심을 보였고, 래플린은 여러 대학으로부터 교수직을 제의받은 후 스탠포드대학의 교수로 부임하게 되었다.

내가 래플린을 만난 것은 2002년 가을 한국에서 거행된 국제 응집물리학회에서였다. 여전히 활발한 연구활동을 하고 있던 그는 수많은 연사들에게 특유의 학문적인 끼와 익살로 무장된 날카로운 총알들을 날리면서 청중들을 물리의 매력에 빠져들게 하고 있었다. 푸른별에 살고 있는 고에너지 물리학자들이 입자가속기 실험을 통하여 양성자나 중성자가 세 개의 쿼크로 이루어져 있다는 사실을 발견한 것처럼 극저온의 래플린 양자유체 내에서 활동하는 고에너지 물리학자는 다음과 같은 사실을 발견하게 될 것이다. 기본입자는 분수전하의 3배를 가진 전자로 이루어져 있다는 것을.

문경순 연세대학교 물리학과에서 학사 및 석사학위를 받았다. 미국 인디애나대학교에서 박사학위를 받은 후 캘리포니아대학교 및 오클라호마대학교 박사후연구원을 거쳐 현재 연세대학교 이과대학 물리학과 교수(응집물리이론 전공)이자 이탈리아 국제이론물리연구소 객원연구원으로 있다. 『피지컬 리뷰 레터』 등에 게재한 양자 홀 효과와 관련된 다수의 논문이 있다.

모든 물리현상의 바탕 M-이론

고전역학 이론에서 검은 구멍의 존재까지

이기명

고등과학원 교수 · 물리학

11차원 시공간에서 정의되는 M-이론

에드워드 위튼(Edward Witten, 1951~)은 지난 30년간 이론 물리학계를 주름잡아온 연구자로, 아인슈타인에 버금가는 천재적인 인물로 알려져 있다. 그는 입자물리현상론, 핵물리, 양자장론, 초끈 또는 M-이론, 수학 등의 분야에 걸쳐 250여 편의 논문을 발표했고 이 논문들의 전체 인용회수는 56,000회 이상을 기록한다. 500회 이상 인용된 논문이 무려 33편이나 된다는 사실은 이론물리학 분야에서의 그의 영향력을 보여준다.

수많은 아이디어와 심오한 통찰력을 갖춘 논문들로 이론물리학계를 이끌어가는 위튼과 이에 필적할 만한 논문들을 발표하는 물리학계의 여러 다른 소영웅들은——아인슈타인의 상대론과 양자역학에 필적할 정도로——시공간의 구조와 물체의 구조에 대한 우리의 이해를 바꾸어놓았다. 위튼은 수학에서도 양자장론적 아이디어를 이용해 대수학과 기하학에 큰 영향을 미치고 있으며, 이러한 업적으로 1990년 수학 분야의 노벨상인 필드스 메달을 받기도 했다.

❝ 위튼은 3차원 공간에서
특별한 비가환적 위상적인 양자장론인
천-사이몬스 이론을 써서,
이들 매듭을 분류하고
새로운 양을 계산하는 방법을
제공하였다. 이 연구는 매듭을 연구하는
수학 분야에 혁명적인 새로운
방법이었고, 위튼의 필즈 메달 수여에
많은 기여를 했다. **❞**

▶ 에드워드 위튼

위튼을 포함한 이론물리학자들이 최근 10여 년 사이에 발견한 M-이론은 11차원 시공간에서 정의되고 세상의 모든 기본 소립자와 중력을 포함한 모든 상호작용 힘들을 양자역학적으로 통합한 유일한 이론적 후보로 알려져 있다. 자연계의 모든 물리현상을 묘사하고 설명할 수 있는 가능성이 있는 유일한 이론으로 각광받고 연구되는 M-이론은 현재 '모든 것의 이론'(the theory of everything)으로 알려져 있다.

수많은 기적적인 아이디어에 바탕을 두고 M-이론이 발전했다. 그러나 상대론과 양자이론보다 훨씬 심오하고 수학적으로 어려운 M-이론은 정체를 쉽게 드러내지 않고 있다. 장님이 코끼리 다리를 만지듯, M-이론의 몇몇 부분은 연구가 잘 되어 있으나 몸통은 전혀 알려지지 않고 있다. 11차원 시공간에 살고 있는 2차원적 면체(membrane)와 5차원적 박막(5-brane)을 기본적인 물체로 갖고 있는 M-이론은 어떠한 표현 또는 진공의 선택으로 4차원인 우리 세계를 나타내는 것으로 여겨진다. 여기에서는 국내에도 20여 명의 학자들이 열심히 연구 중인 이 M-이론의 물리학적 기초를 설명하고 이 이론에 대한 위튼의 업적을 살펴보고자 한다.

생명체는 참으로 민감한 존재

우리가 살아가는 세상, 이 물리적 세계에 대한 인간들의 이해는 역사적으로 많은 변화를 겪어왔다. 인간을 비롯한 모든 물체에 신적인 존재를 인정하는 만신론에서부터 무신론에 이르기까지 여러 가지 이론이 공존한다. 어떠한 관점을 취하느냐에 따라 우리가 우리 자신과 바깥세상을 이해하는 방법이 달라진다. 그리스어의 '세상을 보는 관점'(spectator)이라는 말에서 오늘날의 이론(theory)이라는 말이 유래했다.

인간의 문명은 세상을 보는 관점의 발전과 동일하다고 볼 수 있는 것이다. 근본적으로 어떠한 현상의 규칙성 내지 패턴에 대하여 우리 생명체들은 매우 민감하다. 우리가 동물을 훈련시킬 수 있는 것 또한 이런 이유이다. 우리의 일상생활도 주변 환경의 규칙성을 근거로 한다. 예를 들어 언제 해가 뜨고 지는가에 대해 갖고 있는 확실한 느낌 또는 의견, 도구를 만들 때 갖는 활용도에 대한 기대, 의식적이든 무의식적이든 내재되어 있는 어떤 물체와 현상에 대한 가능성과 한계. 뿐만 아니라, 우리들이 사람을 사귈 때에도 '상대방을 파악한다'라고 느끼는 것은 보통 상대방 행동의 어떤 규칙성을 발견하는 것과 같다.

인간은 역사상 수많은 규칙성을 찾고 만들면서 문명을 발전시켰다. 도구와 수에 대한 개념의 발전으로 바빌로니아 문명은 일식과 월식을 예언할 수 있었고, 그리스 문명은 지구가 둥글다는 것을 발견할 수 있었다. 여러 도시에서 같은 크기의 막대기 그림자를 비교함으로써 지구의 크기도 10퍼센트의 오차 안에 계산해냈다. 모든 물질들이 나눌 수 없는 원자들로 구성되었다고 가설을 내기도 했다. 이렇듯 오늘날까지 대부분 자연의 규칙성은 수학적으로 표현된다. 물리적 세계는 시공간과 그 안에 존재하는 물질의 상호작용과 움직임으로 이루어져 있다. 갈릴레이와 뉴턴이 시작한 고전역학 이론에서는 그것을 물체들이 주어진 시공간의 배경에서 힘을 순간적으로 주고받으며 움직이는 것이라고 묘사한다.

뉴턴은 사과가 떨어지는 힘과 지구가 태양 부근을 공전하는 힘을 중력이라는 하나의 힘으로 설명하였다. 고무풍선을 문질러서 머리카락을 끌어올리는 정전기력이나, 자석들이 서로 밀고 당기는 힘, 하늘에서 번개를 치게 하는 힘들은 19세기에 맥스웰에 의하여 전자기력이라는 하나의 힘으로 통합되었다. 맥스웰은 전자기파의 존재도 예언하였고, 빛이 전자기파라고 주장하였다. 수많은 실험과 사고의 결실인 맥스웰의 전자기론은 20세기 전기 문화의 기초가 되었다. 이러한 전자기론의 발전은 전자기력의 근원인 전하 또는 자석에서 떨어진 곳에도 존재하는 전자기장이라는, 우리가 보고 느낄 수 있는 물체와는 완전히 다른 물리적인 힘이 존재함을 보여주었다.

예를 들어 자기장은 자석 부근에 철가루를 뿌려서 관측할 수 있다. 전자기파는 이러한 전자기장의 파동으로, 빛의 속도로 퍼져나간다. 전자기파의 주요 성질 가운데 하나는 주파수 또는 파장의 거리이다. 파장의 거리는 빛의 속도를 주파수로 나눈 값이다. 빛의 색깔 차이는 이들의 주파수로 결정된다. 우리가 사는 공간은 연속적이라서 전자기파 파장의 거리를 임의로 잡는다. 거꾸로 말해 전자기파의 주파수가 끝없이 클 수도 있는 것이다. 무한히 가능한 주파수로 나타나는 전자기파의 무한자유도는 고전물리학 체계의 부조리를 보여주며 동시에 양자역학의 시작점이 된다.

우리가 화로 부근에서 느끼는 열은 그곳에서 발생하는 적외선이 우리 몸에 에너지를 운반해주기 때문이다. 고전역학은 주어진 온도의 화로에서 무한한 양의 열선이 순간적으로 배출된다고 예측한다. 열역학적 부조리는 전자기파의 주파수가 무한히 클 수 있다는 데 기인한다. 이러한 고전역학의 부조리를 피하기 위해 플랑크는 양자가설을 도입했다. 즉 물체에서 나오는 전자기파들은 주파수에 비례한 에너지를 지닌 양자(quantum)들을 낱개로 방사한다는 것이다. 여기서 출발한 양자역학은 전자기파가 광자(photon)라는 입자들로 구성되어 있음을 증명했고, 또

전하를 갖고 있는 입자인 전자는 에너지에 비례한 주파수를 갖는 파동으로도 나타난다는 것을 입증했다.

인간 역사상 최고의 천재로 인정받는 아인슈타인은 맥스웰의 전자기론에서 출발하여 1905년 특수상대성 이론을 발표했다. 우리는 일정한 속도로 움직이는 차 안에 있을 때 밖을 보지 않고는 움직임을 느끼지 않는다. 물론 차가 가속하거나 모퉁이를 돌아가는 때를 느낄 수는 있다. 일정한 속도로 움직이는 관성 좌표들에서의 빛의 속도의 불변성이라는 가정에서 출발한 특수상대론은 우리의 시간과 공간에 대한 개념을 완전히 뒤바꾸어놓았다. 시간의 흐름이나 공간에 두 점 사이의 거리는 관성좌표계의 변화에 따라 바뀌는 상대적인 양이라는 것이다.

아인슈타인은 특수상대론이 중력을 포함하도록 일반화하였다. 이 일반상대성 이론은 질량을 갖는 물체의 부근에서 시공간이 휘어 있고, 휘어진 시공간의 배경에서 움직이는 물체는 똑바로 가지 않는다는 것이다. 이러한 휘어진 시공간은 중력장에 의해 기술되고, 중력장 그 자신의 움직임은 중력파로 나타난다. 휘어진 시공간의 파동인 중력파는 간접적으로 관측되었다. 일반상대론은 우주의 과거, 현재와 미래를 묘사하는 근본 이론이고 빛도 탈출할 수 없는 매우 무거운 검은 구멍(black hole)의 물리도 기술한다. 일반상대론과 함께 시공간 자체가 역동적인 존재가 되었다.

물리학에서 수학까지 경계를 넘나들며

우리가 마시는 물의 물분자들은 모두 똑같아서 번호표를 붙일 수 없다. 동이원소를 써서 번호표를 붙이면 약간 다른 물분자가 된다. 마찬가지로 원자의 구성요소인 전자들은 모두 동일하다. 함께 뒤섞으면 하나하나를 물리적으로 추적하는 것이 근본적으로 불가능하다. 주기율표를 가능하게 하는 각 원자들의 동일성은 전자기장 광자들의 동일성과 유사하다. 전자기장의 양자역학적 운동 또는 들뜸이 비연속적인 광자라는 입자로 나타나듯이, 모든 전자들도 하나의 전자장(eletron field)의 양자적 들뜸이다. 그러므로 모든 전자는 구분할 수 없는 것이다.

원자가 전자와 원자핵으로 구성되어 있고 원자핵이 양성자와 중성자로 되어 있으며 양성자와 중성자는 쿼크라는 입자로 구성되어 있다. 쿼크나 전자는 더이상 나눌 수 없어서 소립자라고 불린다. 여러 가지 실험과 관측으로 알려진 물질 소립자들은 전자, 뮤온, 뉴트리노를 포함한 여섯 가지 경입자들과 여섯 가지 쿼크로 구성되어 있다.

이러한 소립자들은 모두 지구의 자전과 유사한 양자역학적 자전 또는 스핀을 갖고 있고, 각 운동량은 2분의 1이라는 양자량을 갖고 있다. 이들은 파울리의 배척원리(Pauli's exclusion principle)를 만족하는 페르미온(fermion)이란 그룹에 속하는 입자들이다. 우리가 관측하는 모든 물질은 이러한 소립자로 구성되어 있다. 파울리의 배척 원리는 우리가 알고 있는 원자의 전자구조를 가능하게 하는 화학의 기본적인 원리다.

이러한 물질 소립자들은 서로 여러 가지 상호작용을 한다. 알려진 상호작용에는 전자기력, 중력뿐만 아니라 중성자를 양성자 · 전자 · 반중성미자로 붕괴시키는 약력, 태양의 열의 근원인 핵융합 반응이나 쿼크들을 양성자나 중성자에 함께 묶는 강력 등이 있다. 전자기장처럼 이러한 힘에 해당하는 장들이 있고, 이들의 이론은 맥스웰 이론을 일반화한 양-밀스(Yang-Mills) 이론으로 쓰여진다. 광자가 전자기장의 양자 들뜸인 것처럼 이들 힘에 해당되는 양자 입자들이 있다. 이들은 스핀이 하나이고 정수이며, 입자들은 보손이라는 그룹에 속한다. 게이지 원리(gauge principle)라는 매우 심오한 대칭성을 갖는 이 이론은 자기 자신끼리 상호작용하기도 한다.

양-밀스 이론 연구로 물리 연구를 시작한 위튼은 양성자나 중성자 같은 핵입자들의 성질을 양자장론으로 이해하는 데 많은 기여를 했다. 강력의 이론인 양자색론(quantum chromodynamics)의 이해와 pi-중간자(pion)장을 써서 이들 핵입자의 물리를 연구한 위튼의 기여는 지대하다. 그는 보손인 pi-중간자의 장론에서 위상적(topological)으로 안정된 고전장의 표현으로 나타나는 양성자들이 어떻게 페르미온으로 나타나는지 보여주었다. 위튼은 우리의 양성자나 중성자 같은 원자핵을 가능하게 하는 물리적인 역학의 이해에 지대한 공헌을 한 것이다.

중력을 제외한 물질과 힘 소립자들 사이의 상호작용은 모두 알려져 있다. 양자장론의 언어로 씌어진 표준 모형(standard model)이라 불리는 이 입자들의 이론은 30년 전에 어느 정도 확립되었고, 중력을 제외한 관측되는 모든 자연 현상을 설명하다.

내적으로 일관성이 있고 실험 결과와 잘 일치됨에도 불구하고 이 이론에는 여러 의문점이 남아 있다. 무엇보다도 이 이론에 포함된 독립상수들, 힘의 종류, 입자의 종류가 많다는 것이다. 그러나 이 이론 자체에 이런 의문점을 극복할 수 있는 힌트가 숨어 있다. 원래 크기가 달랐던 힘들의 상호작용상수는 양자장론의 계산으로 보았을 때 아주 작은 거리에서 같아지는 듯하다. 전자기력, 약력, 강력이 아주 짧은 거리에서 하나의 힘으로 통일되는 것이다. 그에 따라 이 세 힘과 입자들을 한 묶음으로 하는 통일장이론들이 많이 연구되었다.

통일장이론의 연구는 자연스럽게 세 가지의 힘과 물질을 구분하지 않는 초대칭(supersymmetry) 이론으로 확장되었다. 30여 년 전 도입된 초대칭 이론은 페르미온과 보손을 섞는 대칭성을 갖고 있고, 양자역학적인 교정이 상대적으로 적어서 여러 가지 질문에 정확한 답을 낼 경우가 많다. 이런 초대칭적 양자장론의 여러 분야에서 위튼의 기여는 매우 돋보인다.

이 이론들이 가지고 있는 수많은 성질들을 가장 많이 찾아낸 사람이 바로 위튼이다. 그는 초대칭이론의 진공구조에 관한 연구 분야의 기초를 닦고, 그 위에 많은 새로운 통찰력을 더했다. 강하게 상호작용하는 초대 칭적 양-밀스 이론에 대해 매우 심오한 여러 편의 논문을 발표했다. 그의 연구는 이론뿐만 아니라 수학에도 깊은 영향을 주었다. 주어진 다면체의 기하학의 성질을 기술하는 매우 중요한 결과를 이 초대칭 이론을 써서 아주 쉽게 보여주었던 것이다. 이에 관한 논문들은 이제 물리학자들보다는 수학자들에게 더 많이 읽히고 있다.

초대칭이론은 모든 소립자에게 초대칭적 상대의 존재를 요구한다. 초대칭적인 전자기 이론은 전자의 초대칭적인 상대로 스핀이 영이고 전자와 모든 성질이 같은 성질의 새로운 입자의 존재를 요구한다. 그러한 초대칭적인 전자의 상대가 관측되지 않아서, 초대칭성이 존재한다면 자연에서 어떤 형태로든 붕괴된 모습으로 나타나리라 기대된다. 초대칭적 표준이론은 현재 가장 연구되고 있는 입자들의 현상론으로 스위스 제네바에 있는 LHC라는 가속기 실험을 통해 탐구될 예정이다.

LHC에서 관측이 기대되는 기본 소립자들의 초대칭적 상대는 천문학적으로 행성의 운동에서 추론된 은하계를 엷게 둘러싸고 있는 암흑물질(dark matter)의 대부분을 이루는 것으로 생각된다. 초대칭적인 통일장이론은 현재 실험결과와 훨씬 조화가 잘되고 있으나, 중력은 포함하지 않는다.

20세기의 대발견인 일반상대론적 중력이론과 양자이론은 조화롭게 융화될 수 없는 문제로 유명하다. 양자역학의 시작이 되었던 시공간의 연속성에서 나온 물질이나 힘장들의 무한자유도는 상호작용에 의하여 양자장론 계산에서 물리량들이 무한대로 발산하는 새로운 문제를 제기한다. 그러나 이 어려움은 재규격화(renormalization)라는 물리적으로 아주 자연스러운 기술을 써서 해결되었다.

일반상대성 이론을 양자화한 양자중력론은 재규격화 과정이 잘 적용되지 않는다. 초대칭이론은 무한대로 발산하는 것을 완화시킴에도 불구하고, 초대칭적 양자중력론 또한 일관성이 없는 이론으로 알려졌다. 즉 양자장론의 이론 체계에서는 양자역학과 일반상대성 이론을 일관성 있게 융합할 수가 없다. 그럼에도 이러한 초중력론(supergravity)은 고전적으로 쓸모가 많다.

"4차원 시공간에서의 하나인 평탄한 배경에서 유한 공간의 일반상대론적인 변동의 질량은 양수다"라는 매우 어려운 해석학적 정리를 위튼은 초대칭적인 중력이론을 이용하여 아주 쉽게 증명해보였던 것이다.

다섯 가지의 초끈 이론

강력으로 상호작용하는 원자핵들과 중간자 연구가 계속되던 중 1960년대 말 우연히 끈 이론(string theory)이 발견되었다. 위튼은 끈 이론의 발견을 21세기 물리학의 행운이라고 표현한 바 있다. 이 끈 이론의 기본 구성요소는 점입자가 아닌 끈이다. 양자역학적으로 이 이론은 시공간이 26차원일 때만 수학적으로 일관성이 있다. 끈 이론은 양자중력을 포함하고 양자장론적인 무한대로 발산하는 양들이 나타나지 않는 것으로 알려져, 수학적으로 일관성이 있는 양자중력 이론의 새로운 후보로 등장했다.

끈의 에너지는 다른 수만 가지의 양자역학적인 진동이 가능하다. 이들은 매우 특별한 무한 개 종류의 입자들로 표시할 수 있다. 그러나 26차원에서의 끈 이론은 진공이 불안하고 페르미온, 즉 우리 세상의 물질에 속하는 것들을 포함하지 않는다. 이들을 극복한 초대칭을 갖고 있는 초끈론(superstring theory)은 10차원 시공간에서만 양자역학적인 일관성이 존재한다. 80년대 초반부터 이론적으로 일관성 있는 초끈론은 다섯 개뿐이라는 것이 알려져 있다. 각각의 이론은 양자중력 이론으로 훌륭한 후보이지만 다섯 개의 이론이 있다는 것은 약간 우스운 이야기였다.

이러한 초끈 이론의 다양한 성질을 연구하면서 위튼은 2차원적 시공간에서의 양자장론에 대한 매우 심오한 연구결과를 얻었다. 비가환적(nonabelian)인 2차원 이론에서도 페르미온장들을 보손의 장들로 표현할 수 있다는 것이다. 물질입자인 페르미온과 힘입자의 보손들은 2차원 시공간에서 초대칭성과 관계없는 이론에서도 서로 연관지어질 수 있음이 1970년대 중반부터 알려져왔다. 이러한 관계를 아주 심오하게 일반화한 위튼의 결과는 초끈 이론의 연구뿐만 아니라, 2차원적인 물리계의 연구에도 깊은 영향을 미쳤다.

10차원 시공간에 정의되는 초끈 이론들이 4차원 시공간의 물리를 기술하기 위해서는 나머지 6차원 공간이 아주 조그만 크기로 작아서 관측이 될 수 없어야 한다. 현재 가능한 많은 초대칭 통일장 이론을 주기 위해서는 6차원 공간은 아주 특별해야 한다. 위튼은 이러한 공간의 성격에 대해서 최초로 연구했고, 이 연구는 초끈론에서 시작하는 물리현상론의 발전에 지대한 영향을 주었다. 우리는 일상생활에서 끈을 꼬고 끝을 묶어서 다양한 매듭(knot)을 만들 수 있다. 이들을 분류할 때 수학자들은 편리상 항상 2차원 공간에 투영하여 연구하였다. 이들은 주어진 매듭의 모양에 존스다항식(Jones polynomial)을 연관시켜서 모든 매듭의 분류를 연구하였다.

위튼은 3차원 공간에서 특별한 비가환적(nonabelian) 위상적인 양자장론인 천-사이몬스(Chern-Simons) 이론을 써서, 이들 매듭을 분류하고 새로운 양을 계산하는 방법을 제공하였다. 이 연구는 매듭을 연구하는 수학 분야에 혁명적인 새로운 방법이었고, 위튼의 필드스 메달 수여에 많은 기여를 했다.

초끈론의 이 다섯 가지 이론들에 대한 좀더 자세한 연구가 진행되면서 이들 이론에는 끈뿐만이 아니고 다양한 고차원적인 면체(brane)가 존재함이 알려지게 되었다. 이러한 고차원적인 면체의 연구는 이들 초끈론들이 서로 연결되었다는 것을 보였다. 특히 90년대 중반에 위튼은 10차원 공간에서 정의되는 이들 다섯 개의 초끈론들이 11차원에 정의되는 M-이론으로 불리는 하나의 이론이 표현하는 여러 개의 다른 모습들임을 보였다. 즉 양자역학적으로 일관성이 있는 중력이론은 M-이론이 유일하다는 것이다.

그러므로 M-이론은 양자중력만이 아니라 소립자론의 표준이론의 중요한 원리들을 모두 포함해서 소립자들의 세 가지 힘과 중력을 망라한 물리계의 모든 현상을 기술할 수 있는 유일한 후보로 간주된다. 특히 위튼은 M-이론에서는 어떤 종류의 입자들이 매우 가까이 있을 때, 그들의 시공간에서의 위치는 보통의 직선 위에 있는 숫자들이 아닌, 입자의 수만큼 큰 직사각행렬로 주어짐을 보였다. 이는 우리가 알고 있는 시공간의 개념에 대한 완전한 변화이다. M-이론에서는 아주 작은 거리에서의 물리적 현상과 매우 큰 거리에서의 물리적 현상이 동등하게 나오는 경우가 있다. 또한 사용하는 도구에 따라서 우리가 탐구할 수 있는 공간의 크기에 최소값이 있다.

초끈론과 M-이론의 연구의 발전은 여러 가지 이중성(duality)이라는 개념의 발견과 응용에 바탕을 둔다. 한 초끈 이론의 정의된 공간 중 일부가 아주 작을 때의 초끈 이론이, 실제로는 그 정의된 공간의 일부가 매우 클 때의 아주 다른 초끈 이론의 물리와 동일할 수 있다. 이와 같은 T-이중성(T-duality) 또는 이의 일반화인 거울대칭성(mirror symmetry)은 시공간의 크기나 위상적인 구조가 절대적이지 않고 현상론적으로 나타난다는 것을 잘 보여준다.

또한, 자기홀극(magnetic monopole)이 존재할 때 전자기학에서의 전기력과 자기력의 이중성은 양자역학에서는 강작용과 양작용을 뒤바꾼다. 입자와 솔리톤을 뒤섞고, 고정역학과 양자역학을 교환하는 이 S-이중성(S-duality)은 초대칭적 양-밀스 이론에 대한 이해를 깊게 하는 데 기여했다. 이 분야에서 위튼의 기여는 매우 깊고, 멀리 영향을 미쳤다.

특히 사이버그(Seiberg)와 함께 발견한 일부 초대칭성 이론의 정확한 양자 역학적인 성격의 규명은 4차원 공간의 수학적인 탐구에도 지대한 영향을 미쳤다.

자연의 모든 현상을 설명할 수 있는 유일한 가능성을 갖고 있는 양자역학적 M-이론은 11차원에서 질량과 시공간의 크기를 재는 기준점 이외는 어떠한 상수도 포함하지 않는다. 4차원 시공간에 나타날 우리 자연계에 얻기 위한 많은 노력이 현재에도 계속되고 있다. 사실 M-이론에 대한 이해는 아직 부분에 불과할 뿐 만족스럽지는 못하다. 그러나 이 부분적인 연구 결과가 이미 기존의 시공간과 물질의 구조에 대한 이해를 변화, 발전시키는 데 큰 공헌을 했다는 것은 분명하다.

현재 위튼을 비롯하여 많은 물리학자들은 M-이론의 근본적인 원리를 찾고 물리현상을 설명하고자 노력하고 있다. 그리고 이 연구 결과는 분명히 우리가 자연을 보는 관점 또는 모든 것에 대한 이론을 완전히 바꿔놓을 것이다.

이기명 서울대학교 물리학과를 졸업하고 컬럼비아대학교에서 박사학위를 받았다. 미국 페르미 국립가속기연구소 연구원, 보스턴대학 연구원, 컬럼비아대학 부교수를 거쳐 현재 한국과학기술원 부설 고등과학원 교수로 재직 중이다. 양자장론, 초끈론, 우주론 등에 대해 80여 편의 연구 논문을 발표해왔다.

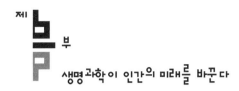

제 6 부

생명과학이 인간의 미래를 바꾼다

줄기세포의 윤리성과 안전성

내 병의 치료약은 내 몸 안의 세포

김훈기
동아사이언스 통합뉴스센터 총괄팀장 · 생명공학

난치병 환자들의 희망, 환자맞춤형 줄기세포

최근 획기적인 줄기세포 연구 성과 두 가지가 학계에 보고됐다. 한 가지는 2008년 1월 17일, 미국의 한 생명공학 업체가 인간 복제배아를 만드는 데 성공했다고 과학저널 『스템셀』에 발표한 것이다. 이 업체는 조만간 배아에서 줄기세포를 얻을 것으로 전망했다. 그 얼마 전인 2007년 11월 20일에는 미국과 일본 연구팀이 인간의 피부세포를 배아줄기세포 상태로 분화시키는 데 성공했다는 연구 성과가 각각 과학저널 『사이언스』와 『셀』에 발표되었다.

첫 번째 사례는 무엇보다 국내에서 황우석 박사(전 서울대 교수)가 시도했던 방법과 유사하다는 점에서 눈길을 끌었다. 어쩌면 황 박사가 얻지 못한 환자맞춤형 줄기세포를 조만간 미국에서 세계인 앞에 보여줄지도 모른다. 이 성과는 환자 자신의 세포를 이용해 면역 거부반응이 없는 치료용 줄기세포를 얻을 수 있다는 점에서 난치병 환자에게 적지 않은 희망을 던져주고 있다.

두 번째 사례 역시 환자맞춤형 줄기세포를 얻는 것이 연구 목표다. 다

❝ 환자 자신의 체세포 하나를 떼어내 핵이 제거된
난자와 결합시킨 후 잘 배양해서 배반포기까지
자라게 한다. 여기서 줄기세포를 얻고
이 가운데 간으로 자라날 세포를 골라내 이식하면,
면역 거부반응이 없는 훌륭한 치료가 가능하다.
이렇듯 환자맞춤형 줄기세포를 얻을 수 있다는 점에서
인간 배아복제 기술은 의료용으로 각광받고 있다. **❞**

만 연구방법에서 큰 차이를 보였다. 복제기술을 사용하지 않았기 때문에 복제인간이 태어날 가능성을 차단했다. 더욱이 여성의 난자가 전혀 필요치 않다. 한 마디로 생명윤리 문제를 상당히 해소한 연구 성과였다. 환자는 물론 종교계, 정치계까지 환영할 만한 내용이었다.

'환자맞춤형 줄기세포'란 무엇인가. 세계는 현재 윤리 문제를 피하면서 이 줄기세포를 얻기 위해 어떤 노력을 기울이고 있는가. 그리고 남겨진 과제는 무엇인가. 이것이 이 글에서 다루고자 하는 핵심 주제다.

2008년 1월 연구 성과를 발표한 미국의 스티마젠이라는 생명공학 업체는 줄기세포를 얻을 수 있는 재료만 얻었기에 원래 목표에서 '절반의 성공'을 거둔 셈이었다. 연구팀은 인간의 난자와 체세포를 이용해 복제 배아를 만들었으며, 이를 배반포 단계까지 배양했다. 난자는 20대의 건강한 여성 세 명에게서 29개를 기증받았다. 체세포는 남성 기증자 두 명의 피부에서 떼어낸 섬유아세포다. 연구팀은 난자에서 핵을 제거한 뒤 섬유아세포의 핵을 융합시켰다. 바로 1996년 최초의 복제동물 돌리를 만들어낸 방법이다. 복제를 통해 만들어진 배아가 5일 정도 지나면

서 분열을 거듭해 배반포 단계에 이르렀을 때 안쪽 세포덩어리를 떼어 내 잘 배양한 것이 바로 줄기세포다.

과학자들은 왜 이런 복잡한 과정을 통해 줄기세포를 얻으려고 할까. 몸에 병이 들었다는 말은 어떤 장기의 세포가 손상됐다는 의미다. 이를 고치려면 손상된 부위에 건강한 세포가 자라나게 하면 된다. 그러나 이 일은 웬만해서는 자연적으로 일어나지 않는다. 현대 의학은 수술과 첨단의약제품을 통해 장기의 기능을 회복시키려 하지만 질환의 원인조차 제대로 밝히지 못하는 난치병들이 수두룩한 것이 현실이다.

이때, 새로운 대안의 하나로 아예 건강한 세포를 질환 부위에 이식하는 방법이 있다. 예를 들어 췌장의 기능이 떨어져 당뇨병에 걸린 사람에게 건강한 췌장 세포를 이식하면 되지 않겠는가. 하지만 커다란 걸림돌이 있다. 건강한 세포를 어디서 구할 수 있는가라는 문제다. 이때 과학자들이 문제 해결의 가능성을 발견한 대상이 바로 배아다. 배아는 완전한 개체로 자라날 수 있는 잠재력을 가지고 있다. 따라서 실험실에서 잘만 배양하면 인체를 구성하는 210여 개의 장기로 발달할 수 있는 각종 세포를 얻을 수 있다.

그렇다면 배아는 어디서 얻을 수 있을까. 불임클리닉이다. 시험관에서 인공적으로 수정란을 만들고 며칠간 발달시킨 후 이를 자궁에 이식하는 일이 불임클리닉의 주요 업무 중 하나다. 그런데 임신의 성공률을 높이기 위해 수정란은 항상 넉넉한 수로 준비된다. 따라서 일단 임신에 성공하면 여분의 수정란은 불임부부에게 쓸모가 없어지므로, 불임클리닉에서 이를 보관한다. 이 여분의 수정란은 폐기되거나 불임부부의 동의 아래 실험용으로 사용되곤 한다.

하지만 줄기세포가 치료를 위해 아무리 좋은 재료라 해도 다른 사람의 세포는 면역적으로 거부 반응을 일으킨다. 따라서 간염환자의 경우 자신의 간세포를 얻어 이식하는 것이 가장 좋다. 그런데 어디서 자신의 간세포를 얻을 수 있을까. 복제기술이 이를 실현시킬 수 있다. 즉 환자 자신의 체세포 하나를 떼어내 핵이 제거된 난자와 결합시킨 후 잘 배양해서 배반포기까지 자라게 하는 것이다. 여기서 줄기세포를 얻고 이 가운데 간으로 자라날 세포를 골라내 이식하면, 면역 거부반응이 없는 훌륭한 치료가 가능하다. 이렇듯 환자맞춤형 줄기세포를 얻을 수 있다는 점에서 인간 배아복제 기술은 의료용으로 각광받고 있다.

줄기세포 실험에서 제기되는 윤리의 문제

그러나 이 방법은 시술과정에서 불가피하게 난자를 사용할 수밖에 없다는 점에서 윤리 문제가 심각하다. 예를 들어 여성에게서 인위적으로 난자를 얻기 위해서는 과배란유도제를 투여해야 한다. 여성의 신체에 심한 후유증을 남길 수 있다는 뜻이다. 또 생명체로 자랄 수 있는 배아를 줄기세포를 얻기 위해 파괴해야 한다는 문제가 있다. 복제배아를 자궁에 이식할 경우 이론적으로 10개월 후 복제인간이 태어날 가능성도 있다.

두 번째 사례의 2007년 11월 미국과 일본 연구팀의 연구 성과가 세계적으로 큰 주목을 받은 이유가 바로 이러한 윤리 문제에서 자유롭기 때문이었다. 이 두 연구팀의 목표 역시 '환자맞춤형 줄기세포'를 얻는 일이었다. 미국 위스콘신-메디슨대학 제임스 톰슨 교수팀과 일본 교토대학 야마나카 신야 교수팀은 어른의 피부세포를 배아줄기세포와 같은 분화능력을 가진 세포로 전환하는 데 성공했다고 밝혔다. 공통적으로 바이러스를 운반체로 사용해 세포 분화에 관여하는 유전자 네 개를 섬유모세포에 넣었다. 그 결과 세포들이 배아줄기세포처럼 분화하기 시작했다는 것이다. 만일 환자의 피부세포를 떼어내 이 방법으로 줄기세포를 만들어낸다면 면역 거부반응이 없는 훌륭한 치료제를 얻을 수 있는 것이다.

사실 이들의 연구는 최근에 계속되고 있는 윤리 문제를 피하면서 줄기세포를 얻으려는 여러 시도 가운데 한 가지이다. 미국의 대통령생명 윤리위원회가 2005년 5월 제출한 보고서에는 과학자들이 줄기세포 연구에서 윤리 문제를 최소화하기 위해 새롭게 개발하고 있는 방법 네 가지가 소개되어 있다.

첫째, 죽은 배아를 사용하는 방법이다. 불임클리닉에서 인공적으로 만든 배아의 60퍼센트 이상은 생명체로 자랄 능력이 없다고 한다. 주원인은 유전적 결함 때문이다. 이런 배아들은 연구용으로도 쓰이기 어려워 폐기되는 것이 현실이다. 하지만 일부 연구에서는 이들로부터 정상적인 줄기세포를 얻는 데 성공했다고 한다. 물론 과학자들은 정상 배아로부터 얻은 줄기세포를 연구하고 싶어 하겠지만 말이다. 그러나 죽은 배아에서 얻은 정상 줄기세포가 정상 배아로 자랄 수 있다는 잠재적 가능성이 있어 윤리 문제로부터 완전히 자유롭지는 않다.

둘째, 배아 생검(biopsy)이다. 배아가 분열해 8세포기 단계 정도에 이르렀을 때 한 개 세포를 떼어내 여기서 줄기세포를 추출하는 방법이다. 기존 불임클리닉에서 기형아 유무를 알기 위해 사용하던 착상 전 유전진단(PGD, Preimplantation Genetic Diagnosis)의 방법을 모방한 것이다. 현재까지 1,000명 이상의 어린이가 PGD를 거친 후 정상적으로 태어났다고 한다. 2005년 10월 미국의 바이오벤처회사 'Advanced Cell Technology'의 연구팀은 생쥐를 대상으로 이 방법을 통해 줄기세포를 얻는 데 성공했다. 물론 추출 효율은 이후 배반포기 배아 단계에서 얻는 것에 비해 훨씬 떨어졌다.

그러나 반대 의견도 있다. PGD는 자녀의 유전적 이상 여부를 알기 위한 것이 목적이다. 단지 줄기세포를 얻기 위해서라면 부모가 안전성이 보장되지 않은 이 방법에 동의하기 어렵다. 이 문제를 해결하려면 배아 생검이 배아의 발달에 어떤 영향을 미치는지에 대한 추가 연구가 필요하다. 또 양과 토끼의 경우 4세포기 또는 8세포기의 배아에서 떼어낸

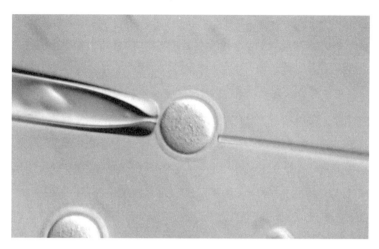

인간 배아복제 기술은 불가피하게 인간의 난자를 사용할 수밖에 없어 윤리 문제가 심각하다. 현재는 이런 윤리 문제를 피하기 위한 여러 가지 시도가 계속되고 있다.

한 개 세포가 향후 하나의 정상 개체로 자랄 수 있다고 알려져 있다. 이 사실이 인간에도 적용된다면, 배아 생검은 여전히 생명체로 자랄 수 있는 배아를 파괴하는 결과를 낳는 셈이다.

셋째는 변형된 배아복제 방법이다. 일반 복제와 달리 체세포에서 일부 유전자에 변형을 가한 후 핵이 제거된 난자에 삽입하는 방법이다. 복제된 배아가 생명체로 자랄 가능성을 원천적으로 차단하기 위해 착상을 하지 못하도록 유전자를 변형시키는 것이다. 2005년 10월 미국 메사추세츠공대(MIT) 연구팀이 생쥐를 대상으로 이 실험에 성공했다고 보고한 바 있다. 하지만 이 방법은 일반 배아복제의 경우처럼 수많은 난자를 필요로 한다. 또한 '불능의 인간 배아'를 만드는 일 자체에 대한 윤리적 논란 가능성도 있다.

마지막 방법이 바로 2007년 11월 미국과 일본 연구팀이 발표한 체세포 역분화 기술이다. 체세포를 역분화시켜 줄기세포 능력을 갖는 세포로 만들어내는 것이 목표다. 2005년 8월 미국 하버드대학 연구팀은 인간의 피부세포와 배아줄기세포를 융합시켜 배아줄기세포의 특성이 일부 나타나는 새로운 세포를 얻었다고 발표했다. 하지만 효율성이 매우 낮았다. 피부세포와 배아줄기세포가 각각 5,000만 개씩 동원됐는데 얻어낸 융합세포는 20여 개에 불과했다. 또한 모든 융합세포는 정상 세포에 비해 유전자가 두 배인 비정상적인 것이었다.

2007년 6월 미국 하버드대학 줄기세포연구소와 화이트헤드연구소, 일본 교토대학 공동 연구팀이 생쥐의 일반 체세포에 유전자조작을 가해 배아줄기세포와 같은 기능을 하는 세포를 만들었다고 『네이처』와 『세포-줄기세포』 등에 발표했다. 이 실험이 같은 해 11월 마침내 인간을 대상으로 성공하기에 이른 것이다. 이 실험의 성공으로 줄기세포를 둘러싼 이슈는 점차 윤리성에서 안전성으로 넘어가기 시작했다.

연구팀에 따르면 피부세포가 줄기세포로 전환되는 과정에서 유전자가 일부 파괴됐다고 한다. 줄기세포가 암세포로 변할 가능성을 시사하는 대목이다. 유전자를 운반하기 위해 사용한 바이러스도 문제다. 실제 질병치료에 적용하기 위해서는 별도로 이 바이러스를 제거하는 과정이 필요하다. 또 새롭게 도입한 유전자가 배아줄기세포에 포함되지 않게 해야 한다. 이 유전자가 줄기세포 발달에 어떤 영향을 줄지 모를 일이기 때문이다.

매우 어려운 대안 성체 줄기세포

사실 면역 거부반응과 윤리 문제 모두를 일으키지 않는 대안은 또 있다. 성체 줄기세포(adult stem cell)가 그것이다. 2000년 8월 15일 미국 로버트 우드 존슨 의대 연구팀이 인간 골수에서 채취한 줄기세포의 80퍼센트를 신경세포로 전환시킨 실험이 뉴욕타임스에 보도됐다. 이 신경세포를 쥐의 뇌와 척수에 주입한 결과 수개월 가까이 정상적으로 제기능을 발휘했다는 내용이었다.

사용된 실험재료는 배아가 아닌 성체의 골수에서 채취한 줄기세포이기 때문에 윤리 논란을 일으키지 않는다. 또 환자 자신의 골수에서 줄기세포를 얻기 때문에 향후 임상에 적용될 경우 면역거부반응도 없다. 하지만 난관은 있다. 아직까지 성체줄기세포는 배양하는 동안 제기능을 발휘하는 시간이 짧고, 충분한 양의 줄기세포를 찾는 일이 어렵다. 성체줄기세포의 장점에도 불구하고 연구자들이 배아줄기세포를 포기할 수 없는 이유다.

김훈기 서울대 자연대 동물학과를 졸업하고 같은 학교 대학원 과학사 및 과학철학 협동과정 석사학위를 받았으며, 「한국 생명공학 정책의제형성과정에 대한 연구: 생명윤리 입법화 과정을 중심으로」로 고려대학교 과학학 협동과정 박사학위를 받았다. 주요 저서로 『시간여행-미로에 새겨진 상징과 비밀』 『유전자가 세상을 바꾼다』 『생명공학과 정치』가 있으며 동아사이언스 『과학동아』 편집장을 거쳐 현재 동아사이언스 통합뉴스센터 총괄팀장을 맡고 있다.

유전자정보의 활용

인간 게놈 프로젝트가 주는 생명의 미래

유향숙
유전공학센터 선임연구원 · 유전공학

유전자정보가 품고 있는 생명의 신비

사람이 태어나서 복되게 살다가 때가 되면 다시 흙으로 돌아가는 과정은 지구상의 모든 생명체가 거치는 순환과정과 동일하다. 모든 생물이 그러하듯 부모가 있어서 내가 태어나고, 내가 있기에 나의 자손이 있는 것이다. 이러한 생명의 연속성을 좌우하는 가장 근본적인 것이 DNA(Deoxyribonucleic acid)다. DNA는 생명체의 기본 단위인 세포 속의 핵 안에 있으며, 모든 생물체가 그 나름의 특징을 가지고 자연에서 살아가게 하는 근본 물질이다. 이 속에 각종 생물체가 존재할 수 있게 하는 정보가 들어 있다.

DNA는 간단히 'A'(아데닌), 'T'(티민), 'G'(구아닌), 'C'(시토신)라고 불리는 네 가지 염기의 반복서열로 이루어진 화학물질의 복합체이다. 이들 염기서열의 조합이 만들어내는 단위인 유전자는 특정 단백질을 만드는 정보를 가지고 있는데, 이 단백질들의 기능에 따라 서로 다른 생명체가 만들어진다. 생명체의 다양한 특징은 기본적으로 이 네 가지 염기서열의 순서에 의해 결정된다.

> **``** 미래에는 생명의 기본요소를 잘 유지시키며
> 살아가는 데 필요한 과학기술을 삶에서 일상적으로 접하고
> 여러 분야의 지식과 기술이 통합된다. 지금까지는
> 생명이 '뭔가 굉장한 것'이라는 막연한 생각으로 살아왔다면
> 미래에는 그래도 생명이란 무엇인가를 이해할 만한
> 실마리를 갖게 된 것이다. 우리는 인간 게놈 프로젝트의
> 결과를 가지고 미래의 생명을 이해하기 위해
> 더 개척적으로 접근할 것이며, 생명과학은
> 주위에 관련된 분야와 조화된 통합기술로서 한층
> 심오한 생명의 신비를 알게 할 것이다. **``**

유전자정보를 움직이는 또 다른 요소로는 환경이 있다. 생명체는 어떤 환경에 놓여 있느냐에 따라 또 각기 다른 모습과 특징을 갖게 되며, 결국 생물학적으로 '적자생존'하게 된다. 환경은 DNA에 담겨 있는 유전자정보가 잘 운용되도록 조절하는 역할을 하기 때문에, 이 둘의 조화를 잘 이끌어내야 건강한 삶을 영위할 수 있다.

한 생명이 건강하게 살아가려면 그것을 구성하는 각 부분이 제 역할을 잘 해야 한다. 건강한 삶은 마치 오케스트라의 각 단원이 제각기 맡은 악기를 잘 연주하여 한 곡의 아름다운 교향곡을 들려주는 것과 같다. 우리 몸을 구성하고 있는 유전자를 잘 조절할 수 있다면 우리는 건강하고 조화로운 삶을 살 수 있을 것이다. 여기에서는 유전자정보를 어떻게 활용하느냐에 따라 생명에 대한 이해가 달라질 미래를 조명해보고자 한다.

유전자 발현이 생명현상을 조절한다

우리가 지금 이 모습을 하고 있는 것은 부모로부터 이런 모습이 나타나게 하는 형질을 물려받았기 때문이다. 이것이 소위 말하는 유전(遺

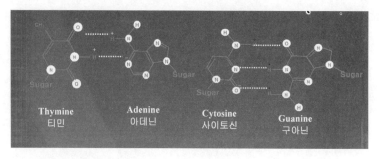

DNA의 기본 단위인 염기쌍 구조.

傳)이다. 유전은 한 개체가 나타내는 형질이 그대로 다음 세대의 생명체에 전달되는 것을 의미하는데, 여기에 중심이 되는 것이 유전자(遺傳子, gene)이다.

생명을 가진 모든 생물체는 세포라는 기본 단위로 구성되어 있다. 이 세포에는 핵이 있고, 이 안에 들어 있는 염색체(chromosome)에 유전의 근본 물질인 유전자가 담겨 있다. 일반적으로 사람 체세포의 핵에는 23쌍의 염색체가 있는데 한쪽은 어머니로부터, 다른 한쪽은 아버지로부터 온 염색체가 결합되어 쌍을 이루고 있다. 염색체를 이루는 주된 물질이 바로 DNA이고, 각 생물체의 DNA는 일정한 수의 염기쌍(A = T, G ≡ C)이 특정 순서대로 배열되어 있다. 여기에 그 생물체의 특징을 나타내는 데 필요한 일정한 수와 배열의 유전자들이 담겨 있다.

각 생물체마다 DNA 염기서열과 여기에 담겨 있는 유전자의 수는 각각 다르다. 사람의 경우 32억 쌍의 염기가 23개의 염색체에 나뉘어 있으며 이를 통틀어 게놈(Genome), 또는 유전체라 정의한다. 하등생물에서 고등생물로 진화함에 따라 게놈의 크기는 대체로 커진다. 사람의 게놈에는 32억 쌍의 염기가 있는 데 반해 초파리는 1억 4,000만 쌍, 미생물인 대장균은 4,600만 쌍이 있다.

세포가 살아가는 데 필요한 물질을 생산해내는 정보를 가진 유전자는

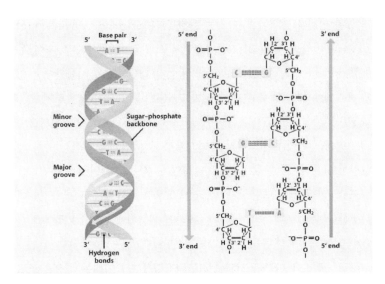

염기쌍과 인산, 당이 만드는 DNA 이중나선.

세포의 필요에 따라 DNA에서 mRNA로 전사(transcription)되고, 이
mRNA는 단백질을 만들어내는 아미노산 서열 정보로 전환되어 특정
성질을 가진 단백질을 만들어낸다. 전사된 mRNA에는 염기 세 개당 한
가지 아미노산을 만들어내는 정보가 있는데, 이것을 코돈(codon)이라
고 부른다. 이 코돈은 세포질에 있는 라이보솜에 의해 특정 아미노산을
지정한다. 20종의 아미노산이 이 코돈에 따라 연결되어 특정한 기능을
하는 단백질로 합성된다. 이때 DNA의 염기서열은 곧 단백질의 아미노
산 서열을 결정하는 정보라고 할 수 있다. DNA가 생명을 지배하는 단
어라고 한다면, 염기는 이 단어를 구성하는 알파벳인 것이다. 이 염기
알파벳의 순서에 따라 유전자가 다르게 작동하며, 생명의 구조체가 달
라진다.

게놈에 있는 유전자들에 대한 상세한 연구는 1970년대 이후 유전자
재조합기술(recombinant DNA technique)이 발달함에 따라, 생물체

의 근본 형질을 변형시킬 수 있는 유전공학기술(genetic engineering)로 자리를 잡게 되었다. 또한 유전자를 수없이 증식시킬 수 있는 PCR(polymerase chain reaction) 방법이 개발되면서 시험관에서 쉽게 유전자에 대한 연구를 할 수 있게 되었고, 유전자 DNA의 염기 순서를 결정할 수 있는 DNA 염기서열 분석(DNA sequencing)기술이 1980년대 후반에 개발되면서 본격적으로 게놈 연구와 이를 이용한 생명현상의 분석 및 응용기술이 발달하였다. 경우에 따라서는 유전자를 재조합하거나 필요한 유전자만을 선택적으로 증식시켜서 단백질을 대량생산할 수도 있다. 이 기술을 이용하면 생물체에 자연적으로 존재했던 극미량의 유용한 물질들을 다량으로 만들어낼 수 있게 된다.

세포가 필요에 따라 유전자로부터 단백질을 만들어내는 과정을 조절하는 유전자가 따로 있는데 이것을 조절유전자(regulatory gene)라고 부른다. 조절유전자는 필요한 단백질을 때맞춰 만들어내도록 다른 유전자에게 명령을 내린다. 이 조절유전자는 유전자들이 만드는 생명의 오케스트라의 지휘자라 할 수 있다. 조절유전자가 잘못되면 단백질을 제때에 만들어내지 못하게 되어 세포가 기능을 상실하거나 병들 수도 있다.

이 조절유전자에 의해 유전자의 작동이 달라지는 현상을 '유전자 발현'(Gene Expression)이라고 한다. 유전자 발현 여하에 따라 단백질 생산 여부가 결정된다. 유전자가 발현되는 과정은 생명 현상의 기본이며, 이것이 잘 조절되어야 올바른 생명체의 존재가 가능하다. 사람은 태어나서 자라고 죽을 때까지 유전자들의 끊임없는 발현조절 프로그램에 의해 정해진 대로 움직이는 것이다.

유전자 발현 조절에 따른 다양한 생물종

DNA 중 일부는 없어지거나 증폭되거나 위치가 바뀌거나 하면서 끊임없이 변화하여 다양한 염기서열과 크기의 게놈 DNA를 가진 다양한 생물의 종을 만든다. 사람이 가진 게놈 DNA는 다른 종과도 다르지만, 같은 종인 사람 안에서도 조금씩 다르게 변화한다. 이 때문에 서양인과 동양인의 생김새가 다르며, 나아가 한 사람 한 사람이 각기 다른 특징을 가진 모습을 하게 된다. 이런 현상을 유전적 다양성(genetic diversity 또는 genetic variation)이라고 한다.

얼마큼의 단백질을 만들어내느냐는 유전자의 기능은 곧 이 유전자가 얼마만큼 사용되느냐와 관련이 있다. 세포가 살아가는 데 근본적으로 필요한 필수 단백질들은 끊임없이 생성되어 늘 유전자의 발현이 일어나고 있다. 하지만 성장호르몬 등 어떤 특정한 시기에만 필요한 단백질은 유전자 앞에 있는 조절부위에 적절한 신호 전달물질이 붙어, 필요한 만큼만 단백질을 만들어내고 필요가 없어지면 생산을 중지하여 세포 내에서 그 균형을 유지한다. 이러한 유전자 발현의 기본적인 정보는 부모로부터 물려받은 DNA 속에 존재하며, 태어날 때부터 세포의 성장과 분화에 따라 이미 프로그램되어 있다.

또한 유전자 발현은 환경에 의해서도 달라진다. 우리 몸속의 세포에는 여러 가지 신호·자극 등에 반응하여 제때 필요한 물질을 만들어낼 수 있도록 하는 조절능력이 있다. 이때의 신호 및 자극은 그 세포가 처해 있는 환경에 따라 많은 차이가 있다. 예를 들어 우리 몸은 햇볕을 많이 받으면 피부색이 까맣게 된다. 피부를 보호하기 위해 우리 피부세포 내에서 멜라닌 색소를 만드는 데 관여하는 유전자가 활성화되어 멜라닌을 많이 합성해내기 때문이다.

그러므로 유전자와 환경, 이 두 가지가 진화의 양대 요소이다. 다양한 생물종이 존재하다가 환경에 적합하지 않으면 다른 형태로 진화하든지 아니면 도태되어 멸종하기도 한다. 공룡이나 크로마뇽인 등 이 지구상에 존재했다가 환경에 적응하지 못하고 멸종한 생명체는 그것이 살고

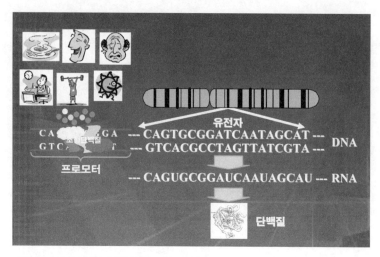

외부신호에 따른 유전자 발현.

있던 환경에 적절한 유전자의 기능이 갖추어지지 못해 죽거나 다른 종으로 진화한 것이다. 유전자 기능 여하에 따라 생명의 존속 여부가 결정되는 것이다.

유전자가 잘못되면 병에 걸린다

유전자에 변이(mutation)가 생기면 환경에 적절하게 적응하지 못하고 병이 나게 된다. 이는 각 세포 속의 요소들이 서로 충돌하여 조화를 이루지 못했기 때문으로, 마치 여러 가지 악기가 화음을 이루지 못하고 듣기 싫은 소리를 내는 것과 흡사하다. 평상시의 우리 몸은 필요한 요소들이 서로 작용하여 밀어주고 끌어주는 상호작용을 거쳐 필요에 따라 균형을 유지한다. 만약 이 요소들 중에 과도한 작용을 하거나 작용을 못하는 것이 있다면 균형이 깨지고, 우리 몸은 정상 생활을 못하고 병이 든다.

암은 유전자의 기능에 결함이 있어 세포 성장주기 조정이 잘못되어 일어나는 질병이다. 세포의 성장은 세포 성장주기에 따라 진행되는데,

이때 요소마다 진행을 조절하는 인자들이 있어 성장이 정상적으로 이루어지는지 검사한다. 이를 '체크포인트 콘트롤'(check point control)이라 하며, 마치 검문소 같은 역할을 한다. 만약 이 체크포인트에서 검사가 잘 이루어지지 못하면 정상으로 자라야 할 세포가 마구 자라 암세포가 된다.

암은 한두 개가 아닌 여러 유전자가 관여하는 복합적 질병(complex disease)이다. 암뿐만 아니라 고혈압 · 당뇨 · 비만 등과 같은 질병도 최근 연구결과, 여러 유전자가 복합적으로 관여하여 일어나는 것으로 밝혀졌다. 이러한 복합적 질병은 유전자 다수가 변화되어 생기는 것이기 때문에 그 변화를 하나씩 찾아내야 한다. 이와 관련된 유전자들의 비교 · 분석은 그 원인을 밝히는 데 아주 중요한 방법으로 대두되고 있다.

반면 한 개의 유전자나 염색체에 이상이 있어 생기는 유전병도 있다. 혈우병은 혈액 응고에 관련된 효소 'Factor10'을 생산하는 유전자에 변이가 생겨 제대로 된 혈액응고 효소를 생산하지 못하기 때문에 생기는 질병이다. 이 유전자는 X염색체상에 위치하기 때문에 XX성염색체를 가진 여자보다는 XY성염색체를 가진 남자에게 더 치명적이다. 다운 증후군은 21번 염색체가 두 개로 한 쌍을 이루지 않고 한 개가 더 있어 유전자의 기능이 과도해져 생기는 유전병이다. 이외에도 헌팅턴 병(Huntington's Chorea), 근위축증후군 등 특정 유전자의 기능 이상으로 생긴 질병은 그 유전자의 변이가 고쳐지지 않는 한 그대로 자손에게 유전된다. 이렇듯 질병 발생이 유전자 변이에 기인한다는 사실이 점점 입증되고 있다.

인간 게놈 프로젝트의 결과를 활용한 미래의 우리 삶

사람의 유전자의 총 집합체인 유전체를 구성하고 있는 DNA 염기서열을 전부 다 밝힌 인간 게놈 프로젝트는 15년간 미국 국립보건원, 영국 생거센터 등을 중심으로 여러 나라의 연구팀이 공동으로 연구한 결과로, 2006년 5월에 완성되었다. 이는 인간이 달에 착륙한 사건에 못지않은 성과로 생명과학계에 대혁명을 가져왔다. 인간 외에도 미생물, 동식물의 게놈 DNA 염기서열이 가속적으로 분석되고 있고, 그 결과 많은 연구성과들이 축척되면서 유전자에 대한 정확한 이해와 생명현상에 대한 이해가 한층 빨라지고 있다.

게놈 프로젝트는 생명체를 이루고 있는 근본 정보가 담긴 DNA의 정체를 한순간에 알 수 있게 해주었다. 이로써 인간은 현재 우리와 함께 살고 있는 모든 생물계의 형태를 바꿀 수 있는 잠재력을 가지게 되었다. 인간 게놈 프로젝트에서 밝혀진 유전자 염기서열 결과를 바탕으로 이 속에 담겨 있는 각각의 유전자들이 무엇을 하는지를 밝혀내면, 내 현재 모습의 유전적 근원을 알고 내가 가진 단점을 보완할 수 있게 된다. 유전자들의 일부 구조를 변경하면 현재의 나보다 더 키가 크고, 병에 잘 걸리지 않고, 오래 살 수 있고, 머리가 좋은, 더 나은 형질을 가진 사람으로 개조할 수도 있다. 열성인 유전자는 환경적 요인에 의해 자연히 도태되고 우성 유전자만이 계속적으로 남게 되는, 수억 년 동안 생물계에서 진행되어온 자연적 진화 과정이 인간 게놈 프로젝트 결과로 인해 빨라질 수 있는 것이다.

우리는 이렇게 얻어낸 유전자 정보를 응용하여 우리 삶의 수준을 현재보다 훨씬 편안하게 만들 수 있을 것이다. 예를 들면 주민등록증 대신 유전자카드를 가지고 다니면서 신분을 증명하고, 병원에 진료를 받으러 가서도 혈액검사 대신 유전자 칩을 이용하여 병을 조기진단할 수 있게 되고, 약을 복용할 때도 유전자를 분석하여 약효를 가장 잘 나타내는 약의 종류와 용량을 찾아 약을 처방받을 수도 있다.

인간 게놈 프로젝트 덕분에 훨씬 빠르게 사람의 유전자 서열정보를 분석해서 질병 발생 원인을 알고, 질병을 예측·예방할 수 있게 되었다.

세포가 제대로 자라도록 성장주기를 조절하는 역할을 하는 유전자를 밝힐 수 있게 되면서, 정상 세포가 암세포로 진행되는 과정도 차단할 수 있는 가능성이 높아졌다. 암은 전 세계적으로 사망 원인 중 1~2위를 차지하고 있으며, 수명이 연장됨에 따라 미래에는 노인성 질환이 될 것으로 여겨지고 있다. 미국을 중심으로 여러 국가에서 지난 40여 년간 암을 퇴치하기 위해 막대한 연구비를 투입하여 암 발생기전 연구, 항암제 개발 등에 많은 노력을 기울여왔으나 아직도 암 치료 및 예방 방법에는 한계가 있다. 그러나 새로운 유전체 분석기법을 이용하여 암세포와 정상세포 사이에서 발현의 차이가 나는 유전자를 대규모로 찾거나, 유전자 칩 이용, 또는 단백질 자체가 변화되는 정도를 찾는 프로테옴 분석기법 등 다양한 방법들이 개발되고 있어, 미래에는 암을 일으키는 유전자나 단백질의 발굴이 훨씬 쉬워질 것이다.

유전자 분석을 통해 아직 태어나지 않은 태아의 유전병을 미리 확인할 수도 있다. 그 예로 헌팅턴 병은 사람의 염색체 4번에 CAG 염기서열이 너무 많이 반복되었을 때 일어나는 유전병으로, 미리 유전자 검사를 하면 이 병에 걸릴지의 여부를 확인할 수 있다. 또 유전자 BRCA1과 BRCA2에 돌연변이가 있으면 유방암과 난소암의 발병율이 높고, MSH1과 MSH2에 돌연변이가 있으면 대장암이 생길 가능성이 커지는 것으로 알려져 있다. 또 APOE라는 유전자에 돌연변이가 생기면 치매에 걸릴 확률이 높아진다고 한다. 만약 나의 유전자를 분석했을 때 이런 돌연변이가 발견된다면, 조기 발견을 위해 정기 검사를 자주 하고 병의 예방을 위해 생활 패턴을 바꾸는 등 대비를 할 수 있다.

우리가 태어나 자라고 늙어가는 자연적인 과정에서도 나의 유전자 구성도를 잘 알면 미리미리 노화되는 과정에서 잘못되는 유전자 기능을 바로잡을 수 있어 건강한 노후생활이 가능하다. 노화에 관련된 유전자들이 밝혀지고 이들의 기능에 대한 연구도 활발해지고 있다. 수명은 각

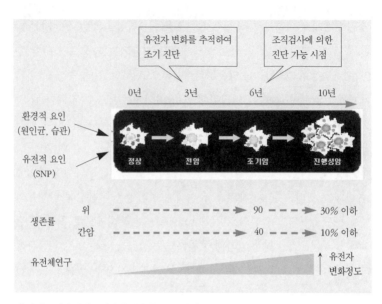

암 발생 초기에 어떤 유전자가 변화되는지를 알아내면 암을 조기에 진단해서 성공적으로 치료할 수 있다.

생물마다 정해져 있으나, 이 유전자들을 조절할 수 있게 되면 암이나 치매 등 노화와 관련된 질병의 발병을 늦출 수 있고, 따라서 수명도 길어질 것이다. 그래서 인간의 평균수명이 1970년대에 70대이던 것이 현재 80대로 늘어났듯이, 미래에는 100살 이상을 사는 인구가 열 배 이상 증가할 것으로 예상된다.

　잘못된 유전자를 정상 유전자로 대치할 수 있는 유전자 치료와 세포 치료기술이 정착되어 유전자 수선이 가능해지면, 이런 추세는 더욱 가속화할 것이다. 미래에는 새로운 생명과학 기술의 발달 덕분에 수명이 더 길어지고 개인의 의료에 있어서도 예방과 예측이 주가 되는 획기적인 의료기술이 발달될 전망이다. 유전자 혁명이라고 일컫는 인간 게놈 프로젝트의 결과는 곧 미래 의료혁명의 바탕이 될 것이다.

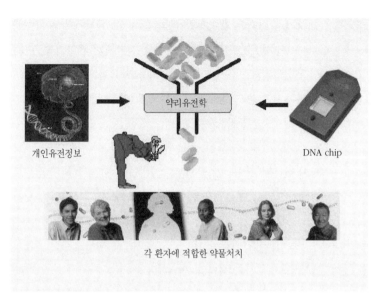

개인유전정보
약리유전학
DNA chip
각 환자에 적합한 약물처치

미래에는 개인의 유전자정보에 근거하여 약의 감수성이나 독성 등을 고려한 나에게 맞는 약 처방이 가능해진다.

타 분야와 융합하는 미래생명과학

생명과학 기술을 더 유용하게 활용하기 위해서는 정보처리 기술, 컴퓨터 기술, 나노 소재 개발 기술 등 타 분야와 만나야 한다. 인간 게놈 프로젝트가 완성될 수 있었던 것은 수많은 염기서열을 정렬하는 컴퓨터 알고리듬, 데이터베이스 저장능력 등 컴퓨터 기술이 발달한 덕분이다. 엄청난 데이터를 저장하고 순서대로 풀어서 분석하는 과정은 컴퓨터의 힘을 빌려야 가능한 것이었다. IT기술이 생명과학에 접목되었기 때문에 가능했던 것이다. 미래에는 인간 이외에도 다른 생물의 유전체에 대한 수없이 많은 유전자 정보가 쌓일 것이므로, 더욱 IT기술과의 접목은 필수불가결할 것이다.

유전자로부터 제때에 정상적인 구조를 가진 단백질이 필요한 만큼 생산되고 세포 내에서 그 역할을 다했을 때 또 때맞춰 없어지는 역동적인 과정을 이해하기 위해서는 생명과학 분야에서만도 유전자분석 기술에서 출발하여 유전자발현 조절기술, 세포신호 전달체계 규명기술, 단백질 분리기술, 단백질구조 분석기술, 프로테옴(단백체) 분석기술, 세포 안에서 일어나는 현상을 영상으로 볼 수 있게 하는 세포이미징(imaging) 기술 등 많은 기술이 필요하다.

이것들은 맨눈으로 볼 수 없는 세포 속에서 일어나는 현상이므로, 그 단위는 나노미터(10^{-9} 또는 1억분의 1미터) 이하 수준이다. 그러므로 나노기술(Nano Technology) 또한 이 분야의 연구에 접목되어야 실시간으로 세포 속에서 일어나는 일을 관찰할 수 있다. 생명현상은 분자·원자 수준의 요소들이 합해져서 일어나는 것이므로 나노스케일의 분석을 통하지 않고는 이해하는 것이 불가능하다.

혈액 검사에 나노 칩을 활용하게 되면 질병이 있을 때 병변세포로부터 나오는 아주 적은 양의 단백질이나 RNA, DNA까지도 검출할 수 있어서 질병의 조기진단이 가능해진다. 생물 소재가 나노 기술과 접목되면 약물치료법, 유전자치료법 등을 훨씬 효과적으로 사용할 수 있다. 나노기술을 이용한 유전자나 단백질 칩 개발, 질병 분석용 진단 칩 개발 등은 미래의 의료·생명 분야에서 진단 및 치료에 혁명을 가져올 것이다.

한편 인간 게놈 프로젝트의 완성을 가능하게 했던 컴퓨터 기술은 이미 생물학 연구에 없어서는 안 될 분야로 자리를 잡았다. 나노기술과 함께 사용하면, 우리 몸속에서 일어나는 미세한 현상을 보고 비정상적으로 활동하는 세포내 물질을 골라낼 수 있어 어느 곳에서 병이 발생했는지 그 부위를 직접 영상으로 전송할 수도 있게 된다. 지금의 의료 기술의 한계를 극복할 수 있게 되므로 질병의 조기 진단, 발병 예방 등이 가능해진다.

컴퓨터 프로그램 개발과 데이터 저장능력은 앞으로도 계속 발달하여, 인간의 생명활동을 실시간으로 관찰하는 것이 가능해지고 여러 사람의

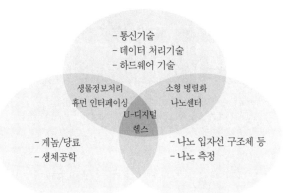

생명과학과 컴퓨터, 통신, 나노과학이 함께 이루어내는 미래 의료서비스 개념.

DNA 염기서열을 직접 비교할 수 있고 이 세상에 존재하는 모든 생물의 방대한 게놈 분석 데이터를 처리할 수 있게 될 것이다. 컴퓨터와 나노기술에 정보통신 기술이 접목되면 나의 생명정보가 직접 먼 거리로 전송되어 직접 진찰받지 않고도 데이터를 전송받아 원격 진료가 가능하게 될 것이다. 섬에 있는 환자가 배를 타고 육지에 오지 않아도 그 환자의 정보를 전송받아 의사가 진료하고 처방을 내릴 수 있게 된다.

또 질병을 치료하는 데는 반드시 의약품이 필요하므로, 약품을 개발하고 제조하기 위한 화학의 원리와 기술 또한 생명과학에 없어서는 안된다. 약물이 우리 몸과 어떻게 반응하고 어떤 유전자의 기능을 조절하는가에 대한 연구가 최근 활발히 이루어지면서, 같은 약물이 몸에 들어와도 개인의 유전체에 따라 약물에 대한 반응도가 각각 달라진다는 것이 밝혀졌다. 따라서 화학적인 방법으로 유도체 합성이라든지 약물반응도 결정 등 화학적 지식과 기술, 생리학적 지식 등이 밀접하게 연계되어 누구에게든지 효과적인 새로운 약물을 생산하려는 노력이 대두되기 시작했다.

개인 게놈 DNA가 해독된 과학자들. 왼쪽부터 제임스 왓슨, 크레이그 벤터, 조지 처치. 인간 게놈 프로젝트에서 처음으로 사람의 게놈서열이 밝혀진 후 빠르게 개발된 게놈 분석기술을 이용하여 최근 개인들이 자신의 게놈을 제공하여 분석하고 있다.

또 이러한 면에서 개인 유전체 변이에 따른 약물 효과의 차이 등을 유의성 있게 분석하려면 통계학적 데이터 분석기술 등도 꼭 필요하다. 약물반응도가 다른 유전자 변이를 골라내기 위해 유전자 칩을 사용할 경우도 통계분석 없이는 그 유의성을 가려내기 어렵다.

앞으로는 IT · NT · BT 뿐만 아니라 기계 · 화학 · 물리 · 수학 · 통계학 등의 개념과 기술도 생명과학에 접목될 것이다. 생명현상을 분석하고 관찰하는 데는 로봇 등 다양한 기계의 개발도 필요하다. 미래의 생명과학은 모든 분야의 기술이 모인 종합과학으로 이해될 것이다.

건강한 생명은 아름다운 심포니 오케스트라

미래에는 생명의 기본요소를 잘 유지시키며 살아가는 데 필요한 과학기술을 삶에서 일상적으로 접하고 여러 분야의 지식과 기술이 통합된다. 지금까지는 생명이 '뭔가 굉장한 것'(something great)이라는 막연한 생각으로 살아왔다면 미래에는 그래도 생명이란 무엇인가를 이해할 만한 실마리를 갖게 된 것이다. 우리는 인간 게놈 프로젝트의 결과를 가지고 미래의 생명을 이해하기 위해 더 개척적으로 접근할 것이며, 생명과학은 주위에 관련된 분야와 조화된 통합기술로서 한층 심오한 생명의 신비를 알게 할 것이다.

우리는 과학지식과 기술이 이루어낸 성과를 바탕으로 미래의 삶을 건강하고 아름답게 꾸며갈 수 있고, 생명의 여러 구성요소들이 오케스트라와 같이 하나씩 조화를 이루도록 하며 건강한 삶을 이루어낼 수 있다. 미래에는 한 가지 전문 지식이나 기술보다 두 가지 이상의 기술이 접목되며, 네트워킹을 거쳐 새로운 과학적 진실을 발굴하고 이를 활용해 시대와 공간을 초월하는 창조적인 산물을 만들어낼 것이다. 우리는 이를 위해 현재를 다듬어야 할 것이며 유전자가 주는 생명의 세계가 아름다운 심포니 오케스트라처럼 빛날 수 있는 조화로운 과학기술 환경을 준비해야 할 것이다.

유향숙 서울대학교 약학대학을 졸업하고 같은 대학원에서 약효학 전공으로 석사학위를 받았다. 이후 풀브라이트 장학금을 받고 미국으로 유학을 가서 유전공학 분야의 연구를 시작하게 되었으며, 분자생물학으로 박사학위를 받았다. 테네시대학에서 연수하면서 유전자 발현기전 연구를 하였으며, 1987년 현 한국생명공학연구원의 전신인 KIST 부설 유전공학센터에 선임연구원으로 온 후 현재까지 근무하고 있다. 과학기술부의 21세기 프런티어연구개발사업 중 하나인 인간유전체기능 연구사업을 주관하면서 우리나라 유전체연구의 기반을 쌓았다.

생명과학의 문제를 해결하는 화학

생명과학의 난제를 퍼즐게임처럼 풀어낸다

신인재
연세대 교수 · 화학

새로운 단백질 연구방법을 밝힌다, 피터 슐츠

21세기를 생명과학(life science)의 시대라 부른다. 인간을 포함한 생명체는 유전자의 정보를 받아 만들어진 단백질의 작용에 의해 살아간다고 해도 과언이 아니다. 따라서 단백질의 기능을 규명하는 연구는 생명체의 신비를 푸는 것과 직접적으로 연관이 있으며, 21세기에는 이 분야에 대한 집중적인 연구가 이루어질 전망이다.

지난 세기말부터 시작된 게놈 프로젝트는 범국가적인 차원에서 이루어져 인간을 비롯한 유용생물의 유전자 서열이 완전히 밝혀지게 되었다. 일차적으로 유전자 지도가 완성되면 그후 각 유전자의 기능(또는 유전자의 생성물인 단백질의 기능)을 밝히는 연구, 특히 질병 관련 유전자(또는 단백질)의 기능에 대한 연구가 대단히 중요한 분야로 자리잡게 될 것이다. 즉 단백질의 기능에 대한 연구는 생명현상의 규명이라는 측면에서도 중요하지만 질병치료제 개발이라는 측면에서도 대단히 가치있는 연구이다.

지난 세기에는 생물학자가 중심이 되어 이 분야에 대한 많은 연구가

" 만약 카지노에서 도박을 한다면,
판돈이 크게 걸린 게임에 도전한다.
마찬가지로, 실패할 가능성은 크지만
상대적으로 성취도가 큰 분야에 대해
연구할 때 큰 흥미를 느낀다.
또한 나는 사람들이 논문을 읽고 난 후
쉽게 잊어버리는 그런 종류의
연구를 하고 싶지 않다. **"**

▲ 피터 슐츠

수행되었지만, 앞으로는 화학을 비롯한 여러 분야의 학문간 공동연구를
통해 단백질 기능에 대한 연구가 수행될 것이다. 최근 화학자인 미국 스
크립스 연구소(Scripps Research Institute)의 피터 슐츠(Peter G.
Schultz) 교수는 단백질 기능을 하나씩 연구하던 기존의 유전학적인 접
근방식에서 벗어나 컴퓨터와 자동화를 통해 다수의 단백질 기능을 한꺼
번에 조사하는 새로운 방법을 개발하면서 이 분야를 선도하고 있다. 따
라서 슐츠 교수의 연구내용, 관심분야 그리고 문제 접근방식 등을 알아
보는 것은 이 분야에 종사하는 사람들뿐만 아니라 21세기 생명과학 시대
를 살아가는 일반인에게도 대단히 흥미로운 일이 될 것이다.

최초의 촉매항체 개발

슐츠 교수는 1984년 미국 캘리포니아 공과대학 화학과에서 선택적으
로 DNA 염기서열을 절단할 수 있는 화합물을 최초로 개발하여 박사학
위를 받았다. 이 연구는 그후 작은 유기분자가 DNA의 어떤 염기서열에
결합하는지 알아보는 데 이용되는 중요한 연구로 평가받았다. MIT에서

일 년 동안 박사후연구원으로 있으면서 생체내에서 독성이 강한 수은 이온을 환원시키는 효소에 대해 연구한 후, 1985년 버클리대학의 조교수로 자리를 잡았다.

버클리대학 화학과에서 조교수로 재직하면서 그는 스크립스 연구소의 러너 교수와 더불어 최초로 촉매항체(catalytic antibody)를 개발하여 1986년『사이언스』에 발표하였다. 고등동물의 몸에 외부 항원이 침입하면 면역계는 그 항원과 가장 잘 결합할 수 있는 항체를 선택하여 항원을 제거하도록 한다. 생물학적으로 항체는 화학반응에 관여하지 않는 단백질의 일종이지만 슐츠는 화학반응을 일으킬 수 있는 항체 즉 촉매항체를 개발한 것이다.

촉매항체가 처음으로 개발되었을 때 이를 이용하면 의약학적으로 중요한 유기분자를 간단히 합성할 수 있는 가능성이 있기 때문에 화학계가 흥분했었다. 결과적으로 오랜 세월에 걸쳐 진화에 의해 만들어진 효소(생체내에서 화학반응을 촉진시키는 단백질)와 같은 효율을 지닌 촉매항체를 만들지 못했으나, 유기분자를 얻는 데 생물체에 작동하는 시스템을 이용하는 기본적인 아이디어는 화학계에 많은 영향을 미쳤다.

고속 약물검색법의 개발

이 시기에 그는 또한 처음으로 시험관 속에서 인공 아미노산을 단백질의 특정 위치에 넣을 수 있는 방법을 개발하여 1989년『사이언스』에 발표하였다. 그동안 생물·생화학자들은 단백질의 특정 위치에 20개의 천연 아미노산을 삽입시키는 방법을 이용하여 단백질의 기능에 대해 조사해왔으나, 이용할 수 있는 아미노산이 20개로 제한되어 단백질 기능연구에 많은 어려움이 있었다. 이 문제를 해결할 획기적인 방법으로 그는 시험관 속에서 임의로 고안한 인공 아미노산을 단백질의 특정 위치에 삽입시킬 수 있는 방법을 개발하여 단백질의 생화학적, 생물리학적 기능에

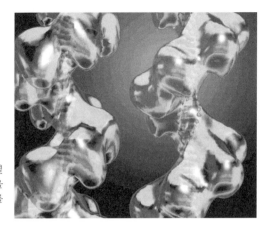

슐츠 교수는 DNA 염기서열
을 절단할 수 있는 화합물을
최초로 개발하여 박사학위를
받았다.

대한 많은 중요한 정보를 얻었다. 이 연구는 수억 년 동안의 진화에 의해
선택된 20개의 천연 아미노산 이외에 인공 아미노산을 단백질에 삽입시
킬 수 있게 함으로써 진화의 시간을 단축시켰다는 평과 함께 다시 한 번
화학 및 생물학계에 큰 영향을 미쳤다.

　다른 한편으로 슐츠 교수는 면역계로부터 중요한 힌트를 얻어 의약제 후
보물질을 빠른 시간 내에 찾을 수 있는 방법을 개발하였다. 외부 항원이 몸
에 침입하면 이미 존재하는 많은 종류의 항체에서 그 항원과 가장 잘 결합
하는 항체가 선택되어 외부 항원을 제거한다. 그는 이와 같은 개념을 의약
제 개발에 적용시켜 효과적이고 빠른 시간에 원하는 생리활성분자를 찾는
데 이용했다.

　먼저 많은 종류의 화합물을 조합화학(combinatorial chemistry)을 통
해 한꺼번에 합성하여 화합물 집단을 만들고, 이 집단에서부터 원하는 목
적에 맞는 화합물을 고속 약물검색을 통해 찾아낸다. 그동안 많이 이용되
었던 의약제 개발방법은 여러 명의 유기화학자가 오랜 시간에 걸쳐 수십
개의 화합물, 많게는 수백 개의 화합물을 합성한 후 그들의 생리활성을 하
나씩 조사하여 목표 화합물을 찾는 것이었다. 이러한 고전적인 연구는 많

은 인력과 시간이 소모된다. 그러나 조합화학과 고속 약물검색법을 이용하면 한 사람이 단시간에 원하는 목표물을 찾을 수 있다는 장점이 있다.

슐츠 교수는 1988년 투자자 자파로니(Zaffaroni)와 함께 조합화학을 이용한 의약제 개발을 골자로 하는 애피맥스사(Affy-max Research Institute)를 설립하였다. 이 회사가 추구하는 기본적인 접근방식은 대단히 성공적이어서 불과 7년만에 세계적 제약회사인 글락소 웰컴(Glaxo Wellcome)에 5억 3천 3백만 달러를 받고 회사를 인수했다. 그러나 이것은 단지 다음 단계를 위한 워밍업 수준에 지나지 않았다. 1995년 그는 이 개념을 이용하여 의약제가 아닌 무기물로 이루어진 기능성 신물질을 개발하여 『사이언스』에 발표함으로써 또 한 번 학계를 깜짝 놀라게 했다. 이 연구결과를 바탕으로 같은 해 자파로니와 함께 시믹스사(Symyx Technologies)를 설립하였다. 이 회사는 조합화학을 이용하여 새로운 플라스틱, 촉매, 전자소자, 자기소자, 광학소자 등의 물질을 만들고 있으며, 2000년에는 Dow, BASF 등의 세계적인 기업으로부터 9,000만 달러에 팔 것을 제안받았다.

그는 이외에도 다른 여러 분야에서 새로운 연구를 수행하여 학계에 큰 영향을 주었다. 의약제로 많이 사용되는 펩타이드는 세포막 투과성이 낮고 세포 내로 운반되더라도 쉽게 분해되는 문제가 있어 의약제로서의 한계를 갖고 있다. 그는 이 문제를 해결할 새로운 의약제 후보물질로 펩타이드 모사체인 카바메이트를 개발하여 1993년 『사이언스』에 발표하였고, 펩타이드 모사체 개발에 활성을 불러 일으켰다. 또한 1996년에는 DNA를 이용하여 나노 크기(10^{-9}m)의 입자를 자유롭게 배열할 수 있는 새로운 방법을 개발하여 『네이처』에 발표함으로써 나노기술 개발에 새 장을 열었다.

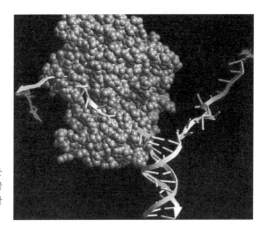

DNA, 단백질에 대한 새로운 연구 방법으로 슐츠 교수는 끊임없이 생명과학, 화학, 의학계에 파문을 일으키고 있다.

한 손에는 다이어트 콜라를 들고

슐츠 교수는 1999년 안락한 삶이 보장된 버클리대학을 떠나 인생의 또 다른 큰 도박을 위해 샌디에이고에 위치한 스크립스 연구소로 자리를 옮겼다. 그는 생물학의 벨 연구소를 만들기 위해 스크립스 연구소에 GNF(Genomics Institute of the Novartis Research Foundation)를 설립하여 연구소장을 맡았다. GNF는 노바티스 연구재단이 10년간 2억 5천만 달러라는 천문학적인 연구비를 약속하고 그의 연구를 위해 설립한 연구소이다. 이 연구소는 슐츠의 지도 아래 단백질 기능을 하나씩 조사하는 기존 접근방식에서 벗어나 컴퓨터와 자동화를 통해 다수의 단백질 기능을 한꺼번에 조사하는 새로운 방법을 개발하고 있다. 그는 이 연구를 위해 유전자칩을 이용한 유전자 분석, 빠른 단백질 분석을 위한 고속 질량분광기, 유기분자의 고속 합성기, 고속 단백질 구조 결정, 데이터 분석용 고속 컴퓨터 등을 갖추고 빠른 시간 내에 단백질 기능을 규명하는 한편 질병치료를 위한 의약제를 개발하고 있다. 이것과 연관하여 2000년에 시릭스(Syrrx), 2001년에 칼립시스(Kalypsys), 2002년에 페노믹스(Phenomix) 사를 설립하여 연구소장을 맡고 있다.

그는 스크립스 연구재단으로 옮긴 후 세포 내의 단백질에 인공 아미노산을 삽입하는 방법을 개발하여 2001년 『사이언스』지에 발표함으로써 생명과학계에 또 다시 큰 충격을 주었다. 이전에 이 연구팀이 개발한 시험관 속에서 단백질의 특정 위치에 인공 아미노산을 삽입시키는 방법은 분명히 창의적인 아이디어지만 세포를 이용하는 방법에 비해 상대적으로 실용성이 떨어진다는 단점이 있다. 필자도 박사후연구원으로 슐츠 교수와 함께 이 연구를 수행하였는데, 시험관 속에서 단백질을 얻는 것은 대단히 어려운 작업이며, 또한 얻어진 단백질의 양도 충분치 못해 단백질 기능을 연구하는 데 어려움이 있었다. 이 문제를 해결하기 위해 그는 1996년부터 세포를 이용하여 단백질의 특정 위치에 인공 아미노산을 삽입시키는 방법을 개발하였다. 5년 동안 각고의 노력 끝에 그는 마침내 이 방법을 개발하여 인공 아미노산을 포함한 인공 세포 창조의 단계에까지 오게 되었다.

다른 한편으로 그는 좀더 파격적인 방법을 이용하여 인공 생명체 창조를 이룩하고 있다. 최근 그는 스크립스 연구소의 로메스버그와 함께 DNA를 구성하고 있는 네 개의 염기 이외의 다른 인공염기도 효소에 의해 DNA 속에 삽입된다는 것을 밝혔다. 그는 인공염기를 이용하여 인공 아미노산의 정보를 포함하고 있는 새로운 코돈(아미노산에 대한 정보를 포함하고 있는 DNA의 세 개의 염기를 말함)을 만들어 세포내 단백질의 특정 위치에 인공 아미노산을 삽입시키고자 한다. 즉 인공 아미노산이 포함된 인공 세포를 만들기 위해 그는 인공염기를 이용하고자 한다. 이 연구는 오랜 진화에 의해 선택된 네 개의 염기만이 생명체의 유전정보를 가질 수 있다는 가장 일반적인 상식을 송두리째 깨트릴 놀라운 연구라고 할 수 있다.

슐츠 교수는 대개 새벽 다섯 시에 연구실에 도착하여 한 손에는 다이어트 콜라를 들고 저녁 때까지 미팅을 하며 새로운 실험 및 아이디어를 연구원에게 제시한다. 그는 인공 생명체 창조와 같이 복합적인 문제를 한꺼번에 해결해야 풀 수 있는 그런 분야에 대해 연구하기를 원한다.

실제로 그는 생명과학 분야에서 일종의 퍼즐게임과 같이 하나씩 문제를 풀어 전체를 완성시키는 그런 종류의 연구를 수행하고 있다. 그의 연구의 기본적인 접근 방법은 조합화학을 이용하여 수많은 (생체)분자를 합성하고, 적합한 목적에 맞는 (생체)분자를 효과적으로 빠른 시간 내에 선택하는 것이다.

슐츠 교수는 이 방법을 이용하여 수억 년 동안 지구에 존재해온 생명체와는 화학적인 구성이 다른 인공 생명체(인공 DNA, 인공단백질, 인공세포 등)를 창조하고 있으며, 또한 단백질의 기능을 총체적으로 규명하고 있다. 즉 그는 창조적인 아이디어로 새로운 (생체)분자를 합성하여 화학과 생물학의 중요한 문제를 풀고자 한다. 그러나 그의 궁극적인 연구 목표는 질병과 관련된 단백질의 치료제를 고속으로 합성하고 검색할 수 있는 방법을 개발하여 빠르게 의약제를 개발하는 것이다.

결론적으로 그는 생명과학 분야의 관심사를 해결하는 데 화학적인 수단을 어떻게 이용하는지를 잘 보여주는 선도적인 화학자라고 할 수 있다.

신인재 서울대학교 화학과와 동대학원을 졸업한 후 미네소타대학교에서 생물유기화학 분야로 박사학위를 받았다. 그후 미국 버클리대학의 피터 슐츠 교수 연구실에서 박사후 연구원으로 연구경험을 쌓았다. 현재 연세대학교 화학과 교수로 재직하며 유기분자를 이용한 생체분자 기능 연구를 수행하고 있다. 현재까지 약 30여 편의 국제적인 논문을 발표하였다.

4차원 시공간
four dimensional spacetime
우리는 위-아래, 좌-우, 앞-뒤, 세 방
향으로 움직일 수 있다. 시간은 과거와
미래가 있으나 우리는 미래만 움직일
수 있다. 시간과 공간은 아인슈타인이
발견한 특수상대론에 의하면 완전히
독립되지 않고 4차원의 시공간으로서
통합된다. 공간에 두 점 간의 거리, 또
시간의 두 점 간의 시간적인 차이는 이
를 측정하는 사람의 두 점과의 상대적
인 운동에 따라 변한다.

cAMP
학습된 정보가 신경세포에 저장될 때
세포 내에서 생산되는 작은 분자이며
인산화효소인 PKA를 활성화시키므로
2차 전령자라 불린다.

CCD소자
Charge Coupled Device Chip
CCD는 원래 TV방송용으로 제작되던
것인데 태양계 탐사를 위해 정교하게
성능이 개량되었다. 흔히 비디오 캠코

더 겉에 CCD라고 적혀 있는 것을 볼
수 있는데, 천문관측용 CCD는 가장
정교한 칩이며 이미지를 읽어내는 방
식이 다르다.

DNA 디옥시리보핵산
생명체의 유전정보를 간직하고 있는
생체 고분자의 하나.

He-3
두 개의 양자와 한 개의 중성자로 구성
되며, 핵융합을 위한 재료로 활용될 수
있는 안정된 물질이지만 지구에는 거
의 존재하지 않는다.

Ia형 초신성 Type Ia Supernova
무거운 별들은 진화하여 마지막 단계
에 폭발하며 일생을 마감한다. 아주 무
거운 별의 경우는 별의 중심핵이 철이
되는 단계로 진화하여 마침내 폭발하
게 된다. 이렇게 되면 은하의 밝기와
맞먹는 빛이 일시에 나오게 된다. 지구
에서 보면 마치 보이지 않던 별이 갑자
기 나타난 것으로 보이기 때문에 초신

성이라고 부른다. 철핵의 붕괴로 생기는 초신성을 II형 초신성이라고 한다. 백색왜성 표면에 물질이 모여 쌓이다가 임계 질량을 넘어서서 폭발하는 경우를 I형 초신성이라고 하는데, 그 가운데 Ia형 초신성은 최대 광도에서의 밝기가 모두 비슷하다는 특성 때문에 거리를 재는데 쓰인다.

Pharmacy-on-a-chip
미세공정을 통해서 마이크로나 나노 단위에서 병을 진단하고 치료하고자 하는 목적으로 연구되고 있는 칩으로서, 컴퓨터 칩 공정법을 이용한 실리콘 칩과 간단한 미세공정을 이용한 고분자 칩으로 나눌 수 있다.

가역적과 비가역적 변화
reversible and irreversible change
변화가 종결되지 않으며 어느 방향으로나 일어날 수 있는 경우를 가역적 변화, 어느 한쪽으로만 일어나는 경우를 비가역적 변화라고 한다.

갈릴레이 Galileo Galilei
이탈리아의 수학자·천문학자·물리학자로 근대 과학의 발전에 많은 공헌을 했다. 특히 중력과 운동에 관한 연구에 실험과 수리해석을 함께 사용하여 일반적으로 근대역학과 실험물리학의 창시자로 알려져 있다. "자연은 수학적 언어로 쓰여진다"라는 주장으로 수학적 합리주의를 주창하여 아리스토텔레스의 논리에 대항했다. 그는 일찍부터 지구가 태양 주위를 돈다는 코페르니쿠스의 태양중심체계를 믿고 있었고, 새로 고안한 렌즈의 곡률점 검법을 사용하여 망원경을 제작하여 천체관측에 처음으로 이용하였다. 1609년 후반에서 1610년 초반까지 이 망원경으로 많은 발견을 했다. 달 표면은 평평하지 않으며, 은하수는 많은 별들로 이루어져 있고, 목성에 위성이 있다는 사실과, 또 태양의 흑점, 금성의 위상, 토성의 띠 등도 관측했다. 이런 관측은 『천계통보』(The Starry Messenger, 1610)로 출판되었다.

게놈 genome
생물 유전정보의 총체.

게놈 프로젝트 Genom Project
게놈의 염기서열을 해독하는 연구.

경계선장애 Etats-limites
정신병과 신경증의 경계선에 자리 잡은 질환으로서 진단학적으로 매우 모호한 상태를 지칭한다. 전통적으로, 완전한 정신병적인 구조로 발전되진 않았지만, 정신병적인 성향을 잠재적으로 간직하고 있는 신경증적인 성격을 지칭하다가, 하인츠 코헛과 오토 컨버그의 작업을 통해서 하나의 고유한 병리적 구조로서 정립되었다. 이후, 현대 정신분석학의 가장 큰 논쟁거리로 자리 잡았다.

고정적 지시어
고정적 지시어는 모든 가능한 세계에서 꼭 같은 대상을 가리키는 표현으로서, 크립키에 따르면 예를 들면 이름 (고유명사)은 고정적 지시어이다. 이 개념은 미국의 철학자 크립키가 『이름 과 필연』에서 처음 언급했으며 라캉이 '상징적 명명'을 설명하는 과정에서 실재와 상징계의 고정적 연결을 설명하기 위해 원용한 개념이다.

공유결합 covalent bond
원자간의 인력 중 하나로 한 쌍 또는 그 이상의 전자쌍을 두 원자가 공유하여 생성되는 결합.

국재주의
인지기능을 수행하는 뇌 영역이 뇌의 국소적인 일부 부위에 국한되어 있고, 개별 인지기능마다 서로 다른 뇌 부위에서 담당하고 있을 것이라는 생각을 말한다.

국제정신분석학회 IPA
1910년 3월 30일 프로이트와 산도르 페렌치의 주도 아래 뉘른베르크에서 창설된 국제적인 정신분석학회이다. 프로이트에 의해 창설되었다는 점을 들어 정통성을 주장하지만, 학설적으로는 다양한 학파들이 공존하는 형태로 구성되어 있다. 현재는 라캉주의를 실천하는 세계정신분석학회(AMP)와 더불어 정신분석학계의 양대 산맥을 이룬다.

군소
군소는 온대기후의 해양 연안에 널리 분포하고 있는 바다달팽이로서 우리나라에서도 남해와 동해 연안의 얕은 바다에서 자주 볼 수 있다. 군소가 신경 생물학 연구의 좋은 재료가 되고 있는 이유는 뉴런이 매우 크고 동정하기가 쉬워 연구하기가 용이하며 신경계가 매우 단순하기 때문이다. 신경계의 단순성은 환원주의적 연구방식에 매우 적합하다.

근대주의, 탈근대주의, 비근대주의 modernism, postmodernism, non-modernism
이 용어들은 느슨하게 사용되지만, 각각이 수반하는 과학의 개념을 고려하면 좀더 정확한 의미를 갖게 된다. '근대주의'란 자연에 준거하여 대부분의 정치적 활동이 스스로를 정당화하는 정치를 창출한 체제를 말한다. 따라서 과학 또는 이성이 정치질서에서 지배적 역할을 하는 미래를 구상하는 생각은 모두 근대주의에 해당한다. '탈근대주의'란 근대주의의 연장이지만, 단지 이성의 확장에 대한 확신이 포기된 것이다. 이와 상반되게 '비근대주의'란 절대적 자연의 관념을 이용하여 정당한 협상과 정치적 과정을 생략하는 것을 거부하고, 자연과 사회 사이의 근대적 및 탈근대적 이분법을 집합(즉 인간-비인간 연합)의 개념으로 대체하는 것이다.

기본감정 명령계통 basic-emotion command system
영겁의 시간 속에서 인간이 발전시켜 온 기본감정들은 유기체의 생존과 생식을 위해 발전된 것으로서, 판크세프(Panksepp)의 분류에 따르면, 추구계통, 분노계통, 공포계통 및 공황계통이 있다. 추구계통은 쾌락과 갈망에 연결되고 측좌핵에 관련되어 리비도 욕동에 관계한다. 분노계통은 공격성과 관련되고 공포계통과 함께 편도체와 해마에 관련된다. 공황-불안과 관련되어 있는 공황계통은 상실과 슬픔에도 관여하고 전대상회로부터 상위 뇌간구조들에 이르는 경로를 따라 내려간다.

기억의 신호전달체계

시냅스 촉진성 연합뉴런의 시냅스 말단에서 감각뉴런으로 분비되는 5-HT는 감각뉴런의 세포막에 존재하는 5-HT 수용체에 결합하여 수용체의 구조를 변화시킨다. 변화된 수용체는 GTP 결합단백질을 자극하여 αβγ의 복합체를 α와 βγ로 분리시킨다. 분리된 α소단위는 adenylyl cyclase 효소를 활성화시켜 ATP로부터 cAMP라는 2차 전령자를 생산한다. cAMP는 단백질 인산화 효소 A(PKA)의 조절 소단위에 결합하여 촉매 소단위를 분리시킨다. 자유로워진 촉매 소단위는 확산에 의해 세포 안을 돌아다니면서 목표 단백질을 인산화시킨다. 이러한 목표물 중의 한 가지는 세포막에 있는 K+ 이온 채널이다. 반면 학습이 반복되면 PKA는 세포핵으로 들어가서 CREB 전사 인자를 인산화시켜 장기기억에 관여하는 유전자 산물들을 발현시킨다.

기입 inscription

어떤 실체가 기호, 기록, 문서, 논문, 흔적 등으로 구현되면서 겪는 모든 종류의 변형들을 가리키는 일반적 용어가 바로 '기입'이다. 모든 행위자는 매개자에 '기입'을 함으로써 자신의 의지를 다른 행위자에게 번역하려고 시도한다. 대개(항상은 아니지만) 기입은 2차원이고 첨가나 결합이 가능하다. 기입은 새로운 번역을 허용한다는 의미에서 항상 유동적이지만, 또 한편 일부 관계유형은 건드리지 않고 남겨둔다. 따라서 기입의 수단은 또한 '불변적 동체'(immutable mobile)라고도 불리는데, 이는 치환 운동과 그에 따른 모순적 요구들을 표현하기 위한 용어다.

내적대상

한 개인의 내면세계에 자리 잡은 심리적으로 의미 깊은 인물상으로 가장 대표적이며 영향력 있는 인물은 부모형제가 될 것이다. 이들과의 내면적 관계는 매우 주관적인 관계이기 때문에 실제 인물의 특성과 다를 수 있으며 부정적인 애증관계일수록 무의식 내용으로 억압되기 쉽다. 또한 이러한 내적 대상과의 심리적 관계는 일생 동안 지속되면서 다른 사람들과의 대인관계에 영향을 주기 쉽다.

뉴런 neuron

신경계의 구조적·기능적 단위. 신경 단위 또는 신경원(神經元)이라고도 한다. 신경세포와 거기에서 나온 돌기를 합친 것이다. 이전에는 단순히 신경세포라고만 하였으나 이는 뉴런이 단세포인지 다세포인지 모르던 때의 용어이다.

신경세포는 핵과 그 주위의 세포질로 이루어지며, 세포체 또는 주핵체(周核體)라고도 불린다. 또, 돌기에는 보통 짧은 수상돌기(樹狀突起)와 긴 축색돌기(軸索突起)의 두 종류가 있다. 신경돌기의 중앙을 신경섬유가 지나가고, 그 둘레를 여러 겹의 수초가 싸고 있으며, 그 겉은 다시 슈반초라는 얇은 막으로 덮여 있다. 축색돌기는 수초로 싸여 있지 않은 곳이 있는데, 이곳을 랑비에 결절이라고 한다. 수초는 절연체의 구실을 하므로 흥분전도속도를 빠르게 한다. 수초를 가지고 있는 신경을 유수신경이라 하며, 원구류를 제외한 척추동물의 신경을 이루고 있다. 척추동물의 교감신경 섬유의 일부나 무척추동물의 신경에는 수초가 없는 신경을 가지는데, 이를 무수신경이라 한다. 기능적으로는 신경세포(주핵체)와 수상돌기는 보통 하나로 묶어 취급된다. 정상적인 흥분의 전도는 신경체에서 축색을 향하여 일어나며, 시냅스를 거쳐 전도되어 다음 뉴런의 신경체 또는 효과기(效果器)에 흥분이 전도된다. 이와 같이 뉴런은 시냅스에 의해 다른 뉴런과 기능적 연락을 가지며 반사궁(反射弓)을 형성하여 신경계로서의 기능을 발휘한다. 축색의 말단은 다수로 세분되어 다음 뉴런의 수상돌기에서 끝나는 것도 있다. 그러나 많은 것은 다시 가늘게 세분되어 바구니 모양이 되어 다음 뉴런의 세포체를 둘러싸 그 선단이 부푸는 등, 다른 것과 모양이 다른 신경종판이 되어 세포체에 밀착한다.

기능에 따라 돌기의 분화가 다양하며, 감각뉴런·연합뉴런·운동뉴런으로 나눈다. ① 감각뉴런: 감각기에서 받아들인 자극을 중추부로 전달한다. 수상돌기가 비교적 길며, 세포체는 축색돌기 쪽에 치우쳐 있어 축색돌기가 짧고 그 말단은 중추부에 연결된다. ② 연합뉴런: 중추부에 분포하고 있으며, 감각뉴런과 연합뉴런 사이에서 자극과 흥분을 중계한다. ③ 운동뉴런: 중추부로부터 흥분을 반응기로 전달한다. 수상돌기는 중추부(中樞部)에, 신경종판은 반응기(反應器)에 분포하므로 축색돌기가 매우 길다.

뉴턴 Isaac Newton

영국 출신의 물리학자이자 수학자이며 광학·역학·수학 분야에서 뛰어난 업적을 남긴 17세기 과학혁명의 상징적인 인물이다.

뉴턴의 최대 업적은 물론 역학에 있다. 그는 일찍부터 역학문제, 특히 중력문제에 대해서 광학과 함께 큰 관심을 가지고 있었으며, 지구의 중력이 달의 궤도에까지 미친다고 생각하여 이것과 행성의 운동(이것을 지배하는 케플러 법칙)과의 관련을 고찰했다.

1670년대 말에 접어들면서 당시 사람들도 행성의 운동중심과 관련된 힘이 거리의 제곱에 반비례한다는 사실을 어렴풋이 알고는 있었지만, 수학적 설명이 곤란해 손을 대지 못하고 있었는데, 뉴턴은 자신이 창시해낸 유율법(流率法)을 이용하여 이 문제를 해결하고 '만유인력의 법칙'을 확립하였다. 1687년 이러한 성과를 포함한 대저서 『자연철학의 수학적 원리(프린키피아)』(Philo-sophiae naturalis prin-cipia mathe-matica)가 출판되었으며, 이로써 이론물리학의 기초가 쌓이고 뉴턴 역학의 체계가 세워졌다.

그는 근대과학 성립에서 최고의 공로자이며, 그가 주장한 "자연은 일정한 법칙에 따라 운동하는 복잡하고 거대한 기계"라고 하는 역학적 자연관은 18세기 계몽사상의 발전에 지대한 영향을 끼쳤다.

뉴트리노 neutrino

중성미자 물질과 상호작용을 거의 하지 않는 가벼운 입자이다. 태양의 핵반응에서도 아주 많은 중성미자가 만들어져 지구로 날아오고 있으며, 대부분은 지구를 통과해버린다. 중성자별을 수반한 초신성 폭발의 경우 대량의 중성미자가 형성된다. 일본의 카미오칸데에서는 1987년 광학망원경으로 관측된 초신성에 수반된 중성미자를 관측하는 데 성공하였으며, 그 공로로 2002년 일본의 코시바 교수에게 노벨물리학상이 수여되었다.

단기기억 메커니즘

PKA에 의해 인산화된 K^+ 이온 채널은 기능을 소실하게 되므로 감각뉴런의 흥분성이 증가되며 신경전달자 분비의 증가로 이어진다. 이러한 인산화 과정에 의한 시냅스 유효성의 촉진은 오랫동안 유지되지 못한다. 세포 내에는 탈인산화효소가 존재하므로 인산화된 목표 단백질이 원래 상태로 탈인산화 될 수 있기 때문에 목표 단백질의 생화학적 변형은 길어야 수 시간을 지탱하지 못한다. 이러한 단기적 시냅스 촉진은 단기기억의 세포학적 모델이 된다.

단백질 protein

아미노산으로 이루어진 생체 고분자. DNA에서부터 유전 정보를 받아 세포 내에서 합성된다.

단원성 modularity

인지기능은 단위가 되는 인지기능요소들로 구분될 수 있으며 이들 단위 인지기능요소들은 서로 독립적으로 정보처리를 수행하고 있음을 의미한다.

담아두기 기능

엄마와의 관계에서 아기가 겪게 되는 심리적 불안과 좌절은 불가피한 과정이며 이러한 과정을 거치는 가운데 아기는 스스로 감당하기 어려운 불쾌한 감정을 가장 원초적인 방어기제를 동원하여 엄마에게 투사하기 마련이다. 그러나 성숙한 엄마는 아기의 부정적인 감정을 거절하지 않고 있는 그대로 수용하여 보다 완화된 형태로 변형시켜 아기에게 되돌려주는 작업을 해줌으로써 아기를 보호한다. 이 같은 엄마의 담아두기 기능을 통하여 아기는 엄마라는 존재를 신뢰하고 부정적인 감정을 스스로 감당하고 소화시킬 수 있는 능력을 발달시켜나간다.

대상항상성

모든 아기들은 엄마의 존재가 사라질까 두려워한다. 따라서 잠시라도 엄마가 보이지 않게 되면 불안과 좌절에 빠지게 마련이다. 그러나 성장해가면서 엄마에 대한 굳은 신뢰가 이루어지면 엄마가 곁에 없더라도 언젠가는 돌아오겠지 하는 믿음 때문에 홀로 견딜 수 있는 힘이 아기의 내면에 자리잡는다. 이를 일컬어 대상항상성의 확립이라고 한다.

동물행동학 animal behavior

모든 동물은 먹이를 찾고 배우자를 구하며 위험을 피하고 또 적을 공격하는 등 생존과 번식을 위해서 다양한 활동을 수행한다. 이처럼 자기보존과 종족유지를 위해서 행하는 모든 크고 작은 움직임과 활동방식을 행동이라고 정의하고 그런 행동의 특성과 본질에 대해서 연구하는 생물학의 분과를 동물행동학이라고 부른다. 최근의 동물행동학 연구는 동물의 어떠한 행동이 어떻게 시작되고 진행되는가의 메커니즘에 대한 연구와 아울러 그러한 행동이 그 생물의 생활과 적응에 어떻게 공헌하는가를 밝히고 또 그러한 행동이 과거로부터 어떻게 진화되어왔는가를 탐구하는 데에 모아지고 있다. 동물행동학의 연구방법은 다양한데, 현대 동물행동학의 창시자이며 본능을 행동의 기초로서 중요시한 독일의 로렌츠, 네덜란드의 틴베르헨 등은 야외관찰에 주로 의존하고 있는 반면 윗슨, 손다이크 및 스키너 등으로 대표되는 미국의 행동주의 심리학파들은 행동의 기초를 반사로 보아서 여러 가지 실험을 통해 얻은 지식을 중요시하고 모든 행동을 생리학적으로 설명하려 했다. 모든 행동을 조건반사로 보려 했던 러시아의 파블로프도 후자의 방법론을 선호했다고 할 수 있다.

오늘날에는 동물의 신경생리·내분비·감각기관에 대한 이해가 더욱 깊어지고 또한 이러한 현상의 분자 생물학적 기초가 차츰 밝혀짐에 따라서 동물행동학은 실험 생물학과의 경계가 분명하지 않을 만큼 생물학의 기타 전문분야들과 긴밀해졌다. 그러나 어떤 동물이 어떤 조건에서 왜 그와 같은 반응을 나타내는가와 그러한 결과의 해석이 야외의 자연조건에서도 적용될 수 있는가에 대해서는 정확한 대답을 이끌어내기가 결코 쉽지 않다. 특히 인간과 동물 사이에 대화가 불가능하다는 점에서 더 그러하다고 하겠다.

드볼 George Devol

산업용 로봇 기술로 1956년 최초의 특허를 출원하여 획득한 기술자. 후일 이 기술을 이용하여 유니메이트(Unimate) 로봇이 만들어진다.

라캉 Jacques Lacan

20세기를 대표하는 프랑스의 정신분석가이며 철학자이다. '프로이트로의 복귀'라는 기치 아래 프로이트 정신분석학을 독창적으로 재해석함으로써 현대 정신분석학, 철학사상, 문화, 예술 등 다양한 분야에 걸쳐 크나큰 영향을 미쳤다.

래플린 Robert B. Laughlin

1950년에 미국 캘리포니아주의 비살리아에서 태어나서 버클리대학에서 학사학위를, MIT대학에서 박사학위를 취득하였다. 박사학위 취득 후 벨연구소와 리버모어연구소에서 박사후 연구원으로 일한 후, 1984년부터 스탠퍼드대학의 교수로 재직하고 있다. 1998년 노벨 물리학상을 수상하였다.

마이크로파 비등방성 탐사선
Microwave Anisotropy Probe

천문학자들이 흔히 맵(MAP)이라고 부르는 우주 배경복사 비등방성 탐사선이다. 이 천문관측 위성은 우주 배경복사를 온하늘에 걸쳐서 0.3도의 공간 분해능으로, 0.3도평방 픽셀당 20μK의 감도로 관측한다. 맵 위성은 지구 및 태양과 정삼각형을 이루는 L2점에 놓이게 되는데, 여기는 지구에서 150만 킬로미터 떨어진 곳이다. 현재 관측이 완료되어 2003년 1월에 분석 결과가 공개되었다.

막스 플랑크 연구소
Max Planck institute

독일에 위치한 연구소로 양자역학의 창시자 중 한 사람인 막스 플랑크를 기념하여 설립되었다. 정수양자 홀 효과를 발견한 클리칭이 본 연구소의 교수로 재직하고 있다.

맞춤의학

각 개인의 유전정보를 분석해서 약물에 대한 반응 정도를 예측하여 약물로 치료하거나 진단하는 미래의학.

매개자 intermediary/mediator

'매개자'는 행위자들을 연결망에 연계시키고 해당 연결망 자체를 규정하는 고리에 해당한다. 행위자들은 자신들 사이에서 매개자를 유통시킴으로써 연결망을 형성하는데, 매개자는 연결망 내에서 각 행위자의 위치를 규정하고, 그렇게 함으로써 행위자들과 더불어 해당 연결망 자체를 구성하게 된다. 따라서 각 매개자는 그것이 매개 역할을 해주고 질서를 부여해주는 특정 연결망을 구체적으로 서술해주는 요소가 된다. 칼롱은 매개자를 크게 네 가지 유형으로 분류하고 있다. 첫째로 논문, 보고서, 저서, 특허, 연구노트, 매뉴얼 등의 텍스트들이 있다. 둘째로 과학장비, 기계, 로봇, 소비재 등의 기술적 인공물이 해당된다. 셋째, 인간과 그들이 체화하고 있는 숙련(지식, 노하우 등)도 이에 해당한다. 넷째, 모든 형태의 화폐가 역시 여기에 포함된다.

라투르는 수동적인 '중개자'(intermediary)와 능동적인 '매개자'(mediator)를 구분하면서 여기에 중요한 의미를 부여하고 있다. '매개'(mediation)란 투입과 산출로써만은 정확히 규정되지 않는 어떤 독창적인 '사건'(event)으로, 매개의 대상인 실체들뿐 아니라 번역의 대상까지도 창조하는 행위이다.

'중개자'는 그 자체가 아무런 존재론적 지위도 갖고 있지 않기 때문에 단지 '자연'과 '사회' 같은 실재 사이에 연계를 맺어주는 역할을 담당한다. 즉 중개자는 실재의 힘을 운반하고 전달하며 이전하는 단순한 역할밖에 못하는 것이다. 이에 반해 '매개자'란 그것이 운반하는 것을 번역하고, 재규정하며, 재배치하고, 때로는 배반할 능력을 지니고 있는 생생한 행위자인 것이다. 따라서 중개자가 하인이라면, 매개자는 자유시민이라고 할 수 있다. 라투르는 주체/객체, 자연/사회의 근대적 이분법을 부정함으로써 '중개자'를 '매개자'로 만들어야 한다고 주장하고 있다.

「메트로폴리스」 Metropolis
1926년 독일인 영화감독 프리츠 랑 (Fritz Lang)에 의해 만들어진 영화로 산업화사회에서의 인간생활의 비참함과 계층간 갈등을 묘사하였다. 이 영화에 로봇이 처음으로 등장한다.

면체 brane
3차원 공간에 이상적으로 점·선·면·부피로 나타낼 수 있는 물체를 상상해볼 수 있다. 마찬가지로 고차원 공간에는 큰 원의 물체를 상상해볼 수 있다. 11차원의 M이론은 2차원적 M2면체와 5차원적 M5면체가 존재함이 알려져 있다. 10차원의 초끈 이론은 1차원적인 끈만이 아니고, p차원에서의 Dp면체, 오차원의 NS-5면체가 존재한

다. 이들 다차원면체들은 M-이론이나 초끈 이론의 양자역학적 이해에 주요 역할을 한다.

바이오멤스 bioMEMS
멤스(Micro Eletro Mechanical System) 는 미세공정법을 사용하여 마이크로 (마이크로는 보통 사람 머리카락의 100분의 1 정도 굵기이다) 크기에서 전자기계부품 및 전자기계를 만드는 기술을 말한다. 이 분야는 현재 광학멤스 (optical MEMS)와 바이오멤스 (bioMEMS)분야에서 활발한 연구가 진행되고 있으며, 바이오멤스의 궁극적인 목표는 좀더 빠르고 정확한 병의 진단과 치료라고 할 수 있다. DNA칩이나 단백질칩, 랩온어칩(lab-on-a-chip) 등을 바이오멤스의 예로 들 수 있다.

반사경반사
망원경에 들어가는 반사경은 볼록렌즈의 역할을 하게 된다. 렌즈는 크게 만들면 매우 두꺼워지므로 크게 만드는데 한계가 있다. 그래서 거대 망원경은 반사식으로 만든다. 뉴턴이 발명하였고, 그후 몇 사람의 노력에 의해 구조와 성능이 개선되어 몇 가지 형태가 널리 쓰이고 있다.

배반포 blastocyst
수정 후 3~5일 지났을 때의 배아를 말한다. 안쪽에 200여 개의 세포덩어리가 형성되는데, 향후 자궁에 착상되면 세포분열과 분화과정을 거쳐 태아가 될 세포들이다. 이 세포덩어리를

꺼내 실험실에서 배양한 것이 배아줄
기세포다.

배아 embryo

수정란이 체내 여러 조직과 기관으로
분화하는 초기 단계를 지칭한다. 인간
의 경우 수정란이 분화한지 2개월까지
를 배아, 이후부터는 태아(fetus)라고
부른다.

버진 그룹

영국의 재벌 리처드 브랜슨 회장에 의
해 운영되는 다국적기업. 여행, 레저,
문화 분야에 걸쳐 사업 영역을 확장하
고 있으며 회장의 모험적 성향에 의해
열기구, 비행기, 우주 등의 기술개척
분야에 다양한 투자를 하고 있다. 그룹
내 자회사로 운용되는 버진 갤럭틱
(Virgin Galactic)은 스케일드 컴퍼짓
(Scaled composite)사에서 개발한 우
주선을 이용하여 우주관광 사업을 추
진하고 있다.

번역 translation

번역은 어떤 행위가 일어나기 위해서
반드시 필요한 매개를 해주는 다른 행
위자들을 통한 모든 치환(displace-
ment)을 의미한다. 기존의 과학사나
과학사회학에선 '내용'(content)과
'맥락'(context)의 엄격한 대립을 상
정했지만, ANT에서는 그러한 대립 대
신에 행위자들이 자신의 다양하고 모
순적인 이해관계를 수정하고 치환하며
위임하는 번역의 연쇄만이 존재한다고
생각한다. 그래서 ANT는 초기에 스스

로를 '번역의 사회학'(soc-iology of
translation)이라 부르기도 하였다.
좀더 일반적으로 말해서 번역은, 어떤
행위자가 다른 행위자를 대신해서 말하
거나 행동할 수 있는 권위를 갖게 만드
는 모든 형태의 협상 · 음모 · 계산 · 설
득과 폭력 행동들을 지칭하는 것이라
할 수 있다. 따라서 번역은 권력을 창출
하는 정치적 성격의 행위인 것이다.

보듬기 환경 holding environment

아기를 보살피는 엄마의 존재는 모든
세상을 대표한다. 이 세상에 태어나서
홀로 자립하기까지 엄마가 아기에게
제공하는 심리적 지지는 가히 절대적
이라 할 수 있다. 그런 점에서 아기를
안아주고 보듬으며 모든 것을 받아주는
엄마의 심리적 환경은 안정적인 정서 발
달에 매우 중요한 요인이다. 위니코트는
이처럼 적절한 보듬기 환경을 제공하는
엄마를 'good-enough mother'라고 불
렀는데 이는 심리적 성숙으로 가는 초석
이 되는 것으로 보았다.

보존 boson

0, 1, 2처럼 정수의 스핀을 갖는 입자들
이다. 이들은 같은 양자 상태에 함께 있
기를 좋아한다. 광자들이 레이저 빔을
만들거나, 두 개의 전자의 복합체들이
초전도체 현상을 보이는 것도 보존이기
에 가능하다. 우리가 일상생활에서 쉽
게 관측하는 전기장이나 자기장, 중력
장 등은 해당되는 기본입자가 보존이라
는 사실과 밀접한 관계를 갖는다.

복제 cloning
체세포와 핵이 제거된 난자를 결합해 수정란을 만드는 방법. 생식세포(정자와 난자)가 필요 없다는 점에서 전통적인 생식과정과 다르다. 1996년 등장한 첫 복제동물 돌리는 양 암컷의 유선세포(체세포)가 핵이 제거된 또 다른 양 암컷의 난자와 결합돼 만들어졌다.

부머랑 BOOMERanG
미국, 스페인, 캐나다의 몇 대학의 연구원들이 주축이 되어 남극에서 커다란 풍선에 우주 배경복사 관측장비를 실어 작은 규모의 우주 배경복사 비등방성을 관측한 프로젝트이다. 그 결과는 매우 성공적이어서 재결합 시기 지평선의 존재를 검증하였다.

부정적 환각 hallucination negative
현실적으로 존재하지 않는 것을 지각하는 긍정적 환각과 반대로, 현실적으로 존재하는 것을 지각으로부터 지워버리는 환각을 지칭하는 정신병리학적인 용어.

브라헤 Tycho Brahe
덴마크의 천문학자. 1572년 카시오페이아 자리에 나타난 새로운 별(초신성)에 대하여 자세한 광도관측을 하여 일약 유명해졌다. 1575년 헤센의 영주 빌헬름 4세의 천문학자로 있었는데, 덴마크왕 프레데리크 2세가 빌헬름으로부터 브라헤에 대해 듣고 그 재능을 인정하여 벤 섬을 내주었다. 브라헤는 1576년 이곳에 우라니보르그라는 천문대를 설립하고, 항성과 행성의 위치 관측에 전념하였다. 1577년 나타난 대혜성을 관측하여, 당시의 일반적인 생각과 달리 혜성이 지구대기의 현상이 아니라 천체임을 입증하고, 화성의 운동을 관측하여 화성이 충(衝)의 위치에 놓일 때는 태양보다 지구에 더 가깝다는 것을 밝혔다.

그가 행한 관측의 정밀도는 망원경이 발명되기 이전에는 가장 훌륭한 것이었으며, 그가 남긴 방대한 관측자료는 제자이자 조수인 케플러에게 넘겨져, 케플러가 후에 뉴턴에게 많은 영향을 준 행성운동의 세 법칙을 확립하는 기반이 되었다.

블랙홀
아인슈타인의 이론에 의해 빛조차 빨아들이는 것으로 알려진 별. 현대 엑스선 관측 기술의 발달로 그 존재가 확인되었으며, 이러한 우주의 엑스선 관측에 관한 공로로 2003년 미국의 지아코니 박사에게 노벨 물리학상이 수여되었다.

태양을 반경 3킬로미터로 압축하면 블랙홀이 되며, 지구의 경우는 반경 9밀리미터로 압축하면 블랙홀이 된다. 초기 질량이 태양의 20배 이상인 무거운 별이 진화의 마지막 단계에서 블랙홀로 진화하게 되는 것으로 추정된다. 이와는 별도로 은하들의 중심부에 태양의 수백만 배 이상의 질량을 가진 거대 블랙홀들이 발견되었는데, 그 형성과정에 대한 이해는 현대 천체물리학의 과제로 남아 있다.

비공유 상호작용
noncovalent interactions
전자를 공유하지 않으며 분자 간에 작용하는 힘. 수소결합, 반데르바알스 인력, 정전기적 인력 등이 여기에 속한다.

비온 Wilfred Bion
인도 태생의 영국 정신분석가 겸 정신과 의사. 집단치료의 선구자로서, 전쟁 중에 군의관으로서 집단심리 연구를 통해 정신분석에 입문했다. 그에 따르면 집단은 개인과 그들의 욕망을 담는 '용기'(容器)의 역할을 한다. 특히 그는 개개인 내부에 비정신병적인 부분과 공존하는 정신병적인 부분이 있다고 주장했으며, 정신분석 실천을 좌표화하기 위한 격자들을 고안해냈다. 이러한 형식화의 노력은 라캉과 비견되기도 한다.

비인간 nonhuman
이 개념은 오직 '인간-비인간' 쌍과 주체-객체 이분법 사이의 차이에서만 의미를 지닌다. 인간과 비인간의 연합이란 주체와 객체 사이의 구분이 우리에게 강제하는 전쟁(즉 인간과 비인간의 분리와 대립)과는 다른 정치적 체제를 말하는 것이다. 따라서 비인간이란 객체의 평화시 버전이라 할 수 있다. 인간-비인간 쌍은 주체-객체 구분을 '극복하는 길'이라기보다는 그것을 완전히 우회하는 길이라고 라투르는 주장한다.

빛띠 Spectrum
뉴턴은 햇빛을 프리즘에 통과시키면 빛띠로 퍼지는 것을 발견하였다. 무지개는 공기 속에 있는 물방울이 프리즘 역할을 하여 만들어낸 빛띠이다. 이것을 통해 햇빛은 여러 파장으로 이루어진 전자기파가 섞여 있는 것을 알 수 있다. 우리 눈에 보이는 빨, 주, 노, 초, 파, 남, 보는 가시광선이라고 하고, 빨간색보다 파장이 더 긴 빛을 적외선이라고 하며, 보라색보다 파장이 더 짧은 빛을 자외선이라고 한다. 적외선보다 파장이 긴 빛은 원적외선과 마이크로파, 전파 등이 있다. 자외선의 바깥에는 원자외선, 엑스선, 감마선 순으로 파장이 짧아진다.

사이보그 Cyborg
인공 두뇌학(cybernetics)과 유기체(organism)의 합성어로, 기계나 인공장기 이식 등으로 개조된 인간을 말함. 따라서 사이보그는 원형이 인간이되, 일부분을 로봇공학 기술로 대체한 형태이다.

상대성이론 theory of relativity
아인슈타인에 의하여 제창된 현대물리학상 중요한 이론. 상대론이라고도 한다. 1905년 제출된 특수상대성이론과 1916년 정리된 일반상대성이론으로 이루어져 있다. 특수상대성이론은 운동에 관한 갈릴레이-뉴턴의 상대성원리를 근본적으로 개혁하여, 서로 등속도로 운동하는 관측자에 대하여 전자기파의 이론을 포함한 모든 물리법칙이 같은 형식으로 기술되도록 정식화(定式化)되어 있다.

일반상대성이론은 중력(重力)을 관성력(慣性力)과 동등한 것으로 간주하는 입장에서, 일정한 가속도를 가진 관측자들에게도 상대성원리가 성립하고, 물리법칙이 좌표계의 변환에 대하여 불변(不變)인 형식을 가지도록 체계화한 이론이다. 이들 이론의 가장 근본적 특징은, 관측자의 운동상태에 관계없이 절대성을 가진다고 생각되어온 지금까지의 시간·공간의 개념을 부정하고, 시간·공간이 각각 관측자에 대하여 상대적으로만 의미를 가진다고 생각한다는 점이다. 이 때문에 이 이론에서 유도되는 논리에는 상식에서 벗어난 내용도 포함되어 있어, 양자론(量子論)과 비견되는 이 20세기 물리학의 혁명적 발견도 발표 후 얼마 동안은 단지 역설적인 지적유희에 불과한 것으로 간주되는 경향도 있었다.

그러나 광속도를 무한대로 간주할 수 있을 만큼 작은 속도를 가진 물체의 운동에서는, 극한적(極限的) 근사로서 뉴턴 역학이 적용된다는 내용도 특수상대성이론에 포함되어 있다. 한편 광속도와 비교될 정도로 고속으로 운동하는 미립자의 거동이나 소립자의 생성·소멸 등 미시적 세계의 여러 현상의 발견으로 특수상대성이론의 정당성이 검증되었다.

또 일반상대성이론도 천문학상의 여러 사실에서 그 정당성이 밝혀졌다. 이러한 점에서 상대성이론은 물리현상을 기술하는 기초이론으로서 승인을 받게 되었다. 현재는 양자역학과 더불어 현대물리학, 특히 소립자물리학이나 우주론의 지도적 원리로 간주되고 있다.

상상적인 것 l'imaginaire
라캉이 거울 단계의 이자적인 질서를 지칭하기 위해 사용한 용어. 즉 자아가 거울 속에 비친 이질적인 이미지를 통해서 구성되는 것이 거울 단계라면, 상상적인 것은, 이러한 단계의 중요한 구조로서, 상징적인 것이나 실재적인 것과 달리 환영과 속임수에 의해 좌우되는 몰인식적인 구조를 말한다.

상징계, 상상계, 실재
라캉은 『세미나 제22권 : R.S.I.』에서 플라톤 철학에 빗대어 자신의 세 범주에 관해 설명한 바 있다. 이에 따르면 상징계는 이름(언어), 상상계는 이데아, 실재는 사물에 해당한다. 후기 라캉은 상징계(이름)가 어떻게 실재(사물)를 지시할 수 있는가에 주목한다. 라캉에 따르면 전통철학(플라톤)은 이데아를 가정함으로써 상징계와 실재를 상상적인 방식으로 연결했다.

반면 보로매우스의 매듭에서 두 고리는 항상 제3의 고리를 통해서만 간접적으로 연결되어 있다. 보로매우스의 매듭의 이러한 속성에서 알 수 있듯이 사물과 이름의 연결은 '원래' 고정적이지 못하다. 그러므로 네 번째 고리(증상)의 필요성이 생겨나는 것이다. 보로매우스의 매듭에서 네 번째 고리(증상 혹은 아버지의 이름)는 상징계의 위치를 고정시킴으로써 상징계와 실재 사이의 연결을 공고하게 만드는 역할을 한다.

보로매우스의 매듭 이론을 통해 라캉은 신경증을 '상징계의 위치를 고정시킴으로써 동시에 실재와의 연결을 고정적으로 만드는 주체적 태도'로 재정의했으며, 이를 통해 '무의식은 언어처럼 구조지어져 있다'라는 자신의 초기 명제를 심화, 완성한다.

상징적인 것 le symbolique
통상 언어의 영역에 속하는 것을 지칭하나, 정신분석학에서는 라캉에 의해 보다 엄밀하게 언어의 질서, 단어들의 분절법칙, 한마디로 상징적인 질서를 지칭하기 위해 사용되었다. 인간은 말을 하는 존재란 점에서, 상징적인 질서를 따라야 한다는 점에서 상징적인 것은 주체에 대해 초월성을 가지며, 주체를 결정짓는 작용을 한다.

소프트 리소그래피 soft lithography
화이트사이즈 교수가 개발하고 처음으로 사용한 용어로서, 고무 같은 성질을 가지는 고분자를 사용해서 미세구조를 형성하고, 이를 다양한 분야에 응용하는 기술이다. 응용분야로는 미세유체학(microfluidics), 광학 전자소자, 바이오센서 등 다양하다.

스마트 고속도로
고속도로 위에서 달리는 자동차가 스스로 생각해서 움직이고 속도를 조절하며 목적지까지 자동으로 도착할 수 있도록 설계된 자동차 주행 시스템. 모든 자동차를 정밀하게 제어하기 위해서는 정확한 자동차의 위치 확보가 필요함.

스퇴르머 Horst Stormer
현재 컬럼비아대학 물리학과 교수로 재직하고 있다. 최첨단의 갈륨 비소 반도체 이성구조의 물리적 특성연구에 대한 전문가이다. 1984년 미국물리학회로부터 올리버 버클리 상을 수상하였고 1998년에는 프랭클린 연구소에서 분수양자 홀 연구에 대한 업적으로 메달을 받았다. 1998년 노벨 물리학상을 수상하였다.

스피릿 Spirit
NASA에서 추진한 'Mars Exploration Rover-A'라는 화성탐사선으로, 학생 공모에 의해 스피릿이라는 이름이 붙여졌다. 화성 정밀탐사라는 과제를 수행하기 위해 2004년 1월 화성 표면에 착륙했다.

스핀오프 Spin-off
하나의의 산업 또는 기술에서 처음 의도와는 전혀 다른 분야의 산업이나 기술로 파생되어 얻게 되는 부가 효과

슬론 디지털 우주조사
Sloan Digital Sky Survey
우주의 거대구조를 굉장히 멀리까지 조사하여 우주구조의 진화를 연구하려는 국제 공동사업이다. 프린스턴대학 천문학과, 시카고대학 천체물리학과 등의 미국 대학들, 페르미 랩, 고등연구소 등의 미국 내 연구소들, 그리고 일본과 독일의 연구진이 참여하고 있다. 연구비는 주로 알프레드 슬론 재단과 미항공우주국, 에너지성, 일본 문부

성, 막스 플랑크 학회 등 참여 기관에서 지원된다.

시냅스 가소성

시냅스 기능이 변하는 현상으로 시냅스 효율이 증가하거나 감소할 수 있다. 군소에서 밝혀진 시냅스 촉진, 해마에서 밝혀진 시냅스 강화 등이 대표적인 예로서 학습된 정보가 기억으로 저장될 때 작용하는 메커니즘으로 알려지고 있다.

실재적인 것 le réel

논리적으로, 언어와 이미지가 가능성과 필연성의 세계를 구성한다면, 실재적인 것은 불가능성의 세계를 구성한다. 즉 언어와 이미지라는, 허구에 의해 환원되지 않는 것을 지칭한다. 시니피앙과 이미지는 항상 타자에 의해 보증되어야 한다는 점에서 허구적인 반면, 실재적인 것은 그러한 타자의 비존재를 전제한 개념이란 점에서 허구적인 것이 아닌 말 그대로 실재적인 것이다. 이러한 실재적인 것은 정신분석의 경험과 관련해서는 언어와 이미지의 질서로 환원되지 않는 것, 가령 향유, 충동, 성적인 것 등을 가리킨다.

실천 practice

ANT는 사회적 설명을 과학에 확장하는 것으로 정의되는 것이 아니라, 여러 과학이 실천되는 국지적, 물질적, 일상적 장소들을 강조하는 것으로 정의된다. 따라서 '실천'이란 말은 규범적인 과학철학의 접근은 물론이고 종래의 사회학 접근과도 크게 다른 연구유형을 함축하고 있다. 실천에 대한 연구를 통해 드러난 바는, 비판적 사회학에서처럼 과학의 주장을 까발리는 데 이용되는 것이 아니라, 여러 과학을 집합적으로 생산하는 매개자들을 밝혀내는 데 이용된다.

아가미 수축반사 학습

캔들이 연구해온 군소의 신경계를 이용한 학습과 기억 연구에서, 군소의 등쪽을 보면 아가미를 덮고 있는 막과 막에 연결되어 있는 호흡관구조를 볼 수 있다. 군소의 호흡관 또는 덮개막을 자극하면 이들은 물론 아가미까지 수축하는데 이를 아가미 수축반사(gill-withdrawal reflex)라고 부르며 포식자로부터의 공격을 피하기 위한 방어반사로 여겨진다. 군소의 머리나 꼬리에 해로운 자극을 가하여 민감화 학습을 시키면 군소의 아가미 수축반사는 크게 향상된다.

아스펜 이론물리연구소

Aspen center for theoretical physics
미국 콜로라도의 유명한 스키 휴양지인 아스펜에 위치한 이론물리연구소이다. 재미 물리학자인 이휘소 박사가 교통사고로 사망했을 당시, 박사는 아스펜연구소로 향하고 있던 중이었다.

아시모프 Issac Asimov

공상과학소설 작가로 로봇이 등장하는 소설을 많이 썼으며 『I, Robot』이란 소설에서 유명한 로봇의 세 가지 법칙을 제안하였다. 이를 바탕으로 동명의 영화가 제작되었다.

안드로이드 Android
'인간을 닮은 것'이라는 뜻의 그리스 말에서 유래된 것으로, 인간과 같이 세포 등의 원형질로 되어 있어서 겉으로 보기에는 인간과 전혀 구별할 수 없는 인공의 생물을 의미한다. 미래의 로봇이 이러한 형태로 발전될 것이다.

안사리 엑스 프라이즈 Ansari X Prize
최초로 연속해서 2번의 우주여행을 성공한 사람에게 상금을 수여할 수 있도록 조성된 기금으로, 이는 최초의 여성 우주여행자이자 미국의 통신회사 '텔레콤 텔크놀로지스'(Telecom Technologies)의 CEO이기 한 아누셰 안사리(Anousheh Ansari)에게서 유래한다.

암흑기 Dark Age
우주 배경복사가 생긴 재결합 시기(우주탄생 후 50만 년)와 재이온화가 완료된 적색이동 6, 7(우주탄생 후 10억 년) 사이에 관측할 천체가 없던 시기를 비유하여 일컫는 말이다. 서양의 중세 암흑기라는 용어를 빌어온 것이다.

약물유전체
같은 약물에 대해서도 개인마다 반응 정도에 차이가 있는데 이는 유전학적으로 약물을 대사하는 효소나 인자들의 기능 차이 때문이다. 유전자적 차이에 인한 약물반응차이를 연구하는 약물유전체 또는 약리유전체라 말한다.

약물전달시스템 drug-delivery system
약물의 부작용을 최대한 억제함과 동시에 약물의 효능 및 효율을 유지하면서 한 번의 투여로 수 주에서 수년에 걸친 장기간 동안 약물을 전달하는 방법이다. 현재 단백질제와 핵산(DNA) 약물의 전달에 대한 연구와 신체의 원하는 부위(예를 들면, 암세포나 염증 부위)에서만 약물이 전달되는 연구가 활발히 진행되고 있다.

암흑물질 dark matter
최근 천문학상의 관측에 추론한 우주론에 의하면 우주의 약 70퍼센트는 중력에 의해 뭉치지 않은 암흑 에너지(dark energy)이고 약 30퍼센트는 중력에 의해 모든 은하계를 엷게 싸고 있는 암흑물질(dark matter)이라고 여겨진다. 이들의 정체는 불분명하다. 우리가 알고 있는 물질은 우주의 약 1퍼센트를 차지하고 있다.

에메 Marguerite Aimee
본명은 마르그리트 앙지외. 1932년 라캉이 자신의 박사학위 논문에서 발표한 정신병 사례의 주인공이다. 안나가 프로이트에게 있어 정신분석의 탄생을 가능케 했다면, 에메는 라캉의 사유의 진원지를 이루는 인물로서 평가된다. 색정광증과 자기처벌적 편집증을 앓았던 그녀는 당대의 유명 배우였던 위겟트 뒤플로부터 박해를 받는다고 믿었고, 급기야는 그녀를 살해하고자 기도했다. 라캉은 그녀의 편집증적인 구조에 대한 연구로 박사 학위를 받았고, 이를 계기로 그녀는 세상에 알려지게 되었다.

엑소마스 EXO-MARS

미국에 대항하여 유럽연합에서 공동으로 개발하고 있는 화성탐사선. 2014년 화성 표면에 도착하여 정밀관찰 임무를 수행하는 것을 목표로 한다.

엥겔버그 Joseph Engelberg

산업용 로봇의 상용화를 최초로 이룬 사업가로 '산업용 로봇의 아버지'라 불린다.

연결망 network

'연결망'이란 용어는 그 성격이 아직 미결정된 실체들 사이의 비구체화된 관계들의 집합이라고 정의할 수 있다. 연결망은 크게 두 가지 실체들을 함께 묶는 역할을 하는데, 그것은 인간(사람, 사회)과 비인간(사물, 자연 및 인공물)이다. 따라서 ANT에서는 연결망이 한 종류의 실체들이 아니라 인간-비인간의 이질적인 실체들로 구성된다는 점을 강조한다.

행위자와 연결망은 서로가 서로를 구성한다. 행위자는 연결망 없이는 행위할 수 없고, 연결망은 행위자들로 이루어져 있다. 행위자와 연결망은 서로를 지속적으로 재규정하고, 하나가 다른 하나에 의존한다. 연결망의 측면에서 볼 때 거시적 행위자(예: 국가)와 미시적 행위자(예: 개인) 사이에, 또는 어떤 주요 사회제도나 평범한 사물 사이에 구조적 차이란 없다. 이는 그것들이 모두 동일하다는 말은 아니다. 단지 이는 미시적 행위자와 거시적 행위자 사이의 주된 차이는 어떤 특정한 목적을 위해 그 행위자가 만들어낼 수 있는 연결망의 규모, 즉 자신의 목표에 따라 그가 동원할 수 있는 행위자들의 수에 있다는 것이다.

염색체 chromosome

생물의 특징을 결정하는 유전정보를 담고 있는 DNA와 이를 잡고 있는 단백질로 구성된 세포핵 속에 있는 물질. 각 생물은 일정한 수의 염색체를 가지고 있으며, 사람의 염색체는 23쌍이다. 한 생물의 특징을 나타내는 유전자들은 각각의 염색체에 나뉘어 들어 있으며 이를 다 합한 유전자들의 집합체를 유전체 또는 게놈(genome)이라고 한다.

오퍼튜니티 Opportunity

'Mars Exploration Rover-B' 탐사선의 별칭으로, 스피릿 탐사선이 착륙한 지 3주 후에 화성의 반대편에 도착했다. 원래 계획보다 15배 이상의 수명을 유지하며 현재도 활동 중이다.

외부 은하 extragalaxies

우리 은하의 밖에 있는 또 다른 은하를 말한다. 허블에 의해 발견되었다. 외부 은하들은 형태와 나이와 내놓는 빛에 따라 여러 종류로 나뉜다.

우주 거대구조
cosmic large scale structure

우주의 은하와 퀘이사 등의 물질이 마치 거미줄을 얽어놓은 듯한 분포를 보이는 것을 말한다. 1980년대 중반 처음 알려지기 시작하였다.

우주 미아

우주에서 발생한 모든 잔여물을 통틀어서 말하는 것으로, 우주에서 수명이 다하여 인간이 통제할 수 없는 방식으로 유영하고 있는 모든 물체를 총칭한다. 대기권 밖에서는 공기저항이 없으므로 이론적으로는 반영구적으로 지구 둘레를 떠돌게 된다.

우주 배경복사 탐사선
Cosmic Background Explorer

마이크로파 우주 배경복사를 조사하기 위해 미국에서 발사한 천문관측 위성으로 흔히 코비라고 부른다. 우주 배경복사가 2.726도짜리 흑체복사임을 밝혔고, 10도의 분해능에서 우주 배경복사의 비등방성을 탐지하였다. 또한 우리 은하 속에 들어 있는 먼지가 내는 빛을 정밀관측하여 우주 먼지의 연구에 기여하기도 했다.

원핵생물과 진핵생물

생물을 분류하는 일차적인 방법은 생물체를 구성하는 세포가 그 내부에 핵이라는 중심적인 기관을 가지고 있느냐 없느냐의 여부로, 원핵생물(原核生物)과 진핵생물(眞核生物: eukaryote)로 구분하는 것이다. 지구상에 나타난 최초의 생명체는 우리 몸을 구성하는 세포들과는 달리 아주 단순한 형태를 지녔을 것으로 추정되는데, 핵산(DNA)이 막으로 둘러싸이지 않고 분자 상태로 세포질 내에 존재하며, 미토콘드리아 등의 구조체가 없었을 것이다. 진핵생물은 핵막으로 둘러싸인 핵을 가지며 유사분열을 하는 세포로 형성된 생물로서, 고생대에 이르러 처음 나타났다. 유글레나 등의 단세포 동물, 모든 다세포 동물, 남조류를 제외한 모든 식물, 그리고 진핵균류들이 여기에 해당된다.

위니코트 Donald Winnicot

영국 출신의 정신분석가. 원래는 소아과 의사로 출발했으나, 인간에 대한 치료는 심리에 대한 이해가 없이는 불가능하다는 생각에 정신분석가의 길로 들어섰다. 그는 엄마와 유아의 관계의 중요성을 역설했고, 이에 의거해 유아기와 정신병을 이해했다. 그는 유아가 대상으로부터 자신을 분별하기 위해서, 다시 말해 개별성을 획득하기 위해서는 유아와 엄마 간의 관계가 유아에게 유익한 환경을 형성해야 한다고 보았다. 그렇지 않을 경우, 정신병적인 우울증이나 자아를 외부에 의존하도록 만드는 '허구적인 자기'가 나타난다고 보았다. 그가 제시한 '중간대상'과 '중간지대'는 유아가 홀로설 수 있도록 지탱해주는 엄마와 유아의 중도적인 매개물이다.

유전병

유전자가 정상적으로 발현하여 세포가 필요로 하는 물질을 제때에 만들어 낼 때 세포가 건강하고 개체도 건강하다. 그러나 유전자에 돌연변이가 생기면

제 기능을 발휘하지 못하게 되고 물질이 필요한 때 공급되지 못하여 병이 생긴다. 유전자 DNA에 변이가 생겼을 때 고쳐지지 않은 채로 다음 세대에 그대로 이어지면 그 변이가 자식에게 그대로 전해지기 때문에 유전이라 하며 이로 인해 다음 세대에도 병이 생기기 때문에 유전병이라고 한다

유전자 gene
유전자 DNA 중에서 세포 내에서 기능을 하는 특정 단백질을 만들어내는 정보를 가진 부분을 말한다.

유전자 발현
DNA상에 있는 유전정보 단위인 유전자가 세포가 살아가는 데 필요한 물질인 단백질을 만들어내는 현상을 유전자 발현이라 한다. 이때 유전자 DNA에서 mRNA가 먼저 만들어지고 mRNA 염기순서에 정해져 있는 코돈에 따라 정해진 아미노산이 붙고 아미노산의 집합체인 단백질이 만들어진다. 유전자 발현은 항상 일어나기도하나 필요한 때에만 일어나는 유전자도 있다. 세포가 필요할 때만 발현이 되는 유전자는 외부신호나 자극에 따라 발현이 달라지기 때문에 세포가 어떤 환경에 놓여 있느냐에 따라 많이 달라질 수 있다.

유전자 재조합
한 유전자 부위의 DNA를 잘라서 다른 유전자 부위의 DNA와 결합시키는 기술. DNA서열 중에 일정한 부위를 인식하여 자르는 제한효소(restriction enzyme)와 잘려진 DNA를 접합시키는 라이게이즈(ligase)라는 효소의 작용이 중요하며 이 두 효소 반응으로 서로 다른 종류의 DNA를 실험관 내에서 자르고 붙여 새로운 유전자를 만들 수 있어, 이를 유전공학기술이라고도 한다.

유전자칩 DNA Chip
고체기판에 유전자(또는 DNA)를 고정화시킨 마이크로칩. 수 제곱센티미터의 유리 위에 많은 수의 유전자를 붙여놓았다.

융합과학
미래에는 한 분야의 과학기술이 아니라 여러 분야 과학기술이 합쳐져 새로운 과학기술로 발전한다. 예로서 BT(생명과학)과 IT(정보과학), BT와 NT(나노과학), BT-IT-NT등의 융합이 필수적이다. 이를 융합과학이라하며, BT가 발전하려면 IT, NT와의 융합은 필수적이다

이행기대상
아기가 의존에서 독립으로 나아가는 데 있어서 반드시 거쳐야만 하는 첫 관문으로서의 이행기에 요구되는 엄마의 기능을 대신할 수 있는 적절한 대상. 이 과정에 문제가 생기면 아기는 매우 심각한 이별불안 때문에 정서적인 불안정에 휘말리게 되며 결국 홀로서기가 어려워지므로 이후 발달단계에 더 큰 어려움을 겪게 된다.

자기홀극 magnetic monopole

물체는 양전하나 음전하를 가질 수 있다. 그러자 자석은 항상 북극과 남극을 동반한다. 이론적으로는 자기극 또한 각각 따로 존재할 수 있다. 이들은 북자기홀극, 남 자기홀극이라 불린다.

자연선택 natural selection

동종의 생물 개체 사이에 일어나는 생존경쟁에서 환경에 더 잘 적응하는 개체가 다른 개체보다 더 많은 자손을 번식시켜서 결국 진화의 주인공이 된다고 주장하는 이론으로, 다윈 진화론의 가장 강력한 지지이론이다.

다윈은 자연선택을 생물진화의 주된 요인으로 제창하였는데 오늘날에도 진화요인론(進化要因論)과 관계가 깊은 집단유전학의 주요 개념이 되어 있다. 가축이나 농작물에 다양한 품종이 생기게 된 것은 인간이 자신의 목적에 적당한 형질을 가진 개체만을 선택해서 인위적인 번식을 시켜왔기 때문이다. 이런 선택은 인간의 판단에 따라 진행되기 때문에 인위적 선택 또는 인위도태라고 한다. 물론 인위적 선택의 토대를 이루는 것은 개체 간의 변이(變異)이다.

마찬가지로 자연계에서도 이와 같은 선택작용이 행해져서, 주변 환경조건에 적응하는 생물체는 생존하고 그렇지 못한 개체는 경쟁에서 도태되어 그 결과 오직 잘 적응하는 개체만이 자손을 남기게 된다. 즉, 적자(適者)만이 생존에 유리한 형질을 자손에게 전할 수 있고 그런 적응된 형질이 점차 누적되어서 결국에는 선조와는 다른 형질을 가진 새로운 종이 태어나게 된다는 것이다. 자연선택이 실제로 행해지는 예로 주목을 받았던 것이 나비에서 나타난 보호색이었다. 영국의 공업도시에서 흑색 나방이 증가하는 현상이 발견되었는데 이를 공업암화(工業暗化)라고 한다. 이것은 수목을 덮고 있던 밝은 색의 지의류(地衣類)가 매연에 의해 벗겨져서 암색의 수피(樹皮)를 닮은 흑색 나방이 보호색으로서의 적응성을 가지게 되었기 때문이다.

자유도 degrees of freedom

입자의 성질은 그것의 질량·스핀·전하 등 불변의 성질과 주어진 순간에 임의로 가질 수 있는 물리량을(예를 들어 위치와 속도) 갖고 있다. 초기 조건으로 임의로 값을 취할 수 있는 양의 전체 숫자를 자유도라 한다. 하나의 점입자는 여섯 개의 자유도를 고전역학에서 갖고, 전자기파는 무한대의 자유도를 갖는다.

장기기억

메커니즘 반복적인 학습은 인산화 효소인 PKA를 세포핵까지 이동시킬 수 있다. PKA는 기억 형성에 관련된 전사인자인 CREB 단백질을 인산화하여 활성화시킨다. CREB의 활성화를 위해서는 CREB 억제 인자인 CREB-2의 불활성화도 필요하다. 활성화된 CREB은 유전자의 5' 프로모터 부위에 존재하는 cAMP 반응 인핸서(CRE)에 결합하여 유전자의 전사과정을 활성화시킨다. 이들 CREB과 C/EBP 전사 인자뿐 아니라 ApAF도 기억과 관련된 유전자 발현에 중요한 역할을 한다. 발현되는 유전자 중에 전사 인자인 C/EBP가 알려져 있으며 이 전사 인자는 또 다른 기억 관련 유전자의 5' 프로모터 부위에 결합하여 장기기억에 관여하는 단백질을 생산하는 것으로 알려져 있다. 따라서 장기기억에는 새로운 단백질 합성 및 유전자의 발현이 동시에 필요하다.

적색이동 redshift
관측자로부터 달아나는 물체에서 나오는 빛의 파장이 원래 파장보다 길어 보이는 현상을 말한다. 원래 파장이 λ_0인 빛을 속도 v로 달아나는 물체가 내놓는다면, 관측자는 $\lambda = (1+v/c)\lambda_0$의 파장으로 관측하게 된다. 여기서 v/c를 적색이동이라 하고 흔히 z로 표시한다. 물론, 관측자에게 다가오는 물체가 내놓는 빛은 청색이동이 될 것이다.

절대 영도
절대 영도는 얻을 수 있는 가장 낮은 온도로 이 상태에서 원자들은 열적 요동을 멈추게 된다. 섭씨온도는 절대온도에 273도를 더하여 얻을 수 있다.

정신기구 mental apparatus
프로이트는 『꿈의 해석』에서 광학기구에 비유하여 복잡한 정신기능을 세분하고 그 기구를 구성하는 각 부분에 특수한 기능을 부여하는데, 일정한 에너지를 전달하고 변형시키는 능력이나 체계 혹은 심급으로 분화시키는 용어.

정화 purification
라투르는 근대의 특징을 '번역'과 '정화'가 동전의 양면처럼 결합되어 있다는 데서 찾고 있다. '번역'이 전혀 새로운 유형의 존재들, 즉 자연과 사회 간의 잡종들(hybrids)을 창출하는 행위라면, '정화'란 두 가지의 완전히 구분되는 존재론적 영역을 창출하는 행위다. 즉 '정화'는 한편으로는 인간의 영역(순수한 '사회')을, 다른 한편으로는 비인간의 영역(순수한 '자연')을 만들어내는 것이다.

번역이 없다면 정화는 성과가 없거나 무의미할 것이다. 반면에 정화가 없다면 번역은 늦춰지거나 제한되고 아니면 심지어 제거될 것이다. 그런데 근대인은 이 두 가지를 분리해서 생각하고 있으며, 따라서 의식으로는 '정화'에 몰두하고 있으면서 무의식적으로는 '번역'을 통해 점점 더 많은 잡종과 연결망을 양산하고 있다.

라투르는 과학과 기술을 통해 만들어진 모든 사실(fact)과 인공물(artifact)이 이러한 잡종에 해당한다고 보았는데, 이들은 순수한 의미의 '자연' 또는 '사회' 그 어느 쪽에도 속하지 않기 때문이다. 이러한 '정화'는 칸트 이후의 근대 비판철학부터 본격적으로 전개되었으며 아직까지 근대인들의 의식구조를 지배하고 있다.

조직공학 tissue engineering
생체물질이나 인공고분자의 표면에 세포를 배양하여, 조직을 재생하는 생의공학의 한 분야로서, 궁극적으로 손상

된 조직(예를 들면, 간, 피부, 척추, 연
골)을 자신의 세포로부터 재생된 조직
으로 대치하는 데 목적을 두고 있다.
현재 피부 및 연골 재생은 성공적으로
연구가 수행되어 상품화가 되어 있으
며, 줄기세포를 이용한 조직공학 연구
가 활발하다.

조합화학 combinatorial chemistry
한 번에 많은 수의 서로 다른 화합물을
합성하여 원하는 화합물을 빠른 시간
내에 찾는 방법을 말함.

줄기세포 stem cell
신체 모든 세포나 조직으로 자랄 수 있
는 근간이 되는 세포. 수정란 발생 초
기단계에서 얻는 배아줄기세포, 그리
고 골수나 탯줄 등 신체 장기에서 얻는
성체줄기세포로 크게 구분한다.

레벡 Julius Rebek Jr.
레벡교수는 분자인지, 자기조립, 자기
복제 등 초분자화학의 핵심되는 개념
을 정립하는 데 크게 기여해왔다. 특히
분자 테니스 공 등 독창적인 발상으로
현재 초분자화학 분야에서 가장 주목받
는 사람 중 하나이다. 헝가리에서 태어
나 미국에서 성장하였고 MIT에서 박사
학위를 받은 후 UCLA, Pittsburgh,
MIT를 거쳐 현재 Scripps Research
Institute에서 교편을 잡고 있다. 국내
에도 연세대 정규성 교수를 비롯하여
여러 제자가 활약하고 있다.

중성수소
양전하를 띤 양성자와 음전하를 띤 전
자가 결합되어 전체적으로 중성을 띠
기 때문에 중성이라는 말이 붙었다. 수
소는 우주에서 가장 흔한 원소로서 별
이 되어 핵융합 반응을 통해 탄소·산
소·질소·규소·철 등의 중원소로 변
하게 된다.

중성자별
초기 질량이 태양의 8배 이상 20배 미
만의 별들이 수명을 다한 후에 그 중심
부에 만들어지는 고밀도별로서, 서울
의 모든 건물을 각 변의 길이가 1센티
미터인 상자 속에 가두어 놓는 것에 해
당하는 밀도를 가졌다.
이론적으로만 예측되었던 중성자별은
라디오 펄사의 발견으로 존재가 확인되
었으며 이 공로로 1974년 영국의 헤위
쉬 박사에게 노벨상이 수여되었고,
1993년에는 두 중성자별로 이루어진
쌍성의 발견과 관련하여 헐스와 테일러
에게 노벨상이 수여되었다.
2002년 노벨상이 중성자별의 형성에
수반된 중성미자의 관측에 대한 공로
로 일본의 코시바 교수에게 주어진 것
을 감안하면, 중성자별은 현대 노벨 물
리학상의 산실이라고 할 수 있다.

중합 polymerization
두 개 이상의 작은 분자들이 서로 결합
하여 큰 분자를 만드는 반응.

진화론의 신종합설
다윈은 진화를 설명하는 데 있어서 상

당한 어려움을 겪었다. 그 시대 사람들은 진화가 일어난다는 사실은 인정할 수 있었지만 어떻게 선대에서 얻어진 형질이 후대로 전달될 수 있는지, 그 기적을 전혀 이해할 수 없었기 때문이었다. 그 돌파구는 멘델이 유전의 법칙을 발견함으로써 비로소 열리게 되었다. 이후 1930년대에 이르러 유전자와 자연선택의 관계에 대한 전반적인 원리를 만들 수 있게 되었는데 이것이 바로 신종합설이다. 다윈의 자연선택과 멘델의 유전학을 결합한 진화의 종합설은 도브잔스키에 의해서 확립되었고 이로써 1950년대에 이르러 다윈 진화설은 신종합설로 변신하여 널리 받아들여지게 되었다.

차페크 Karel Capek
체코의 희곡 작가로 1921년의 작품인 『로섬의 만능 로봇』(*Rossum's Universal Robots*)에서 최초로 '로봇'이라는 용어를 사용하였다.

착시 optical illusion
시각의 착오라는 뜻으로, 안구의 생리 작용에 의해 일어나는 착각이나 병적 착각 등이 포함되는데, 일반적으로는 기하학적 착시와 색채 대비에 의한 착각을 뜻한다. 어떤 도형을 볼 때 그 객관적인 크기·길이·방향 등과는 다르게 느껴지는 경우가 있다.
그 주된 것으로는 ① 각도 또는 방향의 착시. ② 분할의 착시. 분할된 선이나 면은 분할되지 않은 것보다 크게 보인다. ③ 뮐러-라이어의 도형. a와 b는 길이가 같지만 a가 크게 보인다. ④ 대비의 착시. 같은 크기의 길이·각도·원 등이 그 주변에 큰 것이 있는 경우에는 주변에 작은 것이 있을 때보다 작게 보인다. 물리적으로 같은 명도의 회색이 흑백 중에 있을 때와 백색 중에 있을 때 다르게 보이는 것도 대비의 착각 때문이라고 한다. ⑤ 수직, 수평의 착시. 수직의 길이가 수평의 길이보다 크게 보인다. ⑥ 상방거리(上方距離)의 과대시. 같은 크기의 도형이 위아래로 겹쳐 있을 때는 위의 것이 크게 보인다. 8, 3, 5, S, Z 등의 글자를 일반적으로 글자의 윗부분을 작게 하는 것은 이 때문이다. ⑦ 반전성 실제착시(反轉性 實際錯視). 도형이 앞뒤로 뒤바뀌는 듯한 느낌의 착시 등이 있다.
착시에 관해서는 19세기 중엽 이래 많은 심리학자들이 연구했는데 착시는 대체로 심리적 착오 때문이라고 하였다. 그러나 어떤 학자가 감각생리학의 입장에서 망막전류를 연구한 결과 망막에 연결된 빛이 상(像)의 주변에도 영향이 미치는 것을 발견했다. 이것을 유도(誘導)라고 이름하고, 색의 대비 현상도 기하학적 착시현상도 이 유도의 '장'(場, 영향이 미치고 있는 평면)의 작용 때문이라는 것을 밝혔다. 이 설에 의하면 지금까지 착시라고 하던 것은 착시가 아니라 평상적인 육안의 소유자에게 공통된 바른 감각이라는 것이다.

천성론과 양육론
종종 결정론과 환경론으로 불리기도

하는 이 서로 상반되는 주장은 인간을 비롯한 모든 고등동물들의 행동과 습관, 외모와 지능 등이 태어날 때 이미 대부분 내재적으로 결정되어 있다는 논리와 그렇지 않고 태어난 이후 주변 환경 여건과 교육에 의해서 후천적으로 다듬어진다는 논리의 대결에 바탕을 두고 있다. 극단적인 천성론은 교육의 필요성과 중요성을 희석시키는 반면에 극단적인 양육론은 강도 높은 교육의 필요성을 요청하게 되기 때문에 역사적으로 꽤 오래전부터 커다란 사회적 논란을 불러일으켰다.

생물학적으로 천성론은 유전자 결정론을 이끌었고 진화론도 생물의 모든 속성이 진화를 통해서 후대로 전해진다는 이론의 범주를 넘어서지 못했기 때문에 결국 현대 생물학에서는 결정론이 사실상 더 많은 영향력을 행사하고 있다고 말할 수 있다. 하지만 교육학 등의 사회과학 영역에 있어서는 환경론과 양육론이 여전히 강력한 위세를 발휘하고 있다.

초신성

초기의 질량이 태양보다 무거운 별이 마지막 진화 단계에서 거대한 폭발을 일으키는 현상. 태양 질량의 8배 미만의 별인 경우, 그 중의 일부가 백색왜성 단계를 거쳐 폭발하는데 이때 백색왜성 전체를 우주로 날려버린다. 태양 질량의 8배에서 20배 사이의 별들은 진화의 마지막 단계에서 중성자별이 중심부에 만들어지면서 바깥쪽에 있는 물질을 폭발시킨다. 1987년에 발견된

초신성은 이 두 번째 경우에 해당된다. 태양 질량의 20배보다 큰 별들은 중심부에 블랙홀을 형성하고, 그중 일부가 폭발을 일으키며 이때 폭발력이 보통의 초신성보다 10여 배 큰 극초신성 폭발을 일으킬 것으로 추정되고 있다.

촉매항체 catalytic antibody

효소와 같은 화학반응을 촉진시킬 수 있는 항체.

츄이 D.C. Tsui

현재 프린스턴대학 전자공학과 교수로 재직하고 있다. 반도체 이성구조에 존재하는 이차원 전자계의 전기전도 특성의 정밀측정에 대한 전문가이며, 도체-부도체전이 특성에 대한 연구를 수행 중이다. 1984년 미국물리학회로부터 올리버 버클리 상을 수상하였고 1998년에는 프랭클린 연구소에서 분수양자 홀 연구에 대한 업적으로 메달을 받았다. 1998년 노벨 물리학상을 수상하였다.

측좌핵 nucleus accumbens

기저핵의 하위에 자리잡은 기저부 전뇌핵. 이 부위가 중요한 이유는 복측피개영역에서 발원하는 중간피질-중간변연 도파민계통이 작용하는 주요 과녁이 되기 때문이다. 그밖에도 청반핵(nucleus locus coeruleus)은 노르에피네프린이라는 신경전달물질의 근원이 되고, 우울증에 관여하는 세로토닌은 봉선핵(raphe nuclei)에서 만들어낸다. 아세틸콜린은 중뇌교피개에서

생성된다.

케플러 Johannes Kepler

독일의 천문학자로 지구 및 다른 행성들이 태양을 중심으로 타원궤도를 그리면서 공전한다는 사실을 밝혀, 우주에 대해 기하학적 설명을 했던 고대의 천문학을 역학적 천문학으로 전환시켰다. 르네상스 시대의 천문학자이며 점성학자였던 케플러는 행성운동의 세 가지 원리를 발견한 것으로 가장 잘 알려져 있다. 그는 이 원리를 이용하여 태양계의 공간구조를 명확히 밝혔다. 또한 그는 인간이 시각을 인지하는 과정을 처음으로 정확히 설명하여 근대 광학의 기반을 세우기도 했다. 그는 빛이 망원경에 입사(入射)된 후 어떻게 되는가를 정확히 설명한 첫 번째 인물로서 특별한 형태의 망원경을 고안하기도 했다. 기하학적 묘사에 그쳤던 우주에 대한 고대의 해석이 그의 사상에 의해 근대의 역학적 천문학으로 변화되었고 천문학에 물리학적인 힘의 개념이 도입되었다.

코돈 codon

아미노산에 대한 정보를 포함하고 있는 DNA의 세 개의 염기를 말한다.

코페르니쿠스 Nicolaus Copernicus

폴란드의 천문학자. 『천구의 회전에 관하여』(De revolutionibus orbium coelestium, libri VI, 1543)를 출간하여 서구사상에 커다란 공헌을 하였다. 코페르니쿠스는 지구가 자전축을 중심으로 자전하고 정지해 있는 태양 주위를 공전한다고 주장함으로써, 근대 과학의 출현에 지대한 의미를 가지는 개념을 발전시켰다. 그후 지구는 더이상 우주의 중심이 아닌 수많은 천체 중 하나로 여겨지게 되었고 수학적으로도 기술할 수 있게 되었다.

큐브샛 위성 CubeSat

가로·세로·높이가 각각 10센티미터 정도의 규격 크기로 만들어진 인공위성 시스템으로서, 주로 대학교 학생들이 인공위성을 공부하기 위해 시작되었으나 점차 발전하여 복잡한 기능을 수행하기도 한다.

클라인 Melanie Klein

오스트리아 출신의 아동 정신분석가. 프로이트 사후 국제정신분석학회에서 안나 프로이트와 양대 산맥을 이루었다. 1917년 프로이트와 만났고 2년 후 헝가리 정신분석학회에서 「아동의 발달」이라는 논문을 발표함으로써 정신분석학계에 데뷔했다. 주로 유아의 초기 단계에 대해 연구했는데, 특히 그녀는 유아에게 있어서 전이신경증이 가능하다고 봄으로써 안나 프로이트와 대립했다. 환상의 중요성을 강조하고, 또한 그러한 환상에 있어 대상(좋은 대상과 나쁜 대상)의 기능에 주목함으로써 대상관계이론의 선구자로 평가된다. 안나 프로이트의 일직선적인 '단계론'에 맞서, '편집분열적 태도'와 '우울증적 태도' 등으로 이루어진 '태도론'을 주장했고, 유아의 발달 단계에 있어 전오이디푸스적인 초자아의 존재를 주장했다.

키홀 위성
1960년대 이후 미국 정부에서 운용한 고정밀의 지구관측위성. 첩보위성으로 활용되어 철저한 보안에 가려져 있었으나 90년대 이후 점차 보안이 완화되고 운용이 어려워졌다. 2004년 구글사에 흡수되어 지금은 구글어스라는 소프트웨어에 활용되고 있다.

테슬라 Tesla
자기장의 세기를 나타내는 단위로 일반적인 막대자석 등의 개략적인 세기는 1/100 테슬라 정도이다.

파울리의 배타원리
양자역학에 따르면 입자는 페르미온과 보존으로 나뉘게 된다. 전자는 페르미온이며 페르미온은 주어진 물리상태에 한 개 이상 존재할 수 없다. 즉, 전자는 서로 매우 배타적이다. 이와 달리 보존의 경우 많은 수의 입자가 같은 공간을 차지할 수 있다. 이런 성질로 인하여 두 물질계는 극저온에서 매우 다른 물리적 특성을 보여준다.

페로몬 pheromone
동물이 분비하는 내인성 화학물질을 두루 일컫는 단어로 같은 종(種)에 속하는 한 개체가 다른 개체로부터 독특한 반응을 이끌어내기 위해 소량 분비하는 화학물질이 여기에 해당한다. 흰개미나 개미처럼 사회생활을 하는 곤충들에서는 몇 종류의 페로몬이 복합적인 군집 활동을 조정하는 데 필요한 여러 가지 정보를 전달한다. 어떤 개미들은 먹이가 있는 곳으로 가는 길에 냄새가 나는 페로몬을 분비하여 군집 내의 다른 구성원들이 먹이를 찾을 수 있도록 한다. 페로몬은 또한 위험신호를 보내는 데도 사용되어서 상처를 입은 어떤 물고기종에서는 분화된 상피세포에서 화학물질을 분비하여 집단이 흩어지도록 하는 것을 볼 수 있다. 페로몬은 성적 유인과 교미를 유도하는 역할을 하며, 흰개미와 메뚜기 같은 곤충들뿐만 아니라 많은 포유동물들의 성적 발달에도 영향을 주는 것으로 알려져 있다.

페르미온과 파울리의 배척원리
fermion & Pauli's exclusion principle
2분의 1 또는 2분의 3처럼 반정수의 스핀을 갖는 입자들을 페르미온이라 부른다. 모든 물체는 360도 회전하면 제자리로 돌아온다. 그러나 720도 회전에 양자역학적 상태가 제자리로 돌아오는 입자들이 있으니, 이들이 페르미온이다. 파울리 배척원리 때문에 원자핵 부근의 전자들은 각 양자궤도에 두 개씩만 자리를 차지할 수 있다. 이러한 원리에 따라 전자의 원자위에서의 운동은 제한되고, 우리가 알고 있는 원자의 화학적인 반응이 가능하다.

펩타이드
모사체단백질을 구성하는 펩타이드가 아닌 인위적으로 합성된 펩타이드 유사체.

프로이트로의 복귀

1953년 이래로 사망할 때까지 자크 라캉은 프로이트로의 복귀라는 기치 아래 프로이트의 이론을 재해석하고 프로이트의 원래적 실천으로 되돌아갈 것을 요구했다. 라캉의 작업은 특히 프로이트 정신분석학을 생식기 중심주의, 발달심리학, 사회순응주의, 과학주의적으로 잘못 해석한 미국적 정신분석학 조류인 자아심리학(크리스, 하르트만, 뢰벤슈타인)을 비판하는 의미를 갖는다.

라캉의 '프로이트로의 복귀'는 이론 및 실천의 양 측면에서 정신분석학의 출발점으로 되돌아간다는 것을 의도하지만, 프로이트 텍스트를 문자적으로 받아들인다는 것을 뜻하지는 않는다. 그것은 프로이트가 명확히 표현할 수 없었던 개념―상징계, 상상계, 실재라는 세 범주―을 바탕으로 프로이트의 텍스트를 넘어서는 작업이기도 하다. 달리 말하면 프로이트가 아직 완전히 프로이트주의자가 되지 못한 곳에서 그를 철저히 프로이트화하는 작업이다.

프로테옴 proteome

유전자 DNA는 단백질을 만드는 정보를 가지고 있는데 유전자로부터 만들어지는 단백질 모두를 통틀어 단백체 또는 프로테옴이라 한다.

플랑크 상수

절대영도에서도 존재하는 양자 떨림의 최소 단위를 나타내는 아주 작은 양이다. 현대물리학에서 가장 중요한 물리상수다.

플랑크 탐사선 PLANCK

독일의 물리학자인 막스 플랑크(Max Planck)의 이름을 딴 우주 배경복사 비등방성 탐사선으로, 플랑크라고 부른다. 유럽 우주기구(ESA)에서 추진 중인 프로젝트인데, MAP과 마찬가지로 L2 라그랑주 점에 놓일 예정이다.

『피지컬 리뷰 레터』 Physical Review Letters

물리학연구의 전문잡지로, 물리학 세부 연구 분야를 막론하고 많은 중요한 논문들이 실리는 학술잡지다.

학습과 기억

학습이란 외부 세계에서 들어오는 정보를 신경계를 통해 받아들이는 과정이며, 기억은 받아들여진 정보가 신경계에 저장되어 인출될 수 있는 상태를 말한다.

핵자기공명분광학 nuclear magnetic-resonance spectroscopy

자기장이 원자핵에 미치는 영향을 이용하여, 원자들로 이루어진 분자의 구조를 밝히는 화학의 한 분야로서, 1991년과 2002년에 노벨화학상을 받은 분야이기도 하다. 병원에서 사용하는 MRI(magnetic resonance imaging)가 핵자기공명학을 이용한 것이다.

행위자, 행위소 actor, actant

'행위자'는 세계에 어떤 변화를 가져오

는 모든 실체들을 가리킨다. ANT는 이미 세계의 안정된 구성요소가 되어 있는 실체로부터 출발하는 대신에, 한 행위자가 존재하기까지 겪는 복잡하고 논쟁적인 과정에 분석의 초점을 맞춘다. 어떤 행위자가 무엇이냐는 정의는 처음부터 존재하는 것이 아니라, 다양한 종류의 실험을 의미하는 이른바 '시험들'(trials)을 통해 그 행위자가 나타내는 성취 내지 수행들(performances)에 의해서 정의되며, 나중에 이로부터 그 행위자의 능력(competence) 또는 본질(essence)이 연역되는 것이다. 흔히 영어에서 '행위자'란 인간에만 국한되기 때문에, 기호학으로부터 빌려온 '행위소'라는 개념이 인간과 비인간을 함께 가리키기 위해서 쓰인다. 행위소는 행위할 수 있는 능력을 연결망에 의해 부여받은 인간 및 비인간의 모든 실체를 가리키는 개념이다.

허블 Edwin Powell Hubble

미국의 천문학자. 외부 은하 연구의 선구자로 알려져 있으며, 우주가 팽창하고 있다는 증거를 처음으로 제시했다. 제1차 세계대전에 참가한 뒤 윌슨 산 천문대에 근무하면서 외부 은하에 관련된 것들을 발견하기 시작했다. 윌슨 산 천문대에 있는 동안 모든 성운(星雲)이 태양이 속한 거대한 항성계(恒星系)인 우리 은하에 속해 있는 것은 아니라는 것을 발견했다(1922~24). 또한 어떤 성운에는 주기(週期)와 절대등급 사이에 상관관계가 있다고 알려진 세페이드 변광성이 있다는 것을

발견했다. 거리·겉보기등급·절대등급에 대한 상호관계를 더욱 깊이 살펴본 뒤, 이들 세페이드 변광성은 수십만 광년 떨어진 곳에 있으며, 그 별들이 속한 성운은 우리 은하와 구별되는 다른 은하계라는 사실을 발견했다. 1924년에 발표된 이 발견으로 천문학자들은 우주에 대한 생각을 바꿔야만 했다.

외부 은하의 존재를 발견한 뒤, 1926년부터 은하들을 모양에 따라 분류하고 은하를 구성하는 항성의 구성과 은하의 밝기 형태를 조사하기 시작했다. 이렇게 은하를 연구하는 동안 허블은 1927년에 두번째 위대한 발견을 했다. 즉 은하들이 우리 은하로부터 멀어지는 것으로 보이며 우리 은하에서 멀리 떨어져 있는 은하일수록 더 빨리 멀어진다는 것이다. 이 발견이 의미하는 것은 매우 엄청난 것이다. 그동안 정지상태일 것이라고 생각했던 우주가 팽창하고 있으며, 더욱 놀라운 사실은 1929년에 역시 허블이 발견한 것으로서 우주는 은하의 거리와 속도의 비가 현재 허블 상수라고 불리는 일정한 값을 갖고 팽창하고 있다는 것이다.

허블은 천문학에 대한 업적으로 많은 영예와 상을 받았다. 저서로는 『성운 스펙트럼의 적색편이』(Red Shifts in the Spectra of Nebulae)가 있으며 그가 죽은 후 1961년에 앨런 샌디지가 편집·출판한 『허블 은하 도감』(The Hubble Atlas of Galaxies)이 있다.

혈관 신생성 angeogenesis

주로 암세포가 자라기 위해서 암세포 주위에 혈관을 증식시키는 현상을 말하는 것으로서, 하버드 의대의 포크만 교수는 혈관 신생성을 억제함으로써 암을 치료할 수 있다는 이론을 발표했다.

호이겐스 탐사선

태양계 끝에 있는 명왕성을 관측하기 위해 2006년 1월 발사되어 2015년 도착할 예정으로 여행 중인 NASA의 탐사위성. 총 6억 5천만 달러의 비용이 소요되었으며 43만 개의 이름을 새긴 CD를 포함, 여러 가지 문화콘텐츠를 포함하고 있다.

화이트사이즈
George M. Whitesides

화이트사이즈 교수는 NMR 분광학, 유기금속 화학, 분자 자기조립, 소프트 리소그라피, 미세공정, 미세유체역학, 나노화학 등 다양한 분야에 정통하였다. 뿐만 아니라 과학논문 작성에 필요한 그만의 'outline system'을 정립한

것으로도 유명하다. Caltech에서 박사학위를 받은 후 MIT를 거쳐 현재 하버드대학에서 재직 중이다. 그는 생존하는 화학자 중에서 가장 높은 H-논문인용지수(H index)를 가진 것으로 알려져 있다.

후지타 Makoto Fujita

후지타 교수는 유기분자와 금속이온 간의 자기조립을 이용하여 다양한 삼차원 구조체를 합성하고, 이를 응용하는 연구로 주목받고 있다. Tokyo Institute of Technology에서 박사학위를 받은 뒤 치바대학, 나고야대학을 거쳐 현재 도쿄대학에 재직 중이다.

휴머노이드 Humanoid

인간과 겉모습과 행동이 닮은 로봇을 가리킨다. 안드로이드는 내부 구성이 원형질로 구성되어 있는 반면, 휴머노이드는 기계 부속물로 구성된다. 현재의 기술은 휴머노이드 단계까지 진전되어 있다.

■ 더 읽을 만한 책과 자료들

제1부 주류로부터 탈출하다

전통적 과학관의 반역자들 | 논리실증주의 및 통일과학의 동요 · 22쪽
  김수봉, 「중성미자 질량 존재의 발견」, 『물리학과 첨단기술』 제8권, 1999. 3,
    27~32쪽.
  임경순, 『21세기 과학의 쟁점』, 사이언스북스, 2000.
  스티븐 호킹, 현정준 옮김, 『시간의 역사』, 삼성출판사, 1990.

  • http://astro.snu.ac.kr/~mskim/COSMOLOGY/cosmologyk.html
    우주론
  • http://www.damtp.cam.ac.uk/user/gr/public/
    Cambridge Relativity : Cosmos
  • http://www.pbs.org/deepspace/timeline/index.html
    History of the Universe Timeline
  • http://www.superstringtheory.com/index.html
    The Official String Theory Web Site
  • http://my.netian.com/~samslee/hubble/hubble.html
    우주의 역사
  • http://my.dig.co.kr/users2000/chungsh/cosmos/cosmos_frame.htm
    다이와 창우의 자연과학 테마파크
  • http://quanta.khu.ac.kr/seminar/99/nam/yhlee/
    우주 최초 3분간
  • http://www.astro.ucla.edu/~wright/cosmolog.htm
    Ned Wright's Cosmology Tutorial

• http://www.ps.uci.edu/~superk/neutrino.html
What's a Neutrino?

나는 인간과 비인간이라는 이분법을 거부한다 | 과학학의 새로운 흐름 · 32쪽

Michel Callon, John Law and Arie Rip, "Mapping the Dynamics of Science and Technology", *Sociology of Science in the Real World*, London: Macmillan, 1986.

Michel Callon and John Law, "The Life and Death of an Aircraft: A Network Analysis of Technical Change", In *Shaping Technology Building Society*, Wiebe Bijker and John Law (Ed.), Cambridge, Massachusetts: The MIT Press, 1992.

Michel Callon, "Analysis of Strategic Relations between Firms and University Laboratories", in P. Mirowski and E. M. Sent (Ed.), *Science Bought and Sold: The Need for a New Economics of Science*, The University of Chicago Press, 2002.

Michel Callon, P. Mustar (Ed.), *The Strategic Management of Research and Technology*, Paris: Economica International, 1998.

과학은 판도라의 희망인가 | 비근대주의 과학학 · 42쪽

Bruno Latour, *Science in Action: How to Follow Scientists and Engineers through Society*, Cambridge, Massachusetts: Harvard University Press, 1987.

_____, *Pandora's Hope: Essays on the Reality of Science Studies*, Cambridge, Massachusetts: Harvard University Press, 1999.

_____, *Politiques de la nature: Comment faire entrer les sciences en democratie*, Paris: La Decouverte, 1999.

_____, *Jubiler ou les tourments de la parole religieuse*, Paris: Les Empecheurs-Le Seuil, Mars 2002.

_____, *La Fabrique du droit. Une ethnographie du Conseil d'Etat*, Paris: La Decouverte, septembre 2002.

Bruno Latour & Steve Woolgar, *Laboratory Life: the Social Construction of Scientific Facts*, Los Angeles, Londres: Sage, 1979.

Bruno Latour & Michel Callon, *La Science telle qu'elle se fait, une anthologie de la sociologie des sciences de langue anglaise Editions PANDORE*, Paris, 300 pages et preface, 1982.

철저히, 진화론을 수호하라 | 새로운 진화이론 단속평형설 · 54쪽

스티븐 굴드, 홍동선 외 옮김, 『다윈 이후: 생물학 사상의 현대적 해석』, 범양사
　　출판부, 1987.

스티븐 굴드, 김동광 옮김, 『판다의 엄지』, 세종서적, 1998.

스티븐 굴드, 김종갑 옮김, 『새로운 천년에 대한 질문』, 생각의나무, 1998.

스티븐 굴드, 이명희 옮김, 『풀하우스』, 사이언스북스, 2002.

스티븐 굴드, 그레고리 펜스 등과의 공저, 류지한 옮김, 『인간복제 무엇이 문제
　　인가?: 인간복제의 윤리학』, 울력, 2002.

Stephen J. Gould, Man's Place in Nature, Modern Library Science Series,
　　2001.

_____, I Have Landed: The End of a Beginning in Natural History,
　　2002.

_____, The Structure of Evolutionary Theory, 2002.

_____, Rocks of Ages: Science and Religion in the Fullness of Life, 2002.

_____, The Hedgehog, the Fox, and the Magister's Pox: Ending the
　　False War Between Science and the Humanities, 2003.

모든 것은 과학으로 통한다 | 과학에서 인문학까지, 지식의 대통합 · 66쪽

에드워드 윌슨, 이병훈 외 옮김, 『사회생물학 1, 2』, 민음사, 1992.

에드워드 윌슨, 황현숙 옮김, 『생명의 다양성』, 까치글방, 1995.

에드워드 윌슨, 이병훈 외 옮김, 『자연주의자』, 사이언스북스, 1997.

베르트 횔도브러, 이병훈 옮김, 『개미세계 여행』, 범양사출판부, 1996.

에드워드 윌슨, 이한음 옮김, 『인간 본성에 대하여』, 사이언스북스, 2000.

Edward Wilson and Stephen R. Kellert, The Biophilia Hypothesis, 1993.

_____, In Search of Nature, 1996.

_____, Consilience, the Unity of Knowledge, 1998.

_____, Conserving Earth's Biodiversity, Dan L. Perlman과 공저, 2000.

성의 진화는 악마와의 거래인가 | 미생물 진화이론 · 80쪽

린 마굴리스, 홍옥희 옮김, 『마이크로코스모스』, 범양사출판부, 1987.

린 마굴리스 외, 황현숙 옮김, 『생명이란 무엇인가?』, 지호, 1999.

린 마굴리스 외, 홍옥희 옮김, 『섹스란 무엇인가?』, 지호, 1999.

Lynn Margulis and Dorion Sagan, Gaia to Microcosm, 1996.

_____, Five Kingdoms: An Illustrated Guide to the Phyla of Life on
　　Earth, 1998.

Lynn Margulis and Reg Morrison, *The Spirit in the Gene: Humanity's Proud Illusion and the Laws of Nature*, 1999.

_____, *Symbiotic Planet: A New Look at Evolution*, Science Masters Series, 2000.

제2부 마음의 신비를 해명하다

커뮤니케이션하는 뇌 | 인지신경과학과 커뮤니케이션 연구의 새로운 전망 · 92쪽

T. Ambler, S. Braeutigam, J. Stins, S. Rose & S. Swithenby, "Salience and choice: Neural correlates of shopping decisions", *Psychological Marketing 21*, 2004, pp.247~266.

D. M. Amodio, J. T. Jost, S. L. Master, & C. M. Yee, Neurocognitive correlates of liberalism and conservatism, *Nature Neuroscience 10*, 2007, pp.1246~1247.

P. G. Bazana & R. M. Stelmack, "Intelligence and information processing during an auditory discrimination task with backward masking: An event-related potential analysis", *Journal of Personality and Social Psychology 83*, 2002, pp.998~1008.

M. Deppe, W. Schwindt, A. Pieper, H. Kugel, H. Plassmann, P. Kenning et al., "Anterior cingulate reflects susceptibility to framing during attractiveness evaluation", *NeuroReport 18*, 2007, pp.1119~1123.

N. Doidge, *The brain that changes itself: Stories of personal triumph from the frontiers of brain science*, New York: Penguin Books, 2007.

C. Doucet, & R. M. Stelmack, "An event-related potential analysis of extraversion and individual differences in cognitive processing speed and response execution", *Journal of Personality and Social Psychology 78*, 2000, pp.956~964.

P. A. Glimcher, J. Kable & K. Louie, "Neuroeconomic studies of impulsivity: Now or just as soon as possible?", *American Economic Review 97*, 2007, pp.142~147.

T. Grossman & M. H. Johnson, "The development of the social brain in human infancy", *European Journal of Neuroscience 25*, 2007, pp.909~919.

B. Güroğlu, G. J. Haselager, C. F. van Lieshout, A. Takashima, M.

Rijpkema & G. Fernandez, "Why are friends special?: Implementing a social interaction simulation task to probe the neural correlates of friendship", NeuroImage, doi:10.1016/j.neuroimage, 2007, pp. 1009, 1007.

T. Hedden, S. Ketay, A. Aron, H. R. Markus & J. D. Gabrieli, "Cultural influenes on neural substrates of attentional control", Psychological Science 19, 2008, pp.12~17.

M. Hsu, M. Bhatt, R. Adolphs, D. Tranel & C. F. Camerer, "Neural systems responding to degrees of uncertainty in human decision-making", Science 310, 2005, pp. 1680~1683.

S. A. Huettel, C. J. Stowe, E. M. Gordon, B. T. Warner & M. L. Platt, "Neural signatures of economic preferences for risk and ambiguity", Neuron 49, 2006, pp.765~775.

Q. Ma, X. Wang, S. Dai & L. Shu, "Event-related potential N270 correlates of brand extension", NeuroReport 18, 2007, pp.1031~1034.

H. Markus & S. Kitayama, "Culture and the self: Implications for cognition, emotion, and motivation", Psychological Review 98, 1991, pp.224~253.

S. M. McClure, J. Li, D. Tomlin, K. S. Cypert, L. M. Montague & P. R. Montague, "Neural correlates of behavioral preference for culturally familiar drinks", Neuron 44, 2004, pp.379~387.

B.-K. Min & C. S. Herman, "Prestimulus EEG alpha activity reflects prestimulus top-down processing", Neuroscience Letters 422, 2007, pp.131~135.

Y. Moriguchi, T. Ohnishi, T. Mori, H. Matsuda & G. Komaki, "Changes of brain activity in the neural substrates for theory of mind during childhood and adolescence", Psychiatry and Clinical Neurosciences 61, 2007, pp.35~363.

J. K. Rilling, A. G. Sanfey, J. A. Aronson, L. E. Nystrom & J. D. Cohen, "The neural correlates of theory of mind within interpersonal interactions", NeuroImage 22, 2004, pp.1694~1703.

A. Roye, T. Jacobsen & E. Schroeger, "Personal significance is encoded automatically by the human brain: An event-related potential study with ringtones", European Journal of Neuroscience 26, 2007, pp.784~790.

R. A. Ruiter, L. T. E. Kessels, B. M. Jansma & J. Brug, "Increased attention for computer-tailored health communications: An event-related potential study", *Health Psychology 25*, 2006, pp.300~306.

D. J. Siegel, *The developing mind: How relationships and the brain interact to shape who we are*, New York: The Guilford Press, 1999.

뇌의 심연을 더듬어 길을 그리다 | 뇌기능영상법으로 그리는 뇌 기능 지도 · 104쪽

• http://www.fil.ion.ucl.ac.uk
  뇌기능영상화에 관한 자료가 있는 영국 런던대학교의 사이트
• http://www.cnbc.cmu.edu/other/other-neuro.html
  인지신경과학 자료가 정리된 사이트

기억의 원리를 밝혀낸다 | 학습과 기억의 생물학적 규명 · 116쪽

E. R. Kandel, *Cellular Basis of Behavior: An Introduction to Behavioral Neurobiology*, San Francisco: Freeman and Company, 1976.

_____, (Ed.), "Handbook of Physiology", *The Nervous System: Cellular Biology of Neurons*, Vol. 1, Baltimore: Williams & Wilkins, 1977.

_____, "A Cell-Biological Approach to Learning", *Grass Lecture Monograph I, Bethesda, Md.*: Society for Neuroscience, 1978.

_____, *The Behavioral Biology of Aplysia: A Contribution to the Comparative Study of Opisthobranch Molluscs*, San Francisco: Freeman, 1979.

_____, (Ed.), *Molecular Neurobiology in Neurology and Psychiatry*, New York: Raven Press, 1987.

E. R. Kandel, J. H. Schwartz and T. M. Jessell (Eds.), *Essentials of Neural Science and Behavior*, Norwalk, Conn.: Appleton & Lange, 1995.

L. Squire and E. R. Kandel, *Memory: From Mind to Molecules*, New York: Scientific American Books, 1999.

E. R. Kandel, J. H. Schwartz and T. M. Jessell (Eds.), *Principles of Neural Science*, Fourth Edition, New York: McGraw-Hill, 2000.

R. Levi-Montalcini, P. Calissano, A. Maggi and E. R. Kandel (Eds.), *Molecular Aspects of Neurobiology*, Berlin: Springer-Verlag, 1986.

제3부 내 안의 또 다른 나를 찾아서

21세기의 포스트모던형 정신의학 | 정신분석과 신경과학의 통합 · 140쪽

C. Elliott, *A Philosophical Disease: Bioethics, Culture and Identity*, Routledge, 1999(김종주 옮김, 『철학적인 병: 생명윤리, 문화, 정체성』, 인간사랑, 2005).

S. Freud, *The Interpretation of Dreams*, 1900(trans. by J. Strachey, London: Penguin Books, 1976).

J. A. Hobson, E. F. Pace-Schott and R. Stickgold, "Dreaming and the brain: Toward a cognitive neuroscience of conscious states", *Sleep and Dreaming: Scientific Advances and Reconsiderations*, E. F. Pace-Schott, M. Solms, M. Blagrove and S. Harnad (ed.), Cambridge: Cambridge Univ. Press, 2003, pp. 1~50.

E. R. Kandel, "Biology and the future of psychoanalysis: A new intellectual framework for psychiatry revisited", *American Journal of Psychiatry 156*, 1999, pp. 505~524.

E. Roudinesco, *Pourquoi la Psychanalyse?*, Paris: Flammarion, 1999.

M. Solms and O. Turnbull, *The Brain and the Inner World: An Introduction to the Neuroscience of Subjective Experience*, The Other, 2002(김종주 옮김, 『뇌와 내부세계』, 2005, 하나의학사).

오이디푸스, 그 이전의 심리 상태 | 프로이트에 반발하는 대상관계이론 · 154쪽

김혜남, 『어른으로 산다는 것』, 갤리온, 2006.

오토 컨버그, 이재훈 · 양은주 옮김, 『대상관계이론과 임상적 정신분석』, 한국심리치료연구소, 2003.

이무석, 『정신분석에로의 초대』, 이유, 2003.

이무석, 『나를 행복하게 하는 친밀함』, 비전과 리더쉽, 2007.

줄리아 크리스테바, 박선영 옮김, 『정신병, 모친살해, 그리고 창조성: 멜라니 클라인』, 아난케, 2006.

피터 포나기, 반건호 옮김, 『애착이론과 정신분석』, 빈센트, 2005.

하지현, 『관계의 재구성』, 궁리, 2006.

Margaret Mahler, *Fred Pine and Anni Bergman, The Psycholgical Birth of the Human Infant*, New York : Basic Books, 1975.

Phyllis Tyson and Robert Tyson, *Psychoanalytic Theories of Development*, New Haven: Yale University Press, 1990.

- www.freud.or.kr 한국정신분석학회
- www.jipa.org 국제정신분석학회지
- www.aspa.org.japa/index.htm 미국정신분석학회지
- www.tavi-port.org 타비스톡 연구소
- www.winnicott.net 위니코트 연구회

개인성을 초월하여 자기실현으로 향한다 | 분석심리학의 현대적 동향 · 166쪽
독일어권 발터출판사(Walter-Verlag)의 『C. G. 융 전집』
Die Gesammelten Werke von C.G. Jung:

1. *Psychiatrische Studien*
2. *Experimentellen Untersuchungen*
3. *Psychogenese der Geisteskrankheiten*
4. *Freud und die Psychoanalyse*
5. *Symbole der Wandlung*
6. *Psychologische Typen*
7. *Zwei Schriften ber Analytische Psychologie*
8. *Die Dynamik des Unbewußten*
9-I. *Die Archetypen und das kollektive Unbewußte*
9-II. *Aion Beiträge zur Symbolik des Selbst*
10. *Zivilisation im Übergang*
11. *Zur Psychologie und Alchemie*
13. *Studien über alchemistische Vorstellungen*
14-I u. II. *Mysterium, Coniunctionis*
14-III. *Aurora Consurgens*
15. *Über das Phänomen des Geistes in Kunst und Wissenschaft*
16. *Praxis der Psychotherapie*
17. *Über die Entwicklung der Pers nlichkeit*
18-I u. II. *Das Symbolische Leben*
19. *Bibliographie*

기타 도서
이부영, 『분석심리학』, 일조각, 1998.
_____, 『그림자』, 한길사, 1999.
_____, 『아니마와 아니무스』, 한길사, 2001.
C. G. Jung & von Franz et al., *Der Mensch unsd seine Symbole*, Walter

Verlag(융 · 폰 프란츠, 이부영 외 옮김, 『인간과 무의식의 상징』, 집문당, 2000).

Aniela Jaffe & C. G. Jung, *Bild und Wort*, Walter-Verlag, 1983.

Andrew Samuels, *Jung and the Post-Jungians*, Routledge, 1986.

고통받는 주체, 그 무의식을 바라본다 | 보로매우스의 매듭과 후기 라캉 이론 · 180쪽

페터 비트머, 홍준기 · 이승미 옮김, 『욕망의 전복 : 자크 라캉 또는 제2의 정신분석학 혁명』, 한울, 2000.

홍준기, 『라캉과 현대철학』, 문학과지성사, 1999.

솔 크립키, 정대현 · 김영주 옮김, 『이름과 필연』, 서광사, 1986.

Jean Allouche, *Freud et puis Lacan*, Paris: E.P.E.L., 1993.

Alain Badiou, *Théorie du sujet*, Paris: Seuil, 1982.

Marc Marmon, *Essais sur la Topologie lacanienne*, Paris: Edition de l'Associa-tion Freudienne, 1990.

Joon Kee Hong, *Der Subjektbegriff bei Lacan und Althusser: Ein philosophisch-systematischer Versuch zur Rekonstruktion ihrer Theorien*, Frankfurt am Main: Peter Lang, 2000.

Alain Juranville, *Lacan et la philosophie*, Paris: Quadrige/PUF, 1984.

Jacques Lacan, *Séminaire XX : Encore*, Paris: Seuil, 1975.

Jacques Lacan, *Séminare XXII : R.S.I.*, in: Ornicar?, n°, 2, 3, 4, Paris, 1975.

Pierre Skriabine, "Névrose et psychose: vers une clinique différentielle de la suppléance" *Par Lettre*, n° 5, Grenoble, 1997.

정신분석학을 격자 밖으로 | 후기구조주의적 정신분석 · 188쪽

F. Duparc, F. Quartier-Frings, M. Vermorel, *Une theorie vivante: l,oeuvre d'Andre Green*, Delanchaux & Niestle, 1995.

F. Duparc, *Andre Green*, PUF, 1996.

A. Green, *Un oeil en trop*, Minuit, 1969.

_____, *Le discours vivant. La conception psychanalytique de l'affect*, PUF, 1970.

_____, *Narcissime de vie, narcissisme de mort*, Minuit, 1983.

_____, *Le langage dans la psychanalyse, in Langages*, les Belles Lettres, 1984.

_____, *La folie privee: psychanalsye des cas limites*, Gallimard, 1994.

_____, *Le travail du negatif*, Minuit, 1993.

_____, *La causalite psychique: entre nature et culture*, Odile Jacob, 1995.

_____, *Propedeutique*, Champ Vallon, 1995.

자아는 피부다 | 탈 라캉 정신분석 · 198쪽

D. Anzieu, *Le psychodrame analytique chez l'enfant*, PUF, 1956.

_____, *L'auto-analyse*, PUF, 1959.

_____, *Le groupe et l'inconscient*, Dunod, 1975.

_____, *Le Moi-Peau*, Dunod, 1985.

_____, *L'epiderme nomade et la peau psychique*, Apsygee, 1990.

_____, *Le penser, du moi-peau au Moi-pensant*, Dunod, 1994.

_____, *Didier Anzieu*, PUF, 1996.

성욕은 무의식에 속하지 않는다 | 성욕의 근원에 대한 탐구 · 206쪽

J. Laplanche, J. B. Pontalis, *Vocablaire de la psychanalyse*, PUF, 1967.

J. Laplanche, *Problematique I: L'angoisse*, PUF, 1980.

_____, *Problematique II: Castration, symbolisation*, PUF, 1980.

_____, *Problematique III: La sublimation*, PUF, 1980.

_____, *Problematique IV: L'inconscient et le Ca*, PUF, 1981.

_____, *Problematique V: Le baquet. Transcendance du transfert*, PUF, 1987.

_____, *Nouveau fondements pour la psychanalyse*, PUF, 1987.

_____, *La revolution copernicienne inachevee*, Aubier, 1992.

_____, *Le fourvoiement biologisant de la sexualite chez Freud*, Les Empcheurs de penseur en rond, 1993.

제4부 인간, 우주를 꿈꾸다

우주를 향한 꿈이 현실로 다가오다 | 우주개발의 현황과 과제 · 218쪽

민영기, 『우주와 인간』, 까치, 2005.

정홍철, 『우주개발의 숨은 이야기』, 살림, 2004.

채연석, 『우리는 이제 우주로 간다』, 해나무, 2006.

마이크 멀레인, 김범수 옮김, 『우주비행사가 들려주는 우주여행 설명서』, 한승,

2008.

마크 트라, 이경희 옮김, 『우주여행』, 랜덤하우스 코리아, 2006.

에릭 앤더슨, 권오열 옮김, 『우주여행 핸드북』, 길벗, 2006.

- http://www.kari.re.kr 한국항공우주연구원
- http://www.esa.int 유럽우주연합
- http://www.nasda.go.jp 일본우주개발사업단
- http://www.nasa.gov 미국 항공우주국
- http://www.virgingalactic.com 우주유영 상품을 개발하고 제공하는 회사
- http://www.space.com 우주관련 모든 뉴스를 종합적으로 제공
- http://www.marsdaily.com 화성탐사 관련 뉴스
- http://www.seds.org/archive/technology/spinoffs.shtml
  우주산업에서 파생된 기술
- http://www.sti.nasa.gov/tto/Spin off 기술 취합
- http://www.space-travel.com 우주 여행과 관련된 정보 제공
- http://www.spaceref.com/company/
  우주 개발과 관련된 모든 정보 취합 제공

더 멀리 관측해서 우주의 신비를 벗긴다 | 관측천문학이 밝힌 우주 · 236쪽

샤르탄 포스키트, 김혜원 옮김, 『우주가 우왕좌왕』, 김영사, 1999.

이태형, 『재미있는 별자리 여행』, 김영사, 1989.

박석재, 『재미있는 천문학 여행』, 김영사, 1995.

칼 세이건, 현정준 옮김, 『창백한 푸른 점』, 민음사, 1996.

민영기, 『태양계는 살아 있다』, 겸지사, 1997.

김동훈 외, 『풀코스 별자리여행』, 현암사, 1999.

김지현 외, 『풀코스 우주여행』, 현암사, 1999.

팽창하는 우주의 미래를 밝힌다 | 이론천문학이 밝힌 우주 · 244쪽

이영욱, 『우주 그리고 인간』, 동아일보사, 2000.

박창범, 『인간과 우주』, 가람기획, 1995.

박석재, 『블랙홀이 불쑥불쑥』, 김영사, 2001.

데이비드 필킨, 동아사이언스 옮김, 『스티븐 호킹의 우주』, 성우, 2001.

윤홍식 외, 『우주로의 여행 1, 2』, 청범출판사, 2000.

스티븐 호킹, 김동광 옮김, 『호두 껍질 속의 우주』, 까치, 2001.

잡지

- http://www.starjoy.net　월간 『별과 우주』
- http://dongascience.com　월간 『과학동아』
- http://www.newtonpress.co.jp/newton/　월간 『뉴턴』
- http://www.skypub.com　월간 Sky & Telescope

기관

- http://www.kao.re.kr　한국천문연구원
- http://www.kari.re.kr　한국항공우주연구원
- http://www.kaas.or.kr　한국아마추어천문학회

은하들은 어떻게 생겨났는가 | 우주형성론 · 252쪽

Martin J. Rees, *Cosmic Coincidences: Dark Matter, Mankind and Anthropic Cosmology*, Bantam New Age Books, 1989(1995년 Penguin revised ed.).

_____, *New perspectives in astrophysical cosmology*, Cambridge Univ Pr (Trd); 2nd edition, 2000.

_____, *Just Six Numbers: The Deep Forces That Shape the Universe*, Basic Books, 2001.

_____, *Our Cosmic Habitat*, Princeton Univ Pr, 2003.

_____, *Our Final Hour: A Scientist's Warning: How Terror, Error, and Environmental Disaster Threaten Humankind's Future In This Century—On Earth and Beyond*, Basic Books, 2003.

Martin J. Rees, Stephen Hawking, *Before the beginning: our universe and others*, Perseus Publishing; 1st edition, 1997.

Martin J. Rees, Mitchell Begelman, *Gravity's Fatal Attraction: Black Holes in the Universe* (Scientific American Library Series, No 58), W H Freeman & Co, 1996.

블랙홀을 향한 끝없는 도전 | 블랙홀의 형성과 진화 · 262쪽

H. A. Bethe and G. E. Brown, "How a supernova explodes", *Scientific American 252*, 1985, pp. 60~68.

G. E. Brown, "How collapsing stars might hide their tracks in black holes", *Science 261*, 1993, pp. 831~832.

_____, "Mystery of the missing star", *Discover*, December 1996, pp.

111~115.

H. A. Bethe and G. E. Brown, "Observational constraints on the maximum neutron star mass", *Astrophysical Journal 445*, 1995, pp. L129~L132.

H. A. Bethe and G. E. Brown, "Evolution of binary compact objects that merge", *Astrophysical Journal 506*, 1998, pp. 780~789.

G. E. Brown, "A theory of gamma-ray bursts", *New Astronomy 5*, 2000, pp. 191~210.

C. H. Lee, G. E. Brown and R. A. M. J. Wijers, "Discovery of a black-hole mass-period correlation in soft X-ray transients and its implication for gamma-ray burst and hypernova mechanisms", *Astrophysical Journal 575*, 2002, pp. 996~1006.

우주 시나리오로 미래를 예측한다 | 통일이론과 우주론 · 274쪽

데이비드 블루어, 김경만 옮김, 『지식과 사회의 상』, 한길사, 2000.

토마스 쿤, 김명자 옮김, 『과학혁명의 구조』, 두산동아, 1992.

폴 페이어아벤트, 정병훈 옮김, 『방법에의 도전 : 새로운 과학관과 인식론적 아나키즘』, 한겨레, 1987.

임경순, 『20세기 과학의 쟁점』, 민음사, 1995.

Philip Anderson, "More is different", *Science 177*, 1972, pp.393~396.

Peter Galison, *Image and Logic : A Material Culture of Microphysics*, Chicago : University of Chicago Press, 1997.

• http://www.utm.edu/research/iep/l/logpos.htm
  논리실증주의
• http://www.anselm.edu/homepage/dbanach/kuhn.htm
• http://www-tech.mit.edu/V116/N28/kuhn.28n.html
  토마스 쿤
• http://plato.stanford.edu/entries/feyerabend/
  파이어아벤트
• http://carbon.cudenver.edu/~mryder/itc_data/postmodern.html
  포스트모더니즘
• http://www.fas.harvard.edu/~hsdept/faculty/galison/
  피터 갤리슨

제5부 보이지 않는 것을 볼 수 있게 하는 과학

알아서 모이고 스스로 만든다 | 자기조립과 나노기술 · 284쪽

필립 볼, 고원용 옮김, 『화학의 시대』, 사이언스북스, 2001.

로얼드 호프만, 이덕환 옮김, 『같기도 하고 아니 같기도 하고』, 까치, 1996.

강찬영 외 나노기술연구협의회, 『나노과학기술여행』, 양문, 2006.

과학동아 2007년 6월호

Scientific American issue 9, 2001(나노테크놀로지 특집).

Science, July 1, 2005.

- http://gmwgroup.harvard.edu/
  화이트사이즈 교수(Harvard, U. S. A.) 실험실
- http://www.scripps.edu/skaggs/rebek
  레벡 교수(Scripps, U. S. A.) 실험실
- http://css.postech.ac.kr
  김기문 교수(포항공대) 실험실
- http://www.appchem.t.u-tokyo.ac.jp/appchem/labs/fujita/
  Fujita 교수(Tokyo, Japan) 실험실

마이크로칩 위에 놓인 화학실험실 | 랩온어칩, 화학 및 생·의료 분석용 마이크로 프로세서 · 298쪽

A. Manz and H. Becker, *Microsystem Technology in Chemistry and Life Science*, Berlin: Springer-Verlag, 1998.

M. Madou, Fundamentals of Microfabication, Boca Raton: CRC Press, 1997.

M. Schena, MicroArray Biochip Technology, Natick: Eaton Publishing, 2000.

J. M. Kohler, T. Mejevaia and H. P. Saluz, *Microsystem Technology: A Powerful Tool for Biomolecular Studies*, Berlin: Birkhauser Verlag, 1999.

藤田博之, 김용권 옮김, 『마이크로 머신의 세계』, 대영사, 1995.

- http://www.postech.ac.kr/chem/labbi
- http://www.lab-on-a-chip.com
- http://www.labonachip.org.uk
- http://www.calipertech.com

사람의 몸속에 마이크로칩을 심는다 | 생체의료용 물질의 연구 · 308쪽

R. Langer, H. Brem, K. Falterman, M. Klein and J. Folkman, "Isolation of a Cartilage Factor that Inhibits Tumor Neovascularization", Langer, *Science 193*, pp. 70~72, 1976.

R. Langer, D.Wise (Eds.), *Medical Applications of Controlled Release*, CRC Press: Boca Raton, 1984.

N. Peppas, R. Langer, *Biopolymers II*, Berlin: Springer-Verlag, 1995.

R. Lanza, W. Chick and R. Langer, *Textbook of Tissue Engineering*, Berlin: Springer-Verlag, 1996.

로봇과 함께하는 일상 | 지능로봇과 인간이 함께 꾸려나갈 미래 · 322쪽

에릭 뉴트, 박정미 옮김, 『미래속으로』, 이끌리오, 2001.

『로봇기술』, (주)한국종합기술.

『인간과 로봇』, 한국로봇공학회 계간 학회지.

Philip J. McKerrow, *Introduction to Robotics*, Addison-Wesley, 1991.

George A. Bekey, *Autonomous Robots*, MIT Press, 2005.

전자들과 함께 춤을 | 분수양자 홀 효과 · 336쪽

B. Daviss, "Splitting the electron", *New Scientist*, 1998, p. 36.

G. P. Collins, "Fractionally charged quasiparticles signal their presence with noise", *Physics Today*, 1997, p. 17.

P. W. Anderson, "When the electron falls apart", *Physics Today*, 1997, p. 42.

S. Kivelson, D. H. Lee and S. C. Zhang, "Electrons in flatland", *Scientific American*, 1996, p. 64.

H. Stormer and D. Tsui, "Composite Fermions: New particles in the fractional quantum Hall effect", *Physics News in 1994*, American Institute of Physics, 1995, p. 33.

J. P. Eisenstein and H. L. Stormer, "The fractional quantum Hall effect", *Science*, 1990. p. 1510.

고전역학 이론에서 검은 구멍의 존재까지 | 모든 물리현상의 바탕 M-이론 · 346쪽

스티븐 호킹, 김동광 옮김, 『호두껍질 속 우주』, 까치글방, 2001.

브라이언 그린, 박병철 옮김, 『엘러건트 유니버스』, 승산, 2002.

Edward Witten, "BARYONS IN THE 1/N EXPANSION", Nucl. Phys.,

B160: 57, 1979.

_____, DYNAMICAL BREAKING OF SUPERSYMMETRY, Nucl. Phys., B188: 513, 1981.

_____, GLOBAL ASPECTS OF CURRENT ALGEBRA, Nucl. Phys., B223: 422~432, 1983.

_____, "QUANTUM FIELD THEORY AND THE JONES POLYNOMIAL", Commun. Math. Phys., 121: 351, 1989.

_____, "NONABELIAN BOSONIZATION IN TWO-DIMENSIONS", Commun. Math. Phys., 92: 455~472, 1984.

_____, "ANTI-DE SITTER SPACE AND HOLOGRAPHY", Adv. Theor. Math. Phys., 2: 253~291, 1998.

제6부 생명과학이 인간의 미래를 바꾼다

내 병의 치료약은 내 몸 안의 세포 | 줄기세포의 윤리성과 안전성 · 360쪽

J. A. Johnson & E. D. Williams, *Stem Cell Research-CRS Report for Congress*, 1. 11. 2006.

Johnson, J. A. & E. D. Williams, *Stem Cell Research: State Initiatives-CRS Report for Congress*, 5. 19. 2006.

NIH, *Regenerative Medicine 2006*, 2006.

• www.stemcells.nih.gov
  NIH 홈페이지

인간 게놈 프로젝트가 주는 생명의 미래 | 유전자정보의 활용 · 368쪽

Gina Smith, *The Genomic AGE*, AMACOM, 2004.

생명과학의 난제를 퍼즐게임처럼 풀어낸다 | 생명과학의 문제를 해결하는 화학 · 384쪽

Scott J. Pollack, Jeffrey W. Jacobs and Peter G. Schultz, "Selective Chemical Catalysis by an Antibody", *Science Vol. 234*, 1986, p. 1570.

Christopher J. Noren, Spencer J. Anthony-Cahill, Michael C. Griffith and Peter G. Schultz, "A General Method for Site-Specific Incorporation of Unnatural Amino Acids into Proteins", *Science Vol. 244*, 1989, p. 182.

Charles Y. Cho, Edmund J. Moran, Sara R. Cherry, James C. Stephans,

Stephen P. A. Fodor, Cynthia L. Adams, Arathi Sundaram, Jeffrey W. Jacobs and Peter G. Schultz, "An Unnatural Biopolymer", *Science Vol. 261*, 1993, p. 1303.

X. -D. Xiang, Xiaodong Sun, Gabriel Briceno, Yulin Lou, Kai-An Wang, Hauyee Chang, William G. Wallace-Freedman, Sung-Wei Chen and Peter G. Schultz, "A Combinatorial Approch to Materials Discovery", *Science Vol. 268*, 1995, p. 1738.

A. Paul Alivisatos, Kai P. Johnsson, Xiaogang Peng, Troy E. Wilson, Colin J. Loweth, Marcel P. Bruchez Jr and Peter G. Schultz, "Organization of nanocrystal molecules using DNA", *Nature Vol. 382*, 1996, p. 609.

Lei Wang, Ansgar Brock, Brad Herberich, Peter G. Schultz, "Expanding the Genetic Code of Escherichia coli", *Science Vol. 292*, 2001, p.498.

■ 글쓴이 소개

강봉균 서울대학교 미생물학과에서 학사와 석사학위를 받았다. 그후 미국 컬럼비아대학교 석·박사(지도교수 에릭 캔들)과정을 거쳐 컬럼비아대학 신경생물학연구소 박사후과정을 지냈다. 현재 서울대학교 생명과학부 신경생물학 교수로 재직 중이다. 저서로는 『인지과학』(공저), 『기억』(공저) 등이 있으며 역서로는 『시냅스와 자아』 『동물생리학』 등이 있다. 논문으로는 「Activation of cAMP-responsive genes by stimuli that produce long-term facilitation in Aplysia sensory neurons」 등이 있다.

김기문 서울대 문리대 화학과(학사), KAIST(석사)를 거쳐 스탠포드대학에서 박사학위를 취득했으며 현재 포항공과대학교 홍덕석좌교수로 재직하고 있다. 지난 20년간 초분자화학 분야에서 왕성한 연구활동을 해오고 있으며, 분자목걸이와 같은 흥미로운 초분자체를 합성하고 키랄 다공성물질 합성을 『네이처』에 발표하기도 했다. 현재 자기조립의 원리를 이용하여 다양한 나노기능성 물질을 개발하는 데 노력을 쏟고 있다. 2001년 과학기술훈장 도약장을 받았으며 제8회 한국과학상, 제3세계아카데미가 수여하는 TWA상, 2006년 호암상을 수상하였다.

김기현 서울대학교 철학과에서 학사와 석사학위를 받았으며, 1992년 미국 애리조나대학에서 앨빈 골드먼 교수의 지도 아래 박사학위를 받았다. 1995년 말까지 미국 오클라호마대학 철학과에서 조교수로 있었다. 서울시립대학교 조교수와 부교수를 거쳐, 현재 서울대 철학과 교수 겸 인지과학 협동과정 겸임교수로 있다.

김종주 연세대 의대와 같은 학교 대학원을 졸업했다. 원광대 의대 신경정신과 교수 겸 제2병원 원장과 '한국 라깡과 현대 정신분석학회' 초대 회장을 역임했다. 현재 반포신경정신과의원 원장으로 있다.

김주환 서울대 정치학과를 졸업하고 같은 학교 대학원 정치학과에서 석사학위를 받았다. 이탈리아 정부 장학생으로 이탈리아 볼로냐대학에서 기호학을 수학했으며, 미국 펜실베이니아대학에서 커뮤니케이션 석·박사학위를 받았다. 미국 보스턴대학 커뮤니케이션학과 교수를 역임하였으며 현재 연세대학고 언론홍보영상학부 교수로 있다. 또한 미술평론가(동아일보 신춘문예 미술평론 당선)로 활동하고 있기도 하다.

김환석 서울대 사회학과 학부와 석사과정을 마치고 영국 런던대학교 임페리얼칼리지에서 과학기술사회학으로 박사학위를 받았다. 과학기술정책연구원의 책임연구원과 울산대학교 사회학과 교수를 역임하고 1996년부터 국민대학교 사회학과 교수로 재직하고 있다. 참여연대 시민과학센터 소장을 역임한 바 있으며, 현재 영국 랭커스터대학교 사회학과 및 과학학센터에서 방문교수로 연구 중이다. 저서로 『진보의 패러독스』(공저), 『과학사회학의 쟁점들』 등이 있으며, 역서로는 『과학기술과 사회』(공역), 『토머스 쿤과 과학전쟁』(공역), 『과학학의 이해』 등이 있다.

김훈기 서울대 자연대 동물학과를 졸업하고 같은 학교 대학원 과학사 및 과학철학 협동과정 석사학위를 받았으며, 「한국 생명공학 정책의제형성과정에 대한 연구: 생명윤리 입법화 과정을 중심으로」로 고려대학교 과학학 협동과정 박사학위를 받았다. 주요 저서로 『시간여행-미로에 새겨진 상징과 비밀』 『유전자가 세상을 바꾼다』 『생명공학과 정치』가 있으며 동아사이언스 『과학동아』 편집장을 거쳐 현재 동아사이언스 통합뉴스센터 총괄팀장을 맡고 있다.

맹정현 파리 8대학 정신분석학과 박사과정을 수료하였다. 옮긴 책으로는 『라깡과 정신의학』, 라깡의 『세미나 I권: 프로이트의 기술에 관한 저술』 『세미나 XI권: 정신분석의 네 가지 기본 개념』 등이 있다.

문경순 연세대학교 물리학과에서 학사 및 석사학위를 받았다. 미국 인디애나대학교에서 박사학위를 받은 후 캘리포니아대학교 및 오클라호마대학교 박사후연구원을 거쳐 현재 연세대학교 이과대학 물리학과 교수(응집물리이론 전공)이자 이탈리아 국제이론물리연구소 객원연구원으로 있다. 『피지컬 리뷰 레터』 등에 게재한 양자 홀 효과와 관련된 다수의 논문이 있다.

박석재 서울대 천문학과를 졸업하고 미국 텍사스대학에서 박사학위를 받은 후 연구원으로 재직했으며 현재는 한국천문연구원의 원장으로 있다. 전공 분야는 블랙홀 천체물리학이다. 한국아마추어천문학회를 창립하고 대전 시민천문대 건립을 제안하였으며 한국형 SF를 발표하는 등 천문학의 대중화에 노력해왔다. 주요 저서로는 『재미있는 천문학 여행』 『우주를 즐기는 지름길』 『코리안 페스트(SF)』 『해와 달과 별이 뜨고 지는 원리』 『아인슈타인과 호킹의 블랙홀』 『블랙홀이 불쑬불쑥』 『블랙홀 박사의 우주 이야기』 『별과 은하와 우주가 진화하는 원리』 등이 있다.

신인재 서울대학교 화학과와 동대학원을 졸업한 후 미네소타대학교에서 생물유기화학 분야로 박사학위를 받았다. 그후 미국 버클리대학의 피터 슐츠 교수 연구실에서 박사후 연구원으로 연구경험을 쌓았다. 현재 연세대학교 화학과 교수로 재직하며 유기분자를 이용한 생체분자 기능 연구를 수행하고 있다. 현재까지 약 30여 편의 국제적인 논문을 발표하였다.

안상현 1971년 충남 당진 출생. 서울대학교 천문학과에서 「은하단의 중력렌즈 현상이 우주 배경복사에 미치는 영향」을 연구하여 석사학위를 받았고, 「별탄생 은하에서 라이만 알파의 전파」를 연구하여 박사학위를 받았다. 현재 한국천문연구원 선임연구원으로 재직하고 있다. 저서로는 『우리가 정말 알아야 할 우리 별자리』와 『어린이를 위한 우리 별자리』가 있다.

유향숙 서울대학교 약학대학을 졸업하고 같은 대학원에서 약효학 전공으로 석사학위를 받았다. 이후 풀브라이트 장학금을 받고 미국으로 유학을 가서 유전공학 분야의 연구를 시작하게 되었으며, 분자생물학으로 박사학위를 받았다. 테네시대학에서 연수하면서 유전자 발현기전 연구를 하였으며, 1987년 현 한국생명공학연구원의 전신인 KIST 부설 유전공학센터에 선임연구원으로 온 후 현재까지 근무하고 있다. 과학기술부의 21세기 프런티어연구개발사업 중 하나인 인간유전체기능연구사업을 주관하면서 우리나라 유전체연구의 기반을 쌓았다.

이경민 서울대학교 의과대학을 졸업하였다. 미국 MIT대학교에서 신경과학 박사학위를 받았고 코넬 대학병원에서 신경과 수련을 마쳤다. 현재 서울대학교 의과대학 신경과 교수로 있다.

이기명 서울대학교 물리학과를 졸업하고 컬럼비아대학교에서 박사학위를 받았다. 미국 페르미 국립가속기연구소 연구원, 보스턴대학 연구원, 컬럼비아대학 부교수를 거쳐 현재 한국과학기술원 부설 고등과학원 교수로 재직 중이다. 양자장론, 초끈론, 우주론 등에 대해 80여 편의 연구 논문을 발표해왔다.

이병욱 고려대학교 의과대학을 졸업하고 의학박사 학위를 받았으며 정신과 전문의로 현재 한림의대부속 강남성심병원에 정신과 교수로 재직하고 있다. 대한신경정신의학회 학술부장과 한국정신분석학회 간행위원장 및 회장을 역임하였으며 현재까지 100여 편의 논문을 남겼다. 제1회 한국정신분석 학술상을 수상하였다.

이수련 서강대학교 불문학과와 같은 학교 대학원을 졸업하였고, 파리 8대학 정신분석학과 박사과정을 수료했다. 옮긴 책으로 『이데올로기라는 숭고한 대상』『정신분석』『위험한 하늘』『커플의 재발견』 등이 있다.

이우경 광주과학고를 수료하고 한국과학기술원(KAIST)에서 학부 및 석사 과정을 마친 후 1999년 영국의 UCL에서 인공위성 원격탐사 분야로 박사학위를 받았다. 한국과학기술원 인공위성연구센터의 연구교수를 역임하고 현재 한국항공대학교 항공전자 및 정보통신공학부의 부교수로 재직하고 있다.

이유경 홍익대 대학원 미학과 석사·박사과정을 수료하고, 스위스 취리히의 융연구소를 졸업했다. 융학파 정신분석가로, 현재 한국융연구원 평의원으로 있다.

이창환 서울대학교 물리학과에서 학사학위를, 같은 대학원에서 석·박사학위를 받았다. 이후 미국 스토니브룩 소재 뉴욕주립대 연구원으로 브라운 박사와 블랙홀에 관한 공동연구를 수행했다. 고등과학원 물리학부와 서울대 물리학부 BK21조교수를 거쳐 현재 부산대 물리학과 부교수로 재직 중이다. 중성자별에서의 케이온 응축 현상을 연구한 박사학위 논문이 국제 학술지인 『Physics Reports』에 단독으로 초청 게재되었고 30여 편의 연구 논문과 20여 편의 국제학술대회 발표 논문이 있다. 노벨상 수상자인 베테 박사(Cornell University, USA)와 이 글에서 소개된 브라운 박사와 함께, 블랙홀의 형성과 진화에 관한 연구 논문집을 발간했다(World Scientific, 2003).

임경순 서울대 물리학과를 졸업하고 같은 학교 대학원 물리학과(과학사 및 과학철학 협동과정)에서 석사학위를, 독일 함부르크대학에서 과학사 박사학위를 받고 현재 포항공대 인문사회학부 과학사 교수(물리학과 및 환경공학부 겸임 교수)로 있다. 또한 과학기술부 지정 포항공대 과학문화연구센터 소장, 환경운동연합 경북 시민환경연구소 소장 등을 맡고 있기도 하다. 연구 분야는 과학사, 물리학사, 양자역학사, 환경사이며, 1995년 한국과학사학회 논문상과 1997년 한국과학기술도서상을 수상하였다. 저서로 『20세기 과학의 쟁점』『100년 만에 다시 찾는 아인슈타인』『21세기 과학의 쟁점』『현대물리학의 선구자』 등이 있으며, 역서로는 『과학과 인간의 미래』가 있다.

정명진 서울대학교 공과대학을 졸업하고 미시간대학교에서 공학박사 학위를 받았다. 현재 한국과학기술원(KAIST) 전자전산학부 교수로 있으며, 전공 분야는 로보틱스와 제어공학이다.

최인성 서울대학교 화학과를 졸업하고 같은 학교 대학원에서 석사학위를 취득했다. 졸업 후 도미하여 하버드대학교 화학과에서 조지 화이트사이즈 교수의 지도 아래 박사학위를 취득한 후, MIT 화학공학과의 로버트 랭어 교수 연구실에서 박사후연구원 과정을 밟았다. 현재는 한국과학기술원(KAIST) 화학과 교수로 재직하고 있다.

한종훈 부산대학교 화학과를 졸업하고, 1981년 한국과학기술원에서 화학전공으로 석사학위를 받았으며, 1989년 스탠퍼드대학에서 이학박사학위를 받았다. 현재 포항공과대학교 화학과 교수로 있으며, 과학기술부 지정 국가지정연구실(생의학 분석기술연구실) 연구책임자를 맡고 있다.

홍욱희 1955년 경기도 오산에서 태어나 1986년 미국 미시간대학교(Ann Arbor) 에서 환경학 박사학위를 취득하고 한국과학기술연구원(KIST) 연구원과 미시간대학교 연구원을 거쳐 한국전력공사 전력연구원에서 오랜 기간 근무했다. 현재 세민 환경연구소 소장 겸 자연환경연구소 연구위원이자 계간『과학사상』편집위원으로 있다. 저서로『위기의 환경주의 오류의 환경정책』『새만금』등이 있으며, 역서로 『가이아: 살아 있는 생명체로서의 지구』『회의적 환경주의자』『섹스란 무엇인가』 등이 있다.

홍준기 서울대 법대, 총신대 신학대학원을 졸업한 후 독일 브레멘대학교에서 철학박사 학위를 받았다(정신분석학 전공). 박사과정 중 에라스무스 교환학생 프로그램으로 파리 10대학에서 수학하였다. 현재 한국정신분석상담연구소 소장으로 있다. 저서로『라캉과 현대철학』『오이디푸스 콤플렉스 남자의 성, 여자의 성』이, 역서로는 '아난케 정신분석 총서'를 비롯하여, 『욕망의 전복 : 자크 라캉 또는 제2의 정신분석학 혁명』『노아의 외투 : 아버지에 관한 라캉의 세 가지 견해』등이 있으며, 주요 논문으로「불안의 정신분석 : 라캉과 프로이트」「프로이트 라캉 정신분석학 : 이론과 임상」「라캉의 성적 주체 개념: 세미나 제20권 앙코르를 중심으로」「라캉의 예술론」등이 있다.